Θάνατος

타나토스 총서

01

생과 사의 인문학

ἀνατος

타나토스 총서   01

행복한 죽음은 행복한 삶만큼 중요하다. 행복한 죽음을 맞이하도록 하기 위해서는 합당한 의료지침, 질적으로 수준 높은 의료 서비스, 제도적·경제적 지원, 죽음에 대한 사고의 전환이 요구된다. 삶을 품위 있게 마무리 하는 생명교육을 통하여 죽음의 질뿐만 아니라 삶의 질도 향상시킬 수 있지만, 학교와 사회에서 생명교육이 이뤄지지 못하고 있다. 고령화 시대를 맞이하여 생명교육을 통해 '의미있는 삶, 아름다운 마무리'를 사회운동으로 확산시켜야 할 것이다.

生死

생과 사의 인문학

한림대학교 생사학연구소 엮음

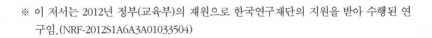

※ 이 저서는 2012년 정부(교육부)의 재원으로 한국연구재단의 지원을 받아 수행된 연구임.(NRF-2012S1A6A3A01033504)

가족의 보살핌 속에서 마지막 순간을 보내는 전통 사회의 임종 모습은 최근 들어 찾아보기 어렵게 되었다. 대신 가족을 배제한 채 현대 의료 기계들에 둘러싸인 차가운 병실에서 의료진이 죽음을 선언하는 냉랭한 방식으로 바뀌었다. 마치 죽으면 다 끝나는 것처럼, 인간은 육체만의 존재인 것처럼 의료 현장에서는 육체의 죽음에만 초점을 맞추고 있다. 임종 순간 평온한 분위기 속에서 마지막 시간을 보낼 수 있게 하는 게 아니라, 병원에서는 심장, 호흡, 뇌 기능이 언제 멈추는지 여부에만 관심을 둔다.

의료기관의 이와 같은 임종 모습이 우리 사회 전체의 죽음 이해를 결정하고 있다. 심폐사와 뇌사 같은 의학에 의한 육체적 죽음판정 기준 이외에, 우리 사회는 포괄적이고 깊이 있는 죽음 이해를 가르치지 않고 있다. 결국 인간은 육체만의 존재이고 죽으면 모든 게 끝난다고 우리 모두 암묵적으로 동의하고 있는 듯한 상황이다. 이런 정상적이지 않은 인간 이해, 천박한 죽음 이해, 세속 편중의 삶의 방식으로 인해 현대 사회는 많은 것을 잃고 있다. 그 결과 우리는 '죽는다'는 사실을 당연하게 생각하면서 죽음을 바르게 이해하기 위해 노력하지 않은 채, 삶만을 바라보며 세속적 가치만 탐닉하게 되었다. 죽음은 삶의 자연스러운 과정임에도 불구하고 아무 준비 없이 죽음을 맞게 되니 죽음은 절망, 두려움, 불행과 동의어로 인식되고 있다.

서울아산병원이 병원에서 사망한 암환자 213명을, 또 보라매병원이 말기암 환자 165명을 각각 조사한 결과, 80%가 연명치료 거부 서약을 했으나, 정작 환자 본인이 결정한 경우는 한 건도 없었다. 문제는 환자 본인이 아니라 환자 가족이 사전의료의향서의 99%를 작성했다는 점이다. 작성 시점도 대부분 임종 1주일 전 무렵이라는 것을 볼 때, 환자가 의식을 잃고 사경을 헤맬 때가 돼서야 연명치료 거부를 환자 대신 가족이 결정한 것이다.

영국 시사경제주간지 이코노미스트 산하기관 EIU에 따르면, 한국 사회 죽음의 질은 주요 40개국 중 32위의 최하위권으로 평가됐다. 임종 직전 받을 수 있는 서비스의 질이 떨어지고, 품위 있는 죽음을 준비할 수 있도록 하기 위한 정부의 정책이 크게 부족하다는 것이다. 의료기술로만 따지면 최상위권에 속하는 나라에서 매년 약26만 명이 죽는데도 불구하고 한국 사회에는 죽음과 임종에 대한 종합대책이 없다. 행복한 죽음은 행복한 삶만큼 중요하다. 행복한 죽음을 맞이하도록 하기 위해서는 합당한 의료지침, 질적으로 수준 높은 의료 서비스, 제도적·경제적 지원, 죽음에 대한 사고의 전환이 요구된다.

삶을 품위 있게 마무리하는 생명교육을 통하여 죽음의 질뿐만 아니라 삶의 질도 향상시킬 수 있지만, 학교와 사회에서 생명교육이 이뤄지지 못하고 있다. 고령화 시대를 맞이하여 생명교육을 통해 '의미있는 삶, 아름다운 마무리'를 사회운동으로 확산시켜야 할 것이다.

육체 중심주의를 벗어나지 못하면 우리 사회의 죽음 이해는 성숙할 수 없고, 죽음의 질뿐 아니라 삶의 질 역시 향상될 수 없으며, 사회는 세속적·물질적 굴레에서 벗어날 수 없을 것이다. 죽음 이해, 삶 이해, 인간 이해는 삼위일체의 관계에 있다. 따라서 죽음을 어떻게 이해하는가는 인간 이해와 삶이해의 관건이 된다. 죽음 이해가 부족하다는 말은 그 사회 삶의 질이 만족스럽지 못하다는 뜻이다.

한림대 생사학연구소는 우리 사회 죽음의 질 향상, 삶의 질 향상, 그리고 자살 예방을 위해 2004년 설립 이후 다양한 연구, 교육, 사회활동을 전개하고 있다. 특히 2012년 9월부터는 한국연구재단의 인문한국 10년 프로젝트에 선정되어 '한국적 생사학 정립과 자살 예방 네트워크 구축'이라는 아젠다로 연구 과제를 수행하고 있다. 이에 한림대 생사학연구소에서는 생사학 및 자살 예방 연구성과물을 지속적으로 출간하기 위해 타나토스 총서를 기획하였다. 타나토스 총서 1권인 『생과 사의 인문학』은 연구소 안팎에 있는 여러 연구진들의 소중한 글을 모아 엮은 것이다. 그 내용을 간단히 소개하면 아래와 같다.

제1부 〈삶의 인문학〉에는 주로 생명과 관련된 6편의 글이 수록되어 있다. 진교훈은 "자기결정권의 한계와 연명의료 중단"에서 보라매병원 사건과 김 할머니 사건이 도화선이 된 연명의료 중단 문제에 대해 논한다. 이 글의 핵심은 죽음이 임박한 환자에게 의학적으로 무의미한 의료행위를 하지 말자는 것이다. 반드시 필요한 의료행위와 기본적 보살핌을 마지막까지 제공하는 풍토를 조성하는 것은 중요하다. 과연 말기환자가 이러한 사항을 스스로 결정할 수 있는가의 문제가 중요하다고 저자는 강조한다. 이창익은 "생명 개념에 대한 인지적 실험으로서 종교"에서 마음이론이 생명 개념을 형성하는 인지적 단초라고 말한다. 생명 개념의 보편성과 단일성은 사실 인간의 허구적 구성물일 뿐이며, 인간의 인지 능력이 더 적은 생명과 더 많은 생명을 가진 생명체를 구분함으로써 생명의 질서를 서열화한다는 것이다. 그러므로 '생명의 차이'에 주목함으로써 생명 개념이 어떻게 인간 자체를 사유하게 하는지 살펴보아야 한다고, 저자는 주장한다. 박규태는 "일본인의 생명

관"에서 일본의 신화, 신도, 불교, 유교, 신종교 등에서의 생명관을 다룬다. 저자는 일본 정신사를 관통하는 생명관의 계보를 생성의 생명관, 무상의 생명관, 욕망의 생명관, 체념의 생명관, 무사(無私)의 생명관으로 유형화하여 그 문화론적 의의를 논한다. 또한 배관문은 "일본인의 죽음관과 재해"에서 역대 일본의 대지진 경험을 돌아보며 생사학적 관점에서 동일본대지진의 의미를 논한다. 끊임없이 재해를 겪어 온 일본에서 사람들은 죽음을 어떻게 받아들이고 또 그것을 정신적으로 극복해 왔는가, 다시 말해 재해는 근본적인 차원에서 삶과 죽음에 대한 사유와 성찰을 강요한다는 문제의식에서 촉발된 논고다. 정일영의 "조선 후기의 자살, 젠더, 계급"은 정조 시대 판례 모음집인 『심리록』을 중심으로 자살 사례를 분석한 것이다. 그 사례를 통해 자살이 조선 후기에 어떤 의미를 가졌는지, 자살자는 어떤 취급을 받았는지, 자살 동기는 무엇이었는지, 자살이 성차에 따라 얼마나 다르게 나타났는지 등을 검토한다. 임현수는 "웃음과 죽음의 관계를 바라보는 두 가지 시선"에서 샤를르 보들레르와 미하일 바흐친의 이론적 틀을 빌려 죽음과 웃음의 관계를 풀어 간다. 예컨대 조선시대 상례의 축제적 성격을 지적하면서 민중문화에서 웃음은 죽음의 동반자적 관계에 있었다고 분석한다.

제2부 〈죽음의 인문학〉에도 역시 6편의 글이 수록되어 있다. 정진홍의 "죽음 문화의 그늘"은 일상적인 편의주의 태도에 의해 유실된 죽음과 '죽음의 물화현상'을 논한다. 저자는 편의주의의 편만 속에서는 죽음 자체가 이미 죽음일 수 없다고 역설한다. 이용범의 "한국 무속의 죽음 이해 시론"은 무속에서 죽음이란 사자가 변하여 저승의 존재로 새롭게 태어나는 것이라고 주장한다. 따라서 무속에서는 죽은 자의 존재 변화를 가능하게 하여 죽음을 수용하도록 하는 의례 절차가 두드러지게 나타난다는 것이다. 김진영

은 "고대 인도의 죽음 개념"에서 인도의 전형적인 생사관이 형성되기 이전 단계인 베다의 가장 오래된 문헌에 나타난 죽음의 의미, 죽음 이해, 사후세계, 지옥 개념의 전개 과정을 검토한다. 또한 심혁주는 "티베트 생사관의 형성 배경"에서 티베트의 지리적 배경과 토착종교인 본교와 불교가 티베트인의 정신세계, 특히 생사관 형성에 어떤 영향을 주었는지에 대해 자세히 검토한다. 양정연은 "초기 불교 경전에 나타난 선종의 의미와 내용"에서 호스피스를 중심으로 좋은 죽음의 의미를 제시한다. 특히 『잡아함경』을 중심으로 고찰한 선종의 의미를 통해 불교 임종교육의 방향을 보여주고 있다. 마지막으로 박형국의 "예수 그리스도의 죽음"에서는 예수의 죽음 이해에 나타난 죽음에 대한 부정의 사고가 지닌 의미를 살펴보고, 죽음에 대한 부정의 개념이 삶과 죽음의 온전한 이해에 기여할 수 있는 방향을 탐색하고 있다.

　한림대 생사학연구소의 타나토스 총서는 다양한 주제로 계속해서 간행될 예정이다. 생사학에 관심이 있는 독자들이 많은 관심을 가져주기를 기대한다.

2014년 12월
한림대 생사학연구소장 오진탁

차례 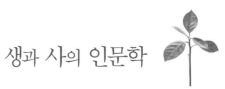생과 사의 인문학

머리말 —— 5

제 **1** 부

삶의 인문학

生

자기결정권의 한계와 연명의료 중단

/ 진 교 훈

1. 들어가는 말

연명(延命)이란 목숨을 겨우 이어 살아간다는 뜻이다. 연명의료는 의학적
으로 죽음을 초래하는 질환에 걸린 환자를 회복시키기보다 생명만을 유지
시킨 채 인위적으로 생명을 연장하는 의료 처치를 의미한다. 우리나라에서
는 1997년 소위 '보라매병원 사건'과 2009년 '김 할머니 사건'이 도화선이 되
어 '무의미한 연명의료 중단'이 종교계와 생명윤리학계에서 논의되기 시작
하였다. 1997년의 '보라매병원 사건'에서 문제가 되었던 점은 생존 가능성
이 있는 피해자에게 더 이상의 치료 행위가 의미 있는지 여부를 판단할 수
있는 시점까지 치료를 다하지 않았다는 것이다. 그래서 담당 의사는 처벌
을 받았다. 그 다음 2009년에 있었던 소위 '김할머니 사건'의 대법원 판결에
서는 환자가 회복 불가능한 사망 단계에 이르렀을 때 '의학적으로 무의미한
연명의료'를 환자에게 강요하는 것이 옳지 못하다는 것을 근거로 삼았다.

국회에서도 몇몇 의원들이 소위 '존엄사법(안)'을 발의하였고, 이에 대해서 종교계와 윤리학계에서 적극적으로 관심을 표명하기도 했다.

그 후 보건복지부는 연명의료 결정의 법제화를 원하는 일부 의학계의 요청에 부응하여 한국보건의료연구원과 전문가들에게 이에 대한 연구를 위촉하고, 공개토론회를 하도록 하였다. 보건복지부는 2010년 초에 이 문제에 관심이 있는 의료계·법조계·종교계·생명윤리학계 등을 대표하는 전문가들을 초빙하여 〈연명의료 중단 제도화 관련 사회적 논의 추진 협의체〉를 구성하였다. 이 협의체는 7회에 걸친 회의를 통해 심도 있게 논의한 결과를 9월에 공표하였는데, 합의된 하나의 단일안을 내놓지는 못하였다. 2013년 보건복지부는 다시 〈무의미한 연명의료 중단 제도화를 위한 특별위원회〉를 의료계·법조계·종교계·환자 등을 대표하는 위원들로 구성하고 이 문제를 심의·토론하게 하고 권고안을 제출하게 하였다. 이러한 일련의 조치들은 요컨대 임종기 환자에게 인위적인 연명의료가 무익하고 불필요하다는 점을 공유하였기 때문이었을 것이다.

연명의료 중단에 대하여 제기된 문제의 핵심은 죽음이 임박한 환자에게 '의학적으로 무의미한', 즉 무익하고 불필요한 의료 행위를 하지 말자는 것이다. 그러나 의료 현장에서는 환자에게 무익하고 불필요한 것인데도 불구하고 그것을 고집하는 그릇된 관행이 있고, 일부의 환자나 보호자들이 그러한 그릇된 관행을 고집해 왔다. 그러므로 이를 바로잡기 위해서는 환자에게 의학적으로 무의미한 의료 행위는 하지 않되, 유익하고 필요한 의료 행위와 기본적 돌봄은 마지막까지 제공하는 풍토를 만드는 것이 중요하다.

그러나 〈무의미한 연명의료중단 제도화를 위한 특별위원회〉가 제출한 '연명의료 결정에 관한 권고안'을 국가생명윤리심의위원회가 2013년 7월 말

전혀 새로운 '연명의료의 환자결정권 제도화 권고안'이라는 제목을 붙여 공개하면서 갑자기 '환자결정권', 즉 환자의 자기결정권이 부각되었다. 2013년 11월 28일 보건복지부는 '연명의료 환자결정권 제도화를 위한 인프라 구축방안 공청회'를 열고, '연명의료결정법안'을 공표하였다. 이 법안의 제1조(목적)에서 이 법안의 첫째 목적은 바로 환자의 자기결정권을 존중하는 것이라고 되어 있다.

환자의 자기결정권을 근거로 삼아 연명의료 결정이라는 어려운 문제를 해결하려는 것은 얼핏 생각하면 매우 간편해 보인다. 왜냐하면 연명의료를 환자가 선택한 대로 실행하는 것이니 의료진이나 다른 사람의 책임이 면제되고 환자 측에서도 문제 삼을 일이 없을 것으로 보이기 때문이다. 그러나 문제는 의료 현장에서 환자의 자기결정권이 충분히 발휘되기 어렵다는 사실과 환자의 자기결정권은 소위 '미끄러운 사다리타기 이론'(미끄러운 사다리를 오르다가 한번 미끄러지면 계속 미끄러지기 쉬운 것처럼, 한번 예외를 인정하게 되면 이와 유사한 경우를 계속 인정할 수밖에 없게 되어 예외가 일반화되고 마는 오류를 범하게 된다는 이론)에 따라 인간의 존엄성을 훼손시키는 안락사로 유도될 수 있는 위험성이 있다는 것이다. 이 법안은 실제로는 연명의료 중단 시에 예상되는 의료진의 책임을 면하기 위한 법률이라는 의혹을 제기하는 사람들도 있다.

생명에 관련된 사항의 입법 여부(與否)와 입법 내용을 결정함에 있어서는 상황적 편의나 경제적 형편 등을 우선적으로 고려하여 선택할 것이 아니라 고귀한 생명을 중시하는 가치실현을 위하여 보다 더 신중하고 진지하게 검토하여야 할 것이다.

환자의 자기결정권은 여러 가지 문제점이 있다. 첫째로 건강할 때에 비해 '환자'는 신체적·정신적·심리적으로 약한 상황에 놓여 있고 중병일수록 더욱 그러하다. 둘째로 그래서 환자가 건강할 때 미리 사전의료의향서 (advance directives)에 의향을 표시해 놓자는 주장들이 나오는데, 그것은 미래의 질병 상황에 대한 가정적 의향일 뿐이다. 다시 말해서 환자의 견해는 상황에 따라 바뀔 수 있는 것이다. 셋째로 사전의료의향서가 환자의 질병 상태와 예후를 아는 주치의나 담당 의사와 대화하지 않은 상태에서 작성되었다면 작성자는 정확한 정보를 얻었다고 보기 어려울 것이며, 건강할 때 작성했다면 더더욱 그러할 것이다. 넷째로 자기결정권의 범위와 한계가 불분명하다는 것이다. 자기결정권의 범위에 의도적으로 죽음을 앞당기거나 죽을 수 있는 권리까지 포함시킬 수 있느냐는 윤리적인 문제가 제기된다. 오늘날 스위스와 네덜란드 등에서는 이미 환자의 자기결정권에 근거하여 소위 '의사조력자살'이 허용되었고, 자기결정권에 근거하여 안락사 허용을 주장하는 사람들도 있다.

자기결정권의 문제는 철학적으로 보면 논란의 여지가 많은 심각한 문제이며, 역사적으로 많은 철학자들이 자기결정권에 관하여 긍정적이든 부정적이든 간에 논구해 왔다. 특히 서양 근세 이후 개인주의가 발달하면서 자기결정권은 주체 의식이나 자유와 결부되어 논의되었다. 오늘날 많은 사람들은 자기결정권을 적극적으로 주장하고 옹호하며, 인간의 기본권인 인권의 핵심으로 보며, 더 나아가 절대적 가치를 가졌다고 주장하기도 한다. 그러나 자기결정권은 주아론(主我論, solipsism)을 낳고 자기중심주의 내지 이기주의를 초래하기도 했다. 자기결정권을 절대시하는 사람들은 '죽을 권리'가 있다고 주장하고 자살권을 옹호하기도 하지만, 이것은 인간 생명의 존엄성을 부인하는 반인륜적인 작태이다. 자기결정권은 긍정적인 면과 부정적인 면이 다 있는 양날의 칼로 비유할 수도 있다. 그러므로 자기결정권은 한계를 가질 수밖에 없다. 모든 사람의 자기결정권을 존중해야 한다는 말과 누구에게나 자기결정권을 인정해 주어야 한다는 말은 분간되어야 할 것이다. 자기결정권은 인격적인 판단을 할 수 있는 성숙한 사람에게는 인정해 줄 수도 있겠으나 그렇지 못한 사람, 가령 미성년자나 치매환자 등 사리분별을 제대로 할 수 없는 사람에게 자기결정권을 부여할 수는 없는 것이다.

필자는 '연명의료의 환자결정권 제도화'를 위한 연명의료 중단 법제화에서 환자의 자기결정권의 문제점을 논하려고 한다. 왜냐하면 연명의료 중단을 환자의 자기결정권에 의거하여 결정하게 되면, 이것은 나중에 환자가 일정한 치료를 임의로 거부하고 스스로 죽음을 결정할 수 있는 권리로 유추되고 확대 해석될 수 있는 위험이 따르기 때문이다. 자기결정권에 의하여 인간의 생명과 죽음도 결정할 수 있게 되면, 이것은 안락사도 허용하고 자살도 허용하는 빌미를 줄 수 있다. 그래서 필자는 철학적인 면에서 자기결정권의 한계와 문제점을 논하고, 이에 근거하여 환자의 자기결정권에 의거하여 연명의료 중단을 법제화하는 것을 논박하려고 한다.

필자는 연명의료 중단은 법 규정으로 결정할 수 있는 사안이 아니라 임종기 환자에게 인위적인 연명의료가 무익하고 불필요하다는 것이 명백할 때, 즉 다음과 같은 선결 요건이 충족된다면, 담당 의사에 의하여 연명의료 중단이 시행될 수 있다고 생각한다. 첫째로 연명의료 중단은 환자나 의사 또는 환자 보호자가 일방적으로 결정하는 것이 아니라, 먼저 환자와 담당 의사와 환자 보호자가 함께 충분한 정보 교환과 소통을 할 수 있는 여건이 조성된 후 결정되어야 할 것이다. 둘째로 생명윤리학에 관한 전문가가 포함된 병원윤리위원회가 연명의료 중단이 생명의 존엄성 보전에 적절한 것인가를 검토 확인한 후 연명의료 중단은 시행되어야 할 것이다. 셋째로 임종하는 환자가 인간으로서의 존엄성을 유지하고 편안한 임종을 맞이하도록 호스피스 완화의료를 받을 수 있을 때 시행되어야 할 것이다. 호스피스 완화의료 제도화는 연명의료 중단의 선결 요건이며, 우선적으로 법제화되어야 할 것이다.

이 글은 먼저 자기결정권의 의미를 규명해 보고 그 다음 자기결정권과 개인주의 및 이기주의의 관련을 검토해 보고, 이어서 자기결정권의 한계를 지적하고, 끝으로 환자의 자기결정권에 의한 연명의료 중단의 문제점을 비판한 후, '연명의료 환자결정권 제도화'를 위한 연명의료 중단 법제화에 반대하는 이유를 밝히려고 한다.

2. 자기결정권의 의미

1) 자기결정권의 정의와 한계

자기 자신의 삶을 산다는 것은 인간 자유의 기본적 표현이다. 이 자유는 매일 결단을 내릴 때 입증되며, 자기 삶의 특정한 방식에 찬성하거나 반대하는 근본적인 조치를 지지해 준다. 자유에서 인간 존재는 자신의 미래를 열어 놓게 되고 자신의 권위를 보전한다. 그래서 인간 존재는 '본성적'으로 자유와 권위를 가지고 있다고 말해진다. 이 말은 인간 존재가 이러한 권위를 만들어 내지 못하며, 이러한 권위는 인간 실존과 모든 인간 행동의 기반이며, '양도할 수 없는 것'으로 보지 않으면 안 된다는 것을 함의한다. 아무 것도 이러한 권위를 제거할 수 없으며, 정신적이고 육체적인 힘을 사람으로부터 빼앗는 질병조차도 이러한 권위를 제거할 수 없다.[1]

이러한 인간의 존엄성과 품위가 자기결정권에서 확보될 수 있다는 점에서 자기결정권은 서양 근세 이후 인권 사상의 대두와 함께 각광을 받아왔다. 그러면 자기결정의 의미가 무엇인가를 우리는 캐묻지 않을 수 없다.

　자기결정이란 인간 자유의 기본적인 표현이다. '결정(Bestimmung, determination)'이라는 말은 원래 논리적, 의미론적인 의미를 가진다. 결정은 자기 세계의 사물을 그때그때 일정한 방식으로 서술하는 인간의 능력을 지시하는 것이다. 그래서 한 식물을 보고 어떤 사람은 '꽃'으로, 다른 사람은 '관목'으로, 또 다른 사람은 '나무'라고 지정할 수 있는 것처럼, 사람은 (예컨대 다른 생물과는 구별해서) 자기 자신을 '사람'이라고 기술(記述, description)하거나 '결정' 할 수 있다. 이런 의미에서 결정은 독일어로는 '정의(定義, definition)'에 해당하는 말이다.[2]

　'자기결정(self-determination)'이라는 말에서도 이와 같이 '기술'하고 '정의'를 내리는 두 가지 실행이 실천적인 의미를 갖는다고 하겠다. 만일 누군가가 그 자신을 그의 이름·성별·나이·직업을 진술하는 것에 의하여 '결정'한다고 한다면, 말하는 사람과 관련되는 이러한 기술(記述)적인 언표들은 또한 규범적인 것으로 이해될 수 있을 것이다. 그러면 그 말하는 사람은 그의 이름으로 불리어지고 그의 개성(individuum)으로 지각되고 인정받기를 원할 것이다. 그렇지만 사람들에게 이름과 성별과 나이와 그 밖에 다른 개인적 특징이 알려지는 것은 그 사람을 이해하기에 충분한 것이 아니라, 사람들이 그를 이러한 것들 속에서 받아들이지 않으면 안 되는 필요조건일 뿐이다.[3]

　자기결정을 감정이입(empathy)의 관점에서 보면, 어떤 한 인간의 개인적 자아와 관련되는 이 기술적이고 규범적인 요소들은 서로 밀착되어 있음을 알 수 있다. 자기 자신을 '이성적인 것'으로, '독자적인 것'으로, 또는 '독립된 것'으로, 또는 '능력 있는 것'으로 결정하는 사람은 또한 그런 사람이기를 원하고, 또한 다른 사람들에 의해서도 이러한 방식으로 인지되기를 바란다. 그러므로 자기결정이라는 개념에서 한 인간의 개인적 자기주장의 모든 동기들이 표현되기를 바란다. 그는 그가 자기 자신을 파악하는 것처럼 사람들도 그를 그렇게 인정해 주기를 기대한다.

자기 자신과 그 자신의 현존재에 관한 자신의 규정에 대한 이러한 요구의 독자성은 이미 서양 고대 윤리학의 출발점이기도 했다. 모든 덕은 자기 인식의 한 계기를 내포하며, 신중하고, 이성적이고, 올바르고, 경건하거나 현명하기 위하여 필요한 자제(自制)를 요구했다. 근대에 들어와서 독일에서 칸트가 처음으로 사용한 '자기결정'이라는 개념은 자기 인식과 자기 조정을 연결시켜 주는 장점이 있다. 그래서 자기결정은 그 자신의 행동의 입법자로서 그 자신의 가능성을 실제적으로 평가하는 것일 뿐만 아니라, 주어진 행위의 인식에서 스스로 파악하는 개인의 '자율(Autonomie)'을 표현하는 것으로 우대받게 되었다.[4] 이 말 속에는 개인 자유의 실현뿐만 아니라 그것의 가능성을 통한 인간의 권위가 담겨 있다.

그러나 만일 고립적으로 개인의 자기 인식에만 자기결정의 근거를 두려고 한다면 오해와 남용이 생길 수 있을 것이다. 이미 고대 그리스의 학자들은 자아(autos)가 타자의 자아와 맺는 관계를 통해서만 파악될 수 있다는 점을 중시하였다. 그래서 자기 인식을 촉구하는 신(神) 아폴로는 소크라테스의 지혜에 관한 그의 판단이 정당한가를 알기 위하여 다른 사람들과 대화를 하려고 아테네의 장터로 갔다. 대관절 사람은 그 자신을 어떻게 알 수 있는가를 스스로 반문하면서 소크라테스는 자기 자신을 아는 것은 다른 사람의 눈의 거울에 비추어질 때에만 가능하다는 응답을 한다. 그러므로 다른 사람의 자아에 대한 관계가 정해져 있을 때만 어떤 사람의 자아에 관해서 말하는 것이 의미가 있을 수 있다는 것이다. 다른 사람을 자기같이 보는 관계로부터 강력한 실천적 의무가 나온다는 것을 소크라테스는 정의의 덕이 갖는 지배적인 위상이나 자기 자신과 친구가 되는 덕의 능력을 아름답게 묘사하여 보여주었다.[5]

　자기결정은 인간의 '자아'에 주목한다. 철학과 심리학의 지배적인 견해에 의하면 자아는 체험, 경험, 인식, 행위에서 근본적인 의미를 갖는 인간의 특성에 의하여 결정된다. 전통적인 사고방식에 의하면 자아는 인간이 자기 자신 안에서 감지하고, 느끼고, 인식하고, 조종하는 중심이다. 그러나 자아는 이성적 인식, 정돈, 논리적 분석, 추론 같은 인지 작용이나 사고 과정에 국한되는 것이 아니라, 근본적으로 정서적이며, 행동을 이끌어 내는 방향 정립이며, 근본 기분(Grundbestimmung)이다. 그러므로 자아는 한 인격의 불변하는 형이상학적 실체가 아니다. 왜냐하면 자아는 개인의 법적·도덕적 정체성은 달라지지 않더라도 인생에서 많은 변화를 겪을 수 있기 때문이다. 그럼에도 불구하고 자기 자아를 인간의 불멸하는 인격적 핵심으로 보는 것은 각자의 자유재량에 맡겨져 있다.[6] 그러므로 자아는 모든 사람에게 절대적 지위를 가진다고 말할 수 없다. 불가(佛家)에서는 자아를 부정하고 심지어 무아(無我)를 주장하지 않는가?

2) 자기결정권과 다른 사람과의 관계

　오늘날에도 널리 인정받는 칸트의 자기결정론은 원래 다른 사람의 현존과 관계가 있다. 자기에 관한 자기 판단을 다른 사람에게 의존해서는 안 되지만, 우리는 다른 사람에게 영향을 미칠 수 있는 관계에서만 항상 자기 자신을 바로 이해할 수 있다. 칸트가 요청한 도덕법칙의 존중은 도덕법칙이 모든 사람의 가슴(brust) 속에 있는 것이기 때문에 모든 다른 사람의 인격 존중을 포함하는 것이다.[7] 다른 사람의 존중을 포함하는 이러한 자기 존중은 우리 모두의 공동의 관심사가 될 수 있다. 그러므로 그 자신의 자기결정을 지키고자 하는 사람은 자기 동료의 자기결정도 지키려고 해야 할 것이다. 자기 동료의 자기결정을 위해서 노력하는 것이 윤리적으로 요청되는 것이다. 왜냐하면 인간의 본성에는 연대성이 있기 때문이다.[8]

인간이 상호의존의 존재라는 것과 인간의 사회적 연대성으로부터 각자가 스스로의 요구에 따라 최선을 다해서 도울 것을 인류(Mitmensch, 共人間)에게 요청하는 윤리적 약속이 나온다. 이러한 연대성은 의지할 데 없는 신생아, 인생 말기의 노약자, 수많은 종류의 병으로 고통을 받는 환자(치매자, 정신 질환자 등), 백치, 군인과 감옥소의 죄수에게도 해당된다. 그래서 모든 사람의 자기결정권 존중에서 인권 존중 사상이 대두될 수 있었으며, 환자의 권리 내지 환자의 자기결정권이라는 말도 생겼다. 그러나 자기결정권이 항상 어디서나 반드시 지켜져야 하는 절대적 가치를 갖는 것은 아니다. 타인에 대한 배려가 없는 자기결정권은 독선을 초래할 수 있으며 타인의 자기결정권을 훼손할 수도 있다. 역사적으로 보면 자기결정권은 '민족자결주의'라는 명칭으로 정치적으로 약소민족의 독립에 기여하기도 하였지만, 다른 한편 악용되기도 했고 권력자에 의하여 법적으로 남용되기도 했다. 중상을 입은 외과 환자의 수혈조차 거부하는 광신적인 종교 집단의 수혈 거부를 자기결정권이라고 우리는 용인할 수 있는가? 그래서 우리는 자기결정권의 근거와 유래를 성찰해 보지 않을 수 없다.

3. 자기결정권과 개인주의의 발호

1) 자기결정권의 역사적 고찰

자기결정은 모든 사람이 자기의 삶을 결정할 수 있다는 것을 의미하기도 한다. 다시 말해서 자기결정이란 논리적으로 보면, 사실상 자기의 삶과 생명을 어떻게 할 것인가를 스스로 결정하는 것을 포함한다. 그래서 그 자신이 선택한 자살을 하려는 사람에 대해, 다른 사람이 그 사람을 도우려고 그 사람의 확신에 반대하여 그 사람이 자살하지 않도록 강요하지 말아야 한다는 주장도 가능해진다. 그러나 이것은 엄연히 '자살방조죄'에 해당하는 범죄이다. 그런가 하면 자기결정권 주창자에 의하여 '의사조력자살'이라는 말이 생겨났고, 의사는 살인 청부업자(?)로 전락하였다. 그러나 사람을 돕는다는 것은 사람을 살리는 것이지 죽게 하거나 죽도록 내버려 두는 것이 아니지 않는가? 자살하려는 사람에게 자기결정권을 준다는 것은 도대체 사람을 돕는 것인가? 이것이야말로 윤리적 딜레마이다.[9] 죽어 가는 사람과 그와 가까운 사람 사이의 딜레마이기도 하다. 치매 환자나 의식불명 상태에 있는 환자에게 자기결정권을 인정할 것인가 하는 것은 윤리적 딜레마이다. 미성년자에게 자기결정권을 인정할 수 있는가 하는 문제도 딜레마이다. 그럼에도 불구하고 자기결정권 주장은 오늘날 죽음의 문화가 지배하는 사회에서 대세를 이루며 풍미하고 있다. 그렇다면 이제 자기결정론의 역사적 배경을 살펴보기로 하자.

자기결정론은 계몽주의를 대두시켰고 개인주의의 발호를 초래했다. 서양 근세에 대두된 계몽주의는 영국과 독일과 프랑스에서 여러 가지 변형이 있었다. 그러나 계몽주의자들은 공통적으로 "이성의 빛을 넓게 퍼뜨려라.

그러면 행복이 손에 잡힐 것이다."라는 구호를 신조로 삼았다.[10] 그들은 법칙들을 분명하게 인식하는 것을 필요로 했다. 계몽주의는 이성을 근간으로 삼았으며, 이성은 자율성(Autonomie)과 자기충족성(Autarkie)이 있다는 것이다. 그래서 법(Recht)도 이성 안에 놓여 있으며, 이 이성은 자기(자아)로부터 모든 법칙(Gesetz)과 모든 도덕과 모든 법을 이끌어 낼 수 있다는 것이다. 자기 생각에 대한 순전한 열광주의로 말미암아 이제는 전체 도덕 체계와 법체계가 개별적인 규범에서 파악된다고 주장한 것이다. 계몽주의자들은 개인주의를 옹호하며, 이성의 전능과 절대화를 주장하는 이성주의자들로서 자기결정권을 절대시한다.[11]

중앙집권적인 군주국가의 행정 기구에서 필수적이었던 법률이란 적어도 이성주의자들의 입장에서 보면 더 이상 존립할 수 없는 것으로 보였다. 왜냐하면 이러한 법률은 지역과 사회계층의 이해관계에 따라 분열되기 마련이기 때문이다. 이러한 봉건적 법의 형태는 신흥 자본주의에서 보면 시대에 뒤떨어진 것이 되어 버렸다.

홉스(T. Hobbes)는 자연 상태를 야만적이며 규칙이 없는 '만인의 만인에 대한 전쟁 상태', 즉 혼돈 상태로 설명한다. 여기서 다시 인식론과 도덕철학의 상응이 일어난다. 홉스와 오캄(Ockham) 학파의 유명론자는 이성이란 보편적인 것, 즉 이념(이데아)을 결코 인식할 수 없다고 본다. 보편개념이라 생각되는 단어는 단순한 이름에 불과하며, 의미 표현의 혼란을 정돈하기 위하여 이성이 존재 안에 기초(fundamentum in re)함 없이 결국 자의적(恣意的)으로 정한 것이라고 본다. 그리고 도덕철학에서는 열정(passiones)이 첫째 자리를 차지한다. 인간은 그의 본질의 근본에서 자연 상태가 보여주는 바와 같이 늘 대이고 악하며 이기주의만을 따른다. 따라서 자연 상태에는 규칙 없는 개인만이 존재하며, 사회적 삶을 위한 어떠한 토대도 존재하지 않는다. '만인에 대한 만인의 투쟁'은 매우 장중하게 가르쳐 왔던 '모든 이에게 모든 이의 법'의 이면(裏面)이다. 그러므로 실제적으로 루소(J. J. Rousseau)의 꿈과 푸펜도르프(S. Pufendorf)와 그의 많은 제자들의 결론에서 볼 수 있는 것처럼, 그 자체로서의 자연 상태의 법은 존재하지 않는 것으로 보였다. 이와 같은 이기주의를 넘어서는 더 큰 유용성과 평안함에 대한 숙고는 개인들을 계약의 길로 가게 하는데, 이 계약을 통해 개인들은 시민 상태로 들어가 자신들의 권리를 '모두' 양도하며, 이로써 평안함이 가능해진다는 것이다. 이로써 평안함이 가능해질는지 모르지만, 모든 계약자는 자신들의 권리를 통치자, 즉 국가수반에게 (그 국가수반이 계약을 통해 군주적으로 결정하든, 또는 민주적으로 다수결로 결정하든 간에) 양도하지 않으면 안 된다는 '자기결정을 부정하는 아이러니'가 발생한다. 그래서 홉스는 '합의는 지켜져야만 한다(pacta sunt servanda)'는 명제를 제안하고 이를 누구든지 준수할 것을 요청했다. 이 기본 명제에 의해 국가 의지가 정초되며, 차차 자기결정에 의한 입법만이 권위가 있게 되고 실증적인 국가 입법이 된다고 주장했다. 우리는 여기에서 자기결정권의 한계가 드러난다는 것을 알 수 있다.

2) 자기결정론과 개인주의의 상관성과 그 문제점

한 개인은 그의 욕망의 추구가 다른 사람에게 미치는 영향을 전혀 고려하지 않고 그의 욕망의 대상을 추구할 권리가 있다고 주장하는 개인주의(individualism)의 여러 표현에서 우리는 자기결정론을 찾아볼 수 있다. 가령 사르트르(J. P. Sartre)가 그의 희곡 『허무(No Exit)』에서 "다른 사람이란 지옥"이라고 말한 구절은 바로 이기적인 사람들이 다른 사람들에게 관심을 가지고 있지 않는 것을 잘 반영한다고 하겠다. 우리는 이러한 것을 소위 인기 있는 대중잡지와 상업광고가 인간이란 단지 쾌락 경험의 센터이고 상품 획득의 센터인 자아(self, 자기)에 불과하다는 생각에 기반을 두고 있는 데서 쉽게 찾아볼 수 있다. 자기결정론은 쾌락주의를 초래했다.

사르트르와는 정반대로 파스칼(B. Pascal)이 "자아가 혐오스럽다"고 말한 것은 그의 저서 『명상록(Pensées)』에 실려 있다. 그는 자아가 모든 것의 중심처(center)로 자처하고 정의와 정반대되는 짓을 부과하기 때문에 우리가 자아를 미워한다고 설명한다. 간단히 말해서 자아는 두 가지 성질이 있다. 자아는 스스로를 모든 것의 중심처로 만들기 때문에 불의(不義)하다. 다시 말해서 자아는 다른 사람을 위압하려 하기 때문에 다른 사람들과 일치할 수 없다. 각각의 자아는 적(敵)이 되고 모든 사람의 폭군이 되기 쉽기 때문이다. 그러므로 자아의 불의뿐만 아니라 자아의 살풍경을 제거하여야 할 것이다.[12] 그래서 불가(佛家)에서는 무아(無我)를 역설하고, 그리스도교에서는 자기부정(自己否定)을 권고한다.

자기결정론은 근세의 자아중심설과 개인주의를 배태(胚胎)하고, 나와 너, 물질과 정신을 구별하는 이원론(二元論, dichotomy)에 빠지며, 자연을 정복의 대상으로 삼고 자연을 파괴하여 생태학적 위기를 초래했다. 홉스는 '인간은 인간에게 늑대(homo homini lupus)'라는 말을 함부로 뱉고, 심지어 '만인의 만인에 대한 투쟁'이라는 폭언까지 했다. 서양 근세의 모더니즘은 유아론(唯我論)과 도구적 합리주의를 기반으로 삼으며 이원론을 드러냈다. 이 모더니즘은 데카르트(R. Descartes)에게서 유래하므로 이를 좀 더 살펴보기로 하자.

3) 데카르트의 물심(심신) 이원론

데카르트는 서양 근대 철학사의 출발점에 서 있는 철학자로 평가된다. 그는 인간이 세계를 인식할 수 있는 근거를 자아의식(cogito)으로 보았다. 데카르트는 "나는 생각한다. 그러므로 나는 존재한다(cogito ergo sum)"라고 선언했다. 우리는 데카르트의 말에서 주관과 객관을 대립시키는 인식론적인 사고방식인 이원론이 비롯되는 것을 볼 수 있다.

데카르트의 물심 이원론은 보통 정신과 물질을 서로 무관계한 것으로 만드는 논리를 확립했던 것으로 생각되었다. 이로부터 과학은 정신과는 무관한 것으로, 즉 유물론적인 세계만을 다루는 독자적인 것으로 발전하였다. 데카르트의 사고 패러다임에서 코기토(cogito)는 '사유(思惟)적 존재자(res cogitans)'로 정의되며, 이것에 대비되는 물질로서의 세계 사물은 '연장(延長)적 존재자(res extensa)'로 정의된다. 연장적 존재자란 용적(容積)을 가진 것인데, 즉 공간에 일정한 부피를 가지고 있는 것을 의미한다. 그러므로 그의 사상에서는 처음부터 정신과 물질이 하나로 아우러질 수 없다.

근대과학에 바탕을 두고 있는 서양의학은 마음의 문제를 일체 배제한 기계론적, 기능주의적 의학의 체계를 만들어 왔는데, 이것은 데카르트로부터 비롯한 것이다. 데카르트의 논법에서 몸과 영혼의 작용이 잘 연결되지 않는다는 것은 당시에 가상디(Pierre Gassendi)도 비판했고,[13] 파스칼도 이를 혹평하기도 했다. 그러나 데카르트의 이분법적 사고는 서양철학의 관념론을 지배하여 오늘날에도 그 그늘은 짙게 드리우고 있으며, 서양의 기능주의적이며 기계론적인 의과학(醫科學)의 기조를 이루고 있다.[14] 그러므로 우리는 이러한 의과학에 생명의 존엄성을 지키기 위한 윤리적 성찰을 요구하지 않을 수 없다. 왜냐하면 인간의 생명은 의학자만의 관심사가 아니라 생명의 존엄성에 관심을 가지는 모든 분야 사람들의 관심사이기 때문이다.

인간은 본성적으로 일련의 사회적 관계 속에서 타인들과 함께 사고하고 결정하도록 되어 있는 존재이므로 절대적 가치를 가진 생명 가치와 관련된 문제를 독자적으로 자기결정을 하도록 내버려 두어서는 안 된다. 오늘날에도 자기결정론에 토대를 둔 자유주의적 개인주의는 인간의 삶을 하나의 의미 있는 전체로서 볼 기회를 허용하지 않고 그때그때의 경제 논리에 따라 이기적인 것으로 본다. 그래서 매킨타이어(A. MacIntyre)는 자유주의적 개인주의를 비판하면서 인간의 본성을 인정하기를 포기한 계몽주의 프로젝트는 실패할 수밖에 없는 운명이었다고 지적하였다.[15] 이 자기결정권이 오늘날 환자의 자기결정권으로 발전하면서 윤리적인 문제를 야기(惹起)하고 있으며, 그중 하나가 바로 환자의 자기결정권에 의한 연명의료 중단이다. 이를 구체적으로 상론해 보기로 하자.

4. 환자의 자기결정권에 의한 연명의료 중단의 문제점
: 사전의료의향서

사전의료의향서는 생의 마지막 단계의 의학적 조치(措置)와 진행에 관하여 사전에 자기결정을 표명해 둠으로써, 자기의 의사 결정 능력이 상실되거나 불명(不明) 상태에 빠지게 될 경우에 대비하여 환자의 자기결정권이 효력을 발생하도록 하는 문서이다.

그러나 이 사전의료의향서의 작성 과정에서 다음과 같은 문제점이 제기될 수 있다.

첫째로 건강할 때 사전의료의향서를 작성하여 죽음을 준비하고 가족에게 부담을 주지 말자는 주장을 하는 사람들이 있다. 그러나 사전의료의향서 작성자가 훗날 어떤 질병 상태에 놓일지를 모르는 상태에서 어떤 치료 또는 처치를 원하거나 원하지 않는다는 의사표시가 과연 적절한 것인가 하는 의혹이 생길 수 있다. 또 사전의료의향서 작성자가 연명의료 결정의 범위에 대하여 충분한 정보(informed consent)를 가지고 있으며, 자기결정을 올바르게 할 수 있는 능력을 가지고 있는가가 확실하게 규명되어야 할 것이다.

둘째로 사전의료의향서 작성 시에 환자가 치매 상태에 있거나 우울증을 앓고 있는 경우에 자기결정권이 충분히 발휘될 수 있느냐는 의문이 제기될 수 있다. 현재 한국에서 치매 환자는 57만 명 이상으로 추정되나 치료받는 환자는 절반 정도로 알려져 있고, 2041년에는 200만 명이 넘을 것이라고 추정된다. 또 우울증 환자는 수백만 명으로 추정되고, 상당수의 우울증 환자는 염세적이다. 이러한 환자들에게 자기결정권을 인정할 수 있느냐는 문제는 논의의 여지가 많다. 독일 국가윤리위원회는 2010년 개최한 학술대회에서 "치매는 자기결정권의 종언"이라는 주제를 논의하였다.[16] 요컨대 자기결정권을 중시해 온 독일에서도 자기결정권에 제한을 둘 수밖에 없다는 것을 인정하지 않을 수 없었다. 물론 치매 환자를 적극적으로 보호하고 존중해야 하며, 국가는 치매 치료에 적극적으로 임해야 하며, 제한된 자기결정권을 행사할 수밖에 없는 환자들의 인권 존중을 위한 최선의 방도를 논의해야 한다.

셋째로 경제적 이유 등으로 가족 또는 병원진의 압력에 의하여 환자가 본의 아닌 자기결정을 할 수 있을 것이라는 의문이 제기될 수 있다. 그래서 미국 등에서는 사전의료의향서 작성 시에 2명 이상의 증인의 참석과 서명이 요구된다. 이와 관련한 규정에서 환자와 혈연 또는 혼인 관계에 있는 자, 유산상속이나 재산상의 이해관계가 있는 자, 치료비 내지 연명 조치 비용에 대한 재정적 부담을 지고 있는 자, 의료진 또는 의료기관이 고용한 자 등은 증인에서 제외할 것이 요구된다. 그러나 이러한 요구가 실제로 한국 사회에서 실현될 수 있느냐는 의혹을 해소시키기는 쉽지 않다.

넷째로 사전의료의향서에 연명의료 중단에 대해서 찬성 또는 반대를 표명하였더라도 인간의 마음은 수시로 바뀔 수 있다는 사실을 간과해서는 안 될 것이다. 환자가 생전에 자기 의사를 표명할 당시에 질병으로 인한 신체적이고 정신적인 압박, 가족들에게 시간적·정신적·경제적인 부담을 준다는 미안한 마음, 병원의 압력 등 때문에 자신의 속마음을 솔직하게 표현할 수 없다는 점도 고려하지 않을 수 없다.

연명의료 중단은 대체로 치료할 수 없거나 회복할 수 없는 환자의 말기 상태에서 생명유지 장치가 단지 죽음의 순간을 연기하는 데 불과한 기능을 하는 경우에 연명의료 조치를 중단 또는 보류하는 것을 의미한다. 그러나 연명의료 조치 중단의 범위와 내용이 지역에 따라 상당한 차이가 있다는 문제가 발생한다.

미국은 주에 따라 연명의료 중단의 적용 범위에 차이가 있는데, 오하이오와 아칸사스 주에서는 임종이 아닌 회복할 수 없는 혼수상태, 지속적인 식물인간 상태(PVS), 영구적 무의식 상태에도 연명의료 중단을 적용한다. 이것은 안락사를 인정하는 반생명적이고 비윤리적인 조치이다.

연명의료 중단의 내용이 지역이나 나라에 따라 다르며, 어떤 내용에는 윤리적인 문제가 있다. 연명의료 중단은 대체로 심폐소생술을 포함하여 심장 마사지기, 심장전기충격기, 인공호흡기 등 인위적인 기계장치를 사용하지 않는 것을 의미하지만, 인위적인 영양 공급과 수분 공급, 완화의료를 포함할 것이냐 아니냐 하는 문제가 제기될 수 있다. 여기서도 말기 환자의 생명을 단축시키는 조치는 비윤리적이므로, 어떤 경우에도 영양과 수분 공급은 환자에게 제공되어야 할 것이다. 따라서 연명의료 중단이 직접적인 사망의 원인이 된다면, 치매 환자와 혼수상태 환자의 경우는 소극적 안락사가 되고, 의식이 있는 환자의 경우는 적극적 안락사가 되고 만다. 그러므로 연명의료 중단이 직접적인 의학적 사망 원인이 되어서는 안 된다.

결론적으로 앞에서 살펴본 것처럼, 자기결정권에 의한 사전의료의향서는 연명의료 중단에 임해서 환자의 의견도 고려하기 위한 하나의 보조 수단에 불과한 것이어서, 전적으로 신뢰하기 어려우므로, 환자의 자기결정권에 의거하여 죽을 수도 있게 하는 연명의료 중단을 제도화하는 것은 타당하지 않다.

5. 나가는 말

연명의료와 관련한 환자의 자기결정권이란 임종기에 의학적으로 무의미한 치료나 조치를 환자가 거부할 권리를 의미한다. 그러나 환자의 자기결정권이라는 용어를 잘못 해석하거나 남용하는 경우, 본래의 의미에서 벗어나 환자가 원하면 무엇이든 할 수 있는 것처럼 인식되어, 환자의 생명을 위해 (危害)하는 행위도 환자가 결정하면 할 수 있는 것처럼 오해될 가능성이 있다. 실제로 오늘날 스위스와 네덜란드에서 자행되는 소위 '의사조력자살'은 바로 환자의 자기결정권의 남용에서 발생한 것이라고 볼 수 있다. 그리고 암암리에 자행되는 안락사도 환자의 자기결정권의 남용이라고 할 수 있다. 물론 인간의 자유의지는 매우 중요하며 존중되어야 한다. 그러나 의료에 대한 자기결정권이 생명 존중에 대한 책임보다 우선할 수는 없다. 무엇보다 이러한 연명의료결정법이 시행되고 그 대상을 확대해 나갈 때 이 법이 자칫 '안락사'를 허용하는 법으로 쉽게 변질될 가능성이 있을 것이라는 우려를 하지 않을 수 없다. 안락사는 살인 행위이며 어떠한 경우에도 절대로 국가가 나서서 시행을 이끌거나 도와서는 안 된다.

이슬람 문화권에서는 자살 미수자를 엄벌에 처한다. 이것은 자기결정권을 부정하는 극단적인 처사이며 인권유린이라고 분개하는 사람들이 있을지도 모른다. 그러나 이슬람이 근본적으로 인간 개개인에게 자기의 생명과 죽음에 대하여 자기결정권을 인정하지 않는 것은 생명권이 신의 영역에 속하는 신성한 최고 가치이기 때문에 인간이 자의대로 할 수 없다는 것을 천명하는 것이다. 참으로 중요한 것은 사람은 근본적으로 자기의 생명을 단축시킬 수 있는 권리가 없다는 것이다.

필자는 연명의료 중단 법제화에 대하여 다음과 같은 이유로 반대한다.

첫째, 환자의 상태에 대하여 판단 오류를 범할 수 있는 개연성이 높다. 그러므로 판단 오류로 말미암아 인간의 생명을 침해할 수 있는 개연성이 높은 사안을 일률적으로 법으로 정한다는 것은 생명 침해 현상을 조장할 수 있다. 따라서 생명을 침해할 수도 있는 연명의료 중단을 법제화하는 것은 인간의 기본권인 생명권을 침해할 수 있기에 반대하지 않을 수 없다.

둘째, 국가생명윤리위원회가 연명의료결정에 관한 권고에서 호스피스 완화의료 제도 확립과 시설 확충 등의 필요성을 언급한 것은, 임종기 환자들이 생명 가치를 진지하게 고민한 후 올바른 선택을 할 수 있도록 사회적·문화적 토대를 마련하는 것이 중요함을 밝힌 것이다. 그러므로 호스피스 완화의료 제도, 병원윤리위원회의 적절한 활동 등이 충분히 시행되지 못하는 상황에서 생명 가치에 대한 올바른 인식과 충분한 정보 제공 등의 보장 없이 생명에 대한 결정을 하는 법제화는 인간의 존엄성을 침해하는 것이므로 반대하지 않을 수 없다.

셋째, 종교계, 특히 가톨릭교회와 한국기독교생명윤리협회가 연명의료결정법 제정에 대하여 공개적으로 우려를 표명한 것처럼,[17] 법제화 추진에 의해 환자의 생명권과 존엄성이 약화될 수 있으며, 연명의료결정법이 점차로 환자의 자기결정권을 남용하여 안락사를 허용할 빌미를 줄 수 있는 위험이 있으므로 이에 반대하지 않을 수 없다.

넷째, 자기결정권에 의한 사전의료의향서는 신뢰하기 어렵고, 전적으로 환자의 자기결정권에 의거하여 환자를 죽일 수도 있게 하는 것을 법으로 제정하는 것은 타당하지 않으므로 반대하지 않을 수 없다.

연명의료 중단은 의학적으로 무의미한 의료 행위를 하지 말자는 것이다. 그러나 의료 현장이나 환자 보호자들 가운데 일부가 그러한 그릇된 관행을 고집했던 문제가 있었다. 따라서 이에 대한 개선책으로 환자에게 의학적으로 무의미한 의료행위는 하지 않으면서도 유의미한 의료행위와 돌봄은 마지막까지 제공하는 풍토를 만들 필요가 있다.

생명에 관련된 사항에 대하여 입법을 하든, 하지 않든 간에 그 내용을 결정하면서 상황적 편의나 경제적 형편 등을 우선적으로 고려하는 것은 인간의 존엄성에 위배되는 것이다. 삶의 마지막 단계에서 생명이 온전한 기능을 발휘하지 못하고 있더라도, 인간은 여전히 고귀한 존재이며 돌봄과 사랑을 받아야 할 존재라는 것을 우리 모두는 지실(知悉)해야 할 것이다. 그러므로 환자의 일방적인 자기결정, 또는 환자의 가족이나 병원진의 일방적인 결정에 의해서가 아니라, 환자와 그 가족과 의사의 합의에 의하여 연명의료 중단을 할 수 있을 경우에, 또 환자가 혼수상태에 빠져 자기 의견을 개진하지 못하거나 가족 간에 합의를 못하여 병원윤리위원회의 결정에 의하여 연명의료 중단을 하게 되는 경우에도, 환자의 생존에 필요한 충분한 수분과 영양 공급과 호스피스 완화의료 등 기본적 돌봄은 환자에게 제공되어야 할 것이다.

생명 개념에 대한 인지적 실험으로서의 종교

/ 이창익

1. 생명의 경계선이 낳는 상상력

파브르는 『식물기』에서 식물에 대해 논의하기에 앞서 '식물 같은 동물'인 히드라와 가재를 이야기한다.[1] 헤라클레스 신화에도 히드라가 등장하는데, 이 괴물의 머리는 5개, 6개 혹은 100개였다고 한다. 헤라클레스는 잘라도 계속 돋아나는 히드라의 머리를 불로 지져 더 이상 머리가 생겨나지 못하게 한다.[2] 그런데 파브르는 현실의 히드라가 신화의 히드라보다 훨씬 흥미로울 것이라고 말한다. 파브르는 연못이나 수렁에 사는 히드라를 잡아다가 히드라의 몸통과 촉수를 여러 개의 토막으로 가위질한다. 이렇게 해서 분리된 히드라의 촉수와 몸통을 각각 컵 속에 넣어 두고 여러 날이 지나면, 히드라의 촉수는 몸통을, 그리고 몸통은 촉수를 재생시킨다. 히드라는 아무리 많은 토막을 내도 각각의 토막들이 제각각 완전한 히드라의 모습을 복원해 낸다. 그런데 이러한 광경은 우리가 흔히 식물에게서나 볼 수 있는 것이다. 감자를 토막 내서 땅에 심는 것을 떠올려 보면 된다. 생명체가 지닌 형태의 복원력은 우리에게 일종의 신비로운 경이를 느끼게 한다.

다른 예인 가재를 보면 개울가에 사는 가재의 집게발은 짝짝이의 형태로 보통 하나는 굵고 다른 하나는 가늘다. 이것은 가재가 전투나 사고로 잘려 나간 집게발을 재생시키는 능력이 있기 때문이다. 가재는 가지가 잘린 관목이 새 가지를 돋아나게 하는 것보다 훨씬 쉬운 자연 치유 능력을 보여준다. 그러나 히드라의 경우와는 다르게 가재의 잘려 나간 집게발은 그대로 썩어 없어진다. 가재의 잘려 나간 집게발은 더 이상 생명을 발아시키지 못한다. 하지만 히드라는 몸이 두 동강이 나는 순간 두 마리의 개체로 환생한다. 죽음이 와야 할 순간에 생식이 일어나는 것이다. 그러므로 히드라는 죽음과 생식의 동시성을 보여준다. 우리는 한 마리의 히드라가 두 마리의 히드라가 될 때 하나가 둘 안에서 어떻게 자신의 정체성을 보존하는지를 묻게 된다. 이것은 '생명의 정체성'에 대한 지극히 인간적인 물음이다. 그러나 히드라는 어떠한 생명의 정체성 문제도 제기하지 않는다. 히드라의 불멸성은 개별성의 지속이 아니라 개별성의 부재 속에서만 가능한 것이기 때문이다.

이러한 두 가지 예를 통해서 우리는 히드라와 가재가 식물과 동물의 경계선 근처에 위치한 생명체라는 생각을 할 수 있다. 적어도 인간에게는 결핍된 신비한 능력을 가진다는 측면에서 볼 때, 신화나 영화를 통해서 우리가 만나게 되는 괴물은 이미 연못이나 개울에 살고 있는 것처럼 보인다. 그리고 가장 강력한 괴물은 동물과 식물의 경계선을 위반하는 존재일 것이라는 생각을 해 볼 수도 있다. 물론 일반적으로 괴물은 종의 경계선을 위반한 형상이나 속성을 지닌 존재로서 생각된다. 그러나 종의 경계선이나 생명의 경계선은 흔히 우리 지식과 생각 속에서 매우 과장되는 경향이 있다. 그러므로 생명의 경계선이 본래적인 자연적 경계선인지, 아니면 인간의 인지적 경계선인지, 그도 아니면 역사적·문화적으로 만들어진 구성적 경계선인지를 물을 필요가 있다. 우리가 생명의 분류학을 고민해야 하는 것도 이 때문일 것이다. '자연'은 우리가 생각하는 것만큼 '자연적'이지 않기 때문이다.

그런데 파브르는 『식물기』에서 그가 이야기해야 할 식물에 대한 본격적인 논의 바로 앞에서 다시 히드라와 산호를 이야기한다.[3] 히드라는 마치 식물의 줄기에서 새 가지가 돋는 것처럼 자기 몸에 새끼 히드라를 돋아나게 한다. 그리고 일정 기간이 지나면 위장을 공유하던 어미와 새끼의 몸통이 분리된다. 산호의 경우에도 관목처럼 생긴 석질의 산호에서 피는 각각의 꽃은 폴립이라고 불리는 각각의 동물이다. 산호를 통해서 각각의 개별적인 폴립들은 하나의 위장을 서로 공유한다. 하나가 음식을 먹으면 나머지가 배부르게 되어 있는 것이다. 히드라처럼 폴립은 자기의 몸에 새끼가 돋아나게 하지만, 히드라와는 다르게 보통 어미와 새끼는 분리되지 않고 하나의 산호 안에서 연결된 채 계속 공생한다. 할아버지, 할머니, 아버지, 어머니, 아들, 딸 모두가 하나의 산호 안에서 집합체로 존속하는 것이다. 세대가 이어지면서 개개의 폴립은 죽지만 폴립의 집합체인 산호는 영생한다고 말할 수도 있다. 마치 개개의 꿀벌은 죽지만, 꿀벌의 무리는 영원한 것과 같다. 이때 우리는 영원성이란 개체가 아니라 집단의 소유물일 뿐이며, 개체의 영원성이라는 것은 집단이 되고자 하는 개체의 환상 속에서 구성되는 개념이 아닌가 하는 생각을 해 볼 수 있다.

산호에 이르면 우리는 식물과 동물의 경계선을 혼동하게 된다. 산호는 '동물이 만들어 낸 식물'이면서, '식물로 존재하고자 하는 동물'이기 때문이다. 우리가 보통 나무라고 부르는 것도 지속적으로 새로운 가지를 분출하면서 낡은 가지와 새로운 가지가 나무라고 부르는 무시간적 생명체 안에서 집합적으로 공생한다. 산호처럼 나무는 부모와 자식이 하나의 몸을 형성하면서 '집합적 영원성'을 향해 나아간다. 동물이 개별적 생명체라면 나무는 집합적 생명체이다. 실제로 인간이 지닌 '식물의 상상력'은 동물의 개별성이 와해되는 지점에서 힘을 발휘한다. 식물의 집합적 생명이 파열되는 지점에서 우리는 동물의 존재론적 탄생을 목격하게 된다. 종교사에서 흔히 등장하는 '우주 나무'라는 상징은 수직적으로는 하늘과 지하라는 타계를 향해 뻗쳐 있으면서도 수평적으로는 인간 세계의 개별적 생명을 집합적인 생명으로 변형시키는 역할을 한다. 죽음에 의해 단절되는 인간의 개별적인 생명들이 나무 상징을 통해서 집합적인 생명 덩어리로 접합되는 것이다.

이처럼 우리는 식물의 상상력이 식물학적 지식에 입각하여 어떻게 전개되는지를 살펴볼 필요가 있다. 동물의 생명과 식물의 생명을 겹쳐 볼 때 발생하는 강력한 상징적·종교적 자극의 지점을 이해할 필요가 있는 것이다. 이 글에서 우리는 생명 개념 자체의 인지적·인위적 구성 과정을 살펴볼 것이다. 그러므로 인간이 어떠한 인지적 과정을 통해서 보편적인 생명의 범주를 구성하는지, 그리고 그렇게 인공적인 보편범주로서 구성되는 생명이 어떠한 인지적·종교적 왜곡에 의해서 '자연적인 생명'으로 실체화되는지를 살펴볼 것이다. 또한 우리가 개개 생명체를 인지하는 과정 속에서 상상하는 개개 생명체의 '본성들(natures)'이 어떠한 상상력의 과정에 의해서 집합적인 '자연(NATURE)'으로 실체화되는지를 가늠해 볼 것이다.

댄 스퍼버가 강조하듯이 동물 상징체계를 이해하기 위해서 우리는 먼저 동물학 지식이 구성되는 방식을 이해해야 한다. 나아가 동물학 영역의 개념 구성이 일반적인 개념 구성의 원리를 따를 뿐만 아니라, 동물 영역에 특수한 인지적 과정을 따른다는 것도 역시 알아야 한다.[4] 이러한 주장은 마찬가지로 식물에도 적용된다. 나아가 우리는 동식물의 생명 개념을 구성하는 것이 인간의 생명 개념을 구성하는 것과 어떻게 상호작용 하는지를 살펴보아야 한다. 인간의 생명 개념은 근접한 생명체인 동물과 식물의 생명과의 마주침 속에서 형성되었을 것이라고 생각하기 때문이다.[5] 그리고 생명 개념의 구성 과정 속에서 종교적 사유가 어떤 방식으로 기능하는지를 살펴볼 필요가 있다.

이 글에서 우리는 먼저 인간이 생명체와 인공물을 구별하는 고유한 인지적 능력을 가지고 있는지의 여부를 살펴볼 것이다. 이러한 과정에서 우리는 마음 이론(theory of mind)이 생명 개념을 형성하는 인지적 단초라는 것을 확인할 것이다. 어떤 사물이 생명을 지니고 있다는 것은 그 사물이 마음을 지니고 있다는 것을 전제하기 때문이다. 이러한 논의를 통해서 우리는 모든 생명체가 생명의 본질을 소유하고 있다는 근대의 신화를 비판적으로 성찰할 것이다. 생명 개념의 보편성과 생명 개념의 단일성은 사실 인간의 허구적 구성물일 뿐이다. 오히려 인간의 인지적 능력은 더 적은 생명과 더 많은 생명을 가진 생명체를 구분함으로써 생명의 질서를 서열화하는 경향이 있다. 그러므로 보편적인 생명 개념의 '내용'을 확인하는 순간, 우리는 거기에서 단계별로 등급화되는 생명의 질서를 발견하게 된다.

마지막으로 우리는 인간이 종교를 통해서 '생명의 등급'과 '생명의 편차'를 이용하는 인지적 놀이를 수행한다는 것을 보여줄 것이다. 종교의례는 생명체 간의 적절한 거리를 유지하고 생명체 간의 원근을 설정함으로써 '등급화된 생명'의 지도 안에서 인간 생명의 적절한 자리를 찾아 주는 작업이다. 종교의례는 전체적인 생명 질서 안에서 인간 생명이 가장 큰 의미를 확보하는 지점, 즉 인간의 생명 개념이 최소의 인지적 노력으로 최대의 의미 효과를 발휘하는 지점을 발견하기 위한 것이기 때문이다. 댄 스퍼버는 인간의 인지적 능력은 세계에 대한 인간의 지식을 향상시킨다는 일반적인 인지적 목표 하에서 최소한의 정신적 처리 비용으로 최대한의 인지적 효과를 발생시키는 방향으로 정보를 처리한다고 말한다.[6] 최소의 인지적 노력으로 최대의 인지적 효과를 만들어 내는 개념일수록 인간이 인지적으로 향유하기 좋은 적합한 개념이 된다. 그리고 인간의 추론 체계는 이러한 '적합성'의 정도를 극대화하는 방향으로 생명 개념을 구성한다. 종교적인 사유 역시 인간의 생명 개념이 최대의 의미를 분출하면서 가장 흥미롭게 되는 적합성의 극대화 지점을 향해 수렴된다.

그러므로 우리는 보편적인 생명 개념을 통해서 '생명의 본질'을 찾기 위한 노력을 경주해서는 안 된다. 오히려 우리는 보편적인 생명 개념 안에 포섭되는 다양한 생명체들 안에서 지각되는 '생명의 차이'에 주목함으로써, 생명 개념이 어떻게 인간으로 하여금 인간 자체를 사유하게 하는지, 그리고 생명의 지도 안에서 인간이 차지하는 위치를 통해서 어떻게 인간이라는 실체를 만들어 내는지를 살펴보아야 한다.

2. 생명 개념과 생물학적 불멸성의 문제

우리는 이미 다윈의 진화론이 또 다른 과학적 신화로 자리하는 시대를 살고 있는지도 모르겠다. 또한 다윈의 진화론에 여전히 목을 걸고 있는 것이 이제 종교, 특히 기독교뿐이지 않을까 하는 생각마저 들 때가 있다. 적어도 진화론에 입각한 생물학적 인간 개념은 19세기가 낳은 근대의 서구적인 인간관의 전형일 뿐이다. 그러나 우리는 다윈의 진화론이 인간을 생명의 분류 체계의 연속성 안에 편입시킴으로써 인간 개념을 자연 개념 안에서 사유할 수 있는 체계적인 토대를 제공하였다는 점을 유념해야 한다. 그리고 20세기의 역사 속에서 다윈의 『종의 기원』은 과학적 사유를 위한 고전으로서보다는 인간과 세계를 개념화하기 위한 강력한 상상력의 지침서로서 기능했다.

내셔널 지오그래픽에서 제작한 『생명의 탄생』 시리즈는 '진화'라는 개념이 전제하는 생명체의 연속성 사이에 얼마나 많은 상상적 간격이 놓여 있는지를 짐작하게 한다. 특히 캄브리아기 폭발(Cambrian explosion)이라고 불리는 동물 폭증은 먹고 먹히는 관계 속에서 동물들이 진화적 적응을 통해 다양한 모습으로 발전하는 것을 가능하게 했다. 긴 지질학적 시간에 비하면 극히 짧은 시간에 엄청나게 많은 다양한 생명체가 출현한 것이다. 대양에서는 강력한 앞발톱으로 먹이 사냥을 했던 빠르고 치명적인 사냥꾼이었던 아노말로카리스(Anomalocaris)나 머리 위에 다섯 개의 눈을 달고 있었던 오파비니아(Opabinia) 같은 포식자의 출현으로 인해서, 이에 대항할 새로운 방어 기제를 갖춘 동물이 출현하게 된다. 몸 전체에 빳빳한 털을 달고 있는 카나디아(Canadia)나 등에 뾰족한 가시가 난 위악시아(Wiwaxia) 같은 해저 생명체가 출현한 것이다.[7]

이전에는 존재하지 않던 강력한 포식자는 어디에서 온 것일까? 피식되는 생명체의 몸에서 돋아나는 가시는 포식자에 대한 공포의 기억이 몸 안에 축적되면서 생겨난 진화적 적응의 결과물인가? 누가 이 물음에 대답해야 할까? 여전히 진화의 이야기에서 이러한 공백을 제거하는 역할을 맡는 것은 과학이 아니라 상상력인 것 같다. 어떤 학자들은 캄브리아기의 동물 폭증이 선행하는 유전적 혁명을 통해서 가능했을 것이라는 가설을 세운다. 유전적 복잡성의 증가로 동물들의 적응 능력도 향상되고 이때부터 무수한 돌연변이의 출현이 가능해졌다는 것이다. 또한 동물들 사이에서 치열한 무기 경쟁이 벌어진 결과 다양한 모습을 갖춘 동물들이 생겨났다고 설명하는 가설도 있다. 적어도 다윈의 이론 속에서 모든 생물은 항구적으로 '자연 선택의 압력'을 느끼면서 자신의 신체적 윤곽을 수정해 나간다. 그리고 이러한 선택의 압력은 신체적 압력일 뿐만 아니라 심리적 압력의 문제를 동시에 제기한다. 이러한 압력 속에서 동물은 항상 자기 창조자일 뿐만 아니라 스스로의 원인이자 결과가 된다. 진화생물학과 진화심리학이 이야기하는 것도 이런 것들이다.

다윈의 진화론은 진화가 유기체 전체의 차원에서 일어나는 것이 아니라 해당 유기체의 각 부분에서 단편적으로 발생하는 것이라고 주장할 뿐만 아니라 목적론적 진화라는 관념을 배제하였다는 점에서, 전통적인 생물학 이론과 큰 차이를 보인다. 그리고 바로 이러한 두 가지 측면이 다윈의 진화론을 과학적인 것으로 만드는 주요한 동력인 것 같다. 왜냐하면 아리스토텔레스의 생물학이 전제하는 진화의 선은 질서와 아름다움을 지향하면서 유기체 전체의 차원에서 일어나는 목적론적 진화라는 점에서 다윈의 진화 개념과는 매우 다른 것이기 때문이다.

그러므로 다윈의 진화론에 목적론적 도식을 다시 추가하는 '진화론적 유신론' 같은 입장은 다윈보다는 아리스토텔레스의 의견에 충실한 것이다. 현대 생물학의 진화 이야기에는 더 이상 신이나 최초의 행위자 같은 형이상학적 실체가 등장할 수 없다. 신학적 드라마에서는 항상 골치 아픈 문제를 일거에 해결하는 데우스 엑스 마키나(deus ex machina; '기계장치의 신'을 의미하며, 그리스 비극에서 해결 불가능한 줄거리의 문제를 풀기 위해 기계장치를 이용하여 무대 위로 등장시킨 신 역할을 하는 배우를 가리키는 표현이다.)가 등장하지만, 과학적 드라마는 그러한 존재 없이 이야기를 완결지어야 하기 때문에, 이야기가 훨씬 미시적이고 비가시적인 차원에서 전개될 수밖에 없다. 그래서 과학의 이야기는 나안(裸眼)의 이야기가 아니라 현미경 같은 기계 눈의 이야기일 수밖에 없다. 상상력이 발휘되는 지점과 차원이 달라졌다고 말해야 할지도 모르겠다. 유전자형(genotype)과 표현형(phenotype)의 이원론 속에서 전개되는 '유전자의 상상력'이 대표적인 예라고 할 수 있다. 우리가 과학적 상상력이라는 틀로 과학적 주장을 바라보아야 하는 것도 이 때문이다. 민속적 생물학이 형태학이나 생태학의 가시적인 차원에서 전개되는 것이라면, 과학적 생물학은 유전자라는 비가시적인 차원에서 전개된다.[8]

최근에 자주 듣게 되는 동물 해방이나 동물권의 주장은 동물과 인간의 생물학적·심리학적 경계선이 적어도 예전처럼 굳건하지 않다는 것을 보여준다. 이와 관련하여 제기되는 일련의 동물 담론은 우리에게 순치와 예속, 사냥과 살인, 육식과 식인의 경계선이 얼마나 무너지기 쉬운 것인가를 보여주고 있다. 이제 동물은 예속과 살인과 식인과 고문의 대상이다. 지금까지 생물학 담론은 인간과 다른 동물의 생물학적 차이를 강조하고 과장하는 차이의 담론으로 이루어졌다.[9] 이때 동물은 인간만이 가진 것을 가지지 못한 존재로서 그려진다. 즉 일반적인 동물 범주는 흔히 결핍의 총합에 의해 부정적으로 구성될 뿐이다.[10]

예컨대 데카르트는 동물을 자동기계장치(automaton)라고 불렀다. 기계의 특징은 '반복'에 있다. 기계는 입력된 운동 과정을 자동적으로 반복하는 것이므로, 기껏해야 '반복의 생명력'만을 지닌다. 이에 반하여 생물의 생명력은 반복이 아니라 우연과 비약에 의해 특징지어진다. 그러므로 생명의 과정

자체는 반복이 아니라 예측할 수 없는 차이의 연속으로 묘사될 수 있는 그런 것이다. 그런데 우리는 종교적 상상력에서 '반복'이라는 개념이 얼마나 자주 등장하는지를 잘 안다. 원형과 신화의 영원회귀를 거론하지 않더라도, 종교는 항상 '반복의 환영'에 의해서 현상을 설명한다. 종교적 구원 역시 많은 경우에는 '반복의 정확성'에 의해서 구현된다. 의례적 반복이 얼마나 정밀성에 집착하는지, 인간이 얼마나 자신의 삶을 '신(神)의 반복'으로 정리하려 하는지도 우리는 잘 알고 있다. 그러므로 자동기계장치라는 데카르트적 동물은 묘하게도 인간의 역설 하나를 드러낸다. 동물이 되고자 하는 인간이 바로 그것이다.

18세기 중반에 뷔퐁(Buffon)은 아리스토텔레스를 옹호하면서 "자연에 대한 진지한 조사를 통해서 얻는 첫 번째 진실은 아마도 인간에게는 굴욕적인 진실이다. 그것은 인간이 스스로를 동물의 부류로 분류해야만 한다는 것이다."라고 말했다.[11] 아리스토텔레스의 공적은 그가 생명 형태의 논의 속에 인간뿐만 아니라 곤충이나 벌레 같은 무척추동물까지도 끌어들였다는 사실이다. 그는 다른 동물과 함께 인간을 하나의 대상으로 설정함으로써 인간을 동물의 형태를 비교하기 위한 준거점으로 삼았다. 인간은 가장 복잡하고 자연스러우며 가장 완성된 형태를 지닌 동물이었기 때문이다.[12] 이러한 준거점으로부터 다른 동물들은 결핍과 대체의 관계를 통해서 정의되었다.

아리스토텔레스는 『동물의 신체 부위에 관하여(De Paribus Animalium)』에서 "우리는 별로 가치 없다고 평가되는 동물들을 조사하는 일에 대한 유치한 혐오감을 극복해야 한다. 왜냐하면 모든 자연적인 것들 안에는 경이로운 무언가가 있기 때문이다."라고 말한다.[13] 아리스토텔레스는 뼈의 유무가 아니라 피의 유무로 동물을 유혈동물과 무혈동물로 구분하는데, 이때 이 구분은 척추동물과 무척추동물의 구분에 대응한다. 이러한 구분은 피가 생명을 주는 열기와 연관된다는 믿음 때문에 가능했다. 또한 린네(Linnaeus)는 『자연의 체계(Systema Naturae)』에서 "자연은 가장 작은 존재들에서 가장 완벽하다. …… 각각의 곤충에게서 우리는 다른 신체에서는 발견하지 못할 특별한 능력을 관찰하게 될 것이다."라고 말한다.[14] 라마르크(Lamarck)는 1809년에 무척추동물 연구가 자연의 법칙을 발견하고 자연의 과정을 결정짓기 위한 지식을 가져다 줄 것이라도 믿었다.[15] 그러나 18세기에 뷔퐁은 곤충 연구를 인간 연구의 수준까지 끌어올리려 했던 르네 레오뮈르(René Réaumur)를 공격하면서, "신은 자그마한 생물의 무리를 질서화하는 것이나 그것들의 자그마한 부분들이 분절되고 설계되는 방식에 관심이 없으며, 따라서 이성도 그러한 관심을 갖지 않아야 한다."라고 말한다.

그럼에도 불구하고 아리스토텔레스로 인해서 인간과 벌레에 대해 동등한 수준에서 체계적인 조사를 벌이는 일이 가능해졌다는 점은 부인할 수 없다. 아리스토텔레스 덕분에 동물학은 '인간의 생명력이 벌레나 곤충이 꿈틀대는 생명력의 소실점에 이르기까지 점진적으로 약화되어 간다.'라는 식으로 생명의 등급화에 의해 동물의 질서 체계를 구성하는 일에서 벗어날 수 있었다. 이때부터 하등 생물의 생명력이 점진적으로 세분화되는 과정에 대한 관심이 생겨났기 때문이다. 이러한 부분에서 아리스토텔레스의 동물학은 민속적 생물 분류학을 일탈한다. 왜냐하면 무척추동물이나 곤충은 그리 두드러지지 않은 형태적·생태적 존재감 때문에 민속적 생물학의 관심을 거의 받지 못했기 때문이다. 이러한 이유로 민속적 생물 분류학과 다르게 아리스토텔레스의 생물 분류학은 '과학적'이라고 평가받을 수 있게 된다. 지식의 영역을 일반적인 경험적 차원 너머로 확장하고 있기 때문이다.

아리스토텔레스는 자연적인 생명체의 가장 중요한 특징은 '성숙(acme)'에 있다고 말한다. 즉 동물이 자기가 속한 종의 전형적인 형태를 취할 수 있는 올바른 상황이 주어질 때, 개체는 본질적으로 해당 종의 전형적인 형태를 실현시키게 되어 있다는 것이다. 수학적 필연성은 절대적인 것이지만, 유기체의 필연성은 최종적인 성숙의 상태가 일어날 것이라는 것을 전제하는 '가정적인 필연성'일 수밖에 없다. 최선의 가능적 최종 상태에 도달할 때만 유기체는 종에 전형적인 해부학적 · 형태론적 특징을 보여줄 것이기 때문이다.[16] 식물을 재배하는 사람은 그 식물이 도달한 최종 상태에 입각하여 그 식물의 본질을 정의한다. 마찬가지로 성숙을 통해서 도달하는 최종 상태의 정의에 따라서 인간의 정의나 생명의 정의도 달라질 수밖에 없다. 왜냐하면 인간을 생물학적으로 정의할 때는 최종적인 신체적 성숙이 인간을 정의하기 위한 지표가 되지만, 인간을 형이상학적으로 정의할 때는 신체적 · 형태적 완성보다는 정신적 완성이 더 중요한 지표로 작용할 것이기 때문이다. 그리고 성인식과 같은 종교 의례가 인간의 신체적 성숙과 정신적 성숙의 균형점을 찾아 주기 위한 것이었다는 점을 이해한다면, 우리는 인간의 '성숙' 상태를 정의하는 문화적 · 역사적 차이에 주목하지 않을 수 없다.

적어도 아리스토텔레스가 그리는 세계에서 영원한 것은 본래적으로 신성하고 아름답기 때문에 항상 최선의 상태로서 존재한다. 그러나 자연적인 생명체는 신성하고 아름다운 것을 단지 가리킬 뿐이기 때문에 여기에서는 '최선을 향한 지향성'만이 존재한다. 그러므로 아리스토텔레스의 체계 속에서는 생물학적인 종의 개념도 역시 '최선을 향한 지향성' 속에서 정의된다. 생명체는 내장된 본질에 따라서 최선을 향해 펼쳐지도록 설계되어 있다. 이처럼 아리스토텔레스는 모든 생물을 '본질의 펼쳐짐'으로 정의한다. 본질이 생물의 변화와 생성을 이끄는 힘인 것이다. 그에게 모든 생물은 일정한 형태를 지향하는 형상적 잠재력을 내장하고 있다. 아리스토텔레스에게 자연을 의미하는 '피시스(physis)'는 보통 두 가지 의미로 사용된다. 한편으로 피시스는 일반적인 생물의 형태론적 규칙성을 설명하는 '생물에 내장된 발달 프로그램'을 의미한다. 모든 생물은 자기만의 자연들(natures), 즉 본질들을 내장하고 있다. 다른 한편으로 철학적인 의미에서 피시스는 '자연(NATURE) 안에 존재하는 운동과 휴식의 원리'를 의미한다. 그러므로 철학적 '자연' 개념은 결국 각각의 생명체에 내장된 특수한 '자연들(본질들)'의 원리적 통합을 의미한다고 할 수 있다.[17] 따라서 우리는 단일한 '자연(NATURE)' 개념이 다양한 '자연들(natures)'의 체계화와 추상화의 산물임을 유념해야 한다.

존재론적으로 생명체는, 비록 명확히 알려지지 않았을지라도, 자기 자신만의 고유한 본질(nature)을 지닌 어떤 것으로서 개념화된다. 민속적 생물 분류법은 특히 '본질'에 입각하여 생물을 분류하는 경향이 있다. 생물의 형태학적 외관과 생태학적 성향이 생물 분류의 일차적인 기준이 되기 때문이다. 앞에서 살펴본 것처럼 서양에서 '자연'이라는 말이 생명세계(Nature)와 본질(nature) 양자를 의미하게 된 것도 이 때문이다. 우리가 생물을 분류할 수 있는 것은 각각의 분류군이 저마다의 독특한 '본질'을 소유하고 있다는 가정때문이다. 예컨대 모든 개는 본질상 네발 동물이기 때문에, 다리 하나가 없는 개는 결핍적인 존재로 간주된다. 다리 하나가 없는 개라 할지라도 그 개의 본질은 네발 동물이기에, '개의 본질'에 입각하여 그 개는 결핍적인 존재로 인지되는 것이다. 이렇듯 민속적 생물 분류학은 개별적 생명체를 넘어서는 어떤 본질의 가정에 입각하여 분류를 전개한다. 저마다의 개별적 생명체가 보여주는 변이의 정도에도 불구하고, 그러한 일군의 생명체를 모두 하나

의 분류군에 포함할 수 있는 것은 기저에 놓인 본질의 가정 때문이다.[18]

스콧 애트런은 종의 개념이 과학적 생물 분류학의 산물이 아니라 '일상생활의 존재론'에 입각한 민속적 생물 분류학의 산물이라고 주장한다. 그에 따르면 인간의 인지 체계는 생명체(living kinds)와 인공물(artifact)을 구분하도록 구조화되어 있다. 인공물은 기능과 용도에 의해 정의되지만 생명체는 내장된 본질에 의해 정의된다. 그리고 모든 생물들은 본질들의 연관 구조에 의해 분류학적으로 체계화되지만 모든 인공물을 분류하는 전체적인 체계는 존재하지 않는다. 애트런에 따르면 인간은 본래적으로 기저에 놓인 신체적 본질에 근거하여 생명체들을 분류하는 인지적 경향을 가지고 있는데, 바로 이로부터 종의 개념이 탄생하였다는 것이다. 애트런은 생명체, 즉 생명을 가진 존재를 인식할 수 있게 하는 우리의 고유한 인지적 추론 체계가 존재한다고 주장한다. 생명체 지각은 학습된 경험에서 나오는 것이 아니라, 본래적인 인지적 성향으로부터 생겨난다는 것이다. 나아가 그는 인종주의(racism)조차도 진화적 자연선택에 의한 인간의 인지 체계의 산물이라고 말한다. 인간은 '가정된 본질'에 의해서, 즉 해당 생명체의 '생명의 내용'에 의해서 생명체를 파악하는 경향이 있기 때문이다.[19] 애트런은 이러한 논의를 통해서 일상생활의 상식적인 존재론과 과학적 존재론 사이의 연속성과 불연속성을 확인하고자 한다. 애트런의 이러한 주장은 뒷부분에서 더 자세하게 논의하고자 한다.

아리스토텔레스에 따르면, 모든 생명체는 소멸할 수밖에 없기 때문에 생명의 지속은 생명의 갱신과 재생, 즉 항구적인 생식에 의해서만 보증된다. 이때 생명의 재생은 세 가지 요소에 의존한다. 첫째로는 여성의 월경 분비물과 같은 올바른 질료가 있어야 하며, 둘째로는 태양, 바람, 기후, 자양분 같은 질료적 힘이 있어야 하고, 셋째로는 질료와 질료적 힘을 결합하는 '형상적 잠재력'인 남성의 정액이 있어야 한다. 아리스토텔레스는 정액이 생명을 주는 '영혼'을 담고 있다고 말한다. 그런데 형상(영혼)은 항상 질료와 뒤섞이기 때문에 아버지의 형상(영혼)을 자손이 완벽하게 복제하는 것은 불가능하다. 자손은 조상의 형상을 모방하려 하지만, 이때 질료의 개입으로 인해서 형상의 완전한 복제는 불가능해진다. 그러므로 자손은 항상 '형상으로부터의 일탈'을 겪으며, 이러한 일탈의 결과물이 바로 '종(species)'이라는 것이다. 부모를 닮지 않더라도 자손은 '종'으로서 남게 된다. 아버지를 닮지 않더라도 아들은 여전히 인간이다. 그러므로 생명체는 '종적 외관'만을 자연적 필연성으로서 지니게 된다. 종의 개념은 일종의 생물학적 '가족 유사성'의 산물인 것이다.

> 동물은 동물을 낳고 식물은 식물을 낳으면서 생물은 같은 유의 다른 생물을 낳게 되는데, 이리하여 그것들은 그들 각각의 본질이 허용하는 한도 내에서 영원성과 신성에 참여하게 된다. 이것이 바로 모든 생물이 간구하는 이상적인 것이고, 그들의 행동이 자연적인 것인 한 그들의 행동을 결정하는 이상적인 것이다. 그러나 필사의 것들은 지속적으로 영원성과 신성에 참여할 수 없기 때문에 (소멸하는 어떤 것도 그것의 정체성을 보존할 수 없으며 산술적으로 하나로서 머물 수 없기 때문에) 그들은 그들에게 열려진 한 가지 방식으로 균등하지 않게 영원성과 신성에 참여한다. 즉 그들 자신 안에서 불멸성을 성취하는 것이 아니라 그들의 자손을 통해 대리적인 불멸성을 성취하는데, 자손이 별개의 개체라고 하더라도 그들이 자손과 종적으로는 하나이기 때문이다.[20]
> 〈Aristoteles, *De Anima*, 415a26-b1〉

그러므로 개체는 동일한 질료적 실체로서 영원히 존속할 수 없기 때문에 후손을 통하여 스스로를 영속화하고자 한다. 개체는 후손에게 질료적으로 실현되는 그들의 형상을 전달함으로써 스스로를 지속한다. 그러므로 '종(species)'이라는 것은 불완전하기는 하지만 인과적으로 유지되는 '계열의 불멸성(serial immortality)'의 시도가 만들어 내는 산물인 것이다. 혈통의 영원성이나 불변성이 존재할 수는 없지만, 유기체는 자기의 형상에 충실한 자손을 낳음으로써 '종적 불멸성'을 성취하고자 하는 것이다. 우리는 여기서 생물학이 종교로 치환되는 장면을 목격한다. 아리스토텔레스가 에이도스(edios)라고 부르는 '종(species)'은 결국 구원의 단위로서의 역할을 맡게 된다. 우리가 '종'의 개념을 어느 정도 종교적 상상력의 작품이라고 불러도 되는 것은 이 때문이다. 그리고 만약 애트런의 주장처럼 '종'의 개념이 인간의 자연스러운 인지적 추론 체계의 산물이라면, 불멸성의 추론에 의해서 '종'의 개념은 더욱 더 두드러지는 인지적 적합성을 지니게 된다. 그러나 아리스토텔레스에게 '종'은 개체로부터 개체에게로 불변적인 형상이 계보학적으로 전달되는 고정적이고 불변적인 실체가 아니라, 비슷한 것이 비슷한 것을 낳음으로써 확보되는 가족 유사성의 산물일 뿐이다. 영원한 것은 오로지 합리적이고 감각적이며 생식적인 영혼들의 존재이다. 영혼, 즉 생명만이 영원한 것이다. 형상의 모든 복제가 실패하는 지점에서, 즉 모든 유사성이 사라지고 심지어는 '종적 불멸성'마저 실패하는 지점에서도 오롯이 존재하는 것이 바로 생명인 것이다. 우리가 영혼, 자연, 생명의 개념적 등가성을 확인하는 것도 바로 이 지점이다.[21]

생명이라는 범주의 사유는 다른 어떤 범주보다도 더 넓은 외연을 대상으로 한다. 움직일 수 있는 모든 것에 대한 사유, 자신을 방어하거나 생존하기 위해서는 무언가를 먹어야만 하는 모든 것에 대한 사유가 바로 생명 개념을 특징짓기 때문이다. 그런데 우리는 생명 개념을 발생시키는 인지적 메커니즘뿐만 아니라, 생명 개념의 인지적 효과를 이야기해야 한다. 나를 이해하기 위해서 다른 인간을 끌어들이고, 인간을 이해하기 위해서 다른 동물 종들을 끌어들이고, 심지어는 동물을 이해하기 위해서 식물의 종들까지도 끌어들이는 과정에서 만들어진 것이 바로 생명 개념이기 때문이다. 즉 생명 개념은 우주 안에서의 인간의 존재 방식을 이해하고 해석하기 위한 실험적인 개념이다. 생명 개념은 인간이 세계 안의 다른 존재들과의 연속성을 확보하기 위해서 만들어 낸 독특한 개념이다. 그러므로 우리는 인간이 '생명의 상상력'을 통해서 무엇을 성취하는가를 살펴보아야 한다. 인간의 인지 체계는 다른 생명체의 '생명'을 인식할 뿐만 아니라, 살아 있는 것과 살아 있지 않은 것을 구분하고, 나아가 살아 있는 것들 사이에 존재하는 '생명의 양적 차이'를 가늠하도록 편향되어 있기 때문이다. 애초에 생물 분류학은 단지 생명체의 본질과 형태에 따라 그려지는 생명의 경계선을 확인하기 위한 것이 아니다. 오히려 이러한 분류학은 '더 많은 생명'과 '더 적은 생명'의 연쇄 고리 속에서 인간 생명의 불멸성과 완전성을 모색하기 위한 도구였다고 할 수 있다.

학문은 항상 범주나 추상에 대한 것이다. 즉 개인에 대한 학문, 개별자에 대한 학문은 절대 불가능하다. 왜냐하면 모든 개별적인 인간은 형언할 수 없는 특이성을 지닐 뿐만 아니라 도저히 법칙이나 규칙으로 추상화 될 수 없기 때문이다. 아리스토텔레스는 개별자는 모든 점에서 다른 개별자와 구별되기 때문에 유일무이한 것이고, 일반적인 규칙성의 관점에서는 도저히 정의될 수 없는 것이라고 말한다.[22] 이러한 의미에서 조르주 바타유도 개인에 대한 어떤 철학도 존재할 수 없다고 말한다. 그에게 철학이라는 사유의 연습은 항상 개별적인 관점의 부정을 지향하기 때문이다.[23] 즉 마치 종교처럼 철학도 개별성을 지우는 연습일 수밖에 없다. 마찬가지로 모든 학문도 필연적으로 관계에 대한 것, 추상에 대한 것, 범주에 대한 것일 수밖에 없다. 학문 역시 개별성을 지우는 장치인 것이다.

우리가 모든 개체를 개별적으로 이해한다는 것은 불가능하다. 개별자는 단지 어떤 일반적인 묘사를 충족시키기 위한 범례로서만 알려질 수 있다. 즉 학문의 세계에서 모든 개체는 범례로만 존재한다. 그러므로 개별자에 대한 절대적인 지식은 불가능하다. 우리는 항상 일반적인 범주들과 개념들의 교차점에서, 일반적인 것들의 무수한 얽힘 속에서만 개별적인 것을 이해할 수 있다. 그러므로 개체가 전체를 위한 수단이 되는 것이 아니라, 전체가 개체를 위한 수단이 된다. 왜냐하면 모든 인간적인 실존적 문제는 결국 개체의 문제로 수렴하기 때문이다. 우리가 현실 속에서 마주치는 인간은 추상적인 개념으로서의 인간이 아니라 구체적인 개별자로서의 인간이기 때문이다. 그러나 그러한 개별적 인간은 아무리 정교한 인간 개념으로도 완벽하게 포착할 수 없는 인간, 즉 구체적인 시간과 공간 속에서 미세하게 진동하는 인간이기도 하다.

보편적인 원리에 대한 지식은 그러한 보편성이 특수한 개체 안에서 예시될 때만 지식이 된다. 보편적인 지식은 보편자를 예시하는 개별자의 본질에 대한 지식과 같다. 내가 인간이라는 것은 내가 다른 인간들과 공유하는 어떤 구조 때문이다. 즉 인간이 됨으로써 나는 다른 존재들과 더불어 공유하는 보편적인 속성에 참여하게 된다. 인간이라는 개념과 마찬가지로 생명이라는 개념 역시 내가 자연과 공유하는 어떤 것, 내가 비인간적인 존재와 공유하는 어떤 것의 가리킴일 수밖에 없다. 현재 우리가 지닌 인간 개념은 자연적이기보다는 인공적인 실험에 의해 생성된 개념이다. 아무리 생물학적 논증을 통해 호모 사피엔스라는 인간 종의 자연적인 존재를 증명하려 한다고 해도, 생물학적인 종은 생물학적 상상력의 소산이지 자연적인 실체일 수 없다.[24]

예컨대 찰스 다윈은 '종의 기원'에 대한 사유를 통해서 결국 '종의 신화'를 해체했다. 다윈 이후에 종은 더 이상 고정적이고 영원한 불변적 실체일 수 없게 되었다. 즉 '종적 불멸성'의 단위로서의 종의 개념이 붕괴되어 버렸던 것이다. 다윈 이후에 종은 언제라도 돌연변이를 산출할 것만 같은 불안정한 실체로 전락했기 때문이다. 인간은 이제 '종의 경계선'이 주는 절대적인 안정감을 누리는 것이 아니라, 그러한 경계선이 잠정적이고 일시적인 것이라는 것을 인식하게 되었다. 즉 다윈 이후에 우리는 '종적 불멸성'이 아니라 '종적 경계선'을, 그 경계선 안에 내포된 연속성과 불연속성을 사유하게 된 것이다. 현재 우리가 지닌 포괄적이고 보편적인 생명 개념도 바로 '종적 경계선'이 점진적으로 소실되면서 만들어진 것이라고 할 수 있다. 이처럼 과거의 생물학적 상상력과 신화를 철저하게 파괴했던 것이 바로 다윈의 가장 큰 공헌일 것이다. 이제 종의 개념은 지속적인 흔들림 속에서 불안정하게 유지되는 지극히 가변적인 단위일 뿐이다.

이러한 이야기를 더 깊게 전개하기 위해서는 인간이 얼마나 많은 인지적 실험을 통해서 비-인간과 인간을 구분하게 되었는지를 이야기할 필요가 있다. 종교 역시 이러한 인지적 실험에 적극적으로 참여한다. 특히 근대적인 인간은 동물 개념과 신 개념의 경계선에서 만들어진 개념이다. 인문학 역시 그러한 경계선 사유의 산물이다. 생물학이 동물과 인간의 물리적 경계선을 찾기 위한 노력을 기울였다면, 인문학은 동물과 인간의 심리적 경계선을 찾기 위해 분투했다. 그러나 우리는 종교가 인간과 신의 경계선에 대한 사유였다는 것을 알고 있다. 또한 종교는 인간과 신의 경계선 사유를 통해서 생명과 죽음의 개념을 지속적으로 탐구한다. 게다가 최소의 인지적 노력으로 최대의 의미 효과를 발생시키는 지점에 대한 실험, 즉 '생명 개념의 적합성'의 인지적 실험을 펼치는 것이 바로 종교의 가장 중요한 몫이었다.[25]

3. 생명의 분류학과 생명의 변증법

스콧 애트런은 생명 분류학 논의에 기초하여 생명 개념과 생명 분류학의 인지적 토대와 생명의 의미론을 추적한다. 애트런에 따르면 인간의 마음 안에는 생명을 인지하는 특수한 메커니즘이 존재한다.[26] 즉 생명과 생명의 분류는 인간 마음의 영역-특수성(domain-specificity)의 산물이라는 것이다. 그는 생명체를 전담하는 마음의 특수한 부분이 있기에 생명의 의미론을 논의할 수 있다고 말한다. 이처럼 애트런은 '생명체'라고 하는 특수한 영역을 구성하게 하는 특수한 사유의 유형이 존재한다고 주장한다. '생명체'의 영역에 적용되는 사유의 유형은 다른 인지 영역들에 적용되는 사유의 유형과는 구별되는 독특한 조직 원리를 가지고 있다는 것이다. 그리고 애트런은 종의 개념을 통해서 그러한 조직 원리를 해명하고자 한다. 애트런에 따르면 생명체의 범주는 기저에 놓인 본질의 가정에 의해서 유지되지만, 인공물의 범주는 기능과 용도에 의해 정의된다. 나아가 생명체는 상위 범주와 하위 범주로 구조화되는 분류 체계 안에 정위되지만, 인공물은 이런 식의 분류 체계 안에 수용되지 못한다.

제리 포더에 따르면, 세계에 존재하는 특수한 유형의 현상들을 다루기 위해서 우리 마음 안에는 '영역에 특수한 모듈(domain-specific module)'이 각각 존재한다.[27] 세계의 모든 현상을 인지하고 사유하는 만능적인 하나의 마음이 존재하는 것이 아니라, 마음이 전문화된 영역들로 세분화되어 있으며, 이러한 영역들이 각각 세계의 특수한 영역들에 대한 사유를 담당한다는 것이다. 포더는 인간의 지각 과정이 전문화된 정밀한 메커니즘들, 즉 모듈들에 의해서 이루어지며, 이러한 모듈들이 각각 그 자신의 독점적인 자료 영역을 담당한다고 말한다. 모듈은 지각을 통해서 마음으로 들어오는 정보의 입력 체계를 담당한다.[28] 이러한 바탕 위에서 애트런은 생명 영역을 전담하는 지각적인 모듈의 존재를 가정한다. 애트런의 주장에 따르면 인간의 마음이 생명을 인지하는 것은 지극히 자연스러운 현상이다.

이러한 주장을 검토하기 위해서 먼저 다음 두 가지 사실을 유념해 보자.

첫째, 우리는 인공물처럼 '생명이 없는 것'과 동식물처럼 '생명이 있는 것'의 구분선이 도대체 어떠한 인지적 과정에 의해 그어지는지를 살펴보아야 한다. 생명은 실체가 아니라 개념이다. 그러므로 여기에서 우리는 생명 개념의 의미론을 읽어야 한다. 이것은 생명 개념이 인간 문화에서 수행하는 역할과 기능의 물음이기도 하다. 무생물에 생명을 불어넣을 때, 즉 무생물이 생물처럼 취급될 때, 혹은 역으로 생물이 무생물로 취급될 때, 바로 그러한 존재론적 범주의 치환 작용은 언제나 생명 개념의 조작에 의존한다. 이러한 존재론적 자리 이동이 어떻게 종교적 개념을 만들어 내는지는 이미 파스칼 보이어가 '반직관적 존재론'이라는 개념으로 자세히 논의한 적이 있다.[29] 우리는 종교적 상상력 안에서 이러한 일이 얼마나 자주 일어나는지를 잘 안다. 그러므로 생명 개념은 확고부동한 경계선을 지닌 것이 아니라, 얼마든지 맥락에 따라 가공되는 유동적인 개념일 수 있다.

둘째, 우리는 과학적 생명 분류학 이전에 존재했던 자연스러운 민속적인 차원의 생명 분류학의 존재와 그 특성을 확인할 필요가 있다. 그리하여 우리는 민속적 생물학과 과학적 생물학이 각각 생명을 분류하는 방식을 대비시킴으로써, 생명 분류 체계를 통해서 역으로 생명 개념의 차이를 드러내야 한다. 특히 여기에서 우리는 세계 개념의 변화에 주목해야 한다. 인간은 언제나 지역적이고 생태학적인 세계 안에서 실존한다. 그러나 현대인의 마음은 지역과 생태를 넘어선 추상적 세계 안에서 삶을 영위한다. 예컨대 코끼리는 한국의 자생동물이 아니다. 그러므로 코끼리는 한국의 생태 분류학 안에서는 무의미한 존재이다. 지역적 생태학을 넘어서는 과학적 분류학의 현장에서만 코끼리는 유의미성을 지닌다. 그러므로 민속적 생물학에서 과학적 생물학으로의 전환은 인간이 사는 생태학적 세계의 보편화와 추상화를 수반할 수밖에 없다.

또한 민속적 분류학은 형태학적 외관과 생태학적 성향에 따라 동식물을 분류하지만, 과학적 분류학은 유전적 친화력의 정도에 따라 동식물을 분류한다. 민속적 분류학은 생태학적이고 형태적인 공간적 질서에 의존한다. 즉 특정한 생물은 어느 정도 그 형태와 서식지의 특정성에 의해 정의된다. 그러나 과학적 분류학은 진화론적 시간 계열에 의한 시간적 질서에 따라 생물을 분류한다. 예컨대 우리는 생물학에서 종(species)이라는 말이 번식의 단위로서 확정된다는 것을 안다. 생물학적인 종은 번식의 고립체이기 때문이다. 종이란 같은 종을 복제할 수 있는 생식력에 의해 다른 종으로부터 구별된다. 그리고 종의 개념은 공통의 씨앗으로부터 항구적으로 자기를 복제하는 단위를 정의하기 위해서 1583년에 식물분류학 책에서 체살피노(Cesalpino)가 도입한 관념이다. 그리고 종의 상위 범주로 설정되는 속(genus)이라는 개념은 1694년에 투르네포르(Tournefort)가 체계화한 것이다. 그러나 지역적인 환경의 식물상과 동물상 분류학을 위해서는 종과 속의 구분이 필요하지 않다. 왜냐하면 지역적인 생태학적 공간 안에서는 대부분의 속이 단일 종으로 구성되기 때문에 지각적인 차원에서는 종과 속의 구분이 불가능하기 때문이다. 종의 개념 하나로도 지역적 생물의 기초적인 분류학이 가능하기 때문이다.

지리상의 발견 이후에 가시권으로 들어온 다른 세계의 생물들을 하나의 체계 안으로 수렴하기 위한 노력 속에서 등장한 것이 바로 속(genus)의 개념이다. 속의 개념은 지역적 자연 세계를 초월하는 세계적인 분류 체계를 구성하기 위한 필요성의 산물인 것이다.[30] 그러나 민속생물학에서 생물의 일차적인 구분은 지역적인 자연 세계 안에 존재하는 형태학적 · 지리학적 틈이 만들어 내는 생태학적 구별에 의존한다. 이때 생식적인 분리는 필수적인 것이 아니다. 그리고 고전적인 자연사(natural history) 안에서 종을 고정하는 기준으로서 생식이라는 개념이 처음으로 등장한 것은, 지역의 생태를 넘어서는 차원에서 체계적으로 종을 비교하고 분류하기 위한 목적에서 나온 것이다. 과(family)의 개념 역시 확장되는 생물학적 세계에 대처하기 위해 출현한 임의적인 개념이지 결코 자연적 개념은 아니다. 인간은 결코 종, 속, 과, 목, 강, 문으로 이어지는 분류학적 세계 안에서 살아가지 않기 때문이다. 그러한 분류학적 세계는 과학이 낳은 인공적인 환영의 세계이다.

근대 생물학에서 종은 주어진 장소에서 형태학적 규칙성을 유지하는 그러한 종의 생산을 위해서 필요한, 보편적이고 자연적인 물리적 메커니즘을 확정하려는 의도에서 규정된 것이다. 그리고 해당 종의 형태학적 특징은 외적 환경 요소와는 무관하게 설정되는 종의 내적 본질의 가정과 연결된다.

물론 형태학적 변이의 한계에 대한 영속적인 고정을 위해서는, 즉 허용될 수 있는 형태학적 차이의 정도를 규정하기 위해서는, 어느 정도의 형태학적 일탈은 허용할 수밖에 없다. 처음으로 보편적인 자연적 분류학을 구상했던 사람들은 주로 아리스토텔레스를 따라 대부분의 식물이 무성생식을 한다고 생각했던 식물학자들이었다. 그래서 그들은 교차 수정이 아니라 계보학적 연결이라는 기준에 의해서 같은 종에 속한다는 사실을 보증하고자 했던 것이다.[31]

우리는 현재 우리의 생명 개념이 사실 얼마나 부자연스러운 것인지를 반성해야 한다. 과학적 생물 분류학은 보편이고 세계적인 분류학적 질서를 전제한다.[32] 특히 서구에서는 르네상스 이후에 인간의 통상적인 감각의 경계선이 무한 팽창을 시작했다. 그리고 이러한 감각의 경계선은 현재도 여전히 팽창 중이다. 즉 과학적 분류학은 비가시적인 생물뿐만 아니라, 지역 생태계에는 존재하지 않는 생물까지도 포함하는 무한한 논리적 공간 위에서 전개된다. 그러나 이러한 논리적 세계 질서는 우리 생활 세계가 아니다. 그러므로 우리는 가시적인 경험 세계에 입각하여 형성되는 생명 개념과 과학적 지식에 의해 학습되는 생명 개념의 차이를 간과할 수 없다. 애트런에 따르면, 민속적 생물 분류학은 경험적이고 지각적인 생태학적 차원의 '실재'에 근거하는 것이지만, 과학적인 생물 분류학은 논리적이고 합리적인 질서 속에서 주장되는 '당위'의 산물이다.

이처럼 과학적 · 학문적 개념이 경험적 개념을 대체하는 과정을 우리는 종교 영역 안에서도 관찰할 수 있다. 지리상의 발견 이후에 가속화되는 종교적 세계의 무한 팽창에 대처하기 위해서 서구에서 등장한 것이 바로 종교 개념이었다는 것은 이미 많은 학자들에 의해서 지적된 바 있다.[33] 종교 자료의 폭증은 종교 개념의 정교화뿐만 아니라 종교의 체계적인 분류를 요청했다. 바로 이러한 맥락에서 종교 연구가 생물학적 분류 체계를 참고하는 것은 당연했을 것이다. 그러므로 종교 개념뿐만 아니라 기독교, 유교, 불교, 유대교, 이슬람교, 도교, 힌두교 같은 범주가 현실 세계에 존재하지 않는 추상적인 종교 세계의 가정에서 만들어진 것이라는 점을 유념할 필요가 있다. 진화론적이든 그렇지 않든 간에, 오늘날 통용되는 종교 분류법은 지역 세계에서 유의미하게 기능하는 생태학적 종교 분류가 아니라, 추상적인 가상공간의 종교 분류일 뿐이다. '당위'가 '실재'를 대체한 것이다.

모리스 블로흐에 따르면 애트런이 간과하고 있는 두 가지 사실이 있다. 첫째, 생명체의 범주를 형성하기 위한 특수한 인지적 메커니즘은 유아기 때부터 발전하기 시작한다. 그리고 이러한 초기의 생명 개념에 연이어 많은 추가적인 개념적 발전이 이루어진다. 인간은 성장하면서 생명 개념을 확대하여 적용하는 법을 배우게 된다. 동화 속에 존재하는 생명 세계와 아이가 경험하는 실재하는 생명 세계는 다르다. 둘째, 인간이 성장하면서 인지적 발전의 차후의 단계에서 지식의 체계적인 통합이 이루어진다. 즉 생명체 영역과 인공물 영역의 지식이 각각 분리된 채 유지되는 것이 아니라, 이 두 영역의 지식이 점진적으로 통합되어 일관된 지식 체계를 형성하는 것이다. 생명체 영역과 인공물 영역의 체계적인 조화는 일반적인 인지적 과정의 재-조직화를 수반한다. 그러므로 우리가 이러한 인지적 발전 속에서 이루어지는 '생명의 변증법'에 주목해야 하는 것도 이 때문이다. 왜냐하면 인간이 살아가는 상징적인 세계는 인공물은 살아 있고 생명체는 죽어 있는 역설적인 세계일 수 있기 때문이다. 종교가 제시하는 세계 역시 이러한 생명의 전도를 겪는다. 그러므로 '문화적인' 생명 개념을 이해하기 위해서는 생명의 변증

법 안에 들어오는 다양한 요소를 더불어 고려하지 않으면 안 된다.[34]

4. 문화적인 생명 개념: 생명에서 음식물로

음식물(food) 범주는 존재론적 범주 변환으로 생물을 인공물의 범주로 이동시킴으로써 날것 그대로의 생명을 중화시키는 역할을 담당한다. 생명체 범주 안에 있던 유기체는 인간의 먹이가 되는 순간 음식물의 범주로 이동한다. 생명체와 달리 인공물은 인간을 위한 기능과 용도에 따라 정의된다. 그런데 생명체와 인공물이라는 범주 사이의 흐릿한 경계선에 위치한 제3의 범주가 있는데, 이것이 바로 음식물이라는 범주이다. 음식물은 생명체이지만 이제는 인공물이 된 어떤 것이다. 생명체란 그 자체의 본유적인 본질을 지녔다고 생각되지만, 이 생명체의 본유적인 본질이 무시되고 여기에 새로운 '인공적 본질'이 덧씌워질 때 비로소 생명체는 인간의 음식물이 된다.

즉 음식물은 근본적으로 '생명체의 인공물 되기'의 산물인 것이다. 그러나 우리가 여기에서 보다 주목해서 살펴야 하는 것은 생명체의 본질로 생각되는 '생명'이 '용도'와 '기능'으로 치환되면서 생명체가 음식물로 변한다는 것이다. 생물의 자연적 분류 체계 속에서 지각되는 생명체는 생명을 지닌 것으로 인지된다. 그러나 생명체를 인공물로 만들기 위해서는 생명체를 그러한 자연적 분류 체계 밖으로 꺼내야만 한다. 더 이상 생명의 분류법에 의해서 분류되지 않을 때 비로소 생물은 음식물이 된다.[35] 이런 방식으로 생명을 먹기 위해서 인간은 생명을 분류 체계의 서랍장 밖으로 꺼내 음식물로 변형시킨다.

음식물은 그 자체로는 생물이 아니다. 그리고 음식물에 대한 인지적 평가는 명백히 인공물에서처럼 기능적인 구별에 의존한다. 그러나 인공물과는 달리 음식물은 지각 가능한 생물적인 특성을 갖는다. 이것이 음식물의 역설이다. 음식물로 먹기 위한 동식물뿐만 아니라, 원예를 위해 뽑는 잡초와 재배하는 꽃, 농장을 위해 짐을 운반하는 동물, 오락을 위한 애완동물과 서커스와 박람회와 동물원의 동물은 모두 인간적인 기능과 용도에 관계된 공간 속에 들어온 생명체의 또 다른 예가 된다. 이때 이 생물들은 기본적으로 생명의 자연적 분류 체계 밖으로 끌어내진 것들이다. 이렇게 인공 세계 속으로 길들여진 동식물은 이미 생물이라기보다는 인공물에 가까운 것이기에, 이에 대한 분류학적 범주 설정이 불명료해진다. 메리 더글라스가 말하는 것처럼 가축은 '비정상적인 동물'이거나 '예외적인 동물'이다. 그래서 렐레족은 집에서 키우는 개나 집에 사는 쥐를 먹지 않는다.[36] 가축, 애완동물, 전시되는 동물은 모두 일반적인 동물 범주의 속성에서 벗어나는 예외적인 존재들이라는 것은 매우 중요한 사항이다.

그런데 생물이 '분류 체계 외부'에 선다는 것은 결국 생물이 '생명 현상'으로 취급되지 않는다는 것을 의미한다. 인간적인 기능과 용도의 공간에 들어온 생물은 생명의 분류 체계에 귀속되지 못한 채 분류 체계 바깥을 떠도는 '범주 착오'의 예외적 현상이 된다. 생물인데 인공물의 취급을 받는, 인공물이지만 여전히 생명체의 흔적을 지닌 것의 대표적인 예가 바로 음식물이다. 그러므로 음식물과 관련하여 이루어지는 '생명의 순치'가 어떻게 생명 개념을 변화시키는지에 주목할 필요가 있다.

자연 세계의 분류학적 질서에 속한 특정한 사물을 인간의 기능적 세계에 들어놓을 때, 우리는 위치와 맥락의 변화만으로도 해당 사물의 존재론적 위상을 변화시킨다. 자연에 있던 과일이 먹을 수 있도록 식탁에 제공될 때, 그

과일은 더 이상 생명의 분류학적 질서에 속하지 않게 되며, 이제 음식물이 된다. 또한 마호가니 나무의 그루터기를 거실에 들여놓는다는 사실만으로도 그루터기는 식탁으로 변용된다. 어떤 자연적인 식물을 예술 전시의 목적으로 전시장에 들여놓는 순간 그 식물은 예술품으로 변용될 수 있다.

그런데 인간은 생명을 유지하기 위해서 다른 생물을 먹어야 한다. 이것이 인간의 실존을 제약하는 가장 강력한 틀이다. 인간의 생명은 살해를 통한 다른 생명의 흡수를 통해서만 유지되기 때문이다. 이것이 바로 인간의 '생명 조건'이다. 그리고 우주론적 구조 안에서 이루어지는 생명 순환의 상상력 역시 이러한 조건에서 비롯한 것이라 할 수 있다. 인간은 음식을 통해서 생명을 먹고 남은 잔해를 배설한다. 그러나 인간의 '생명 조건'은 먹는 즐거움으로만 미화할 수는 없는 어둡고 고통스러운 살해의 측면을 동시에 지닌다.[37] 내가 살기 위해서 나는 다른 생물의 생명을 취해야만 하기 때문이다. 이러한 생명 조건을 긍정하거나 부정하는 것 역시 종교적 사유를 낳을 수밖에 없다. 종교적 기획의 목적은 대부분 생명의 순환을 촉진하는 것이거나, 아니면 생명의 사슬에서 탈출하는 것이기 때문이다. 종교는 생명력의 보장과 증진을 목적으로 하거나, 살아 있으되 죽은 상태에 도달하는 것을 목적으로 한다. 다시 말해서 종교의 목적은 '죽음의 배제'이거나, 아니면 생명 안에서 죽음 이후를 구현하는 '죽음의 연습'을 지향한다. 또는 종교는 죽음을 견디는 생명력의 창조를 지향한다. 종교가 생명과 죽음에 대한 사유일 수밖에 없는 것은 이 때문일 것이다.

그리고 오늘날 문제가 되는 많은 생태학적 문제들 역시 그러한 생명 조건의 역설과 필연적인 관계를 맺고 있다. 생명보호운동의 차원에서 벌어지는 동물과 식물의 생존권 주장도 결국은 '다른 생물의 죽음을 통한 생명 연장'

이라는 인간 숙명의 사유에서 생겨난 것이다. 그러므로 동물과 식물의 생명에 대한 자각은 역설적으로 이러한 인간의 생명 조건으로부터의 탈주 가능성의 또 다른 물음일 수밖에 없다. 그러나 인간이 동물과 식물의 노골적인 '벌거벗은 생명'에 직면한 것은 최근의 일이라 생각된다. 왜냐하면 인간은 역사 속에서 지속적으로 다른 생물 살해에 대한 나름의 정당화 기제를 발전시켜 왔기 때문이다. 종교 역시 그러한 시도 가운데 하나일 것이다. 오늘날 우리가 생명의 살해에 대한 원초적 공포의 회귀에 직면하고 있다면, 이것은 다른 생물의 '벌거벗은 생명'을 안전하게 '먹을 수 있는 생명'으로 변환하는 장치가 고장 났다는 것을 의미한다. 그리고 특히 '생명의 차이'에 대한 인식을 만들어 내는 종교적인 의례 체계의 점진적인 마비 현상이 이러한 원초적 공포를 가속화하는 주요 원인인 것으로 보인다.

　인간이 날것 그대로의 생명을 길들이는 과정에서 종교가 했던 역할은 매우 크다. 예컨대 오비디우스는 『달력(Fasti)』에서 밤에 날아다니는 스트리게스(striges)라고 불리는 악마적인 뱀파이어 새를 이야기한다. 스트리게스는 잠자는 아이의 피를 빨아 먹어 아이를 병들어 죽게 한다. 이를 위해 하나의 의례가 만들어지는데, 이것은 새끼 돼지의 내장을 조각조각 잘라서 공중에 던져 뱀파이어에게 바치는 것이다. 여기에서 우리는 생명을 통해 생명을 대체한다는 관념과 마주하게 된다. 아이의 생명을 대신하여 동물의 생명을 바치는 것이다. 이때 가장 중요한 것은 희생자였던 인간이 살해자로 변모한다는 것이다. 이러한 방식으로 종교의 영역에서는 인간의 생명을 상호 교환 가능한 다른 생명과 등치시키는 은유적 희생 제의가 흔히 벌어진다. 인간 희생 제의도 마찬가지다. 또한 지방(脂肪)의 희생 제의나 아이의 희생 제의는 '부분으로 전체를 대신하는' 환유적인 생명 치환의 예가 된다. 동물의 일부분인 지방으로 동물의 생명 전체를 대신하거나, 아이로 부모의 생명을 대체할 수 있는 것이다.[38] 종교가 이런 식으로 생명의 대체 관계를 통해서 다른 생명을 구하고자 하는 '불완전한 구원론'에 매진하는 것은 매우 흔한 풍경이다. 그리고 이때 우리는 앞에서 보았던 생물 분류학이 철저히 붕괴되는 것을 목격한다. 이러한 현상을 종교에 의한 '생명 길들이기'라고 부를 수 있을 것이다.

그러므로 생명의 순치를 위해서 종교가 했던 역할의 상실과 벌거벗은 생명의 출현 사이의 함수 관계를 가정해 볼 수 있다. 인간 생명에 대한 위협이 오로지 다른 인간과 동식물의 생명을 대신 제공함으로써만 회피될 수 있다는 신념은 모든 곳에서 관찰되는 종교적인 논리 형태이기 때문이다. 그런데 발터 부르케르트는 이러한 생명의 대체 현상의 기원을 동물 세계에서 찾는다. 무리로부터 하나의 얼룩말이 사자에게 공격을 받을 때 일시적으로 다른 나머지 얼룩말들이 생명을 보존할 수 있는 것처럼, 그러한 본능적 프로그램이 여전히 인간에게도 유효하게 작용한다는 것이다. 그러나 이제 우리는 과학적 생물학에 의해서 '벌거벗은 생명'과 만난다. 우리가 목격하는 것은 종교에 길들여지지 않은 '날것 그대로의 생명' 앞에서 노출되는 인간의 논리적 부조리이다.

르네 지라르나 지그문트 프로이트나 발터 부르케르트 같은 학자들은 '태초에 살해가 있었다.'라는 사실에서 문화와 종교를 설명하는 단서를 찾고자 했다.[39] 또한 앙리 위베르와 마르셀 모스는 종교의례의 기원을 살해를 통해서 성스러움을 창조하는 희생 제의의 기술에서 찾고자 했다.[40] 죽음의 순간에 희생 제물은 몸은 이곳에 두고 있지만 영혼은 저곳에 진입하면서 성과 속의 가교가 된다. 즉 인간은 희생 제의를 통해 살해를 종교적인 행위로 변형했던 것이다. 살육에 대한 진지한 사색이 종교의 원형을 형성했다고 말할 수도 있다. 여기에서도 우리는 살해를 통해서 지각되는 영혼과 생명이 성스러움을 창조하는 재료가 된다는 식의 사유를 읽을 수 있다.

생명 논의에서 가장 중요한 것은 생명 현상 자체가 다른 현상과는 질적으로 다른 인지적 메커니즘에 의해 구성되는지의 여부이다. 생명 개념이 우리 정상적인 삶의 질서에서 차지하는 유별난 위상을 감안할 때 이 문제는 더욱 더 중요해진다. 생명 개념이 등장하는 순간 담론의 논리와 형식이 마비되는 일은 매우 흔한 일이다. 또한 생명을 분류한다는 것은 생명의 자연적 불연속성에 대한 가정을 수반한다. 인간과 동물, 동물과 식물의 자연적 불연속성뿐만 아니라, 종과 속의 차원에서 가정되는 자연적 불연속성의 문제 역시 중요하다.[41]

레비스트로스는 토테미즘이 동식물의 '음식물로서의 가치'에서 기원했다는 말리노프스키의 주장을 비판하면서, 토테미즘에서 동물은 실제적인 음식이 아니라 사유의 음식이라고 주장한다.[42] 그는 기존의 토테미즘 논의가 '토템적 환영(totemic illusion)'에 의해서 인간과 동물의 관계를 왜곡했다고 비판한다. 즉 그는 토템과 수호동물의 혼동, 그리고 토테미즘과 종교의 혼동이 토테미즘 논의를 환영으로 물들였다고 비판한다.[43] 그에 따르면, 토테미즘은 동물 종 전체를 대상으로 하여 인간과 동물의 총체적인 은유적 관계를 설정하는 데 비해, 종교에서는 신이 동물의 몸속에 들어간다는 식으로 하나의 개별적인 동물을 인접성에 의해 환유적으로 이용한다. 토테미즘은 구조에 대한 것이지만, 종교는 사건에 대한 것이다. 마찬가지로 우리는 종교적 담론 속에서 등장하는 개별적인 동물이 아니라, 총체성으로서의 동물에 대한 사유가 인간의 생명 개념을 어떻게 변형시켰는지를 살펴보아야 한다.

현재 우리가 살고 있는 현대사회는 존재론적 범주의 근본적인 재구조화를 요청한다. 전통적인 의미에서의 인간이 사라지고 있다는 점에서 인간이라는 존재론적 범주가 흔들리고 있을 뿐만 아니라, 반려동물(companion species) 논의에서 보이는 것처럼 동물이라는 존재론적 범주 역시 불안정하기만 하다.[44] 포스트휴머니즘(posthumanism)에 대한 논의에서 알 수 있듯이 휴머니즘이라는 인간주의의 종언에 대한 신호들이 여기저기서 잡힌다는 점에서, 인간이라는 존재론적 범주 역시 그리 큰 안정성을 확보하고 있는 것 같지 않다.[45] 또한 인간 세계의 구성원이 된 반려동물은 이미 동물의 존재론으로는 설명할 수 없는 잉여적 의미로 가득 차 있다.[46] 우리는 이미 실제 동물보다는 이미지로서의 동물에 더 친숙하다. 항상 동물이 주변에 존재하지만, 이제 동물은 마음속의 이미지로만 존재한다.[47] 우리가 집에서 키우는 동물은, 또는 우리가 먹는 동물은 더 이상 동물이 아니기 때문이다. 또는 우리는 텔레비전을 통해서만, 자연 다큐멘터리를 통해서만 동물을 만난다. 그러나 그러한 동물들 역시 대부분 의인주의(anthropomorphism)에 의해서 여과된 동물일 뿐이다.[48] 우리는 그렇게 동물 아닌 것의 매개를 통해서만 동물을 만나고 있다.

5. 생명과 금기: 동물 욕설과 동물 먹기

개념들 사이에 존재하는 경계선을 제거할 때 우리는 의미론적으로 독특한 언어적 개념에 도달한다. 예컨대 인간과 동물을 겹치면서 발생하는 개념 역시 그러하다. 특히 동물 욕설은 동물과 인간의 동일시를 통해 저주를 한다는 점에서, 동물 이름 자체에 특정한 힘이 내재하고 있음을 전제한다. 그러므로 특정한 동물 범주가 터부이면서 동시에 성스러운 대상이라는 사실에서 동물 욕설이 파생되는 것으로 보인다. 예컨대 17세기 영국의 마녀 재판에서는 악마는 보통 개의 형태로 나타난다. 그 이유는 God을 거꾸로 쓰면 Dog이 되기 때문이었다. 이때 개라는 표현은 '신'과 '신의 반대'라는 이중적 의미에 의해서 힘을 얻는다.

음담패설이나 욕설 같은 외설적이고 상스러운 언어는 보통 세 가지 종류로 구별할 수 있다. 첫째는 보통 성(sex)과 배설물을 가리키는 '지저분한 단어'이다. 둘째는 신성모독과 불경스러움에 연관되는 언어이다. 셋째는 동물 욕설이다. 보통 우리의 욕설과 외설을 규정하는 것도 이 세 가지 부류이다.[49]

에드먼드 리치는 「동물 범주와 언어적 욕설」(1964)이라는 글에서 "이 개자식아!"라든가 "이 돼지 같은 놈!"은 욕설이지만, 왜 "이 캥거루 자식아!"라든가 "이 북극곰 같은 놈아!"는 욕설이 아닌지를 반문한다.[50] 이때 흥미로운 것은 인간을 특정한 동물로 표현하는 것 자체가 욕설이 된다는 것이다. 이러한 현상을 설명하기 위해서 에드먼드 리치는 '음식물 터부(food taboo)'라는 개념을 도구로 사용한다. 인간의 물리적인 환경은 먹을 수 있는 것들로 가득 차 있지만, '가능한 음식물'로 분류되는 것은 먹을 수 있는 것들 가운데 극히 작은 부분일 뿐이다. 그리고 음식물 분류 체계는 자연적인 것이 아니라 문화적인 것이기 때문에, 당해 문화는 자기의 음식물 분류 체계를 도덕적으로 올바르고 우월한 것이라고 생각한다.[51] 예컨대 개구리 다리가 프랑스에서는 미식가의 진미로 분류되지만, 영국에서는 개구리 다리를 먹는 것은 상상도 할 수 없는 일이기에, 영국인은 경멸적인 의미에서 프랑스인을 '개구리'(Frogs)라고 부른다.

에드먼드 리치에 따르면, 인간의 환경 안에 있는 먹을 수 있는 것들은 보통 세 가지 범주로 구분된다. 첫째, 음식물로서 인정되며 정상적인 먹을거리로서 소비되는 범주가 있다. 둘째, 가능한 음식물로서는 인정되지만 먹는 것이 금지되거나 특별한 의례적 조건하에서만 먹는 것이 허용되는 범주가 있다. 셋째, 문화와 언어에 의해서 전혀 음식물로서 인정되지 않는 범주가 있다. 두 번째 범주는 의식적인 터부의 대상이고, 세 번째 범주는 무의식적인 터부의 대상이다.[52]

그런데 보통 인류학자들이 취급하는 음식물 터부는 두 번째 범주와 관련된 것들이다. 유대인은 돼지고기를 금기시하고, 브라만은 소고기를 금기시하며, 기독교인은 성찬식의 빵과 포도주를 터부의 대상으로 삼는다. 유대인은 '돼지고기가 먹을 수 있는 음식물이긴 하지만, 유대인이라면 돼지고기를 먹어서는 안 된다.'라고 주장한다. 그러므로 이러한 금기는 모두 의식적인 음식물 금기에 속한다. 그러나 영국인이 개를 먹는 것에 반대하면서 '개는 음식물이 아니다.'라고 주장하는 것은 무의식적 금기라는 세 번째 범주에 속한다. 왜냐하면 개를 먹는 것에 대한 영국인의 혐오감은 언어적인 범주의 문제 때문에 발생하는 것이기 때문이다. 영어 구어 표현에는 '인간과 개는 친구'라는 말이 있다. 그러므로 인간이 음식물이 아닌 것처럼 개도 음식물일 수가 없는 것이다. 마찬가지로 프랑스인은 말고기를 먹지만, 영국에서 말고기는 개에게는 먹일 수 있는 것이기는 하지만 인간의 음식물로는 분류되지 않는다. 이러한 것은 영국인이 개와 말에게 느끼는 두려움과 공포 같은 특별한 감정과 관련된다. 개와 말은 터부가 되는 초자연적이고 성스러운 동물인 것이다. 영국에는 백조와 철갑상어를 왕실 가족만 먹을 수 있다는 이상한 법령이 있다. 예외가 있다면 케임브리지의 세인트존스 대학의 구성원만이 일 년에 한 번 백조를 먹을 수 있을 뿐이다.[53] '먹을 수 있는 동물'과 '먹을 수 없는 동물'에 대한 이러한 문화적 태도를 결정하는 것은 무엇인가?

에드먼드 리치는 매우 흥미로운 '터부 이론'을 제시하는데, 그는 스스로 그것을 '리치 이론(Leach theory)'이라고 부른다.[54] 리치에 따르면 인간 세계는 '언어'와 '비-언어(non-language)'에 의해 표상된다. 이때 '비-언어'라는 것은 말해질 수 없는 것, 즉 터부를 가리킨다. 언어적 범주들에 의해 표상되는 것들은 '명명된 사물들(named things)'이라고 할 수 있다. 그러나 비-언어로 표상되는 것들은 '명명된 사물들' 사이의 틈새에 존재하는 억압된 '비-사물(non-things)'이다. 터부로서의 '비-사물'이 언어 영역에 들어오는 것은 문화적·심리적으로 억압된다. 그리고 이렇게 억압된 '비-사물'은 특별한 관심의 대상일 뿐만 아니라 불안의 대상이기도 하다. 터부의 대상이 되는 '비-사물'은 성스럽고, 가치 있고, 중요하고, 강력하고, 위험하고, 만질 수 없고, 불결하며, 언급할 수 없는 것이다. 종교가 다루는 것도 바로 이러한 '비-사물'의 영역이다. 터부는 언어의 틈새와 행동의 틈새에 존재하는 '비-언어'와 '비-행위'에 대한 것이며, 종교는 이러한 '비-언어'와 '비-행동'이 지닌 성스러운 힘을 이용한다.

에드먼드 리치는 터부의 두 가지 예를 제시한다.[55] 첫째, 똥, 오줌, 정액, 월경혈, 빠진 머리카락, 손발톱 부스러기, 몸의 때, 침, 젖 같은 인간의 분비물은 강력한 터부의 대상이 된다. 이러한 분비물은 '세계'와 '나' 사이의 경계선에 위치한 것들이다. 분비물은 나의 신체의 윤곽선을 통과한 것, 그래서 '나'도 아니고 '나 아닌 것'도 아닌 모호성을 지닌다. 그러므로 분비물은 더러움 때문이라기보다는 심리학적인 이유로 터부의 대상이 되는 것이다. 다만

눈물은 더럽게 느껴지지 않고 오히려 성스러움의 가치를 지니는 예외적인 분비물이다.[56]

둘째, 초자연적인 존재들에 대한 종교적인 믿음은 터부의 산물이다. 종교적인 믿음은 보통 생명과 죽음의 구별에 관계된다. 논리적으로 생명은 죽음의 이원적인 대립물이다. 생명이 없다면 죽음도 없고, 죽음이 없다면 생명도 없다. 그런데 종교는 항상 생명과 죽음을 분리하는 데 매진한다. 이를 위해서 종교에서는 '이 세계'의 대립물인 가정적인 '다른 세계'를 창조한다. '이 세계'에서는 생명과 죽음이 분리될 수 없지만, '다른 세계'에서는 이 둘이 분리된다. '이 세계'는 불완전한 필사의 존재들이 거주하는 곳이지만, '다른 세계'는 불멸의 '비-인간', 즉 신들이 거주하는 곳이다. 그러므로 신은 인간의 이원적인 대립물이다. 그런데 종교는 '이 세계'와 '다른 세계'의 연속성을 확보하기 위해서, 이 둘의 경계선에 제3의 영역을 구축한다. '이 세계'와 '다른 세계'라는 논리적으로 구별적인 두 가지 범주들 사이의 틈과 공백이 모호한 터부의 대상들로 채워지는 것이다.

이러한 이원적인 범주들 사이의 공백은 보통 육화된 신, 동정녀 마리아, 반은 인간이고 반은 짐승인 초자연적인 괴물들처럼 매우 모호한 종류의 초자연적인 존재들로 채워지며, 이들은 인간과 신을 매개하는 존재로 그려진다. 이러한 존재들은 심지어는 신보다도 더 성스러운 존재로 인식된다. 이처럼 언어적 범주들의 틈에 존재하는 모호한 범주들은 극도의 관심을 유발하며 가장 강력한 터부의 감정을 자아낸다. 바로 이 지점에서 에드먼드 리치는 자신의 터부 이론을 간결하게 정리한다. 터부는 명확한 범주적 대립을 벗어나는 변칙적이고 예외적인 범주들에 적용된다. 만약 A와 B라는 두 개의 언어적 범주가 있고, A는 B가 아닌 것이고, B는 A가 아닌 것이라면, 이때 이러한 범주적 대립을 매개하는 제3의 범주 C가 존재하게 되며, C는 A와 B 양자의 속성을 공유한다는 점에서 터부가 된다.

이제 이러한 터부 이론의 토대 위에서 음식물과 동물 학대와 관련하여 동물 분류 체계가 어떤 의미를 가지는지를 살펴보자. 영국에서 먹을 수 있는 생명체는 보통 넓은 의미에서의 '어류(Fish)', '조류(Bird)', '짐승(Beast)'의 세 가지로 구분된다. 어류는 물에 사는 냉혈동물이고, 조류와 짐승은 육지에 사는 온혈동물이다. 그러나 이러한 세 가지 범주에 들어오지 않는 '파충류(Reptile)'나 '곤충류(Insect)'는 보통 음식물 범주 안에 들어오지 않으며, 인간의 사악한 적으로 분류되어 무자비한 박멸의 대상이 된다. 예외가 있다면 꿀벌 정도인데, 꿀벌은 지성과 조직력과 초자연적 힘을 가진 것으로 믿어지기 때문이다. 가장 강력한 터부는 '알을 낳는 발이 없는 육상동물'인 뱀과 같은 예외적인 생물체에 적용된다. 조류와 짐승은 온혈동물이고 교미를 한다는 점에서 어느 정도 인간과 비슷한 존재로 간주된다. 그래서 '동물 학대'라는 개념은 조류와 짐승에게는 적용되지만, 어류에게는 적용되지 않는다. 식용으로 사용할 육상동물을 가장 인도적인 방법으로 도살해야 하는 것도 이와 관련된다. 그러나 어류의 경우에 사람들은 바다가재를 산 채로 끓는 물에 넣어 죽이는 것을 동물 학대라고 비난하지는 않는다. 종교적인 음식 금기조차도 보통 조류와 짐승 같은 온혈동물에게만 적용된다. 가톨릭에서 금요일에 육류가 아니라 어류를 먹는 것도 같은 이유이다. 그러나 연어는 빨간 피를 지녔으며 바다와 민물 모두에서 사는 예외적인 특징이 있기에 살해하고 먹는 데 일정한 제약이 따른다. 그리고 조류보다는 포유류가 더 인간에게 가까운 존재로 인식된다. 그래서 대부분의 동물 학대 금지 단체들은 주로 네 발동물에만 그들의 관심을 집중한다.[57] 여기에서도 우리는 '생명의 차등화 현상'을 발견한다. 인간은 물고기보다는 포유류와 조류에게서 더 많은 생명을 감지한다. 그러나 생명의 감지는 이보다 훨씬 더 미시적으로 전개된다.

에드먼드 리치에 따르면 터부는 항상 이원적인 대립물들의 경계선에서 발생한다. 그리고 이원적인 대립 체계는 일반적으로 예상하는 것보다 훨씬 복잡하다. 영국에서는 대부분의 동물을 다음과 같은 네 가지 범주로 구분한다. 첫 번째는 인간에게 매우 가까운 '애완동물(pet)'로서 절대 먹을 수 없는 동물의 범주이다. 두 번째는 길들여진 동물이기는 하지만 인간에게 매우 가깝지는 않은 '사육동물(farm animal)'로서, 성숙한 상태에서는 먹을 수 없고 발육중이거나 거세를 통해 성적으로 손상된 경우에만 먹을 수 있는 동물의 범주이다. 세 번째는 인간이 우정과 적의를 번갈아 느끼는 '사냥감 동물(game)'로서 길들여지지 않았지만 인간의 보호를 받는 동물의 범주이다. 사냥감은 성적으로 손상되지 않은 상태에서도 먹을 수는 있지만, 정해진 사냥 의례를 통해 일 년에 정해진 기간 동안만 살해할 수 있는 동물이다. 영어 표현으로 사냥감과 놀이를 모두 'game'이라고 부르는 것은 사냥이 결국 인간이 일정한 규칙에 따라 동물을 상대로 하여 펼치는 놀이라는 의미를 담고 있다. 네 번째는 '야생동물(wild animal)'로서 인간의 지배를 벗어난 먹을 수 없는 동물이다. 야생동물은 현재 우리가 동물원에서 만나게 되는 그런 동물이다.[58]

그런데 인간과 친숙한 길들여진 동물의 이름은 Bitch, Cat, Swine, Ass, Goat, Cur처럼 모욕적인 욕설의 표현으로 사용되거나, Cock, Pussy, Ass처럼 인간 신체의 말하기 곤란한 부분을 표현하는 외설적인 완곡어법을 위해 사용된다. 이것은 길들여진 동물이 인간과 동물의 경계선에 위치하는 '모호한 동물', 즉 '비-인간'이자 '비-동물'로서의 터부이기 때문에 그러하다. 개와 돼지는 모두 인간의 식탁에서 남은 음식물을 처리하는 청소 동물이다. 그러나 개는 애완동물로 인식되는 데 반해서 돼지는 더러운 동물로 평가받는다. 이러한 이유에 대해서 에드먼드 리치는 흥미로운 언급을 한다. 인간은 양모를 얻기 위해서 양을, 우유를 얻기 위해서 소를, 달걀을 얻기 위해서 닭을 키우지만, 돼지는 순전히 단지 살육하여 잡아먹기 위해서 키운다. 그러므로 인간과 같은 장소에 사는 동물을 잡아먹기 위해서 키운다는 사실은 인간에게 수치스러운 일이기 때문에, 이때 느껴지는 수치심이 돼지에게 옮겨 가서 돼지를 불결한 동물로 인식하게 한다는 것이다.

보다 흥미로운 현상은 동물을 표현하는 어휘의 정밀함에서 찾아질 수 있다. 영어에서 개(Dog)은 보통 수컷을 의미하며, 암컷은 Bitch로, 강아지는 Puppy로 표현되고, 아이들은 개를 Bow wow라고 부른다. 고양이(Cat)는 보통 암컷을 의미하며, 수컷은 Tom으로, 새끼 고양이는 Kitten으로 표현되며, 아이들은 고양이를 Pussy라고 표현한다. 그리고 Bitch는 욕설로 사용되고 Pussy는 성적 표현으로 사용된다. 이처럼 애완동물을 가리키는 용어는 그다지 정교하게 분할되지 않는다.

그러나 음식물이 되는 사육동물의 용어는 훨씬 정교하게 분할된다. 그래서 소(Cow)는 성적으로 손상되지 않은 수컷(Bull), 성적으로 손상되지 않은 암컷(Cow), 송아지(Calf), 미성숙한 암컷(Heifer), 거세된 수컷(Bullock) 등으로 미세하게 구분된다. 이런 식으로 인간은 모든 소를 먹는 것이 아니라 소를 '먹을 수 있는 소'와 '먹을 수 없는 소'로 분할한다. 에드먼드 리치에 따르면 이러한 표현법에는 사육동물을 살해하는 것에 대한 인간의 죄의식이 반영되어 있다. 나아가 어느 정도 크기로 자란 동물의 죽은 사체에 대한 특별한 용어는 더욱 의미심장하다. 쇠고기는 Beef로, 돼지고기는 Pork로, 양고기는 Mutton으로, 송아지 고기는 Veal로, 사슴 고기는 Venison으로 불린다. 이러한 용어법으로 쉽게 생명체가 음식물로 치환되는 것이다. 그러나 새끼 양, 산토끼, 집토끼, 새 같은 경우에는 죽은 고기를 가리키는 특별한 용어가 없다. 큰 동물보다는 작은 동물을 먹을 때 인간의 수치심과 죄의식이 감소한다고 말할 수도 있다. 역시 이러한 용어법에서도 우리는 인간이 동물에 대해서 감지하는 생명의 양의 차이를 이야기할 수 있을 것이다.[59]

그런데 인간으로부터 좀 더 멀리 떨어진 동물의 용어법은 그리 정교하지 않다. 예컨대 사냥감이 되는 들판의 동물 가운데서 집토끼(Rabbit)와 산토끼(Hare)와 사슴(Deer)은 공통적으로 암컷은 Doe로 수컷은 Buck으로 표현되며, 대부분의 새와 오리(Duck)와 거위(Goose)는 암컷은 Hen으로 수컷은 Cock으로 표현된다. 고래(Whale), 바다코끼리(Walrus), 코끼리(Elephant), 무스(Moose)처럼 동물원에서나 볼 수 있는 야생동물의 암컷은 Cow로, 수컷은 Bull로, 새끼는 Calf로 표현되는데, 이것은 단지 사육동물의 용어법을 차용한 것이다. 나아가 호랑이(Tiger)는 보통 수컷으로 생각되기에, 이 단어를 변형해서 암컷을 Tigress로 표현한다. 마찬가지로 사자(Lion)도 암컷은 Lioness로 표현된다. 곰(Bear) 같은 경우는 아예 대명사를 붙여서 암컷을 She-bear라고 표현한다. 이처럼 인간으로부터 멀리 떨어진 야생동물은 '먹을 수 없는 동물'이기 때문에 용어법 역시 정교하게 다듬어지지 않는다.

특히 인간과 가까운 동물은 영어 표현에서 보통 단음절의 이름을 갖는다. dog, cat, bull, cow, ox 등이 그러하다. 그러나 동물원에서 만나는 야생동물은 잠재적인 음식물로 분류되지 않기 때문에, 야생동물에게는 인간세계의 이방인으로서의 성격을 강조하기 위해서 매우 긴 형태의 반쯤은 라틴어 같은 이름을 부여한다. elephant(코끼리), hippopotamus(하마), rhinoceros(코뿔소) 등이 그러하다.[60]

이러한 복잡한 분석의 과정을 통해서 에드먼드 리치는 세상의 사물들은 '성스러운 것(sacred)'과 '성스럽지 않은 것(not sacred)'으로 분류될 뿐만 아니라, 더 나아가서 '더 성스러운 것(more sacred)'과 '덜 성스러운 것(less sacred)'으로 분류된다고 주장한다. 또한 그는 사회적인 분류법에서도 '나(me)/그것(it)', '우리(us)/그들(them)'의 이분법으로는 설명할 수 없는 현상이 있다고 말한다. '가까운 것(close)/멀리 떨어진 것(far)', '나와 더 비슷한 것(more-like-me)/나와 덜 비슷한 것(less-like-me)'이라는 식으로 등급화 될 수 있는 측면을 고려할 필요가 있다는 것이다. 실제로 우리에게 결여된 것은 이와 같은 '더'와 '덜'의 분류 체계이기 때문이다. 마찬가지로 인간이 다른 생물의 생명을 인지하는 방식에서도 이와 비슷한 분류법이 작동할 것이다.[61] 왜 어떤 동물은 종교적으로 이용하기에 좋고, 다른 동물은 그렇지 않은지를 설명할 필요가 있기 때문이다.

6. 종교: 생명 개념의 인지적 실험

모리스 블로흐는 동물 상징체계뿐만 아니라 나무 상징체계 역시 인간과 식물에 공통적인 생명 개념의 조작을 통해 작동한다고 주장한다.[62] 동물은 인간에 근접한 생명력을 지닌다는 사실로 말미암아 상징적 대상으로 선택되지만, 결국 상징체계는 인간과 동물의 차이를 강조한다. 반면에 식물은 인간과는 너무나 다른 차이점 때문에 의례적 대상으로 선택되지만, 결국 강조되는 것은 인간과 유사하게 식물도 지닌다고 가정되는 생명력이다. 그러므로 동물 상징체계는 유사에서 차이의 방향으로, 식물 상징체계는 차이에서 유사의 방향으로 진행된다. 그런데 이러한 상징적 이용 방식의 차이는 근본적으로 인간이 동물과 식물에서 감지하는 생명 내용의 차이 때문에 발생한다. 동물은 식물보다 더 살아 있고, 식물은 동물보다는 덜 살아 있기 때문인 것이다. 이러한 맥락에서 블로흐는 기존의 생명 이론을 비판한다. 기존의 생명 이론은 마치 모든 생명체가 동일하고 단일한 하나의 생명을 지닌 것처럼 묘사해 왔다. 그러나 인간의 인지 체계는 서로 다른 종류의 사물들에 대하여 맥락에 따라 다른 종류의 생명 개념을 적용한다. 즉 인간은 '어떤 것은 더 살아 있고, 다른 것은 덜 살아 있다.'라는 식으로 '등급화 되는 생명 개념'을 지닌다는 것이다.

이러한 생명 이론을 제시하기 위해서 모리스 블로흐는, 스콧 애트런처럼 민속생물학에 의해 인지되는 자연적인 생명 개념에 의존하기보다는, 오히려 수전 캐리가 제시하는 '마음 이론'과 '지향성(intentionality)' 개념을 선택한다.[63] 수전 캐리는 어떤 존재가 생명이 있다는 것은 그 존재가 지향성이 있다는 것, 즉 인간이 다른 존재에게 상상적으로 마음을 귀속시킨다는 것을 뜻한다고 말한다. 즉 생명은 지향성의 기호라는 것이다. 인간이 어떤 대상이 지닌 생명을 인지한다는 것은, 인간이 그 대상에게 '마음'을 부여하여 그 대상의 '마음의 의도', 즉 지향성을 파악하고자 한다는 것을 의미한다. 그리고 종교적인 세계 역시 이러한 마음과 지향성의 개념으로 구조화된다. 생물이든 무생물이든 간에, 인간은 항상 세계의 모든 사물의 마음, 즉 지향성을 파악하고자 한다. 그리고 인간은 모든 인간의 마음을 읽어 내는 탁월한 마음 해독자인 초자연적 존재를 상정함으로써 도덕적인 세계를 창조한다. 그러므로 실제로는 마음이 없는 사물의 마음까지도 읽어 내려 한다는 점에서, 종교적인 세계는 과도하게 활성화된 마음 탐지 체계의 산물이라고 할 수 있다. 그리고 마음을 지닌 모든 것은 동시에 생명과 영혼을 지닌 것으로 생각된다.

블로흐는 어린아이에게서 관찰할 수 있는 것처럼 생명 영역의 인지적 구성은 점진적으로 이루어진다고 말한다. 그래서 처음에 어린이는 단지 생명이 있는 대상에게만 마음이 있다고 생각하는 것에 불안을 느낀다. 그래서 피아제(Jean Piaget)가 '아동 애니미즘(childhood animism)'이라고 부르는 현상, 즉 인형 같은 무생물에게 생명을 귀속시키는 일이 벌어진다. 그러나 나중에는 인간과 동물에게만 생명을 고착시키면서 이것이 일종의 '생명 이론'으로 발전한다. 그러나 이것 역시 매우 불안정해서 아이들은 조각상이 할아버지와 동일하게 죽은 것인가의 불확실성, 즉 죽음 개념의 불확실성으로 어려움을 겪는다. 그러나 열 살 정도에 이르게 되면 '살아 있는 것'이라는 개념이 동물로부터 사람에게로, 그리고 식물에게로 확장되며, 나중에 이것이 성인의 생명 개념으로 완성된다.

블로흐는 단일한 생명 개념이 아니라 생명 인지의 '내용'을 이야기한다는 점에서 수전 캐리의 주장에 주목한다. 캐리는 식물보다는 동물의 생명이 더 쉽게 인지된다는 것에 주목한다. 이때 식물의 생명은 주변적인 것으로 남는다. 즉 인간은 '더 많은 생명을 지닌 것'과 '더 적은 생명을 지닌 것'이라는 점층적인 생명 개념을 지녔다는 것이다. 블로흐는 인간의 생명 개념이 애트런이 말한 것보다는 훨씬 더 울퉁불퉁하고 잠정적인 것이라고 주장한다. 그래서 일반적으로 사람들은 식물이 나비보다는 더 적은 생명력을 지니고 있다고 생각한다. 예컨대 동물권 운동가들은 양을 학대하는 것에는 민감하게 반응하지만, 거미를 학대하는 것에는 그리 신경을 쓰지 않는다. 마찬가지로 식물은 동물보다 더 주변적인 생명 개념을 지니게 된다. 식물의 생명은 동물의 생명보다 더 인지하기가 어려울 뿐만 아니라, 식물에게 마음의 지향성을 귀속시키는 것은 쉬운 일이 아니기 때문에, 점층적으로 등급화되는 생명 세계를 이해한다는 것은 생명 이론의 구성에서 매우 중요한 부분이다. 그래서 블로흐는 동물의 상징체계와는 다른 방식으로 형성되는 식물과 나무의 상징체계를 이해하기 위해서는 '단계적인 생명 개념'의 이해가 필요하다고 주장하는 것이다.[64]

식물과 동물은 인간과의 연속성과 불연속성에 따라 상징적으로 이용된다. 의례에서 인간은 동물이나 식물과의 이러한 연속성이나 불연속성을 조작하여 동식물이 인간의 생명을 대체하게 함으로써 원하는 목적을 달성한다. 동물의 생명은 쉽게 인지되지만, 특히 식물의 생명은 매우 불확실하기 때문에, 식물의 상징체계에서는 식물이 살아 있다는 것 자체가 주목의 대상이 되는 경우가 많다. 에드먼드 리치가 '더'와 '덜'에 대한 주목을 통해서 '더 많은 성스러움'과 '더 적은 성스러움'의 구분에 의한 '단계적인 성스러움'을 주장하는 것처럼, 모리스 블로흐는 '단계적인 생명 개념'에 대한 주의를 요청한다. 단일한 생명 개념이나 단일한 성스러움의 개념은 서로 다른 종교현상을 모조리 동일한 의미로 환원시켜 버린다. 이때 우리는 현상들이 자아내는 분산의 의미를 짐작하지 못하게 된다. 단일한 생명 개념은 근대적인 과학교육의 산물이다. 과학적 사유는 많은 경우에 인지적으로는 부자연스러운 방식으로 작동한다. 인간의 인지 체계는 '생명의 차이'를 감지하는 방향으로 편향된 데 반해서, 과학적인 사유는 우리로 하여금 '생명의 차이'의 인식을 억압하도록 강제한다. 즉 현재 우리의 생명 개념은 많은 부분 문화적이고 사회적인 이데올로기와 과학적 교육에 영향을 받는다. 바로 여기에서 우리의 생명 개념의 불투명성이 발생하는 것이다.

종교는 설정된 생명의 분류학에 대한 가정적 위반을 통해 그 상상적 힘을 발휘한다. 조르조 아감벤은 그의 책 『열림: 인간과 동물』의 서두에서 '인간의 동물 되기'의 종교적 의미를 탐색한다.[65] 밀라노의 암브로시오 도서관에는 채색 장식이 된 13세기 헤브라이 성서가 있다. 이 책의 3권 마지막 두 쪽에는 신비한 메시아적 영감으로 가득 찬 도판이 등장한다. 첫 번째 쪽에는 에제키엘의 비전이 그려져 있는데, 중앙에는 7개의 하늘, 달, 태양, 별들이 그려져 있고, 구석에는 수탉, 독수리, 황소, 사자라는 네 마리의 종말론적 동물들이 그려져 있다. 다음 쪽의 상단에는 날개 달린 그리핀 형태의 새인 지즈(Ziz), 황소인 베헤모스(Behemoth), 커다란 물고기인 리바이어던(Leviathan)이라는 세 마리의 원초적인 동물들이 그려져 있다. 하단에는 마지막 날에 행해지는 의로운 자들의 메시아적 연회라는 매우 흥미로운 그림이 그려져 있다. 파라다이스의 나무 그늘 아래에서, 두 명의 연주자들의 음악을 들으면서, 왕관을 쓴 의로운 자들이 풍성한 식탁에 앉아 있다. 그러나 놀라운 것은 왕관을 쓴 의로운 자들이 인간의 얼굴이 아니라 동물의 머리를 달고 있다는 점이다. 오른쪽에 있는 세 명은 독수리의 날카로운 부리, 황소의 붉은 머리, 사자의 머리라는 종말론적 동물의 형상을 취하고 있으며, 나머지 둘은 당나귀의 기묘한 용모와 표범의 옆모습을 보여준다. 그리고 두 명의 연주자 역시 동물의 머리를 하고 있는데, 오른쪽의 연주자는 바이올린을 켜는 원숭이의 얼굴을 하고 있다.

바로 여기에서 아감벤은 왜 종말의 인간이 동물의 모습을 하고 있는 것인가를 질문한다. 조피아 아메이세노바에 따르면, 이러한 동물 형상은 영지적이고 점성술적인 동물들과 관련된다. 왜냐하면 영지적 교리에서는 의로운 자는 죽은 후에 하늘로 올라가서 별이 되거나 하늘을 지배하는 힘과 일체가 되기 때문이다.[66] 그러나 아감벤은 종말의 날에 의로운 자들은 죽지 않고 살아 있는 것이므로 이러한 해석이 합당하지 않다고 비판한다. 탈무드에서는 종말의 날에 인간과 동물의 관계가 새로운 형태를 취할 것이라는 언급 이후에 종말의 날에 리바이어던이 의로운 자들의 만찬 음식이 될 것이라는 구절이 등장한다. 마찬가지로 이사야서(11:6)에는 늑대가 양과 함께 살 것이며, 표범이 새끼 염소와 함께 드러눕고, 송아지가 어린 사자가 함께 자라며, 어린아이가 그들을 이끌 것이라고 한다. 이러한 구절들을 참고하면서 아감벤은 동물 머리를 한 인간의 그림은 종말의 날에 인간과 동물의 관계가 새로운 형태를 취할 것이며, 인간이 그의 동물성과 화해할 것이라는 의미일 수 있다고 주장한다.

아감벤은 그의 이러한 해석을 뒷받침하기 위해서 조르주 바타유가 집착했던 '동물 머리의 신' 혹은 '머리 없는 인간'의 이미지를 통해서 동물성으로 회귀하는 인간의 이미지가 의미하는 바를 해석한다. 특히 아감벤은 바타유가 의존했던 알렉상드르 코제브의 헤겔 해석에 입각하여 '인간의 동물 되기'의 종말론적 의미를 드러낸다.[67] 코제브는 역사의 끝에서 인간은 동물처럼 존재하게 될 것이라고 말한다. 진화론에서 주장하는 것처럼 '인간의 시작'에 동물이 놓인 것이 아니라, '인간의 끝'이 동물이라는 것이다. 그런데 이러한 주장은 결국 종교적 주장과 닮았다. '인간의 동물 되기'는 인간과 동물의 존재론적 범주의 치환으로 발생하는 상징적 힘을 통해서 종말론적 이미지를 그려내기 때문이다.

근대적인 인간을 만들어 내는 '인간학적 기계'는 많은 경우에 인간과 비-인간, 혹은 인간과 동물의 대립 관계를 이용한다. 근대인의 인간학적 기계는 인간을 동물화함으로써, 즉 인간 내부에서 비-인간을 분리시킴으로써 이미 인간인 존재를 아직 인간이 아닌 것으로서 배제해 버린다. 이때 그렇게 배제된 인간은 날것 그대로의 생명을 지닌 인간이 된다. 그래서 이러한 비-인간의 생명은 정치적인 삶 속에서 들어온 인간의 생명인 비오스(bios)라기보다는, 날것 그대로의 동물적인 생명을 의미하는 조에(zoe)가 된다. 아감벤은 정치적인 영역에서 법의 보호를 받지 못하는 인간의 생명, 즉 동물화된 인간을 호모 사케르(Homo sacer)라고 표현한다.[68] 이때 아감벤이 주목하는 것은 인간 안에서 인간적인 생명(비오스)과 동물적인 생명(조에)이 분리되는 현상이다. 언제라도 비오스에서 조에의 차원으로 떨어질 수 있기 때문에 근대적인 인간의 생명은 불안정한 것이다. 안락사, 식물인간, 혼수상태에 빠진 인간 등의 생명은 쉽게 이러한 생명의 하강 작용을 겪게 된다.

이때 작용하는 것은 우리가 앞에서 본 '생명의 등급화' 문제이다. 인간의 몸에서 제거된 인간, 그래서 동물이 된 인간은 언제라도 살해될 수 있는 존재가 된다. 보통 과거에 생명과 죽음의 생물학적 경계선은 심장박동의 정지와 호흡의 중지였다. 그러나 지금 우리는 인공 생명유지 장치에 의해서 '뇌사 상태(brain death)'라는 역설적인 상황에 봉착했다. 아감벤이 지적한 대로 뇌사 상태를 몰고 온 인공 생명유지 장치의 발달은 장기이식 기술의 발달과 궤를 같이 한다. 특히 뇌사 상태의 인간의 장기는 이식에 적격이기 때문에, 살인하지 않고 장기를 이식하기 위해서는 뇌사 개념이 필요하다. 1968년에 하버드 의과대학 특별위원회는 뇌사라고 하는 새로운 죽음의 기준을 처음으로 설정한다. 그리고 뇌사 개념은 그 후에 유럽과 미국에서 법률로 인정되는 죽음의 기준으로 자리 잡는다.[69] 좀비 영화에서 좀비는 '뇌가 죽은 존재(braindead)'로 표현된다. 마찬가지로 뇌사 상태에 빠진 인간은 좀비 영화에서 살해되는 무수한 좀비 동물처럼 더 이상 인간이 아닌 존재, 이미 죽어 있기에 다시 죽여도 살인의 범주가 적용되지 않는 존재가 된다. 그러므로 우리의 인간학적 기계는 사실 좀비를 만들어 내는 기계였다고 말할 수도 있다.

일본인의 생명관
―유형론적 일고찰

/ 박 규 태

1. 들어가는 말

시간이 그러하듯이 생명 또한 그것이 무엇인지 묻는 순간 알 수 없는 어떤 것이 되고 만다. 오직 죽음을 통해서만 생명이 무엇인지를 알 수 있기 때문일까? 어쨌거나 생명관의 문제는 죽음 의식의 문제를 수반하며 그것은 무엇보다 종교사에서 가장 두드러진 형태로 나타난다. 다시 말해 우리는 "종교 전승을 통해 인류의 다양한 생명관을 엿볼 수 있다. 원시종교에서 세계종교에 이르기까지 모든 종교에는 생명 및 그 대극으로서의 죽음 혹은 죽음을 초월한 고차적인 생명의 존재 양식과 관련된 다양한 이미지가 풍부하게 내장되어 있다. 따라서 종교라는 창구를 통해 생명관의 역사 내지 생명의 사상사를 묘사하는 작업도 가능할 것이다."[1] 다른 한편 생명관의 연관 고리는 문학사, 정치사, 과학사 등에 폭넓게 걸쳐 있어 매우 복잡한 양상을 보여준다. 특히 상반되고 모순되는 양극이 우로보로스(ouroboros; 자기 꼬리를 입에 물고 있는 뱀 상징)의 원환처럼 서로 맞물려 있는 일본 문화의 정신적 풍토에서 생명관은 더더욱 복합적인 독특성을 노정한다. 본고의 목적은 이와 같은 일본의 신화·신도(국학)·불교·유교·신종교 등에서의 주요한 생명관을 기조로 삼으면서 일본 정신사의 생명관 계보를 생성의 생명관, 무상의 생명관, 욕망의 생명관, 체념의 생명관, 무사(無私)의 생명관 등으로 유형화하여 개괄하면서 그 문화론적 의의를 고찰하는 데에 있다.

2. 생성(生成)의 생명관: 신도신화

생명의 문제는 모든 기원의 문제와 이어져 있다. 그런데『고사기(古事記)』와『일본서기(日本書紀)』가 전하는 일본 신도신화는 우주기원신화와 인간기원신화에 대해서는 침묵하는 반면 국토기원신화와 신들의 기원신화에 대해서는 집요할 정도로 상세히 서술하고 있다. 그 전형적인 사례를 우리는 이자나기(伊耶那岐神)와 이자나미(伊耶那美神) 신화에서 찾아볼 수 있다.[2]

다카마노하라(高天原)라 불리는 천상계에 돌연 아메노미나카누시(天御中主神)라는 지고신이 나타났다 사라진 이래 언제부터인가 하늘과 땅 사이에는 만물 생성의 왕성한 기운이 감돌기 시작했으며, 그 생성력을 표상하는 다카미무스비(高御産巣日神)와 가미무스비(神産巣日神)가 나타났다. 그냥 나타난 것이다. 이런 식으로 열다섯 명의 천신들이 나타난 후 이윽고 일본 국토와 신들을 낳은 주역이 등장한다. 음양의 끌고 당기는 기능을 신격화한 남신 이자나기와 여신 이자나미가 그것이다.

이자나기와 이자나미는 천신들에게 표류하는 일본 국토를 단단하게 만들라는 명령을 받는다. 이에 두 신은 바닷물을 응고시켜 작은 섬을 만든 후 그 섬에 내려가 아메노미하시라(天之御柱)라는 큰 기둥[3]을 세운 다음 기묘한 대화를 나눈다. 이자나기는 이자나미의 몸이 어떻게 생겼는지를 묻는다. 그 때 이자나미는 "나의 몸은 잘 자라고 있는데, 한 곳이 전혀 자라지 않아요."라고 대답한다. 그러자 이자나기는 "나의 몸도 잘 자라고 있는데 한 곳이 지나칠 정도로 자라고 있소. 그러니 내 몸에서 지나치게 자라는 부분을 당신 몸에서 전혀 자라지 않는 부분에 집어넣어 국토를 낳으면 어떻겠소?"라고 제안한다. 말할 것도 없이 남녀 생식기를 묘사하는 이 문답에서 이자나미가 이자나기의 제안에 동의하자, 둘은 아메노미하시라를 돌면서 구애의 몸짓을 한다. 이렇게 눈이 맞은 두 유혹자(두 신의 이름 중에 들어 있는 '이자'라는 말은 '유혹'을 뜻한다)의 성애를 통해 출산 혹은 생성된 것이 바로 일본열도와 여러 자연신들이라는 것이다.

　신도신화는 이어서 이자나미가 불의 신 히노카구쓰치(火之迦具土神)를 출산하다가 생식기가 타버리는 바람에 끙끙 앓다가 죽는다는 극적인 장면을 설정하고 있다. 그러자 사랑하는 아내를 못내 잊을 수 없었던 이자나기는 마침내 이자나미가 있는 황천국(黃泉國)을 찾아간다. 이자나미는 자기를 찾아 황천국까지 내려온 이자나기에게 자신의 모습을 보아서는 안 된다고 말한다. 그러나 이자나기는 그 금기를 위반하고 만다. 그는 이미 황천국의 음식을 먹어 구더기와 뇌신(雷神)들로 우글거리는 이자나미의 몸을 보았다. 보아서는 안 될 것, 못 볼 것을 본 것이다. 오르페우스와 마찬가지로 이자나기 또한 금기를 위반함으로써 아내를 데리고 나오는 데에 실패하고 만다.

　이리하여 여자의 가장 은밀한 자존심을 건드려 이자나미의 분노를 산 탓에 이자나기는 죽음의 공포를 맛보며 쫓기는 처량한 신세가 된다. 간신히 지상으로 탈출하는 데 성공한 이자나기는 지상과 저승 세계의 경계선에서 큰 바위를 사이에 두고 이자나미와 마지막 작별 인사를 나눈다. 그런데 이 작별 인사가 좀 별스럽다. 이자나미가 외쳤다. "사랑하는 오빠, 어떻게 내게 이럴 수 있어요? 반드시 복수할 거예요. 나는 매일 오빠 나라의 사람들을 천 명씩 죽여 버리겠어요." 그러자 이자나기가 대답했다. "사랑하는 누이여, 네가 그런 식으로 나온다면 나는 매일 천오백 개의 산실을 세우겠다." 그런 후 이자나기는 황천국에서 자신의 몸이 더럽혀졌다고 생각하여 곧바로 강가로 달려가 몸에 덕지덕지 붙은 부정을 물로 씻어 낸다. 이것이 바로 오늘날까지도 신도 정화 의례의 기본을 이루는 이른바 미소기하라에(禊祓) 의식의 기원이다. 이 정화 의식을 통해 신도 판테온의 최정점이자 천황가의 조상신으로 말해지는 아마테라스(天照大神)가 생겨난다. 일본 왕권기원신화의 첫 단추가 끼워진 것이 바로 이 장면에서이다.

위 신화에서 우리는 생명이 죽음보다 강하다는 고대 일본인의 의식을 엿볼 수 있다. 이때의 생명은 무엇보다 풍부한 성적 은유가 시사하듯이 남녀 간 생식력을 의미한다. 하지만 이자나기와 이자나미 신화가 우리에게 전해 주는 가장 큰 메시지는 역시 생성의 생명관이다. 『고사기』는 반복적으로 국토와 신들의 생성 장면을 연출한다. 창조가 아닌 생성 말이다. 이와 같은 신화적 생성의 의미를 이해하기 위해서는 무엇보다 '나루(なる)'라는 일본어를 이해할 필요가 있다. 동사 '나루(成る, 為る, 生る)'는 자연스럽게 시간이 경과하는 가운데 어느 사이엔가 상태나 사태가 변하여 어떤 특정한 상태나 사태가 나타날 때 사용된다. 그것은 첫째, 아무 것도 없었는데 거기에 자연스럽게 무언가가 형태를 이루어 나타나는 것, 둘째, 어떤 상태가 자연스럽게 변화하여 다른 상태가 되는 것, 셋째, 사물이 성장 발전하여 완성된 형태에 이

르는 것, 넷째, 사물이 자연스럽게 성취된다고 표현함으로써 고귀한 사람의 행위를 나타내는 것 등을 의미한다. 다시 말해 일본어 '나루'는 생(生)·변(變)·성(成)·화(化)·위(爲)·산(産)·실(實) 등의 다양한 의미를 내포한다.

이와 관련하여 마루야마 마사오(丸山眞男)는 세계의 우주창생신화를 세 가지 일본어 동사로 구분한다. '쓰쿠루(つくる, 창조하다)', '우무(うむ, 낳다)', '나루(なる, 생성되다)'가 그것이다. 즉 세계의 우주창생신화는 ① 인격적인 창조주에 의한 창조형, ② 신들의 생식에 의한 출산형, ③ 전적으로 내재적인 발로에 의한 생성형의 세 유형으로 대별될 수 있다. 이 중 객체에 대한 주체의 활동이 명백한 창조형과 자생적이고 자연 발생적인 생성형이 대극을 이루며 양자 사이에 출산형이 위치한다. 그런데 세계의 우주창생신화는 역시 이 출산형이 가장 중심적이다. 이에 비해 어떤 문화는 창조형의 경향이 강하여 출산형이 거기에 포섭되고, 어떤 문화에서는 생성형의 경향이 지배적이며 출산형이 거기에 포섭된다. 유대=기독교 문화가 전자라면 일본 문화는 후자이다. 이와 같은 '나루(+우무)' 문화에서 역사상의 중핵을 이루는 것은 과거도 미래도 아니고 바로 '지금' 현재이다. 말하자면 '나루'와 '우무'의 과정으로 관념된 과거가 부단히 새롭게 현재화되고 그 결과 현재가 모든 과거를 대표하게 된다.

나카무라 유지로(中村雄二郎)는 세계와 사물에 대한 일본인의 이해방식을 상기 마루야마의 주장을 약간 비틀어 재구성한다. 나카무라에 의하면, 주객의 분리 및 대립이 명확한 '쓰쿠루'의 입장과 달리 '나루'의 입장에서는 주객의 동일성 및 불가분성이 주장되고 심신(心身)일원론이 됨으로써 유물론과 유심론이 모두 후퇴하기 십상이다. 또한 거기서 행위란 내재적 힘의 발현으로 여겨짐으로써 강한 자족성을 보여준다. 그 반면 초월의 계기가 약하고

타자의 타자성 의식이 희박해진다. 그뿐만 아니라 윤리와 미의식이 분리되지 않은 채(윤리가 미의식으로부터 독립하지 못한 채), 윤리가 미의식에 포섭됨으로써 미적 생활의 향수를 지향하는 경향이 나타난다. 그 결과 윤리는 제도적으로 매개된 사회성을 지니기 어렵게 된다. 나아가 '나루'의 입장에서는 '일이 저절로 되어감(なりゆき)'과 '지금'이 가장 중요시된다. 그래서 새로운 현실에 순응하기 쉬운 반면 책임 소재가 애매하게 되기 쉬우며 개인이 집단 속에 함몰되기 쉽다.[4]

이상의 논의를 다시 한 번 살짝 비틀어 정리해 보자면 이렇다. 서구 기독교 문화로 대표되는 '쓰쿠루' 문화에서는 창조하는 것(창조자)과 창조되는 것(피조물) 사이의 단절이 두드러진다. 이에 비해 '우무' 문화에서는 풍요롭고 융화적인 관계가 중시된다. 하지만 이런 '우무' 문화에서는 책임을 따지지 않은 채 자기 자식들을 무조건 끌어안는 증여적인 모성성이 지배적이기 때문에 낳는 것(산출자)과 낳아지는 것(산출물) 사이의 일체성이 강하게 나타난다. 한편 '나루' 문화는 주객의 동일성과 불가분성이 '우무' 문화보다도 훨씬 강하고 한층 더 내재적이며 자족적이다. 거기서는 변화하는 역사보다는 '영원의 지금'이 더 중요한 의미를 가지며 '우무' 문화보다도 훨씬 더 자연주의적이고 애니미즘적이다. 이 가운데 '우무' 문화와 '나루' 문화를 체현하는, 혹은 '우무+나루' 문화에 뿌리를 내린 일본인의 정신적 풍토는 윤리적으로 책임 소재가 애매하며 초월의 계기가 빈약한 반(反)형이상학적이고 반(反)철학적인 경향이 두드러지게 나타난다. 이자나기와 이자나미 신화가 보여주는 형이하학적인 몸적 상상력은 바로 이런 '우무+나루' 문화에 속한 생성의 생명관과 절묘한 상응 관계를 보여준다.

3. 무상(無常)의 생명관: 불교

생명은 무겁지도 가볍지도 않다. 그것은 무게를 잴 수 없는 어떤 것이기 때문이다. 정확히 이런 의미에서 생명은 무상하다. 그것은 끊임없이 흔들리고 진동하며 유동적인 물결의 흐름 같은 것이다. 거기서 표면의 거품을 보는 자라면 아마도 생명은 덧없고 헛된 꿈 같은 것이라고 말할 것이다. 하지만 수면의 깊이를 보는 자라면 그렇게 허망한 수사학에 쉬이 마음을 빼앗기지는 않을 성싶다. 그렇다면 일본인은 어떨까.

부유하는 일본인. 그들에게 수면과 수심의 차이는 사실상 큰 의미를 가지지 않는다. 고대 일본인의 마음이 진솔하게 투영되어 있다고 평해지는 시가집 『만엽집(萬葉集)』[5]에는 생명과 관련하여 '이노치(命)'라는 말이 많이 나오는데, '우쓰세미(空蟬)'는 이런 '이노치'를 나타내는 마쿠라고토바(枕詞)[6]이다. '우쓰세미'는 원래 여름에 울어대는 매미를 뜻하는 말이지만, 인간의 무상한 삶을 의미하는 비유어로 많이 사용되었다. 그런데 『만엽집』 가인들은 그저 생명의 무상함을 한탄하는 대신 사랑과 생명을 결부시킨 노래를 즐겨 불렀다. 그들은 사랑에 목숨을 걸었던 것이다. 무상하기 때문에 더더욱 사람과 자연을 사랑했던 것일까.

한편 『고금화가집(古今和歌集)』[7]을 편찬한 기노쓰라유키(紀貫之)는 서문에서 와카의 본질, 기법, 역사, 편집 과정 등을 언급하면서 천지가 열릴 때부터 노래가 있었고 모든 존재는 노래를 읊고 있다는 생명 예찬을 펼친다. 이 『고금화가집』에는 세상의 무상함, 사람의 생명과 마음의 불확실성, 늙음을 한탄하는 노래와 더불어 목숨을 건 사랑을 읊은 노래도 많이 실려 있다. 나아가 세계 최초의 장편소설이라고 일본인들이 자부하는 『원씨물어(源氏物語)』

또한 세상과 사람의 마음과 생명의 무상함과 함께 남녀 간 사랑의 영원함을 묘사한다. 이뿐만 아니다. 『신고금화가집(新古今和歌集)』은 "이보다 더 무상한 것이 있으랴, 벚꽃 지는 슬픈 세상이여." 라고 하여 지는 벚꽃에 빗대어 생명의 덧없음을 노래하면서도 동시에 그런 덧없음으로 인해 오히려 '지금, 여기'를 사는 생명을 절절하게 느낀다는 노래를 읊고 있다.[8]

모든 것은 속절없이 스러져만 간다. 그렇게 사라져가는 것들을 사랑하는 하나의 방법으로서 일본인은 현실을 절대화하는 길을 선택했다. 헤이안 불교와 중세 가마쿠라 신불교는 이와 같은 현세 중심적인 생명관의 일면을 잘 보여준다. 가령 헤이안 시대 일본 진언종(眞言宗)의 창시자 구카이(空海)는 '즉신성불(卽身成佛)' 곧 현세의 육신 그대로 깨달음을 얻을 수 있다고 설하면서 살아 있는 몸 그대로 부처가 되는 것을 이상으로 했다. 또한 중세 일본선종의 일파인 조동종(曹洞宗)을 개창한 도겐(道元)은 '현실 속에 성립되어 존재하는 것이 절대 진리(現成公案)'라는 관점에서 '생사일여(生死一如)'를 설하는 한편, 상식을 넘어서기 위해 행하는 선문답(공안)보다는 전적인 좌선을 통한 불성의 실천을 통해 현실 그대로의 모습이 곧 불성임을 강조했다. 나아가 일본 중세에는 '초목실개성불(草木悉皆成佛)'이라는 말이 사람들 사이에서 경문처럼 널리 불려졌다. "초목이라도 성불할 수 있다."는 뜻의 초목성불론은 원래 중국에서 온 것이다. 중국 초목성불론의 주장은 공(空)이라는 절대적 입장에서 볼 때 중생(인간)과 초목(자연)은 동질적이며, 양자는 둘이 아닌 하나라는 데에 그 핵심이 있다. 그래서 중생이 성불하면 초목도 성불한다는 것이다. 그러니까 붓다(깨달은 자)의 절대적 입장에서 보면 전 세계가 평등하게 진리 그 자체이고 거기서는 중생과 초목의 구별이 없어진다는 말이다.

그런데 이런 초목성불론이 일본에 수용되자 미묘하게 변질되고 만다. 즉 일본에서 초목성불론은 공이나 부처의 절대적 입장과는 무관하게, 한 포기 한 그루의 풀이나 나무가 제각각 그 자체로 완결되어 성불한다는 식으로 받아들여졌다. 일본인은 공이라든가 부처의 절대적 입장에서 본 평등의 진리성이라는 형이상학적·추상적 이해 대신, 개별적이고 구체적인 이 현상세계에 존재하는 모든 사물의 모습이 있는 그대로 깨달음을 실현한다는 형이하학적·구상적 관점에서 초목성불론을 이해한 것이다. 이는 있는 그대로의 이 구체적인 현상세계 자체를 깨달음의 세계로 긍정하고 범부의 일상성을 중시하는 태도라 할 수 있다. 존재하는 모든 것은 생명이 있고 또 있는 모습 그대로 성불의 상태라는 것이다.[9] 가마쿠라 신불교 운동의 사상적 배경을 이루는 본각사상(本覺思想)이란 바로 이런 태도에 입각한 사상이었다. 이 사상은 일본 천태종의 핵심 교의로 체계화되었지만, 비단 천태종뿐만 아니라 일본 불교계 전체에 지울 수 없는 족적을 남겼다.

4. 욕망(慾望)의 생명관: 유교와 모노노아와레

생명은 욕망의 집이다. 욕망으로 쌓아 올린 벽돌들이 하나도 남김없이 무너져 내린 곳에 생명은 더 이상 거하지 않는다. 욕망을 부정하는 종교라 해도 실은 또 다른 빛깔의 벽돌을 바꿔 쌓는 작업이 아닐까? 구원받고 혹은 구원하고자 하는 거대한 욕망의 벽돌 말이다. 어쨌거나 생명력은 크고 작은 욕망이 있는 곳에 뿌리를 내리고 가지를 친다.

본래 욕망을 제어하는 '극기복례(克己復禮)'의 정신에서 비롯된 유교가 일본에서는 일찍이 주자학적 리(理)의 부정[10]을 수반하면서 욕망의 에너지를 생명력으로 긍정하거나 혹은 정치제도를 통해 수렴하고자 하는 기(氣)일원론적 유교로 정착되었다. 가령 일본적 유학의 출발점이라 할 만한 고의학(古義學)[11]의 창시자 이토 진사이(伊藤仁齋)는 "무릇 모든 일을 리(理)만 가지고 재단하게 되면, 잔인하고 각박한 마음이 날뛰게 되고, 관대하고 온유하며 인자하고 후한 마음이 설 곳이 없게 된다."(『童子問』中) 하여 '리' 중심의 주자학적 입장을 배격하고 그 대신 '인(仁)'을 강조했다. 이때의 인(仁)이 주자학에서 말하는 그것과 색조를 달리함은 말할 것도 없다. 예컨대 주자학의 인간론에서는 성(性)을 본질로 보고 정(情)을 현상으로 보는데, 거기서 인(仁)은 성에 그리고 애(愛)는 정에 속한 것으로 말해진다. 그리하여 주자학에서는 정으로서 사람을 사랑하는 것은 아직 미숙한 단계이며, 인으로서 사랑하지 않으면 안 된다고 설한다. 그러나 진사이는 본질(理)로서의 사랑(仁)이란 없으며, 다만 현실 속의 사랑(愛)만이 존재한다고 생각했다. 바꾸어 말하자면, 그는 주자학이 경멸한 현실 속의 사랑, 구체적인 사람과 사람 사이의 사랑이야말로 인이라고 본 것이다. 이는 다름 아닌 '욕망의 긍정'이다. 이처럼 일상적 실천의 강조 및 구체적 현실의 관심과 인간의 세속적 욕망을 긍정하는 입장에서 진사이는 "선이란 일종의 생명력이며 악은 일종의 죽음이다. 양자는 서로 대립적으로 나란히 생기는 것이 아니다. 이 둘은 생(生)에서 하나를 이룬다."(『童子問』)고 하여 생(生)본위의 사상을 설했는데, 여기서 생(生)은 천지의 생명 내지 생명력 혹은 활기에 찬 사람들의 일상적 활동을 가리키는 말로 해석할 수 있다.

한편 고문사학(古文辭學)[12]을 수립하여 일본적 유학을 완성시킨 오규 소라이(荻生徂徠)는 주자학적 "리(理)에 어떤 보편적인 기준이 따로 있을 수는 없다."(『弁名』下)고 잘라 말하면서, 현실 속의 사회제도로서의 '예악(禮樂)'[13]을 강조했다. 요컨대 소라이는 정치제도를 통해 효과적으로 인간의 욕망과 세상의 자원을 분배 조정해야 한다고 주장했다. 주자학에서는 '인욕을 버리고 천리를 좇을 것'을 말한다. 그러나 소라이는 개개의 인간에게 내재된 '욕구'는 도덕적으로 극복할 수 있을지 몰라도, 항상 타자와 연루된 '욕망'은 수행에 의해 극복될 수 없다고 보았다. 욕망은 제도를 통해 수렴될 필요가 있다는 말이다. 이와 관련하여 소라이는 『정담(政談)』에서 당시의 시대적 욕망에 대해 적고 있다. 17세기 말, 18세기 초의 에도인들은 모두가 정인(町人, 직인과 상인)의 흉내를 내면서 점점 사치로 치닫고 있었고, 주자학으로서는 이를 수습할 능력이 없었다. 소비사회적 욕망과 화폐경제의 침투 앞에서 '천리'와 '인욕'이라는 주자학적 이원론은 무능했다. 그리하여 타인의 욕망 혹은 타자가 매개된 욕망이라는 경쟁 현상이 신분 사회의 틀을 넘어 점점 확산되었고, 그런 경쟁 상태로 인해 봉건 체제는 경제적 파산의 위기에 직면하였다. 소라이는 이런 위기를 극복하기 위한 처방으로서 각자의 신분에 맞는 '예'의 회복을 주장했던 것이다.[14]

한편 일본은 주자학 일변도의 조선과 달리 주로 정인층에서 양명학을 적극적으로 수용했다. 가령 야마가 소코(山鹿素行)는 일상생활과 유리된 주자학을 버리고 직접 고대 성현의 가르침을 공부해야 한다는 고학의 입장을 내세우면서 "식욕도 남녀 간의 정욕도 모두 거부할 수 없는 마코토(誠)"(『山鹿語類』)라고 설했다. 그러니까 리(利)를 추구하는 욕망도 생명의 근본적인 요소라는 것이다. 이처럼 현세적 욕망을 인정의 자연으로 삼는 발상은 명 말 중국 남부의 상인 계층 사이에서 형성된 이른바 양명좌파[15]의 성격을 내포한 것이었다.

이에 비해 신도가 마스호 잔코(增穗殘口)는 예(禮)를 중시하고 화(和)를 소홀히 한 유학적 풍조를 비판하면서 일본 고래의 이른바 '화(和)의 생명관'을 주창했다. 즉 일본(和國)의 근본원리인 화(和)에 입각하여 이자나기와 이자나미가 국토창생을 위해 부부 화합했던 성애의 신화적 장면 및 "화(和)를 소중히 한다."는 쇼토쿠태자 17조 헌법(제1조)에서 그 근본을 찾아 고금의 남녀 간 사랑 이야기를 즐겨 논했다. 요컨대 그는 신도의 근본을 유교나 불교와는 상이한 '화'의 논리 곧 인간의 남녀친화 및 부부화락의 '색도(色道)'에서 찾은 것이다. 촌락이나 부족의 발생을 조상신인 남신과 여신의 성애에서 찾는 것은 세계의 다른 신화에서도 엿볼 수 있다. 하지만 잔코는 이를 일본의 와카 및 신도의 독자성으로 간주하여 그것이 중국 사상보다 우월하다고 주장했는데, 이런 발상은 모토오리 노리나가(本居宣長)로 대표되는 일본주의적 국학의 흐름으로 이어졌다.[16]

신도는 물론 일본적 유교에서 긍정된 인간의 욕망은 있는 그대로의 인정(人情)[17]을 중시한 노리나가 국학, 특히 가론(歌論)에 이르러 마침내 그 복권을 달성한 듯이 보인다. 하지만 어떤 시대나 사회든 욕망을 있는 그대로 관철하기란 어렵다. 모든 사람들의 다양한 욕망을 다 충족시킬 수 없기 때문이다. 그래서 현실적인 조건들과 세간의 법도 및 도덕 따위가 그물망처럼 만들어지게 마련인데, 그 사이에서 사람들의 욕망은 좌절하거나 벽에 부딪치게 되고 비애가 생겨나기 십상이다. 이런 비애야말로 근세의 미학 이념인 '모노노아와레(物哀れ)'의 핵심 내용이라 할 수 있다.

'모노노아와레'라는 미적 개념은 다양한 해석이 가능하다. '외계의 정취 있는 자극에 감동할 줄 아는 마음', '사물의 마음을 읽어낼 줄 아는 일종의 공감 능력' 혹은 '타자와의 공감을 통한 자타일체의 세계에서 형성되는 미학적 감수성' 내지 '일과 사물과 타자의 마음속으로 주체의 마음을 갖다 놓는 감정이입의 능력' 등으로 정의 내려질 만하다. 단, 욕망의 문제와 관련하여 사상적, 종교적, 문화적으로 욕망의 해방이 견제되는 곳에서는 모노노아와레가 생겨나지 않는다는 점에 주목할 필요가 있다. 다시 말해 근세 일본의 모노노아와레는 사상적, 종교적, 문화적으로 욕망의 해방이 최대한 긍정되는 곳에서, 그러나 현실적으로 완벽한 욕망 충족이 불가능한 지점에서 생겨난 것이었다.

노리나가는 스승인 주자학자 호리 게이잔(堀景山)의 "가장 중요하고 소중한 인정은 남녀 간 욕망"(『不盡言』)이라는 가르침을 따라 모노노아와레를 인정(人情)과 동일시하면서 남녀 간 색정에서 그 절실한 표현을 보았다. 그 중에서도 불륜의 사랑을 묘사한 『원씨물어』야말로 모노노아와레의 정점이라고 주장했다. 이는 물론 그가 불륜의 사랑 자체를 찬미한 것은 아니다. 노리나가는 불륜의 사랑에 수반된 깊은 고뇌와 충동의 느낌을 이해하려면 불륜의 선악을 논하기에 앞서 불의한 불륜을 범할 만큼 느낌이 깊고 강렬하다는 점을 보지 않으면 안 된다고 생각한 듯싶다. 그러니까 현실적으로 완벽한 욕망 충족이 불가능한 데에서 비롯된 고뇌와 갈등의 깊이, 그 절실한 '고코로'(心=情=意)[18]를 느끼는 것이 중요하다는 점을 말하려 했던 것이다. 이것이 노리나가가 말하는 '모노노아와레를 아는 것'이며, 그렇게 '모노노아와레를 아는 자'가 바로 선한 자이다.

요컨대 노리나가에게 '모노노아와레를 안다는 것'은 어떤 일과 사물에 접하는 깊고 진하고 강렬한 경험 그 자체를 가리킨다. 노리나가도 인정하듯이, 그것은 어떤 도덕적인 결단이나 적극적인 행위와는 무관하며 다만 끊임없이 흔들리고 움직일 뿐인 어리석고 미련한 것에 다름 아니다. 어리석고 유치한 것임에도 불구하고 인간은 모노노아와레를 아는 마음에 의해 끊임없이 흔들리는 존재인 것이다. 이런 의미에서 노리나가는 종교나 윤리 도덕의 세계란 이차적인 세계일 뿐이며, 모노노아와레의 미학적 세계야말로 인간 본성과 생명에 보다 밀착된 일차적인 세계라고 생각했던 것 같다.

5. 체념(諦念)의 생명관: 국학과 무사도

생명을 포기한다는 것과 생명을 체념한다는 것은 어떻게 다를까? 자의적이든 타의적이든 생명의 포기에는 모든 욕망과 의욕의 상실이 뒤따른다. 그런데 인간은 때로 욕망을 접을 줄 아는 체념의 존재이기도 하다. 그리고 일본인은 체념(諦め, 아키라메)[19]의 달인이다. 이하에서는 어떤 의미에서 이렇게 말할 수 있을까 하는 문제를 생각해 보고자 한다.

이소베 다다마사(礒部忠正)[20]에 따르면 일본인의 삶의 방식은 신중심도 인간중심도 아닌, 자연중심이다. 여기서의 자연이란 오늘날 우리가 말하는 자연계의 자연이라든가 자연과학에서의 자연이 아니라 '큰 자연의 생명 리듬' 혹은 '우주대생명'으로 바꿔 말할 수 있는 자연으로 그것은 유(幽)의 세계에 속해 있다. 이런 유의 세계와 현실의 가시적인 세계 즉 현(顯)의 세계를 연속적인 것으로 상정하면서 '큰 자연의 생명 리듬'과 그것에 감응하는 인간 마음과의 만남을 단 하나의 근원으로 삼아 이를 통해 유의 세계를 추구하고 현의 세계에의 통로를 찾아내고자 하는 것이 일본적 삶의 방식의 원형이라는 것이다.

이처럼 현실의 나의 생명 및 그 가장 큰 동인으로서의 욕망을 우주생명의 리듬으로 파악하는 일본인의 삶의 방식은 현세 긍정적인 양상을 노정한다. 이때 일본인은 항상 현과 유의 교류를 믿는다. 그러므로 일견 현세 중심적으로 보이는 삶의 방식이 의외로 비현세적인 삶의 방식과 상통하기도 한다.

가령 일본인은 정사(情死=心中)라든가 및 죽어서 사죄한다는 삶의 방식에서 현과 유 두 세계의 교류를 믿는다. 단지 무상하고 덧없음을 한탄하면서 상주(常住)의 세계를 추구하는 것이 아닌, 무상을 무상 그대로 살아가면서 덧없는 삶 속에서 덧없음을 음미하는 일본인의 '불가사의함'은 바로 이와 같은 유현 연속의 생명관에 입각한 체념에서 나온 것이라는 말이다.

유현 연속의 생명관은 '생사일여'의 사생관과 맞닿아 있다. 이 점에서 체념의 생명관을 죽음의 자리에서 들여다보는 것이 가능해진다. 이와 관련하여 일본인은 죽음 친화성 혹은 죽음에 대한 남다른 충동을 가지고 있다는 지적[21]이 있는가 하면, "일반적으로 죽음에 대한 일본인의 태도는, 감정적으로는 우주 질서를 받아들이고 지적으로는 자연 질서를 받아들이는, 그것도 하나의 체념으로서 받아들이는 데에 있다. 죽음과 일상생활의 단절, 다시 말하자면 죽음의 잔혹하고 극적인 비일상성을 강조하지 않는 일본 문화가 그 배경"[22]이라는 이해도 있다.

그러니까 일본인은 죽음에 대한 공포심을 비교적 적게 가지고 있다는 말이다. 일본 문학사와 사상사에서 보건대 대체로 일본인은 죽음을 공포감보다는 무상감 혹은 비애감으로 체험해 왔음을 알 수 있다. 죽음은 분명 슬픈 것이다. 하지만 한편으로 인간은 죽음 앞에서(혹은 안에서) 무언가 가깝게 느껴지는 편안함 같은 것을 느낄 수도 있다. 일본인은 이처럼 죽음에 대해 복합적인 심정을 표출해 온 것이다. 가령 위 인용문에서 죽음의 비일상성을 강조하지 않는 일본인은 죽음을 우주의 질서, 자연의 질서로 '체념하면서' 받아들인다고 했는데, 이때의 '체념'이란 죽음을 슬퍼하면서도 그 슬픈 감정을 미학적으로 승화시켜 받아들인다는 것을 의미한다.[23] 한국인과는 달리 대부분의 일본인들이 죽음 앞에서 발작적으로 통곡하는 대신 차분한 태도를 보이는 것은 어쩌면 이런 '체념'이 있기 때문일지도 모른다. 한편으로 일본인은 사람이 죽으면 대우주 속에 들어가 거기서 잠시 머문 다음 점차 융합되어 사라져 버린다고 여기기도 하는데, 이런 발상 또한 체념의 생명관에 묘사된 죽음의 이미지로 볼 수 있겠다.

앞서 언급한 모토오리 노리나가는 "이 세상 사람들은 귀하든 천하든 선하든 악하든 모두 죽으면 반드시 황천국에 가지 않을 수 없으니 참으로 슬픈 일이구나."(『鈴屋答問錄』)라고 적었는데, 사가라 도오루(相良亨)[24]는 이런 노리나가에게서 일본적 체념 관념의 원형을 본다. 신란(親鸞)의 『탄이초(歎異抄)』에 있어 죽음의 슬픔은 본래 지워 버려져야 할 어떤 것으로 묘사된다. 그러나 노리나가에게 죽음의 슬픔은 지워 버려야 할 어떤 것이 전혀 아니다. 오히려 노리나가는 죽음을 슬픈 것으로 받아들이는 것이야말로 인간의 진실이라고 잘라 말한다. 죽음을 슬픈 것으로 느끼는 것은 인정의 본래적 모습으로 성인이든 범인이든 모두 같다는 것이다. 노리나가에게는 사후 심판의 관념이 없다. 이 점에서 노리나가는 사후 심판 관념이 희박한 일본 정신사의 경향을 가장 단적으로 보여주는 사상가라 할 수 있다. 이처럼 사후 심판을 부정하는 태도에서 우리는 생전의 업과 사후의 인과관계에 대한 일본인의 무관심을 엿볼 수 있다. 그런 무관심은 다만 죽음 그 자체에 주목하면서, 황천국은 오염된 곳이기 때문에 죽음은 그저 슬퍼하는 수밖에 없는 것으로 보는 노리나가의 입장과 맞물려 있다.

그렇다면 신도에서 '안심' 곧 죽음에 대한 평정한 마음가짐이란 어떤 것일까? 노리나가는 윗사람 혹은 공동체가 정한 규칙을 지키고 주어진 일에 충실한 것, 그때그때 신들의 마음에 순종하면서 사는 것이 곧 안심이며, 이 밖에 따로 안심이란 없다고 말한다. 굳이 신도에서의 안심을 말하라면, 그것은 전술했듯이 사람은 죽으면 모두 황천국에 가며 착한 사람이라 해서 특별히 좋은 곳에 가는 것은 아니라는 사실을 있는 그대로 받아들이는 것에 있을 뿐이다. 물론 죽어서 황천국에 간다는 것은 슬픈 일이다. 하지만 죽어서 황천국에 간다는 것은 신들에게 따르는 것이며 신도의 안심이다. 이는 태초부터 신들에 의해 정해진 '묘리(妙理)'로서, 사람의 머리로 헤아릴 수 없는 신들의 마음이다. 잘 알 수 없는 것은 생각해 보았자 쓸데없다. 일본의 가미(神)는 '리쿠쓰(理屈, 논리=도리=이치)'를 넘어서 있다. 그런 것은 믿는 수밖에 달리 도리가 없다. 이것이 바로 노리나가가 말하는 '체념'의 내용이다.

마치 "알 수 없는 것에 대해서는 말하지 마라."는 비트겐슈타인의 어조와 유사한 방식으로 결론을 맺는 노리나가에게 슬픔과 안심은 동시에 공존하는 양가대립물이다. 거기서는 어쩔 수 없는 슬픔 자체가 신의 길을 따라 걷는 것이며, 그런 슬픔 안에 안심이 있다. 불교는 깨달음을 설하고 유교는 천명에 따를 것을 설하면서 슬픔의 극복을 말한다. 하지만 대부분의 일본인은 생사의 고통과 모순을 극복하려 들기보다는, 그리고 슬픔으로 인해 통곡하고 오열하기보다는 그저 슬퍼하면서 죽어 갈 따름이다. 노리나가의 체념 사상은 이를 대변한다.[25]

사가라 도오루는 이와 같은 일본적 체념의 구조를 단념(思いきる) 및 각오(覺悟, 깨달음) 개념과 대비시켜 보다 선명하게 부각시키고 있다.[26] 죽음이란 '어쩔 도리가 없는 것' 즉 체념을 수반하는 것이다. 이때의 체념은 내 뜻이 아니지만 어쩔 수 없이 우리가 받아들여 따라야만 하는 어떤 것임을 의미한다. 그리고 일본인들은 이런 체념을 통해 마음의 안정을 얻는다. 하지만 일본적 체념은 거기서 한 걸음 더 나아간다. 슬픔 안에 있으면서 그 슬픔을 단념하기가 그것이다. 이때의 단념은 슬픔의 극복이 아니라 슬픔을 주체적으

로 받아들여 그 슬픔 안에서 자기를 제어하는 것을 의미한다. 이처럼 단념하는 태도에 대한 예찬은 곧 현세적 삶의 방식의 찬미와 다름없다.

달리 말해 보자. 체념이 수동적이라면 단념은 능동적이다. 왜냐하면 단념은 체념을 자기 제어적으로 하는 것을 의미하기 때문이다. 곧 단념이란 마음으로 결의하여 각오(覺悟=깨달음)를 다지는 것이다. 그런데 무사의 각오는 불교도의 그것과 다르다. 일본 정신사에 있어 각오는 어디까지나 현실을 사는 자, 특히 명리 추구를 생명으로 하는 무사들에게 권장된 마음 자세였다. 무사는 늘 다음 순간의 죽음을 염두에 두고 지금을 살아야 한다. 명리와 영광을 추구한다 해도 다음 순간 깨끗한 죽음으로 전환할 수 있는 각오가 요청된다. 자신의 생명을 이슬의 생명이라고 자각하면서도 이름의 기리(義理)를 추구한 것이 전국 시대 무장들이었다. 이처럼 스스로를 이슬의 생명이라고 자각하면서도 이름의 기리를 중시함으로 인해 무사들의 현실 긍정은 곧바로 할복과 같은 자살 형태로 전환할 수 있었던 것이다. 그러니까 세상과 이름의 기리를 추구하면서도 삶은 이슬과 같다는 자각을 잊지 않은 채, 더 이상 피할 수 없다고 생각된 순간 이를 회피하지 않은 채 곧바로 사라질(죽을) 수 있는 마음가짐을 항상 가지는 것, 이것이야말로 『하가쿠레(葉隱)』에 나오는 '죽음의 각오'가 뜻하는 의미라 할 수 있다.

군국주의 시대에 이른바 '무사도의 원형'으로서 이데올로기적으로 선전되었던 『하가쿠레』는 "무사도란 죽음에의 응시이다. 두 갈림길에 설 때 조속히 죽음을 선택할 뿐이다. (중략) 그러나 우리는 살고 싶어 한다. 아마도 좋은 쪽에 이치가 있을 것이다.", "무사도란 매일 아침마다 죽음을 연습하는 것이다.", "충도 효도 넘어서서 무사도에는 오직 죽음의 열광만 있을 뿐이다. 그 안에 충효는 저절로 깃들게 되어 있다."고 적었다. 이것만 보더라도

『하가쿠레』는 마치 '죽음의 찬미서'처럼 비쳐진다. 하지만 그 '죽음의 찬미'는 실은 '생의 찬미'의 뒷면이라고도 할 수 있다. 이는 '살고 싶다'는 솔직한 고백에서도 잘 엿볼 수 있다.

요컨대 도쿠가와 시대 이래 현재에 이르기까지의 일본 문화는 줄곧 죽음과 일상과의 단절, 바꿔 말하자면 죽음의 잔혹하고 극적인 비일상성이 강조되지 않은 문화이며, 일본의 이에(家) 공동체 및 무라(村) 공동체는 그 성원으로서 생자와 사자를 모두 포함하고, 그럼으로써 많은 일본인이 죽음에 익숙해져 있다. 그때 죽음은 공포감보다는 비애감을 수반한다. 하지만 이 비애감은 불교적 무상감과는 다소 상이한 것으로서, "사후에 각 개체의 생명은 우주의 대생명으로 돌아간다."고 관념되어 죽음과 삶이 에너지의 연속으로 이해되는 경향이 있다.

이는 노리나가가 이 세상에 죽음만큼 슬픈 일은 없다고 하면서, 신도의 안심(安心)은 인간이 죽은 다음에는 선한 자도 악한 자도 다 똑같이 모두가 암흑의 저승 세계로 들어간다는 데에 있으며 선한 자라 해서 특별히 좋은 곳에 가는 것은 아니라는, 그래서 인간의 죽음에 개입하는 초월적 권위가 부재하므로 최후의 심판도 없다고 말한 발상과 통한다. 그리하여 일반적으로 죽음에 대한 일본인의 태도는 우주와 자연의 질서를 감성과 지성에 있어 체념적으로 받아들이는 데에서 찾아 볼 수 있다.

그러니까 『하가쿠레』에 나타난 무사의 '죽음의 각오'는 이런 체념을 적극적인 자기 통어에 적용한 각오와 다름없으며, 나아가 생의 찬가로 이어지는 그런 것이었다. 이리하여 '꽃은 벚꽃, 사람은 무사'(『假名手本忠臣藏』十)라는 유명한 속담이 있듯이, 에도 시대에 무사의 삶과 죽음은 벚꽃에 대한 일본인 특유의 감수성과 결부되었다. 벚꽃이 지듯이 '삶의 최전성기의 죽음'이야말로 '가장 좋은 죽음'으로 여기게 되었다. 하지만 이와 같은 내밀한 문화적 에토스에는, 전국 시대의 무사들이나 아카호(赤穗) 47인의 낭인들, 미시마 유키오(三島由紀夫)의 할복자살에서 엿볼 수 있듯이, 굴절된 폭력성을 희석시키는 '죽음의 미학'이 내포되었기도 하다. 어쨌거나 여기서 주목하고자 하는 것은, 일본 무사도에 나타난 죽음관이 '생의 긍정'을 함축한다는 사실이다.[27]

그런데 '권태의 생명관'이라 이름 붙일 만한 근대의 경향은 바로 이런 '체념의 생명관'을 뒤집어 놓은 것이 아닐까? 권태는 결코 생명-없음의 표상이 아니다. 생명이 부재하는 곳에는 권태도 있을 수 없기 때문이다. 아니, 어쩌면 생명력의 과잉을 보여주는 징후 중의 하나가 바로 권태일 수도 있다. 러일전쟁 후 일본 지식인들은 깊은 권태에 빠졌는데, 거기서 벗어나고자 미친듯이 생명의 연소를 추구함으로써 탐미주의적, 데카당스적 풍조가 널리 확산되었고, 1910년대에서 1920년대에 걸쳐 에로티시즘과 그로테스크 미학의 유행으로 이어졌다.

시인 기노시타 모쿠타로(木下杢太郎)는 「춘조(春朝)」라는 시에서 권태를 "쓰고 신 생(生)의 맛"이라고 표현하기도 했으며, 엽기적인 탐정소설 작가인 에도가와 란포(江戶川亂步)의 『붉은 방』(1925)에 나오는 주인공은 "나라는 인간은 이제 인생이 권태로워서 견딜 수 없었기 때문에" 완전범죄를 계획했노라고 말한다. 다이쇼 시대에 지식층 청년들을 사로잡은 에로티시즘, 그로테스크, 데카당스의 미학은 권태로움의 호기심으로 늘 보다 강한 자극을 찾아다녔으며, 이런 흐름은 오늘날까지도 일본 문학 및 대중문화의 영역에 여전히 뿌리 깊게 남아 있다. 체념이 끝나 갈 무렵에 혹은 미처 체념하지 못한 곳에 '악의 꽃'이라는 권태가 찾아드는 것일까. 아니면 권태의 끝자락에서 피어나는 것이 체념일까. 어느 쪽이든 권태와 체념이 동전의 양면처럼 일본인의 삶 속에 깊이 각인되었음은 분명해 보인다.

6. 무사(無私)의 생명관: 우주대생명과 다이쇼 생명주의

일본인의 사상과 종교를 들여다볼 때마다 '나(私)'라는 자의식이 주체 구성에 반드시 필요한 것이 아니라는 사실을 확인하고 놀란다. 심리학자 미나미 히로시(南博)는 많은 일본인들은 자아의식의 센터가 내 안이 아니라 내 바깥의 어딘가에 존재한다고 생각한다고 말한다. 하지만 그것은 무아(無我)라기보다는 무사(無私)에 가까운 심리적 경향성이라 할 수 있다. 나의 생명은 과연 나의 것인가? 어쩌면 나의 생명은 더 큰 생명에 의존하지 않을 수 없는 가장 작은 생명일지도 모른다. 근현대의 많은 일본인은 이런 더 큰 생명을 전술한 '우주대생명' 혹은 '근원적 생명' 등으로 불렀다.

러일전쟁 후 청년들 사이에서는 데카당스적 경향과 더불어 "인생, 어떻게 살아야 하나."라는 근본적인 물음이 이야기되고 있었는데, 이들은 세계와 우주의 원리로서 '생명'을 상정했다. 신이라든가 물질이 아니라 생명을 세계의 원리로 보려는 이런 발상은 자연과학의 발달과 더불어 20세기로의 전환기 유럽에서 널리 퍼지기 시작했지만,[28] 일본의 경우 '생명'을 원리로 삼는 사조가 유럽과는 다른 방식으로 나타났다. 가령 기타무라 도코쿠(北村透谷)의 『내부생명론(內部生命論)』(1893)은 19세기 미국의 스피리츄얼리스트(spiritualist) 에머슨이 말하는 '우주의 큰 영'을 '우주의 생명'으로 간주하여 그것을 인간이 마음 깊이 느낄 수 있다고 주장하기도 했다. 또한 도쿠토미 로카(德富蘆花)는 수필집 『미미즈노타하고토(みみずのたはこと)』(1913)에서 "우승열패는 천리이다. 약육강식은 자연이다. 우주는 생명을 주고받는 (중략) 하

나의 원환이다. 생명은 공통이다. 강한 자도 약하고 약한 자도 강하다. 죽으면 살고 살면 죽는다. 이기는 자가 지고 지는 자가 이긴다. 먹는 자가 먹히고 먹히는 자가 오히려 먹는다. 반야심경에 나오듯이 더할 것도 뺄 것도 없고, 생도 없고 멸도 없으며, 더러운 것도 없고 깨끗한 것도 없다. 우주의 본체는 실로 이러하다."는 식으로 우주생명에 관한 단상을 전개했다.

이에 비해 오카쿠라 텐신(岡倉天心)은 영문 저서『동양의 사상: 일본 미술을 중심으로』(1903)에서 도교의 기(氣)를 Spirits로 번역하는 한편, 그것을 '우주에 편재하는 생명 원리(the vital principle that pervaded the universe)', 혹은 '우주의 생명(world-life)'이라고 묘사하면서 이것이야말로 미의 원천이라고 하는 생명주의 미학을 내세웠다. 상징주의 시인 이와노 호메이(岩野泡鳴) 또한 특이한 생명관을 제시했다. 그는『신비로운 반수주의(神秘的半獸主義)』에서 '반령반수(半靈半獸)'라는 상징을 내세웠는데, 이는 정신성을 상징하는 앞쪽의 투명한 반신과 짐승 모습을 한 뒤쪽의 반신으로 이루어져 있다. 요컨대 영성과 육욕을 겸비한 인간을 상징하는 것이 바로 '반령반수'라는 것이다. 호메이는 "이 신비스런 영수(靈獸)의 주의는 생명"이라고 선언하면서, 세계의 현실은 모두가 우주의 심령현상이며 "존재하는 모든 것은 그저 시시각각 변형되어 갈 뿐"이라고 말한다. 생도 사도 그런 변형의 일종에 지나지 않는다. 그는 선악의 가치도 절대자라든가 초월자도 세계의 목적이라든가 자연의 법칙성 같은 것도 인정하지 않는 등, 국가라든가 사회제도를 비롯한 일체의 실체와 개념들을 거부했다. 니체를 연상케 하는 이런 호메이의 발상은 그러나 감정을 최우선시 한다는 점에서 너무도 일본적이다. 그는 순간순간의 비통한 느낌의 연속이야말로 '생명'의 실질적 내용이라고 말한다. 그런 비통한 느낌들을 남성적으로 견뎌 낼 때 거기에 비로소 자아의 충실이 존재한다. 이것이 그가 말하는 '찰나주의적 생명관'의 내용이다. 이와 같은 인생관은 모든 규범을 싫어하며 다만 찰나적 생의 연소에 지상의 가치를 부여할 뿐이다. 인격도 사랑도 시시각각 변화하며 오직 찰나에만 존재할 따름이라는 것이다.

이처럼 '생명'을 키워드로 삼는 다이쇼 시대의 다양한 사조들을 통틀어 다이쇼 생명주의(大正生命主義)[29]라 하는데, 그 철학적 토대를 제공한 책은 다름 아닌 니시다 기타로(西田幾多郎)의 『선의 연구(善の研究)』(1911)[30]였다. 이 기념비적인 저서에서 니시다는 근대의 불행은 지정의(知情意)가 균형을 상실한 데에서 비롯된 것임을 지적하면서 인간의 전체성을 회복하는 길을 탐구한다. 인간에게 최고의 선은 전 인류를 위해 사는 것, 휴머니즘에 입각하여 행동하는 데에 있다. 이를 니시다는 '인류와 하나가 되는 것'이라고 표현한다. 그런데 인간에게는 그 심층에 보다 강렬한 욕구가 있다. 그것은 신과 하나가 되고 싶다는 종교적 욕구이다. 그러므로 자기 내면 깊이로 내려가 그 '참된 생명(眞生命)' 즉 '무한한 대생명=대실재'와 합일할 때 신과의 일체화가 실현된다. '장소'라든가 '절대모순의 자기동일성' 등 니시다 철학의 중심 개념도 이런 생명관을 빼놓고는 말할 수 없다. 개체에게 생과 사는 절대로 서로 융합될 수 없는 절대모순이다. 그런데 개체의 죽음은 다른 생명을 키우는 양분이 된다. 살아 있는 모든 것은 살아 있는 다른 생명을 먹어야 살 수 있기 때문이다. 그러니까 개체의 생사에 의해 '큰 생명'이 운반되는 것, 이것이 바로 '큰 생명'의 영위 그 자체이다. 이 점에서 모든 생명체는 자기동일성을 가진다는 것이다. 이처럼 개체의 생사의 '장소'를 '큰 생명'의 장소에서 파악하면서 개체의 생사라는 절대모순을 상대화하는 것은 바로 그가 말하는 '장소적 변증법'과 다름없다.

한편 와쓰지 데쓰로(和辻哲郎)는 일본 최초의 본격적 니체연구서인 『니체연구』(1913)[31]에서 모든 존재는 '우주의 생명'의 부산물이며 '내적 생명'을 표현하는 것이야말로 참된 철학자의 과제라는 점, '우주의 생명'은 직접 표현할 수 없으며 그 표현은 '암시적이고 상징적'이라는 점을 언급했다. 다이쇼 생명주의의 전형이라 할 만한 이와 같은 세계관에 입각하여 와쓰지는 그리스도교의 신을 비롯한 모든 관념과 개념을 버리고 생의 현실 그 자체에 도달하고자 했던 니체의 자세에서 '참된 철학자'의 모습을 보았다. 하지만 와쓰지는 니체의 영원회귀의 철학은 미완성이라고 말하면서 '영원의 지금'이라는 일본적 개념으로 니체 철학을 재해석하고자 시도했다.[32] 또한 와쓰지는 길옆의 작은 들꽃을 보는 순간 우주생명과의 합일을 느끼는 것과 같은 경지를 설한 철학자가 바로 니체였다고 이해하기도 했다. 그리하여 와쓰지는 『니체연구』 초판 서문의 끝부분에서 자신은 "참된 일본인의 피 속에 니체와 상통하는 것이 있음을 믿는다."고 적었다. 열광하고 도취하고 마침내 파멸로 향하는 그런 디오니스소적인 생명관과 통하는 어떤 것, 또는 일체의 관념과 개념에 구애받지 않는 생명 감각이 일본인에게 있다는 말이다.

이 밖에 자연의 실상으로서의 '생명'을 모사하는 것이야말로 단가의 핵심이라고 주장한 '이노치(命)'의 가인 사이토 모키치(斎藤茂吉), 문부성 창가에 대항하여 순진무구한 아이의 마음이야말로 대자연의 근원과 연결되었다하여 동요 운동을 전개한 시인 기타하라 하쿠슈(北原白秋), 박물학의 광범한 과학적 지식과 관찰을 동원하면서 주로 불교 사상과 연관 지어 생물들의 생존경쟁을 소재로 다루어 시와 동화를 창작한 미야자와 겐지(宮沢賢治) 등을 비롯하여, 『생명종교와 생명예술』(1927)에서 "나의 생명은 내 것이 아니다. 나는 생명의 내측에서부터 신의 희곡에 따라 역할을 맡아 할 뿐이다."라고 말하면서, 신이 쓰고 연출하는 큰 '생명'을 표현하는 것이 종교의 일분과인 예술이라는 것, 즉 인생=예술=종교라는 관점에서 그리스도교의 신을 '우주 대생명'으로 치환한 가가와 도요히코(賀川豊彦)의 생명주의 또한 다이쇼 생명주의 사조로 꼽힐 만하다.

이후 마르크스주의의 확산, 일본 공산당에 대한 정부의 철저한 탄압 정책으로 인한 공산당 지도부의 대대적 전향, 파시즘적 군부의 대두 등이 진행된 쇼와 시대에 들어가면서 생명 예찬의 사조가 수그러들었지만, 생명주의는 혹은 불교적으로 윤색되거나 혹은 국가신도 및 천황제 이데올로기로 채색된 새 옷을 바꿔 입은 채 여전히 그 명맥을 이어갔다. 가령 '쇼와유신'을 주창하여 청년 장교들의 인기를 모았던 1935년경의 이른바 '황도파'라 불린 군부 지도자 그룹은 동경제국대학의 헌법학 교수였던 가케이 가쓰히코(筧克彦)의 『황국정신강화(皇國精神講話)』(1930)를 이론적 지주로 삼았는데, 그 목차 중에 '우주대생명'이라는 표현이 들어가 있다. 이에 앞서 가케이 가쓰히코는 『고신도대의(古神道大義)』(1912)를 펴냈는데, 거기에는 "만인 없이는 천황도 없다. (중략) 일본 인민은 누구 한 사람이라도 천황 없이는 존재할 수 없다. 황공하옵게도 모두가 천황에 의해 그 생명을 얻고 있다."고 적었다. 여기서 '고신도'란 고대로부터 일본 민족과 일본 국가와 일심동체(一心同體)를 이루어 온 살아 있는 종교, 생활의 근본규범, 국가의 근본 종교라고 규정되어 나온다. 메이지 헌법과 교육칙어는 이런 고신도 정신을 제도화하여 제정되었다는 것이다. 또한 가케이 가쓰히코는 슐라이에르마허의 종교론을 참조하여 절대자에 대한 귀의 감정이야말로 종교의 본질이며 그것을 보장하는 것이 정신 공동체라고 보고, '천황에게 귀일하는 일본 민족의 마음'을 언급하기도 한다. 말하자면 천황을 일본 신화에 등장하는 신들의 '현현'으로 제시하는 것이다. 한편 『속고신도대의(續古神道大義)』(1915)에서는 "고신도에서 신으로 관념하는 것은 유일 절대적인 대생명 및 그 표현자에 다름 아니다."라고 적었다. 여기서 알 수 있듯이, 가케이 가쓰히코는 '우주의 대생명' '세계의 대생명'으로 표현되는 가미=천황이 일본 민족의 '생명'을 관통함을 강조했다. 이는 실로 다이쇼 생명주의의 신도판이라 할 수 있겠다. 이로써 보편 종교라는 의미를 부여받은 국가신도는 일본 본토뿐만 아니라 식민지에까지 활발한 신사 건설 및 활동을 전개하는 한편, 1930년대에는 그의 『황국정신강화』에 촉발되어 일본 정신의 보편성을 역설하는 다양한 신도 사상들이 융성하였다.

또한 1937년 9월에 중국 전선에서 전사한 스기모토 고로(杉本五郎) 중좌의 유서가 같은 해 12월에 『대의(大義)』라는 제목으로 간행되었는데, 거기서 스기모토는 '신국의 대이상'을 설하면서 '절충(絶忠)' 곧 천황에의 절대적인 충성을 강조했다. 예컨대 이 책의 제1장 「천황」에서는 "천황은 아마테라스와 동일신이시다. 우주 최고의 유일신, 우주 통치의 최고신이시다."라는 말로 시작되며, "천황을 위해 죽는 것은 곧 일본인의 도덕을 완성시키는 길"이라고 역설한다. 한편 제4장 「신국의 대이상」에서는 "인류 구제야말로 역대 천황의 염원이다. (중략) 석가도 그리스도도 공자도 소크라테스도 천황의 적자"이며, "세계를 구원하여 천황국으로 만드는 것이야말로 황국의 대사명"임을 천명했다. 이처럼 그리스도교의 절대적 초월신을 넘어선 '우주대생명'을 상정하면서 모든 만물이 그 구현자인 천황의 적자라고 주장한 스기모토는 이윽고 '군신'으로 칭해졌으며, 당시 저널리즘에는 '신국일본'이라는 말이 빈번히 등장하게 되었다.

한편 석가 탄생 2천5백 주년에 해당하는 1934년을 기하여 당시 일본은 불

교 열기로 화끈 달아올랐다. 소설가이자 불교 사상가인 오카모토 가노코(岡本かの子)는 강연록 『불교독본』에서 "인간의 생명도 우주 전체에 가득 차 있는 대생명의 일분파입니다. 그 대생명은 끊임없이 진전(進轉)합니다. 그런 움직임 중에 나타난 하나의 포말이 바로 우리 한 사람 한 사람의 생명입니다. (중략) 우주대생명의 일부분이 인간의 생명이 되어 이 세상에 나타난 것인데, 우리가 원래의 대생명으로 돌아가더라도 그것은 없어지는 것이 아니라 변화하는 것일 뿐이며 대생명의 총계는 항상 동일합니다."라 하여 대승불교의 근본정신으로서의 '우주대생명'을 설했다.

마찬가지로 '대승적 생명주의'를 제창한 희곡작가 구라타 햐쿠조(倉田百三)는 1933년경부터 '민족의 각성'을 호소하면서 천황제 하의 농본주의 혁명을 주창했다. 즉 근대 공업 문명이 낳은 인간소외에 대해 농업에 의한 자급자족의 생활이야말로 인간다운 삶의 길이며, 그것을 사회적 평등과 더불어 실현하기 위해서는 천황 존경심으로 사회를 안정시켜야만 한다는 것이다. 나아가 1938년 구라타는 '생의 대승적 이해에 의한 절대적 생명 가치'를 주장하기도 했다. 그에 따르면, 대승불교는 '생명'이란 애증, 빛과 어둠, 천사와 악마, 평화와 전쟁 등 일체의 상대적 가치를 넘어서며, 일체를 포괄하는 절대적이고 초월적인 가치를 가진다는 것이다. 같은 해 구라타는 '일본주의 문화 선언'을 발표하면서 "일본의 국체는 세계에 비할 바 없다. 이는 그 품위와 순결함과 혈연적 협동성과 헌신적인 서약에 있어 단연코 세계 최고이다. 일본의 국체는 신들의 직계 후손인 일본 국민에게 신앙되었으며, 민족 혈통의 중심인 천황에 의해 통치되어 왔다. 또한 일본의 국체는 만세일계의 순수한 혈통을 지켜 왔으며, 국토 역시 타민족의 능욕을 받은 적이 없다. (중략) 국가의 독립과 명예와 사명을 위해 생명을 버리고 싸우는 병사들은 천황의 이름을 부르며 죽는다."고 언급했다. 이로써 원래 부처를 장엄하게 찬미하기 위해 꽃을 뿌리는 것을 뜻하는 '산화(散華)'라는 말이 천황 앞으로 나아가 목숨을 던지는 가미카제 특공대의 정신을 의미하게 된 것이다.

다이쇼 생명주의의 쇼와판은 이 밖에도 '역사의 생명'이라든가 '국가의 생명'이라는 이름으로 변종의 변종을 거듭한다. 가령 1940년에 설치된 신기원(神祇院)이 편찬한 『신사본의(神社本義)』는 "역대 천황을 모시고 충효미덕을 발휘하며, 이리하여 군민일치의 유례없는 일대 가족국가를 형성하여 무궁하게 이어질 국가의 생명이 생생발전하고 있다. 이것이 우리 국체의 정화"라고 적었다. 이후 '신국일본'과 더불어 '국가의 생명'이라든가 '민족의 생명'이라는 말이 저널리즘에 많이 등장한다. 또한 같은 해에 간행된 니시다 기타로의 『일본 문화의 문제』(1940)는 '생생발전'을 키워드로 하여 일본의 '역사적 생명'을 논한다. 세계의 근원적인 '생명'이 역사상 나타난 것이 '역사적 생명'인데, 일본의 천황 내지 황실은 그 '역사적 생명'을 구현하며 거기에 일본 문화의 독자성이 있다는 것이다.

이런 니시다의 영향을 받은 교토학파의 4인방(고사카 마사아키, 니시타니 게이지, 고야마 이와오, 스즈키 시게타카)이 『중앙공론』에서 세 차례 좌담회를 가졌는데, 그중 1942년 4월에 열린 좌담회는 태평양전쟁(대동아전쟁)을 서양 제국주의의 세계 제패에 대해 '아시아의 각성'을 알리고 아시아가 세계사에 그 존재감을 알리기 위한 '근대의 초극' 전쟁이라고 주장했다. 그리하여 이런 근대의 초극 전쟁을 '창조'한 일본의 '생명력'을 구가하면서 대동아전쟁을 '황전(皇戰)' 또는 '성전(聖戰)'이라 칭했다.[33]

이 『중앙공론』의 좌담회는 일본이 대표하는 동양의 흥륭을 증명해 주는 하나의 반증으로서 슈펭글러의 『서구의 몰락』(1918)을 인용한다. 그러면서

랑케가 역사의 추진력으로서 설한 Moralisch Energie를 '도덕적 생명력'으로 번역 채용하면서 대동아전쟁을 '도의의 전쟁'이라고 논했다. 그렇기 때문에 그들은 제국주의, 나치즘, 파시즘, 스탈리니즘을 분명하게 거부하면서 다원주의에 입각한 대동아공영권을 주장했다. 이때 구체적으로 일본을 아버지의 위치에 놓고 하나의 가족공동체로서의 대동아공영권을 묘사한다. 실제로 태평양전쟁 개전 조칙에는 '팔굉일우(八紘一宇, 세계는 일가족)'라는 말이 등장한다. 한편 니시타니 게이지(西谷啓治)는 근대의 초극 좌담회에서, '국가 생명'을 키워드로 하여 국가에 대한 '멸사봉공(滅私奉公)'의 철학을 피력하기도 했다. 이때의 멸사봉공이란 자기의식을 제거하고 대상과 하나가 되는 '주체적 무(無)의 입장' 내지 '무아무심(無我無心)'을 '국가의 생명'과 일체화하는 것을 가리킨다. 여기서 '무사(無私)'의 생명관'은 그 정점에 이르렀다.

7. 나오는 말

'나루'의 생성적 에토스가 물씬 풍겨나는 신도신화적 세계관 및 고대 헤이안 시대의 국풍 문화를 거쳐 일본 문화의 원형이 형성된 중세는 말법사상의 유행과 더불어 무상관이 지배적인 시대였다. 그리하여 중세 수필 문학을 대표하는 겐코(兼好) 법사의 『도연초(徒然草)』(14세기 전반)는 "사람의 생명은 비오는 날 개기를 기다리는 것과 같다."(188단)라 하여 생명의 무상함을 말하면서 그 때문에 항상 불교 수행에 힘써야 한다고 적었다. 그러나 근세에 들어서면서 이런 무상관에 결정적인 전환이 이루어진다. 중세적 에토스에서 근세적 에토스의 이행을 상징적으로 잘 보여주는 개념으로 '우키요'를 들 수 있다. 『일본국어대사전(日本國語大辭典)』(小學館)에 의하면, 원래 '우키요'란 중세까지는 '우키요(憂世)'라 하여, 괴로운 일이 많은 이 세상(혹은 남녀 사이) 또는 헛되고 무상한 세상(정토에 반대되는 속세간)을 가리켰으며, 주로 불교적인 무상관과 결부된 관념이었다. 이것이 근세로 들어오면, ① 무엇이든 공허하고 하나로 정할 수 없으므로, 심각하게 생각하지 말고 들뜬 기분으로 향락적으로 살아가는 이 세상 ② 남녀 간의 연애, 호색, 유곽 ③ 사회적 현실 생활 ④ 당대의 풍속 등 다양한 사회적 관념과 관련된 '우키요(浮世)' 관념으로 전이된다. 이때 '우키요(浮世)'란 '우키요(憂世)'를 전도시킨 이면[34]이라 할 수 있는데, 그 밑에는 이전까지의 중세적 무상관이었던 '우키요(優世)'로부터의 결별, 이를테면 현세를 절대시하는 '현세구가'의 사고방식이 흐르고 있다.[35] 이와 같은 현세 중심적 사유는 정인 문화(町人文化)의 산물이라고 할 수 있다. 이처럼 근세적인 '우키요(浮世)' 관념을 옷 입고 나타난 현세 중심적 세계관은 "병농분리제를 기초로 하는 도시의 발전에 따라 형성된 정인 사회에서 생겨난 것"[36]이었다.

한편 종교적 상황에 초점을 맞추어 보자면, 근세 도쿠가와 시대는 그리스도교를 엄격하게 차단하고 주자학을 관학으로 지정하여 무사에 의한 치세의 기본으로 삼았다. 또한 슈몬아라타메(宗門改め) 제도를 통해 모든 이에(家)로 하여금 의무적으로 특정 불교 사원의 단카(檀家)로 소속하게 함으로써 실질적으로 모든 일본인이 불교도가 되도록 제도화했다. 이와 동시에 각 마을마다 마을의 수호신 격인 신사가 있어 공동체 통합을 위한 의례 및 상호부조의 장소로 삼았다. 이처럼 신도, 유교, 불교가 병존하는 사회시스템이 정비됨으로써, 무사층에는 유학과 선종이, 농공상 계층에는 불교가 널리 퍼졌는데, 신유불 각 종교마다 수많은 종파가 서로 경합했던 관계로 생명관 또한 욕망과 체념 사이에서 매우 착종된 양상으로 나타난다. 하지만 우키요

개념의 전환에서 엿볼 수 있듯이, 전반적으로 현세 이익을 추구하는 현세주의적 생명관이 지배적이었음은 말할 나위 없다.

메이지유신 이후에는 급격한 근대화와 대외적 팽창정책이 추진되는 가운데 다이쇼 생명주의로 불리는 다양한 생명 사상들이 등장한다. 그 사회적 배경으로 근대 자본이 지역 주민의 생명을 위협하는 상황 및 중화기와 기관총을 사용한 러일전쟁으로 수많은 병사들의 희생이 초래된 상황, 또한 러일전쟁 후 중화학 공업화를 추진하는 정책에 따라 대공장제가 발전하는 과정에서 남녀 노동자의 육체에 다대한 소모가 강요된 상황, 과중한 세금과 자본주의경제의 급속한 침투는 농민들로 하여금 토지를 잃고 도시로 나가 육체노동을 하게 만들어 그들이 슬럼가를 형성하여 계급문제를 확산시킨 상황 등을 들 수 있겠다. 이리하여 마침내 1918년에는 쌀소동이 전국 각지에서 폭발하였고, 도시의 팽창 및 직장에의 기계 도입 등으로 사람들의 신경이 극도로 예민해졌다는 정신적인 긴장 상황도 간과할 수 없는 요인이라 할 수 있다. 이런 상황에서 생존 그 자체가 위기에 빠지고 생명의 위기감이 고조되었으며, 그 결과 생명의 재고에 그 연소와 해방을 추구하는 소리가 높아졌다. 게다가 1차대전의 발발은 사람들에게 영혼의 구원과 현세적 구제를 추구하는 동기를 부여함으로써 새로운 종교 붐의 시대를 초래했다. 가령 니치렌주의에 입각한 다나카 지가쿠(田中智學)의 국주회(國柱會)는 불교를 단가 제도가 아닌 개인의 종교로서 소생시켰고, 신도계 신종교인 대본(大本)은 요나오시(世直し)를 주창하여 지식층과 군인들에게 어필했으며. 천리교(天理教)는 빈민 구제에 힘을 쏟아 큰 세력으로 성장하였다.

이 대목에서 우리는 다이쇼 생명주의의 현대적 신종교판에 주목할 필요가 있다. 일본 신종교 교의의 중핵에는 종종 우주 혹은 신과 동일시되는 '근원적 생명'이라 할 만한 신앙 대상이 놓여 있기 때문이다. 종교학자들은 일본 신종교의 세계관을 이런 '근원적 생명'과의 조화를 추구하는 이른바 '생명주의적 구원관'으로 특징짓는다. 쓰시마 미치히토(對馬路人) 등은 「신종교의 생명주의적 구원관」[37]이라는 논문에서, 흑주교(黑住敎), 금광교(金光敎), 천리교, 대본, 영우회(靈友會), 생장의가(生長の家), 입정교성회(立正佼成會), PL교단, 창가학회(創價學會), 세계구세교(世界救世敎), 천조황대신궁교(天照皇大神宮敎) 등 19세기 초에서 현대에 이르기까지 성립한 일본 신종교제 교단 가운데 대표적인 11개 교단의 구원 사상에 관해, 우주의 본체(우주관), 종교적 근원자(신관), 인간의 본성(인간관), 생과 사(생사관), 악과 죄(선악관), 구원 방법, 구원의 상태 등 8개 항목에 걸쳐 고찰하였다. 요컨대 이런 신종교 교의의 핵심은 '우주=친신(親神)=생명'으로 보는 우주관 및 신관에서 가장 잘 드러나는 '근원적 생명'의 관념에 있으며, 이런 의미에서 신종교의 구원 사상을 '생명주의적 구원관'이라 부를 수 있다는 것이다. 이러한 생명주의적 구원관에서 인간은 기본적으로 '소우주=대우주'의 틀 안에서 이해되며, 거기서 소우주로서의 인간은 '근원적 생명=우주=친신(親神)'에게서 비롯되었고 또한 생명을 부여받아 살아가는 '신의 분신' 혹은 '신의 자녀'로 간주된다. 또한 신종교교조는 생명력에 가득 찬 그의 생애로써 구원받은 인간의 모델로서의 생신(生神)으로 신앙된다. 나아가 생명주의적 구원관에서 악이란 생명력의 쇠약 혹은 조화의 상실에 다름 아니다. 따라서 이때 '악으로부터의 탈각=구원'은 생명력의 회복 혹은 '근원적 생명'과의 조화의 회복으로 이해되며, 그런 구원은 내세가 아닌 현세 속에서 실현되는 것으로 관념된다.

이 밖에도 다이쇼 생명주의는 여전히 현대 일본 문화 각 분야에서 다양한 형태로 재현된다. 예컨대 '강렬한 생명력의 분출', '생명의 전체성의 회

복', '민중의 생명력' 등 '생명'을 키워드로 삼아 작품 활동을 전개하면서 "근면하고 사심 없고 호기심 많은 일본 민족은 수많은 문화를 받아들여 배우고 그것들을 멋지게 자신의 것으로 만들었다. 그 결과 모든 문화 형식의 역사적으로 상이한 단층들이 상충하면서 쌓인 일본 문화는 실로 세계에 그 유례를 찾기 힘든 기묘한 복합 문화가 되었다. 거기에는 타성과 혼란의 와중에 그러나 틀림없이 살아 있는 일본 독특의 청아한 생명감이 있다."라 하여 일본 문화의 특수성을 강조한 화가 오카모토 다로(岡本太郎)의 생명주의, 히로시마 피폭의 지옥 같은 참담한 기억에서조차 '큰 생명'을 느낀다고 쓴 이부세 마스지(井伏鱒二)의 『검은 비(黒い雨)』(1966), 우주대생명을 우주의 생명나무 이미지라는 성스러운 상징으로 승화시킨 오에 겐자부로(大江健三郎)의 『비의 나무 소리를 듣는 여자들(〈雨の木〉を聴く女たち)』(1982) 및 『신인간이여, 잠에서 깨어나라(新しい人よ眼ざめよ)』(1983), 상처받기 쉬운 젊은 세대와 현대 일본 사회가 안고 있는 병리의 치유를 지향하는 무라카미 하루키(村上春樹)의 문학 등, 현대 일본 문학 및 예술계에서는 원폭 피해의 문제라든가 환경 오염 혹은 지구환경의 문제 등이 다이쇼 생명주의의 저류와 접속되면서 휴머니즘을 비롯한 근대적 사고의 틀을 넘어서려는 시도가 '큰 생명' 혹은 '우주대생명'의 테마를 확산시킨다.

이와 더불어 대중문화의 영역에서도 이야시(癒し, 치유) 붐,[38] 스피리츄얼리티 붐,[39] 겨울연가 붐[40] 등의 형태로 심신의 치유를 추구하는 경향이 널리 퍼지고 있다. 이처럼 '생명'을 응시하는 문화 현상은 망가나 애니메이션 등을 포함하는 서브컬처의 영역에서 특히 두드러지게 나타났다. 예컨대 우리에게도 친숙한 미야자키 하야오 감독의 『원령공주』(1997)가 정체성을 상실한 일본인에게 "살아라!"는 메시지를 던져 주었다면, 일본 사회에 하나의 신

드롬을 일으켰던 안노 히데아키 감독의 『신세기 에반겔리온』(1995)은 "모든 생명에는 복원하고자 하는 힘, 살아가고자 하는 마음이 있다."는 희망을 사람들에게 심어 주었다. 생명은 인간을 낳고 인간 또한 생명을 복제하는 시대에 이처럼 생명을 묻는다는 것은 비단 일본인만의 전유물은 아닐 것이다. 하지만 일본 문화에 있어 생명 담론은 부정적이든 긍정적이든 그것이 매우 뚜렷한 형태로 일본인의 정신사를 관통한다는 점에서 각별한 의미가 있어 보인다.

일본인의 죽음관과 재해

/ 배 관 문

1. 머리말

일본은 국토 면적으로는 전 세계 육지 면적의 고작 0.25%에 불과하지만, 대지진(진도6이상) 발생 확률로는 약 23%를 점하는, 세계에서도 손꼽는 상습적 지진 발생 국가이다. 또한 주거지 면적의 25%가 연약한 지반 위에 있고 이 구역 내에서 고도의 사회경제 활동이 이루어지므로 지진이 발생하면 그 피해가 더욱 심각해진다. 일본열도의 역사는 가히 지진과의 투쟁의 역사였다고 할 만하다.

2011년 3·11 동일본대지진 이후, 일본 사회의 변동과 일본인의 인식 변화에 대한 각계의 관심으로 최근 그 어느 때보다 활발한 재해 연구가 진행되고 있다. 재해는 자연현상인 동시에 사회현상이자 문화 현상이기도 하다. 따라서 재해 연구는 학제 간 융합 연구가 특징이다. 물론 이번 대지진의 경우 천재가 인재로 돌변했듯이, 천재와 인재의 구분이 반드시 명확하다거나 구분 자체에 큰 의미가 있는 것은 아니다. 재해를 지구물리학이나 천문기상학적으로 해명하는 것이 자연계의 연구라면, 인문계의 연구는 재해 발생을 계기로 하는 인간과 사회의 관계성 변동이나 기반 구조의 변화, 정신적 케어 등이 주요 관심사라 하겠다. 일각에서는 재해사회사나 재해인류학을 제창하는 움직임도 나왔다. 특히 이번 대지진은 직후의 쓰나미에 그치지 않고 원전 사고까지 겹친 탓에, 일본뿐만 아니라 한국과 중국 등의 주변국에서도 사태의 추이에 상당히 주시하고 있다. 학계의 움직임에 한해서 보면, 사회학과 정치학은 물론이거니와 역사학, 철학, 그리고 종교사상계의 관심과 활동이 두드러진다. 재해로 인한 가혹한 현실 앞에서 인간은 삶과 죽음에 대한 근본적인 차원에서의 사유와 성찰을 어떤 식으로든 강요당한다고 말해야 할지도 모른다. 이 글은 이러한 문제의식에 촉발되어 지진 등의 재해를 계기로 한 일본인의 죽음관에 주목하고자 한다.

일본인의 죽음관에 관한 선행연구는 수적으로 결코 많다고는 할 수 없으나, 전통적인 사생관 담론을 비롯하여 민속학 · 인류학 · 종교학 등의 분야에서 주로 이루어졌다. 그중에서 대표적인 인재라 할 수 있는 전쟁과 관련해서는 전사자의 진혼 및 공양이나 위령 등의 문제에 대해 최근까지 비교적 많은 연구가 축적되었다. 이러한 경향은 전후 일본의 현안이기도 한 만큼, 서양의 죽음학(Thanatology)이 일본에 유입되어 사생학(死生學)으로 전개해 나가는 과정에서도 여전히 계속되었다.[1] 반면 지진을 비롯한 자연재해와 죽음관 연구는 아직 소수에 불과했다고 하겠다. 동일본대지진은 역대 지진도 되돌아보는 계기가 되어 종래의 재해 관련 담론들을 재간행하거나 혹은 새로운 시각에서 재조명하는 연구들도 잇달아 나왔다. 이 글은 이러한 최근의 연구 성과를 참고하여 과거 일본열도의 대지진 경험을 되짚으며 생사학적 관점에서 동일본대지진의 의미를 생각해 보고자 한다. 고찰의 대상은 주로 동일본대지진이지만, 이와 함께 근대 이후 일본의 3대 지진으로 꼽히는 한신(阪神)대지진과 간토(關東)대지진, 그리고 근대 직전의 안세이(安政)대지진까지도 시야에 두고 참고로 삼는다.

2. 생자와 사자의 관계

재해 기록은 에도 시대 후기, 특히 18세기 중엽 이후 현저하게 증가한다. 지진·분화·홍수·화재 등의 재해 발생 빈도가 높아진 것도 있지만, 그 배경에는 재해를 기록하는 자가 늘고 재해를 전달하는 다양한 매체가 존재했기 때문이다. 그중에서도 와판(瓦版)은 천재지변이나 화재, 자결 등의 시사성이 높은 뉴스를 빠른 시간에 전하기 위해 만들어졌던 속보성 정보지를 말한다. 가두에서 와판을 팔면서(賣) 읽고(讀) 다녔다는 것에서 요미우리(讀賣)라고도 불렀다. 대개 한 장의 목판에 새긴 형태가 일반적이었고 삽화가 들어가는 경우도 있었다. 메이지 초기까지도 출판된 일이 있었다고 하나, 신문의 등장과 함께 곧 쇠퇴했다.[2] 1855년 음력 10월 2일에 발생한 안세이 에도 지진은 지반이 약한 에도성과 그 주변 지역을 중심으로 1만 명 이상의 사망자를 냈다고 전한다. 이 대지진이 연구자들 사이에서 새롭게 주목받은 것은 지진 발생 직후에 대량으로 유포되었던 와판 덕분이다. 이때의 와판은 메기를 모티브로 한 그림이 많아 특히 나마즈에(鯰繪)라고 불린다.[3] 지진 당일부터 돌기 시작한 나마즈에는 5일 후에 380종, 10일 후에 400종을 웃돌았다는 기록도 있다. 현재 남아 있는 것만 해도 약 200종에 달한다.[4]

그런데 땅속의 거대한 메기가 지진을 일으킨다는 속설에 기반을 둔 나마즈에는 직접적으로 지진의 피해 상황을 전달하는 것보다 민중의 잠재의식으로서의 속신이나 세태를 풍자한 것들이 오히려 주류를 이루었다. 나마즈에의 기본 요소인 메기, 가시마 대명신(鹿島大明神), 요석(要石), 이 세 가지는 가시마 신궁의 제신이 요석으로 메기를 제압한다고 하는 민간신앙에 따른 것이다. 메기는 가시마 신과 대결하기도 하고, 지진을 일으킨 것을 사죄하기도 하고, 때로는 서민들의 피해 복구를 돕기도 하는 등, 다채로운 모습으로 묘사된다. 여기서 중요한 테마의 하나는 지진으로 직간접적 피해를 입은 자들과 목수, 미장이, 철물점 혹은 의사, 상인 등과 같이 지진 후의 호황으로 막대한 이익을 본 자들이 대비를 이루는 구도이다.[5] 이른바 세상을 바꾸는 메기(世直し鯰)라 하여 메기가 지진을 일으킴으로써 사회적 부를 재편하는 데에 일조했다는 인식을 보여준다.

하지만 이 글에서 보다 주목하고 싶은 것은 나마즈에 속에 반영된 죽음관이다. 그것이 어째서 와판이라는 정보 매체에 정착했는가를 물음으로써 와판을 제작하고 소비했던 이들에게 정보가 갖는 의미도 한층 명확해질 것이다. 다시 말해 설령 지진을 복으로 생각하는 사람들이 있을지라도 지진으로 가옥이 무너지고 다치고 죽은 자들이 있고 가족을 잃은 유족들이 있음은 틀림없는 사실이다. 따라서 망자의 처우와 진혼은 살아남은 자들에게 공통적으로 중요한 문제가 된다.

나마즈에 중에는 부상자의 치료 장면이나 비탄에 잠긴 유족들의 모습뿐만 아니라, 망자가 직접 등장하는 예도 종종 보인다.[6] 〈그림 1〉과 같이 불에 타 죽은 까만 해골이 목수의 목덜미를 잡고 있고, 반대편에서는 성불하지 못한 망령이 메기와 그 옹호자들을 붙잡고 늘어지고 있다. 〈그림 2〉는 메기가 써 준 글을 목수와 상인들이 고맙게 받는 모습인데, 장지문 밖의 검은 그

〈그림 1〉 메기에 대한 응징

〈그림 2〉 메기가 붓을 휘두르다

〈그림 3〉 지진 백만 번 염불

〈그림 4〉 할복하는 메기

림자가 망자의 존재를 암시한다. 손에 들고 있는 무기들로 볼 때 이들의 원
망과 분노는 자명하다.

〈그림 3〉에서는 중의 모습을 한 메기가 중앙에 앉아 있고, 그 주위에 목
수 등이 원을 그리고 앉아 염주를 돌리며 백만 번 염불을 외고 있다. 위쪽에
는 죽은 유녀와 무사 등이 유령의 모습으로 그려져 있다. 메기는 에도에 대

지진을 일으킨 점을 뉘우치는 의미에서 출가하여 전국 순례에 나섰다. 그리고 지진으로 부를 얻은 이들도 망자의 원한을 사는 일이 없도록 메기와 함께 염불은 왼다. 그런데 이들이 외는 '나무아미타불' 소리는 점점 '메기다(なますだ, 나마즈다)'라고 바뀐다. 진혼이라는 무거운 주제가 어느새 말장난에 섞여 웃음을 자아내면서 생자와 사자의 적대 관계가 차츰 해소되는 과정을 보여준다고 하겠다. 〈그림 4〉도 메기를 축으로 생자와 사자의 화해를 테마로 한 것이다. 지진을 일으킨 장본인 메기 뒤편으로 오른쪽 위에는 자신들이 축적한 부를 한순간에 잃은 부자들, 왼쪽 위에는 지진으로 죽은 망자들이 연하게 그려져 있다. 모두 메기에게 원망을 품고 몰려든다. 이에 메기는 등에 화살이 꽂힌 채 할복으로 사죄한다. 부자들은 메기가 배를 갈라 금전을 쏟아 내는 모습(일본어의 '自腹を切る'는 말 그대로 배를 가르다는 뜻과, 자기 부담으로 비용을 낸다는 두 가지 뜻이 있다.)을 보고는 오히려 불쌍한 생각이 들어 "더 이상 원한은 없다. 이제 세상이 바뀌는 것이다."라고 말한다. 망자들 또한 "원한을 풀 일념으로 먼 길을 왔건만, 이 사태를 보니 부자들이 말하는 것도 일리가 있다. 더 이상 원한은 없다."고 말한다. 이 그림에는 특정한 누군가가 부를 향유하는 모습은 보이지 않는다. 부자도 망자도 메기의 자결로 방출된 돈이 지진으로 붕괴된 사회를 재건하는 데에 널리 공유되었다고 납득한 것으로 보인다.

와판이라는 매체도 지진 나마즈에도 반드시 근대로 이어지는 연속성을 갖는 것은 아니다. 전통적인 유교의 천견론(天遣論) 등이 동일본대지진 때 초점이 되기도 했고, 종교의 본질은 구제론이라는 입장에서 종교가 재인론(災因論)을 언급하지 않아도 되는가 하는 비판의 목소리도 있다. 그렇지만 현재 일본의 종교계에서는 재해의 원인을 종교적으로 설명하는 일 등은 기본적으로 피하고 있다.[7] 재해로 인해 죽은 자, 자신은 살아남았으나 가족을 잃고 재산을 잃은 자, 혹은 지진을 통해 오히려 이득을 본 자들의 관계가 근대라는 시대가 되었다고 해서 돌연 합리적으로 해소되었을 리 없다. 그러한 의미에서 지진 나마즈에는 근대의 재해 지원과 복구 과정에서 망각된 일면의 시사점이 되리라 여겨진다. 후술하는 것처럼 최근의 이재민 지원에서는 심리적 케어의 결정적 요소를 사자와의 관계 회복에 두고 대응하기 때문이다.

3. 사체 처리와 장례

재해로 인한 생자와 사자의 관계를 생각할 때 빼놓을 수 없는 것이 사체 처리와 장례의 문제이다. 안세이대지진뿐만 아니라 에도막부 말기에서 메이지유신에 이르는 수십 년간 일본에서는 수해와 지진을 비롯한 자연재해, 그리고 풍진과 콜레라 등의 전염병이 빈발했다. 계속되는 재해로 사체가 말 그대로 산더미처럼 쌓여 화장터에서 다 처리하지 못하고 대도시 에도는 패닉 상태가 되었다.

주지하듯이 현재 일본의 화장률은 세계 최고인 99.9% 이상이라고 알려져 있다. 이렇게 화장이 비약적으로 보급된 데에는 무엇보다 19세기 중반에 만연했던 재해와 각종 전염병, 그리고 20세기 최대의 재해로 꼽히는 간토대지진이 작용한 바가 크다. 1923년 9월 1일에 발생한 간토대지진은 사망자 수와 행방불명자 수를 합하여 10만 이상이라고 하는 직접적 피해만이 아니라, 수도 도쿄를 강타한 거대지진으로 단순한 자연재해를 넘어 역사의 흐름을 바꾸는 전환점이 되었다고 일컬어진다. 간토대지진 때는 특히 지진 직후의 화재로 인한 피해가 심각했다. 예컨대 간토대지진 최대 희생자를 낸 혼조

(本所)의 육군 피복창(被服廠)터 공원 부지에서는 회오리바람을 동반한 화재로 인해 이곳에 피난해 있던 약 4만 명 가운데 3만8천 명이 숨졌다. 이 숫자는 지진에 의한 도쿄시 전체 사망자의 40%에 달하는 것이었다. 더구나 9월 9일부터 15일까지 수습한 익사체는 부패와 악취로 심각한 상황이었다. 임시 화장터에서 화장을 하도록 허가했음에도 불구하고 작업은 전혀 진척되지 않았고, 경시청 위생부와 도쿄 시 위생과는 처참한 사체 처리에 골머리를 앓았다. 여기에 해결의 실마리를 제공한 것이 기존의 땔감 대신 중유를 사용하는 새로운 화장법이었다. 현재는 중유보다 더 빨리 소각이 가능한 가스를 사용하지만, 당시로서는 획기적인 방법이었다. 9월 9일부터 시작된 혼조 피복창터의 사체 처리는 이 방식에 의해 3일 만에 끝났고, 한 곳에 모은 유골의 높이가 3미터를 넘었다고 한다. 이로써 단기간에 사체를 소각하고 유골 수습이 가능하게 되었으며, 전체 약 6만에 달하는 사체의 화장에 2개월 이상이 소요되었다.[8]

1995년 1월 17일, 전후 일본에서 일어난 한신대지진에서도 사망자만 6,434명으로, 역시 사체 처리에 대혼란을 겪었다. 이에 당시 후생성은 1월 22일 진재로 인한 사망자에 한해 화장 허가서가 없어도 사체의 화장을 인정하도록 결정하고, 그 사항을 지자체에 전달했다. 그래도 피재지에서의 화장 능력에는 한계가 있어 유족의 자기 책임하에 타 지역으로 반송하여 화장을 실시하도록 했다. 화장이 종료한 시점은 2월 4일 전후로 알려져 있다.[9]

사실 과거의 대지진마다 사망 원인의 비율은 상당히 다르다(127쪽 표 참조). 간토대지진 때는 소사(燒死), 한신 아와지 대지진 때는 압사 내지 질식사가 가장 많았다. 그리고 동일본대지진에서는 대형 쓰나미에 의한 익사의 비율이 압도적으로 높았다.

〈표 1〉 간토대지진에서의 사망 원인(%)
사망자 및 행방불명자 105,385명 (출처: 2011년 防災白書)

〈표 2〉 한신 아와지 대지진에서의 사망 원인(%)
사망자 및 행방불명자 6,437명 (출처: 2011년 防災白書)

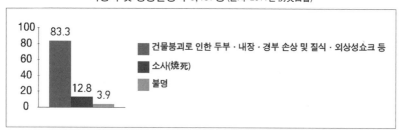

〈표 3〉 동일본대지진에서의 사망 원인(%)
사망자 및 행방불명자 20,960명 (출처: 2012년 9월 6일 警察庁자료기초 内各部작성)

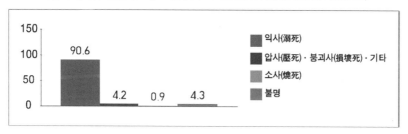

동일본대지진에서는 사망자 수가 1만 5천 명(2011년 소방청 자료는 18,131명)을 넘어 전후 최악의 사태라고 했다. 더욱이 대부분이 익사인 만큼 사체의 부패가 급속도로 진행되었다. 이러한 상황에서 피재지에서는 화장을 하지 못하고 토장으로 대체하는 경우가 생겼다. 21세기 일본에서 토장이 부활했다는 사실 자체가 이번 대지진이 얼마나 대참사였는지를 반증하는 것이다.

직접적으로 화장터가 피해를 입은 것과 더불어 정전으로 인한 기능 정지, 연료 부족, 그리고 사체의 검시·검안에 필요한 사체 안치소 및 검안의의 부족, 드라이아이스의 부족 등 여러 가지 문제로 화장을 행할 수 없는 사체가 점점 증가했다. 공중위생 확보 등의 관점에서도 시신의 존엄성 유지나 유족들의 감정 배려 차원에서도 화장 능력의 향상이 시급한 과제로 떠올랐다. 피재지에서는 사체 처리에 관해 도쿄 도에 지원을 요청했다. 이에 도쿄 도에서는 도내의 화장 시설의 협력하에 3월 29일부터 피재지의 사체 유입 체제를 확보하여 약 860건의 화장을 실시했다. 그러나 여기서도 사체 반송 수단의 확보 문제 등이 발생했다.[10] 화장 시설의 절대적 부족으로 곤란을 겪은 가운데, 이윽고 지자체의 결정으로 미야기 현(宮城県)의 이시노마키 시(石巻市)와 히가시마쓰시마 시(東松島市) 등에서 사체 약 2,000구에 대한 토장을 실시했다. 이와테 현(岩手県)에서도 가마이시 시(釜石市) 등에서 3월 25일부터 신원 불명 사체의 토장을 시작했다.

일본의 화장 보급률이 60%를 넘은 것은 1960년대의 일인데, 도호쿠 지방은 근대식 화장의 보급이 가장 늦어 1990년대 후반까지도 토장의 습관이 남아 있던 지역이다.[11] 그러나 피재지의 화장 기능 마비로 지자체가 토장을 실시했을 때 유족들의 반발은 예상외로 거셌다. 토장은 어디까지나 2년 기한의 가매장이라는 방침을 분명히 밝혔음에도 불구하고, 화장이 어느 정도 진행됨에 따라 결국 토장은 곧바로 중지되었다. 그러자 유족들은 서둘러 가매장한 관을 꺼내 새 관에 옮겨 화장하기를 희망했다. 이 작업은 8월 중순까지도 계속되었는데, 예상보다 훨씬 가혹하고 지난한 일이었다. 현재 일본에서 사용하는 목관은 애초에 화장에 적합하도록 가볍고 불에 타기 쉬우며, 1미터 이상의 흙의 무게라든지 습기 등은 전혀 고려하지 않고 만들어졌다. 그래서 가매장했던 관을 파내자 대부분의 관은 부서지고 망가진 상태였고, 안에 있던 시신의 부패도 심각했다. 그것을 씻어서 다시 납관하여 화장터로 보내는 작업을 지역의 장례업자나 건설업자 등이 떠맡았다. 2년간의 기한은 일단 시신이 백골이 되는 데 걸리는 시간을 상정한 것이었을 텐데, 그때까지 도저히 기다릴 수 없었던 것이다. 유족들은 망자에 대한 절박한 심정을 토로하며 화장을 하고 나서야 비로소 눈물을 흘리며 안심했다고 한다.[12]

동일본대지진과 관련하여 출판된 르포르타주 중에는 사체 문제만을 집중 추적한 것도 있어 살아남은 자들의 충격이 얼마나 컸는지 짐작하게 한다.[13] 무엇보다도 최근 일본에서는 '장례식 불필요' 분위기가 한창 높아지고 있었는데,[14] 대지진 이후 이러한 주장이 사라지고 장례 문화를 재인식하자는 발언이 힘을 얻는 추세이다.[15] 산 자는 정신적 충격을 누그러뜨리기 위해, 한편으로는 죽은 자의 영혼을 위로하기 위해 종교에 의지하는 사람들이 늘고 있는 것이다.

4. 죽음의 재발견

대지진을 계기로 장례식이나 종교가 새롭게 주목을 받고, 죽음과 망자의 의미를 진지하게 묻게 된 상황을 좀 더 구체적으로 살펴보도록 하자.

1) 망자 문제의 부상

우선 한신대지진 때는 고독사(孤獨死) 문제가 불거져 사회적 이슈가 된 바 있다. 독거노인들이 가설 주택에서 고립된 채 홀로 죽는 경우가 급증했기 때문이었다. 또한 한신대지진이 일본 사회에 제기한 새로운 개념으로 '볼런티어'와 더불어 '트라우마'라는 정신적 외상이 있다.[16] 이러한 것은 물론 한신대지진에 의해 처음으로 발생했다기보다 그때까지 본격적으로 문제시된 적이 없다고 해야 맞겠다. 정신 의료가 발달하지 않았다는 점도 관련되지만, 당시는 물질적 손해를 회복하고 도시의 경제 발전을 이루는 것이 제일차적 과제였던 만큼 정신적 케어는 무시되었던 것이다. 이재민의 심리 문제는 재해 후 수십 년이 지나도 해결되지 않는 경우가 많아 지금까지도 여전히 문제시된다. 경제적 '도시 부흥'보다는 생활과 커뮤니티를 중시하는 '인간 부흥'이 재해 지원의 근본적 목표가 되는 가운데,[17] '재해 문화 네트워크'라 하여 사자의 기억을 기반에 둔 커뮤니티의 재건이 주장되었다.[18] 즉 여기서도 중요한 과제로 떠오른 것이 생자와 사자의 커뮤니케이션이었던 것이다.[19]

한신대지진은 표면적으로 어느 정도 순조롭게 부흥이 추진되었고 또 수도권은 피해를 입지 않았기 때문에, 그것만으로는 일본 전체를 크게 일변시킬 정도는 아니었다. 그러나 지진 발생 약 2개월 후인 3월 20일에 옴진리교 사건이 이어짐으로써 연이어 발생한 대형 참사는 전후 일본 사회를 심각하게 뒤흔들었고, 종교 사상적 측면에서 그 정신적 혼란의 근본적인 원인과 대책을 묻는 계기가 되었다. 1990년대 중반 이후 만성적인 불경기에 접어들면서 젊은이들의 무력감과 신신종교(新新宗敎)의 유행이 극에 달한 상황이었다. 한신대지진과 옴진리교 사건으로 인해 기존 질서가 완전히 붕괴되고 현대사상은 종언을 고한 것이라는 말이 떠올랐다. 이른바 '끝없는 일상'[20]이 계속되는 상황이었다.

동일본대지진은 사태가 장기적으로 지속됨으로써 부흥을 기대할 수 없을 정도로 곤란한 사태가 계속될 것으로 예상했다. 이에 일찍이 거론되던 '끝없는 일상'은 '끝없는 비일상'에 돌입하기 시작했다고 분석될 정도이다.[21] 막연한 불안이 아니라 현실 문제로서 구체적 대책의 결여와 인간관계의 해체가 지적되며, 이러한 상황에서 사상적으로도 더 이상 기존의 개념으로는 대처할 수 없게 되었다는 점이 명확해졌다.

이와 관련하여 종교학자들은 21세기 초 일본에서의 죽음 문화의 부흥 현상에 주목한다.[22] 원래 근대의 사상은 기본적으로 생의 사상이며 사후의 문제는 과학적 해명의 불가능성에 따라 완전히 배제되었으나, 전후 60년 이상이 지나도 전사자 및 위령의 문제는 사라지기는커녕 오히려 더욱 중요하게 부각될 뿐이다. 게다가 동일본대지진이 일어나기 몇 년 전부터 죽음을 소재로 한 대중문화가 연속적으로 대거 등장하여 화제가 되었는데,[23] 이러한 문제들이 이제는 불가피한 과제로서 전면에 등장했음을 인정하지 않을 수 없게 되었다. 죽음을 둘러싼 사회 문화의 확산에 자극을 받아 실제로 대지진 이후 사상적 측면에서 자각적으로 망자를 다룬 철학서들의 출판도 이어지고 있다.[24]

2) 종교계의 대응과 변화

일본에서 죽음의례를 거의 독점하는 것은 불교이다. 흔히 쓰이는 '장례불교(葬式仏教)'라는 말은 속되게 말하면 스님이 염불은 하지 않고 돈만 밝힌다는 의미로, 형해화한 일본 불교의 위상을 야유하는 표현이기도 하다. 그러나 약 2만 명이 죽거나 행방불명된 절박한 상황에서 종교인들은 적극적으로 나서 시민 단체와 자원봉사자들, 대학 및 종교연구자들과 연계하며 유족들의 상처 치유에 힘을 쏟았다. 이러한 종교계의 다양한 노력으로 많은 사람들이 종교 자체도 다시 생각하게 되었다.

초반에는 피재지에 들어가 신원 불명 시신의 장송과 위령을 행하려 했던 승려들과 행정조직 사이의 갈등도 있었다고 한다. 사체 안치소를 관리하는 지자체의 직원이 작업에 방해가 된다고 승려들의 출입을 저지하기도 했고, 종교의 자유가 있는 이상 유족들의 동의 없이 종교인에 의한 애도와 추모 행위를 허가해도 되는가 하는 망설임이 있었기 때문이다. 한편으로 화장터에서 유족과 보시 금액을 두고 다투는 승려 등 그리 좋지 않은 모습이 없었던 것도 아니다. 그러나 절, 신사, 교회 등의 종교 시설이 언제나 재해의 지원자 역할을 해야 한다는 사고가 지나치게 강한 탓에, 이들 또한 피재 당사자이기도 하다는 점이 간과되는 것도 사실이다. 피재지의 다수의 종교 시설이 직접적 피해와 더불어 거의 지역 주민들로 구성되었던 신자들을 잃음으로써 중앙 교단의 지원에도 불구하고 존속의 위기에 처한 상황이라고 한다.[25]

그러나 비단 불교계뿐만이 아니라, 이윽고 종교와 종파의 벽을 뛰어넘어 피재지에 들어간 종교인들이 서로 협력하는 모습을 보였다. 이는 한신대지진 때는 볼 수 없었던 광경이다. 대표적으로 센다이의 초종파적 연대 '마음 상담실(心の相談室)'[26]은 화장터에서 대기하던 종교인들에 의해 시작된 것으로, 도쿄를 거점으로 하는 〈종교자 재해 지원 연락회(宗教者災害支援連絡会)〉[27] 등과도 연계하여 현재까지도 지속적으로 유족 케어와 포괄적 지원에 관여한다. 예컨대 유족들이 사회적, 심리적으로 고립되지 않도록 지원하는 그리

프 케어(Grief Care)[28] 같은 개념도 한신대지진 때는 아직 없었다. 또한 동일본대지진은 2000년대 이후 휴대전화 보급이 일반화되고 인터넷, 트위터, 블로그, 페이스북 등의 각종 네트워크형 미디어가 발달한 고도 정보화 사회에서 일어났다는 점이 특징인데,[29] 소셜미디어를 이용한 인터넷 공간에서의 후방 지원도 종교계가 앞장서서 활동을 개시했다. 오사카 대학의 이나바 게이신(稲場圭信) 교수가 결성한 〈종교자 재해 지원 네트워크(宗教者災害救援ネットワーク)〉는 페이스북을 이용한 것이었으며, 인터넷으로 '종교자 재해 지원 지도'를 작성・공개하여 각지에서의 활동 거점을 파악할 수 있도록 했다.

사실 1970년대 이후 일본의 종교계는 개인화되는 경향이 강해져 고정적인 집단을 조직하기보다는 네트워크적인 관계 속에서만 유지되는 모습을 보였다. 게다가 옴진리교 사건 이후 부정적 보도 일색으로 종교의 사회적 이미지는 회복되지 않은 채, 일반인들도 종교에 대한 일종의 경계심과 불신감을 감추려 하지 않았다. 일본인의 70% 이상이 자신을 무종교라고 말하는 '무자각의 종교성'[30]도 이러한 현상을 반영하는 것이다. 마음 케어는 인간의 구제를 목표로 하는 종교인으로서는 본래적 활동임에도 불구하고, 재해 현장에서 각 교단이 제공하는 마음 케어의 방법은 왕왕 포교 전도를 목적으로 한 교화 활동으로 비난받기 일쑤였다. 결국 구제와 구원의 딜레마에 봉착한 종교인들의 재해 지원은 어중간한 일반 볼런티어로 끝나는 경우가 많았다.

그런데 동일본대지진 발생 직후 포착된 종교계의 공공성 회복을 향한 움직임이 뒤를 이은 후쿠시마 원전 사고에 의해 더욱 현재화되고 있다.[31] 물론 종교 단체의 사회 공헌과 복지 활동은 일반의 인지도나 기대도가 낮았을 뿐, 한신대지진 이후 지속적으로 축적된 기반이 있었기에 가능했다.[32] 지향하는 바는 어디까지나 특정 종교 단체로서가 아닌, 기존 종교의 틀을 넘은 공공 종교로서의 협동체이다. 이에 '장례불교'라는 말 대신에, 오히려 '장례식을 하지 않는 절'[33]을 강조하는 경향까지 생겨났다. 한편 2012년 4월부터 도호쿠 대학에서는 3년간 기간 한정으로 '임상종교사(臨床宗教師)'라는 전문가 양성 과정을 개설 운영 중이다. 실천종교학 기부 강좌라는 형태로, 전국 각지에서 모인 승려들이 미야기 현 내에 있는 절에서 숙박하면서 강의와 더불어 피재 현장에서의 개별 실습을 한다.[34] 이들은 포교를 목적으로 하지 않고 공공장소에서 초종파 종교인으로서 사람들에게 다가간다. 모델이 된 것은 기독교권 사원에서 케어 활동에 종사하는 채플린(chaplain)의 모습이다. 절과 지역사회와의 연계가 옅어지는 가운데 일본의 풍토에 맞는 종교적 케어를 모색 중이라 하겠다.

또한 한신대지진 때와 차이가 나는 점에 대해, 교토 대학의 가마타 도지(鎌田東二) 교수는 "같은 해 3월의 지하철 사린 사건으로 종교에 대한 경계심이 높아졌던 점과, 고베라는 대도시와 옛 신앙이 뿌리 깊게 남아 있는 도호쿠라는 지방의 풍토의 차이가 원인"[35]이라고 설명한다. 확실히 동일본대지진의 피재지는 예로부터 민간신앙이 뿌리 깊게 남아 있는 지역으로, 일명 '마쓰리(祭り)가 있는 고장'으로 통한다. 그리하여 물리적 복구와 부흥은 광역에 걸친 피재지의 규모와 피해 규모로 인해 늦어지고 있으나, 각지에서 '마음이 무너지지 않는(心が折れない)' 협동이라 하여 마쓰리, 공양, 기도, 가구라(神楽) 등의 다양한 종교 의례와 민속 행사가 행해졌다.[36] 기존의 전통 행사 이외에도, 한신대지진 이래 예컨대 볼런티어 단체가 주최하는 지진 기념지 도보 순례(震災モニュメント交流ウォーク)를 통해 참가자들 간에 슬픔과 공포의 기억을 공유하는 행사도 있다. 여기에 촛불 의례(灯りの儀礼)라 하여 희생자의 수만큼 촛불을 밝히며 사자와의 연결 및 이재민들끼리 혹은 지원자

와의 연대를 확인하는 행사도 생겨났다.[37] 한신대지진에서 '마음 케어'[38]가 전경화 되었다면, 동일본대지진에서는 사망자와 행방불명자의 진혼 공양과도 연결되는 '스피리추얼 케어'[39]가 부각된 셈이다. 실제로 지진 상황을 보도하는 각종 미디어에는 '위령'이나 '진혼' 등의 용어가 빈출했다. 이러한 말이 그다지 위화감 없이 받아들여지는 것을 보면 이재민을 비롯한 다수의 일본인들이 유족 곁을 맴도는 영의 존재를 인정하며, 희생자들과 단절된 관계 속에서의 마음 케어로는 충분치 않음을 알 수 있다. 요컨대 살아남은 자의 생애와 그 가치, 죽은 자의 의미 등이 밀접하게 결부되어 상호 관계를 가진다는 인식이 마음 케어에서 스피리추얼 케어에 대한 관심으로 보다 심화된 것으로 보인다.

5. 맺음말

끊임없이 재해를 겪어 온 일본에서 사람들은 죽음을 어떻게 받아들이고 또 그것을 정신적으로 극복해 왔는가. 물론 사상 변화의 분석과 전망은 상당한 시간을 요한다.

이 글에서는 과거 일본의 대지진 가운데 먼저 안세이대지진 직후에 유행한 나마즈에 와판의 분석을 통해 특히 망자의 처우, 생자와 사자의 갈등과 화해 양상 등을 추출해 보았다. 일견 근대의 사상과는 단절된 것처럼 보이는 인간 심리의 문제가 현대의 재해 부흥 지원 과정에서 새로운 과제로 부상하고 있기 때문이다. 재해에서 비롯된 생자와 사자의 관계는 장례 및 진혼 공양 등에도 긴밀하게 연결된다. 이에 간토대지진과 한신대지진 때의 사체 처리와 화장을 참고하면서 동일본대지진에서의 장례를 둘러싼 문제를 살펴보았다. 또한 동일본대지진을 계기로 일본에서 죽음에 관한 논의가 활발해지고, 종교의 의미도 재조명되는 상황이 전개되었다. 종교계와 종교학자들이 기대하는 만큼 향후 일본 사회에서 종교가 사회자본으로서 기능할 수 있을지는 아직 미지수지만, 신뢰에 기초한 사회자본보다는 여전히 경제적 자본에만 의지하려는 경향이 강한 한국 사회로서도 이러한 움직임에는 주목할 만하다.

재해 속에서 살아남은 인간이 망자와의 관계 속에서 직면하는 비탄과 고통에 대해 과연 종교와 철학은 어떻게 대응할 수 있을까. 그것이 곧 생사학적 관점에서의 과제이다. 일본에서도 아직 신생 학문에 해당하는 사생학이 불과 수십 년간 축적해 온 학문적 역량으로 대지진과 죽음이라는 난제에 맞서 고민하고 있다. 그런 의미에서 3 · 11 이전에는 오로지 저출산 · 고령화 사회에 입각한 관점에서 사생관에 대해 생각해 왔으나, 적어도 포스트 3 · 11의 사생관이 크게 변화하리라는 점만은 분명해 보인다.

조선 후기의 자살, 젠더, 계급
─『심리록』에 나타난 자살 관련사건 분석

/정 일 영

1. 머리말

> 자살하는 것은 세상에 진지한 것이 있다고 믿는 것이다.
> ─ 모리스 바레

자살 사건은 항상 충격을 주지만, 어찌 보면 자살은 보편적인 현상이다. 그런데도 살아 있는 우리는 충격이나 상처를 받는 데 그치는 것이 아니라, 자살자가 "왜 자살했는가?"라는 질문을 꾸준히 던진다. 이 질문은 종종 사회적인 것으로 치환되기도 한다.[1] 뒤르켐의 연구[2] 이래로, 자살 연구는 주로 이 질문의 답을 찾으려는 데 초점을 맞춰 왔다. 그러나 뒤르켐이 자살 유형을 4가지로 분류한 지가 100년 이상이 지났음에도, 자살의 이론적 논의는 크게 진전되지 않았다. 일반적으로 자살의 이유를 사회적인 이유와 개인적인 이유로 나눈다.[3] 하지만 사실 자살의 이유를 두 가지 이유로 '나누어' 본다는 것은 의미가 없을지도 모른다. 어디까지가 개인적 혹은 사회적 영역인지 불분명하기 때문에 이러한 분류가 비생산적일 뿐만 아니라, 결국에는 모두 개인적 문제로 치환될 위험을 안고 있기 때문이다. 자살의 원인과 예방에 초점을 맞춘 연구들이 사회적 요인에 주목하다가도 결론 부분에 가서는 다시 개인적 문제로 돌아오는 것도 바로 이 때문이다. 자살은 개인의 문제이기도 하지만, 그 개인이 자살이라는 '선택'을 하는 데 외부적 변수가 중요한 영향을 미치고 있음을 무시할 수 없다.

엄밀히 말하자면 한 개인이 "왜 자살했는가?"라는 질문에 우리가 답할 수는 없다. 정확한 이유는 죽은 그 사람만이 알기 때문이다. (사실 그 죽은 사람도 정확히 아는지는 모를 일이다.) 따라서 이 글에서는 과거의 자살을 살펴보면서, 자살을 향해 던지는 질문을 바꿔 보려고 한다. 이 부분이야말로 자살에 대한 사적(史的) 고찰의 장점이라고 할 수 있다. 과거의 자살을 살펴봄으로써 살아 있는 자들이 "자살을 어떻게 바라보는가?"라는 조금은 더 객관적인 질문을 던져볼 수 있기 때문이다. 이 글은 과거 인간들이 '왜' 죽었는가에 초점을 맞추지 않는다. 그보다는 살아 있는 자들이 어떤 요인을 자살의 이유로 꼽고 있으며, 자살자를 어떤 기준으로 평가했는지 살펴보고자 한다. 이런 '뒤돌아보기'로 현재 우리가 서 있는 지점이 어디인가를 다시 생각해 볼 수 있으며, "자살이 정말 자살인가?"라는 진지한 질문도 던져볼 수 있을 것이다.

이 글은 이런 부분에 초점을 맞추면서, 조선 후기 『심리록(審理錄)』을 바탕으로 자살을 살펴보고자 한다. 『심리록』은 정조(正祖) 시대의 판례 모음집이라고 할 수 있다. 이제까지의 연구들은 『심리록』을 통해 그 시기의 판결이나 법 제도를 살펴보거나,[4] 당시의 범죄 양상을 분석해 왔다.[5] 이 연구들은 조선 후기를 좀 더 심층적으로 분석할 수 있는 기회를 제공했다. 그러나 이러한 연구들은 그 시대의 제도적 측면만을 주목한 한계점이 있다. 제도나 법률이 정해져 있다고 해서, 비슷해 보이는 모든 사례에서 항상 같은 결과가 나오는 것은 아니기 때문이다. 물론 『심리록』에 나타난 여성의 자살 실태와 그것이 보여주는 18세기 조선의 일면을 살펴본 연구도 있지만, 이 연구는 젠더 문제에 집중한 나머지 자살의 문제에 깊은 고민이 부족하며 결론 또한 "유교적 성 윤리의 고착화"라는 상식적인 결론으로 끝나 버린 아쉬움이 있다.[6] 이런 결론은 자살이 아닌 다른 사건들에서도 나타나기 때문이다.[7]

이처럼 『심리록』의 선행 연구 속에서 자살은 여전히 그늘 속에 숨겨져 있다. 그러나 분명히 『심리록』에는 적지 않은 자살 사건이 등장한다. 그리고 그 자살 사건은 이제까지 『심리록』의 주요 연구 대상이었던 범죄들과는 분명 다른 분석 대상이 될 수 있다. 특히 이 연구는 젠더를 주요 변수로 삼아 분석하려고 하는데, 이 시도는 여성사적 관점에서도 의미가 있을 것이다. 강간이나 간통이 '남성 가해자, 여성 피해자'라는 미리 정해진 도식적 구도 속에서 크게 벗어날 수 없는 반면, 자살 사건은 사건의 성격상 남녀 모두가 일방적인 방향에서 벗어날 수 있는 사건이다. 그럼에도 조선 후기 자살에 대한 인식은 성차에 따라 판이하게 달랐던 것으로 보인다. 자살이 기본적으로는 젠더와 관련 없는 사건이기에 오히려 성차 혹은 성 담론을 더욱 명확하게 드러낼 수 있다고 생각한다.

또 자살자는 이미 죽어 말이 없고 그 죽음의 해석은 남아 있는 자들의 몫이라는 점에서, '자살의 해석'도 다시 생각해 볼 기회를 제공할 수 있을 것이다. 흥미로운 사실은 자살이 스스로 죽음을 택한 것임에도 범죄 판결 사례집이라고 할 수 있는 『심리록』에 자살과 관련된 적지 않은 사례가 실렸고, 그중 대부분의 사건에 가해자와 피해자의 관계가 설정되었다는 점이다. 그

가해자와 피해자가 누구인가에 대한 논의 속에서 자살 및 젠더와 관련된 다양한 담론을 엿볼 수 있을 것이다.

이를 위해 우선 『심리록』에 대한 계량적인 분석을 해 볼 것이다. 『심리록』에 나타난 자살 사례들을 추출한 뒤, 성별과 사건 유형·자살 방법 등으로 분류하는 기초 작업을 할 것이다. 그리고 그것을 바탕으로 과연 그 시대의 자살은 어떠한 의미를 가진 것이었고, 자살자는 살아 있는 자들에게 어떠한 취급을 받았는지, 또 살아 있는 자들이 꼽아 낸 죽음의 이유는 어떠한 것이었는지를 살펴보려고 한다. 특히 자살에 대한 인식이 성차에 따라 어떻게 다르게 나타났는지 분석해 볼 것이다. 비록 이 연구로 성급하게 일반화를 할 수는 없겠지만, 조선 후기 자살에 대한 인식 및 그 안에서 이루어지는 성차에 대한 논의를 일부 살펴볼 수 있을 것이다.

2. 『심리록』의 자살 사례 분석

> 자살은 세 가지 요소로 구성된다. 살해의 욕구, 살해당하려는 욕구, 살려는 욕구
> — 매닝거

이 글에서 주로 인용하게 될 사료는 정조 대 옥사(獄事)의 논의를 기록한 『심리록』이다.[8] 『심리록』은 정조가 대리청정(代理聽政)을 시작한 때부터 사죄(死罪) 사건에 관하여 손수 내린 판결을 모은 것으로, 정조 즉위 직후 편집 작업이 시작되어 정조 23년에 편집이 완료되었다.[9] 이 기록은 살인 사건에 대해 지방 관리들이 수사를 한 후 미진한 부분이 조금이라도 있을 시에, 수사 결과와 자신의 의견을 올리면 형조(刑曹)가 다시 정조에게 의견을 올린 뒤 정조가 최종 처분을 내리는 형식으로 되어 있다. 초검(初檢)·재검(再

檢)·삼검(三檢)을 통한 상처(傷處)와 실인(實因; 사망의 직접적인 원인) 등이 제시되었으며 사건의 개략적인 내용이 포함된다.

이『심리록』을 사료로 이용할 때 무시할 수 없는 몇 가지 분명한 한계점이 존재한다. 일단 사건의 내용이 지나치게 간략하다는 점이다. 그 때문에 중요한 내용이 누락된(혹은 그럴 가능성이 있는) 경우도 있다. 또 정조의 최종 판결을 개인적인 판단이 아닌 당시 위정자의 일반적인 인식으로 볼 수 있는가 하는 문제 또한 존재한다. 마지막으로 심리(審理)란 국가적 경사나 재변(災變)이 있을 때, 또는 왕의 특명이 있을 때 일시적으로 시행된 것으로, 억울한 옥사가 있는지 살펴서 처리하는 정치적 행위였다.[10] 그러므로 이 책에 수록된 사례들은, 기본적으로 형을 감해 주려는 의도에서 출발했다는 점을 감안해야만 한다. 실제로 살인과 관계된 사건이 전체의 90% 이상을 차지하지만, 판결에서 사형이 선고된 것은 5%에 불과하다.[11]

이러한 한계점이 있지만,『심리록』만이 가진 사료로서의 장점이 있다. 일단 비슷한 시기를 다룬 정약용(丁若鏞)의『흠흠신서(欽欽新書)』에 비해 사례가 훨씬 풍부하다는 점이다.『심리록』에는 약 24년에 걸쳐 1,095건에 이르는 사례들이 등장한다.『조선왕조실록(朝鮮王朝實錄)』과는 달리 평민·천민의 사례들이 대부분을 차지하며, 비록 살인 사건과 같은 중대 사건에 국한되었지만 사건의 유형이 상당히 다양하고도 자세한 편이다. 또 사건의 판결만 기록하지 않고 그 사이의 논의까지 담았다는 점도 빼놓을 수 없는 장점이라고 하겠다. 특히 특정 시대에 국한하여 자살만을 선별적으로 살펴볼 수 있는 조선 시대의 사료는 거의 없다. 이런 가운데『심리록』은 자살을 두고 벌어지는 여러 가지 논의를 엿볼 수 있는 소중한 사료라고 할 수 있다. 이 글에서는 이러한 특징들을 고려하면서『심리록』을 주요 분석 대상으로 삼고

자 한다.

우선 『심리록』의 사례들을 계량적으로 분류해 보자. 『심리록』의 1,000건이 넘는 사례 중에 자살과 관련된 사건은 총 109건이다. 여기서 '자살과 관련된 사건'이라는 표현을 쓰는 이유는, 자살로 가장한 사건, 관련 인물이 자살한 사건을 모두 포함했기 때문이다. 이 중 자살자, 자살 시도자, 실인이 자살로 추정되는 자가 남성인 경우는 47건인 반면에 여성인 경우는 65건이다. 남성 자살자와 여성 자살자의 합계가 총 자살 사건의 수와 일치하지 않는 이유는, 단일 사건에서 남성과 여성이 자살 및 자살 시도를 한 것이 3건 있기 때문이다. 구체적인 내용은 〈표 1〉과 같다.

〈표 1〉 『심리록』에 나타난 자살자 및 자살 원인 제공자 성별 분석[12]

자살자 / 원인 제공자	남				여				남녀공동			총계
	자살	자살 위장	기타[13]	소계	자살	자살 위장	기타	소계	자살	자살 위장	기타	
남	10	17	8	35	31	16	7	54	1	1	·	91
여	1	1	·	2	2	4	·	6	·	·	·	8
남녀공동	1	·	·	1	2	·	·	2	·	·	·	3
기타[14]	4	·	2	6	·	·	·	·	·	·	1	7
계	16	18	10	44	35	20	7	62	1	1	1	109

위 〈표 1〉에서 볼 수 있듯이, 남성이 원인 제공자가 되어 여성이 자살한 사건이 총 32건으로 다른 어떤 경우보다 월등히 많다는 것을 알 수 있다. 특히 남성과 남성이 관련된 문제는 자살보다 자살 위장의 논의가 많은 반면, 남성이 원인 제공자이고 여성이 자살자인 경우 자살의 논의가 현저하게 많다.[15] 그뿐만 아니라 여성이 원인 제공자가 되는 경우는 단 8건에 그치고 있다. 이러한 결과는 당시의 자살을 분석함에 있어 성차가 주요한 요인이 될

수 있음을 암시하는 것이다.

〈표 2〉『심리록』에 나타난 자살 사건의 원인 및 방법

자살 원인	자살 방법	자살자 성별		소계	총계
		남성	여성		
분노	칼	2	2	4	24
	액사(목을 맴)	7	3	10	
	음독[16]	1	6	7	
	투강(강에 몸을 던짐)	1	2	3	
	단식 / 미상	·	·	·	
정절[17]	칼	·	·	·	24
	액사	·	7	7	
	음독	·	10	10	
	투강	·	2	2	
	단식 / 미상	·	4 / 1	4 / 1	
도피[18]	칼	4	·	4	7
	액사	2	·	2	
	음독	1	·	1	
	투강	·	·	·	
	단식 / 미상	·	·	·	
위장	칼	1	·	1	39
	액사	13	10	23	
	음독	4	10	14	
	투강	·	1	1	
	단식 / 미상	·	·	·	
기타[19]	칼	4	3	7	15
	액사	2	1	3	
	음독	2	2	4	
	투강	·	1	1	
	단식 / 미상	·	·	·	
총계					109

〈표 2〉를 보면 가장 많은 자살 사건의 원인이 자살 위장이다. 이것은 『심리록』의 사료적 특성상 나타나는 현상으로 볼 수 있을 것이다. 그 밖에 자

살의 원인이 분노, 즉 스스로 화를 이기지 못하는 것으로 분류된 경우가 많음을 알 수 있다. 이는 실제로 분노를 참지 못한 사람들이 자살을 했기 때문일 수도 있지만, 사건을 조사하는 위정자들이 개인의 성격을 자살의 이유로 드는 것이 가장 손쉬운 방법이었기 때문일 수도 있다. 주목해야 할 것은 '정절'에 관련된 자살이다. 이 자살 유형은 '당연히' 여성에게만 발생하는 자살인데, 전체 자살의 22%, 여성 자살의 38.7%를 차지한다. 〈표 1〉을 보면 여성 자살자가 남성 자살자보다 18명 많은데, 결과적으로 정절에 관련된 자살이 이 수적 차이에 영향을 미친 것으로 보인다. 정절과 여성의 자살이 긴밀한 관계임을 단적으로 보여주는 것으로 볼 수 있겠다. 이는 뒤에서 더 자세히 살펴볼 것이다.

자살을 분석할 때 그 장소나 방법도 중요한 요소가 될 수 있다. 하지만 『심리록』에 나타나는 자살 사례들에는 그 장소에 대한 자세한 설명이 나오지 않는다. 다만 자살자가 택한 방법에 대한 설명은 비교적 자세히 서술되어 있는 편이다. 자살에 가장 많이 사용된 방법은 목을 매어 죽는 방법(縊死)으로, 전체의 41.3%를 차지한다. 하지만 자살 위장을 제외하면, 여성은 목을 매어 죽는 방법보다 음독자살을 하는 경우가 더 많았다. 자살 위장은 목을 매어 죽은 것으로 가장하는 것이 가장 많았는데, 자살 위장이 비교적 손쉽고 그 진상이 드러날 가능성이 그나마 가장 낮았기 때문이었던 것으로 보인다. 당시 수사 지침서로 사용되던 『무원록(無寃錄)』에도 목을 매어 자살할 때와 그것을 위장할 때의 차이점을 설명하는 부분이 있는데, 아마도 이 방법이 제일 많이 사용되었기 때문일 것이다. 음독자살 또한 종종 사용되는 자살 위장의 방법이었으나, 당시 은비녀를 이용하는 방법 등으로 음독 여부를 판명할 나름의 수단이 있었기 때문에 위장 여부가 비교적 명확하게 드러났다.

이제부터는 이러한 분석을 바탕으로 자살 논의가 성별에 따라 어떻게 달리 나타나고 있는지 살펴볼 것이다.

3. 자살, 남자답지 못한 죽음

> 모든 자살자는 탈주자, 변절자이다.
> ― 나폴레옹

> 자살, 그것은 국가에 반역하는 과오이다.
> ― 아리스토텔레스

『심리록』에 나타나는 남성 자살 사건을 살펴보면, 자살이 아닐 것이라는 일말의 가정에서 출발하는 경우가 대부분이다. 즉 자살과 관련된 사건을 심리할 때, 출발점은 그 사건이 '자살이냐, 타살이냐'하는 지점이었던 것이다. 물론 자살을 둘러싼 사건을 수사할 때, '그 죽음이 자살인가 타살인가'하는 의문으로부터 출발하는 것은 당연한 일이지만, 자살자가 남성인 경우 그러한 경향이 더욱 강하게 나타났다. 남성 피해자가 관련된 사건 중에, 시작부터 자살임을 인정한 상태에서 자살의 원인을 규명하려고 한 사건은 단 8건에 그친다.[20] 그나마 이 중 2건은 가해자(원인 제공자)를 찾을 수 없는 사건이다.[21] 이 사건들을 살펴보면, 일단은 타살이라는 기본 전제하에 사건의 수사가 시작되었다는 것을 알 수 있다. 자살은 '정상적인 남성'이 저지를 만한 일이 아니었던 것이다.

진천 박사회의 옥사[22]가 이를 잘 증명한다고 할 수 있다. 논에 물을 대는 일로 다투다가 박사회가 이처상을 때려 3일 만에 죽게 한 사건인데, 실인 논의가 분분했다. 그래서 시체 검사도 네 차례나 시행되었다.

초검에는 구타당하여 숨이 막힌 것이라 하고, 복검에는 상처를 입은 것이라 하고, 삼검에는 굶주려서 기운이 빠진 것이라 하고, 사검에는 구타를 당한 것이라 하였다.

해당 지방관은 범인이 도망쳤으니 스스로 범인임을 자백한 것이나 다름없고, 범인이 자살로 사건을 위장하기 위해 피해자에게 간수를 먹였다고 보고했다. 형조에서는 이웃집에서 준 떡이 식중독의 빌미가 되었고 시친(屍親)이 쌀뜨물을 먹인 것은 독을 제거하려는 것이기에 모호한 부분이 많다고 보고했다. 그러나 정조는 이에 대해 타살이라고 단호하게 규정하였다.

…대저 살기를 좋아하고 죽기를 싫어하는 것은 사람의 상정(常情)인데, 독약을 마시고 죽거나 목을 매어 죽거나 칼로 찔러 죽거나 간에 이것이 어떻게 사람마다 쉽게 할 수 있는 일이겠는가. 더구나 이처상은 가족이 있고 문제도 없는 사람으로서 독약을 마시고 자살할 만한 이유가 없고 보면, 아무리 집에 간수를 감추어 놓고 호주머니에 비상을 넣어 두었기로서니 애당초 어찌 한 국자의 독극물인들 떠다 마실 리가 있겠는가. ……

즉 범인들이 살인죄를 면하기 위하여 피해자의 부인인 방 여인을 종용해 남편이 독약을 먹었다고 증언하게 했다는 것이다. 정조의 말을 보면, 자살은 "사람의 상정"에 반하는 일이며, "가족도 있고 문제도 없는 사람"은 죽을 리가 없다는 인식을 엿볼 수 있다. 남성과 관련된 자살 사건의 경우, 대부분 자살의 원인이 될 만한 정황 근거를 살펴보기보다는 시체에 나타난 증거를 중요하게 여겼다. 『무원록』과 같은 수사 지침서를 근거로 목을 맨 흔적, 은 비녀로 확인한 독극물의 흔적, 목을 매단 곳의 상태, 자살의 흔적 외에 구타 나 자상과 같은 다른 실인의 흔적을 중요하게 여겼던 것이다.[23] 이러한 인식 을 바탕으로, 자살로 인정하는 판결보다 자살로 가장한 사건으로 결론이 나 는 경우가 여성보다 남성의 경우 더 많았다. 〈표 1〉에서 볼 수 있듯이 남성 자살 사건의 거의 절반이 자살 위장으로 판결났다.

조선 후기, 적어도 『심리록』에 드러나는 뉘앙스를 살펴보건대, 자살한 남 성은 좋은 평가를 받지 못했다는 것을 알 수 있다. 당시 위정자들에게 남성 의 자살은 이해가 가지 않는 매우 편협하고 용기 없는 행위에 불과했다. 『심 리록』에 나타나는 남성의 자살을 두고 칭송하는 경우는 당연히 없으며 동 정의 눈길을 보내는 경우조차 없다. 오히려 남성의 자살은 정황에 따라 '독 기'를 부린 '무지한 상놈의 짓'[24]으로 여겨지거나 혹은 '못난' 짓으로 규정되 었다.

영광 대수철의 옥사[25]가 좋은 예이다. 대수철의 처가 최창석의 아들 최관 이와 간통을 하자 대수철이 자살을 시도했는데, 최창석이 칼을 빼앗다가 상 처를 입어 35일 만에 죽은 사건이었다. 형조는 대수철을 두고 "스스로 칼로 찔러 죽으려고 한 못난 사내가 어찌 남을 찌를 배짱이 있었겠습니까."라며 의도적인 살인이 아니었다고 계사를 올렸다. 종성 오 조이(召史; 한문의 독음은 '소사'이지만 이두식 표기이므로 '조이'라고 읽는다)의 옥사[26]도 마찬가지의 경우다. 이 사건은 오 여인의 사위 김제몽이 소 빌린 값을 독촉하자 오 여인이 화가 나서 김제몽의 처이자 자신의 딸인 엄 여인을 숨기고, 오 여인 자신이 곧 죽 을 것이라고 협박하니 김제몽이 스스로 목을 매어 죽은 사건이다. 이 사건을 조사한 해당 지방관은, 김제몽이 협박에 "겁을 먹었"고 그저 핍박하여 장모를 죽였다는 "죄를 면하려고 먼저 스스로 목숨을 끊은 것"이라고 보았다.

　서부 오찬주의 옥사[27]에도 남성의 자살에 대한 부정적 시각이 이어진다. 이 사건은 최성휘가 빚을 갚지 않아 오찬주와 싸우고 또 김 여인과도 말싸움을 했는데, 다음 날 아침에 최성휘가 목을 매어 죽은 사건이다. 형조에서는 이 사건을 두고 실인은 목매어 죽은 것이 확실하고 "오찬주와 김 여인이 비록 구타한 일은 없었으나 스스로 목을 맨 원인이 사실 싸우고 말다툼한 데에 있으니, 온전하게 풀어 줄 수는 없습니다. 참작하여 처벌하겠습니다."라고 계사를 올렸다. 그러나 정조는 이 사건에 대해 다음과 같이 처분을 내렸다.

　　옥사는 죽은 최성휘가 가령 남에게 구타당한 일이 있다 하더라도 그가 이미 스스로 목을 매어 죽은 것이니, 사형에 처하는 형률은 적용할 수가 없다. 그뿐만 아니라 아침에 오찬주와 다투고 저녁에 김 조이와 다투고 나서는 다음 날 아침에 홀연히 "여자에게 구타를 당했으니 살아 있은들 뭐하겠는가."라는 말로 그의 처와 수작하였다. 이어 바로 괜히 목을 매었다. 최성휘의 일은 술에 취한 것이 아니면 망녕이 든 것이니, 부질없이 죽었다고는 할 수 있어도 피살되었다고는 할 수 없다. 그렇다면 피고인 두 죄수를 여러 달 동안 감옥에 가두어 두는 것은 실로 불쌍하고 측은한 일이라 하겠다. 경들이 비록 완전히 무죄로 하는 것을 결정하기 어려운 단서로 삼고 있으나, 위협하고 핍박하여 죽게 만든 죄율이든 혹은 구타하였으나 상해하지는 않은 죄율이든 모두 이 사건에 합당하지 않다. 오찬주와 김조이 등을 모두 용서하여 풀어 주라.

공주 강응이의 옥사[28]는 남성 자살자가 자살 대신 택해야 하는 방법이 무엇이었는지를 가장 잘 보여주는 예라고 할 수 있다. 강응이라는 어린 남자아이가 오 여인의 방으로 들어가 옷을 벗기고 돈을 훔쳐 갔는데, 오 여인의 남편 이경증이 분하고 부끄러워 스스로 목을 매어 죽었다. 이 사건을 두고 본도나 형조의 계사 모두, 강간과는 다른 것인데 이것이 부끄럽고 분하다고 목을 맨 것이니 사형으로 처벌하는 것은 합당치 않다고 보고했다. 정조 또한 그와 비슷한 견해를 보였다.

> 이경증이 자살한 것은 분명 부질없이 죽은 것이다. 그런데 자신 때문에 죽은 것이라는 죄과로 돌리고 사형에 처하는 형률로 처결하는 것은 법문에서 구해 보건대 너무도 합당하지 않다. 그뿐만 아니라 가령 강응이가 참으로 그의 처 오 여인을 몰래 강간한 자취가 있다 하더라도 이경증의 분하고 원통한 마음으로는 강간한 자리에서 강간한 사내를 직접 칼로 찔러 죽이더라도 안 될 것이 없을 터인데, 이경증은 이와 반대로 쓸데없이 의심을 일으키고 부질없이 스스로 목숨을 끊었다. ……

이경증의 자살은 부질없는 것이었다. 정조는 이경증이 자신의 분노와 원통한 마음을 적극적으로 해소조차 하지 못했기 때문에, 그를 한심하게 보았다. 만약 강응이가 이경증의 부인을 강간했다면, 이경증은 강응이를 죽였어야 했다. 조선 시대에 강간 현장에서 간부(姦夫)와 간부(姦婦)를 죽였을 때 죄를 묻지 않은 것도 같은 맥락이라고 볼 수 있다.

『심리록』에 드러나는 조선 후기 위정자들의 인식에서, 자살은 정상적인 남성이 저지를 가능성이 낮은 사건이며, 자살을 한 남성은 무식하거나 유약한 '못난 사내'로 규정되었음을 알 수 있다. 이러한 인식은 비슷한 시기(1797년) 편찬되었던 『오륜행실도(五倫行實圖)』[29]를 살펴봐도 알 수 있다. 행실도에는 당대에 숭앙을 받을 만한 행적이 있는 인물들이 수록된다는 점에서 『심리록』과 비교할 만한 자료다. 「효자도(孝子圖)」에 실린 내용 중에는 죽음을 각오하면서까지 아버지의 시신을 찾으려 했던 인물이나,[30] 아들이 아버지를 대신해 사형을 받으려 했다는 인물,[31] 또는 부모의 병간호를 위해 손가락을 잘랐다는 인물[32]만이 있을 뿐, 자살자는 등장하지 않는다. 거의 모든 이야기가 해피엔딩으로 끝나는 「형제도(兄弟圖)」, 「붕우도(朋友圖)」는 말할 것도 없다.

『오륜행실도』「충신도(忠臣圖)」에서 찾아볼 수 있는 자살의 사례는 총 7건이다.[33] 그 내용은 모두 충신불사이군(忠臣不事二君)의 이념에 충실했던 인물들의 이야기다. 「충신도」의 사례 35건 중 자살 사례를 제외한 나머지 28명의 주인공들은 모두 자살이 아닌 타살로 생을 마감한다.[34] 그리고 「충신도」의 자살은 뒤에 언급될 「열녀도(烈女圖)」의 자살에 비한다면 그 극적인 효과가 훨씬 떨어진다. 「열녀도」의 열녀들조차 마치 고통을 느끼지 않는 사람인 것처럼 팔 다리가 잘려 나가는 중에도 표정 하나 변하지 않는다. 그러나 자살한 충신들은 대부분 전장에서 비장한 죽음을 맞이하는 「충신도」의 다른 인물들에 비해 강렬한 인상을 주지 못하는 것이 사실이다. 오히려 「충신도」에는 충신이 아닌 가족의 자살이 틈틈이 등장한다.[35] 충신 그 이외의 인물들 —딸, 첩, 손녀, 아우의 아내, 어린아이—의 자살은 한 충신의 이야기에서 한 부분을 차지할 정도로 중요했지만, 정작 충신의 자살은 끝까지 싸우다 죽은 '타살'과 동등하게 취급받지 못했다.

『오륜행실도』에서도 볼 수 있듯이, 그 시대의 남성들에게 사사로운 이유로는 물론이고 충과 같은 대의명분을 위한 죽음에도 자살은 그리 권장되는 방법이 아니었다. 「충신도」에 등장하는 자살자들이 서술에서나 그림 상에서나 모두 문약한 이미지를 드러내는 것이 우연의 일치는 아닐 것이다. 결국 죽을 수밖에 없는 상황이라 하더라도, 자살하는 것보다는 끝까지 고통을 감내해 가며 저항하는 것이 '붉은 마음(丹心)'을 제대로 보여주는 방법이었다고 할 수 있겠다. 그 목적이 아무리 대의를 위한 것이라 하더라도, 또 스스로 죽음을 선택하는 행위임에도 자살은 수동적이며 소극적인 것으로 인식되었다. 만약 대의명분마저 없다면, 자살은 부질없고도 무지한 짓이 될 수밖에 없었다.

4. 여성 자살에 대한 두 가지 상상: 성품과 주체성 사이에서

자살은 부패한 민족들에게 공통적이다. 자신의 최후의 시간을 기다리는 사람은 영혼의 엄격함을 보여주기보다 본성의 감퇴를 보여준다.
— 샤토브리앙

인생에서 완전히 길을 잃고 희망마저 없을 때, 삶은 치욕이고 죽음은 의무가 된다.
— 볼테르

그렇다면 여성의 자살은 어떻게 받아들여지고 있었을까. 『심리록』을 살펴보면 남성과는 달리 여성의 자살은 그 사례도 상대적으로 많을 뿐만 아니라, 당대의 위정자 여성들이 자살했다는 사실을 자연스럽게 받아들이는 경향을 발견할 수 있다. 현대의 여러 연구들을 보면 여성 자살률이 남성 자살률보다 높은 것은 보편적인 현상은 아니다.[36] 그럼에도 〈표 1〉에서 살펴보았듯이 여성의 자살 사건은 남성의 그것보다 수적으로 훨씬 많다. 그뿐만 아니라 여성들의 죽음에서는 시신에 나타나는 증거뿐만 아니라 자살하게 된 동기, 즉 정황증거가 매우 중요했다. 남성의 자살 사건을 두고는 목을 맨 흔적이나 장소, 은비녀에 나타나는 독소의 증거와 같은 가시적인 물증들이 논의의 중심에 있던 것과는 대비되는 점이다.

특히 주목할 점은 자살의 원인을 논할 때, 대부분의 경우 '성품'이 등장한 다는 점이다. 물론 남성의 경우에도 개인의 성품이 언급되기는 한다. 그러 나 여성의 경우, 성품이 단지 개인의 성품이 아니라 '여성의 성품'으로 일반 화되었다. 단천에 살던 이용득이 가을 옷을 제때에 만들지 못했다는 이유로 부인을 꾸짖자, 부인이 스스로 목을 찔러 자살한 사건이 발생하였다.[37] 이를 두고 이용득의 부인 김 여인의 성격이 "본래부터 편벽한 것"이라고 형조에 서 보고했다. 정조 또한 "김 여인이 지아비로부터 꾸지람을 받고 마음속으 로 부끄럽기도 하고 분하기도 하여 자기도 모르는 사이에 스스로 목을 찌르 고 만 것은 여인의 편벽된 성품 탓"이라고 평하였다.

이러한 논의는 비단 한둘의 사례에서 발견되는 것이 아니다. 재령 이경 휘의 옥사는 이경휘가 과거의 일로 앙심을 품고서 자신의 물건을 훔쳤다고 핍박하여, 최 여인을 비롯한 7명의 가족 모두 물에 빠져 죽은 보기 드문 사 건이다.[38] 여기서도 정조는 사건의 참혹함을 한탄하고 죽은 이들을 동정하 면서도 "여자가 아무리 성품이 편벽되다고 하더라도"라는 표현을 사용하였 다. 남부 종 삼한의 옥사[39]에서도 삼한의 처 구월이 자살을 한 것인지 아니 면 삼한에게 죽임을 당한 것인지를 논하면서, "대개 여자의 성품은 대부분 편협하고 급하여 독기가 가슴속에 가득 차면 당장 죽기를 결심하는 것은 지 극히 쉬운 일이다."라고 하였다. 그러면서 형조의 "여자는 성품이 나약한데 어떻게 쉽사리 목숨을 버릴 수 있겠느냐"라는 말은 '정상참작'을 하지 않은 고지식한 생각이라고 평하였다. 비록 형조가 정조와는 다른 의견을 내놓았지만, 결국 여성의 태생적 성품을 논했다는 면에서 다를 것이 없다고 봐야 한다. 또 박민세의 옥사[40]에서는 유 여인이 자살한 것을 두고 "꽉 막힌 소견은 여자의 본성인 만큼 스스로 목을 매어 죽은 것은 참으로 이상한 일이 아닙니다."라고 보고하였다. 안동 김험상의 옥사는 부인 김명단이 삼끈을 제대로 삶지 못한다는 이유로 김험상이 끓는 잿물을 부인에게 부어 버리자 김명단이 자살한 사건이다.[41] 정조는 김명단의 자살 여부를 논하면서 "문드러져 죽든 목매어 죽든 남에게 목 졸려 죽든 간에 김 여인의 죽음이 이미 제 남편과 언쟁을 한 뒤에 있었고 보면, 자신 때문에 죽었다고 할 수 있다"고 결론을 내렸다.

이러한 논의 방식은 때로 판결 자체를 뒤집기도 했다. 금성 안광금의 옥사가 바로 그 예다.[42] 안광금의 처 김 여인이 시아비에게 순종하지 않자 구타하여 죽게 한 뒤에 새끼로 목을 매달아 자살을 가장한 사건이라고 해당 지방관이 최초 보고하였다. 그러나 형조에서는 시체를 다시 파내어 검시한 후에, 지아비가 따귀를 때리는 것은 보통 있는 일인데 처가 목을 매달은 것은 "독한 성질을 견디지 못한" 것 때문이라고 보고하였다. 정조 또한 "김 여인이 처음에 시아비에게 공손하지 않더니 결국엔 편협하고 좁은 성품을 감당하지 못하여 함부로 목을 매는 짓을 저지르고 말았다."고 보았다. 결국 수사 결과 "살인 후 자살로 위장"한 것이었던 사건이 자살로 판결된 것이다. 주목할 것은 이 과정에서 남성의 자살 사건에서는 흔히 볼 수 있었던 수사 방식이 보이지 않는다는 점이다. 즉 『무원록』과 같은 수사 지침서에 근거한 구체적 실인이나 증거의 제시도 없이 정황증거나 개인의 성격만으로 판결이 바뀌고 만 것이다. 특히 형조의 중간보고에 "죽은 때는 계춘(季春) 보름

경인데 시체를 파내어 검시한 때는 6월 그믐께였으니, 실인을 분명히 하기가 어렵습니다."라는 말이 있는 것으로 보아, 자살이라는 결정적인 물증은 찾지 못한 것으로 보인다. 그럼에도 이 사건은 자살로 결론이 났다.[43] 순천 김삼남의 옥사[44]에서도 비슷한 상황이 벌어졌다.

여성의 그 태생적인 '성품' 때문에 "그럴 만한 일", 혹은 "지극히 쉬운 일"로 여겨지던 여성의 자살 또한 남성의 자살처럼 좋은 평가를 받지 못했다. 죽음을 '선택'했던 여성들 또한 어리석고 편협하다는 남성 자살자에 대한 평가와 별다를 것 없는 평가를 받았던 것이다. 앞서 살펴봤던 금성 안광금의 옥사를 다시 살펴보면, 자살로 가장한 사건이 자살로 결론이 바뀌면서 김 여인의 죽음(자살)은 "이러한 죽음이야 말로 쓸데없이 죽은 것"이라고 냉소적인 평가를 받았다. 김제 유몽골의 옥사도 마찬가지로 이러한 냉소적인 시선이 유지되었다.[45] 이계상이 돈을 잃어버리고 유몽골을 의심하자 유몽골이 이계상에게 욕을 했다. 이에 이계상의 처 박 여인이 분하고 억울하게 여겨 비소를 마시고는 유몽골의 집에서 죽은 사건이었다. 이 사건을 담당한 어사는 이계상이 무고를 당한 것이 아니라면, 박 여인의 죽음은 그저 "부질없는 것"이라고 평했다.

그러나 이렇게 냉대를 받던 자살이 높이 칭송 받고 위정자들의 따뜻한 시선을 받을 수도 있었다. 남성 자살자가 '충(忠)'이라는 대의명분이 있었을 때 조금이나마 냉소적인 시선을 거둬 낼 수 있었던 것처럼, 여성들에게는 '열(烈)'이라는 대의명분이 있어야 했다. 순천 조이중 등의 옥사가 좋은 예가 될 수 있을 것이다.[46] 이 사건은 남성들 간에 일어난 구타 및 살인 사건이다. 그런데 살인을 당한 이양택의 처 허 여인이 남편이 죽었다는 이유로 음식을 끊어 자결했다. 사실 엄밀히 말하자면 살인 사건과 허 여인의 자살은 별개의 사건이다. 그럼에도 이 사건은 "범인 한 사람 때문에 무고한 두 사람을 죽인" 사건이 되었다. 그뿐 아니라 사건 자체보다 허 여인의 자결이 논의의 중심이 되었다. 정조는 "먼 지방의 시골 여인으로 이러한 정절이 있으니, 크게 감동할 만한 일"이라며 형조의 청을 받아들여 정문(旌門)을 세워 표창하기 위해 은전을 내렸다. "남쪽 지방 사람으로서 칭찬하고 감탄하지 않는 이가 없고, 본 고을 선비들은 단자(單子)를 올리기까지"했다는 내용도 보인다. 이처럼 자살이라 할지라도 '열(烈)'이라는 조건을 만족하면 옥사에 대한 논의의 화제를 바꿀 정도로 의미 있는 일이 되었던 것이다.

비단 이 사건만이 아니라 웅천 이창범의 옥사,[47] 충주 박승문의 옥사,[48] 여주 강취문의 옥사,[49] 동부 박호민의 옥사[50] 등 『심리록』에 등장하는 여성 자살 사건의 77.4%가 이와 비슷한 경우였다.[51] 특히 충주에 살던 박승문에게 강간을 당한 후 자결한 여성을 언급한 해당 지방관의 보고와 이 사건에 대한 정조의 평은, '조건을 만족시킨 자살'이 이들에게 어느 정도의 감동을 안겨 주었는지 그대로 보여주는 사례라고 할 수 있다. 이들의 감동 어린 말 속에서 당시의 사회 분위기가 어떠했는지 엿볼 수 있다.

눈물을 머금고 고별한 말은 너무나 비장하고 조용히 죽어 간 절개는 더없이 탁월합니다.

대저 시골이란 양반과 상민을 구별할 것 없이 정숙한 여자가 포악한 자들에게 욕을 당하거나 나물을 캐다가 한번 끌려가기라도 하면 갑자기 바람을 피운다고 손가락질을 받아 온갖 오명을 쓰게 된다. 그러면 강간을 당하고 안당하고를 막론하고 바람을 피웠다는 모함은 자신이 죽을 때까지 씻기 어려운 것이라서 방 안에서 목을 매어 자결하기로 맹세하게 되니, 그 일은 어둠에 묻혀 밝혀지지 않고 그 심정은 잔인하고도 비장하다. 집으로 돌아와 식구들에게 호소해 봤자 더러는 눈물을 훔치며 방문을 나서고 더러는 남 보듯 하면서 다른 데로 가 버리니, 적적한 빈 방에서 수치와 분노가 가슴 속에 교차되어 구차하게 살아 보려 하여도 참으로 어떻게 할 도리가 없었던 것이다. 포상의 은전은 비록 함부로 논의할 수 없다 하더라도, 요컨대 몸을 맑히고 지조를 지킨 것은 지나친 말이 아님에도 검관은 스스로 불러들인 화간이라고 하였으니 어찌하여 남의 미덕을 이루어 주는 일을 그리도 달갑잖아 하는가.

위정자들도 인정하듯이 "나물을 캐다가 한번 끌려가기"만 해도 오명을 쓰고 가족들마저 그저 수수방관할 수밖에 없는 상황이었다. 이러한 상황에서 계속 사는 것은 "구차"한 일이 되는 것이고, 결국 궁지에 몰린 여성은 자살을 선택할 수밖에 없었던 것이다. 결국 '열(烈)'의 추구가 어떤 의미에서는 강제적인 것일 수도 있음을 의미하며, 그 강요된 표현 방식이 자살이었음이 드러난다.

앞서 남성의 대의명분이라고 할 수 있는 '충(忠)'을 위한 자살도 나름대로 좋은 평가를 받았다고 했지만 여성의 자살에 비할 것은 아니다. 잠시 언급했었던 『오륜행실도』를 다시 살펴보기로 한다. 총 35건의 이야기가 담긴 「충신도」 부분에서 자살과 관련된 이야기가 7건이었던 반면에, 총 37건의 이야기가 담긴 「열녀도」 부분에서는 자살과 관련된 이야기가 13건에 이른다. 남성에게 자살은 대의명분이 있다 할지라도 수동적이며 소극적인 행위에 불과했던 반면, 여성들에게 자살은 매우 강렬하고도 적극적인 주체적 행위로 인식된 것 같다.[52]

이것은 자살이 아닌 다른 적극적 행위가 여성들에게는 불가능한 것으로 여겨졌기 때문이기도 하다. 강진 김 조이의 옥사를 살펴보자.[53] 김 조이는 안 여인이 자신의 행실을 모함한 것에 분노하여 살인을 저질렀다. 이에 정조는 "이 세상에서 가장 뼛속에 사무치는 억울함은 정숙한 여인이 음란하다는 무고를 당하는 일"이라며, 김 조이의 살인에 대해 "이는 진실로 열혈 남성으로서도 하기 어려운 행위이고, 또 소견 좁은 연약한 여인이 울분을 숨기고서 스스로 목매거나 빠져 죽는 것에 비할 바가 아니다."라고 극찬했다. 결국 김 조이는 특별 방면된다. 정조는 소견이 좁고 연약한 본성을 가진 여인이 자살하는 것은 태생적인 한계 내에서 그나마 적극적인 행위라고 여겼던 것이다.

그런데 이 칭송 받는 자살도 조건이 있었다. 적절한 타이밍과 정황이 필요했던 것이다. 앞에서 살펴봤던 김제 유몽골의 옥사와 같이, 그저 남편을 따라 죽는다고 칭송을 받을 수 있었던 것은 아니었다. 정해진 타이밍과 정황을 충족시키지 못하면 자살은 그저 부질없는 짓이 될 뿐이었다. 제천 이기대의 옥사가 그 '타이밍'의 중요성을 보여주는 예다.[54] 이 사건은 이기대가 노 여인에게 억지로 장가를 들려고 하자 노 여인이 부끄럽고 분한 나머지 간수를 마시고 즉사한 사건이다. 이 사건을 두고 해당 지방관은 길목에서 희롱한 것이지 겁탈한 것도 아니고 혼인을 청한 것도 위협과는 다르다고 보고했는데, 정조는 노 여인의 죽음이 정조(貞操) 때문이라고 할 수는 있지만 다음과 같은 이유로 의문을 제기했다.

…… 대저 노 여인의 죽음이 정조(貞操) 때문이라면 정조 때문이기는 하나, 옷자락을 잡히던 그 날에는 죽지 않고 사주단자를 보내 온 그 때에 와서야 결

행한 것은 죽을 명분을 제대로 찾아서 죽은 것인지 모르겠다. 일이란 좋은 점을 살려 주는 것이 고귀한 법인데, 조정에서 비록 구실을 찾으려 하지는 못할망정 이로 인하여 곧바로 고의로 핍박하여 죽인 죄를 매긴다면 너무 지나친 처사가 아니겠는가. 그리고 이기대의 죄는 오로지 사주단자를 억지로 보낸 데 있고, 중매 자체는 부모들도 막지 않은 것이다. 야합으로 만난 잘못을 깊이 후회한 나머지 이처럼 예법을 갖추려는 거조가 있었다는 것은 이기대에게 있어서는 예의를 알았다고 하기에 충분하여 죄가 된다고 볼 수는 없으니, 이로 보나 저로 보나 옥안을 성립하여 사형 죄율을 적용한다는 것은 논의할 바가 아니다. ……

결국 노 여인은 정표를 받거나 하는 등의 조치를 받지 못한다. 연기 홍명렬의 옥사도 비슷한 경우다.[55] 이 사건은 양 여인이 홍명렬에게 강간을 당했다는 이유로 단식을 하다가 5일 만에 피를 토하고 죽은 사건인데, 해당 지방관의 계사에서는 욕을 당한 지 1년이 지났고 화간인지도 분별할 수 없다고 했다. 정조 또한 시기가 늦춰진 것에 의문을 제기했다.

…… 가령 양 여인이 진정으로 부끄러워 죽고 싶은 마음이 있었다면 실로 겁탈당한 즉시 목숨을 끊어 본심을 드러내기에도 겨를이 없었을 터인데, 지금까지 숨기고 묵묵히 있으면서 오래도록 지체한 것은 무슨 까닭인가. 홍명렬이 취중에 뒤를 밟아 찾아간 것이 비록 '새로운 분노를 도발하여 잠자던 불기를 불러일으키는 빌미가 되었다.'고도 할 수 있으나, 전에는 강제로 겁탈하고 뒤에는 욕을 보인 것인데, 강간과 모욕은 경중이 어떠한가. ……

홍명렬은 양반이라는 이유로 더 중한 죄를 받아야 한다고 논의되었지만, 양 여인은 노 여인과 마찬가지로 정표를 받지 못했다.

그러나 강간을 겨우 모면한 후 23일 만에 약을 먹고 죽은 함평 김 여인의 경우는 달랐다.[56] 이 사건을 두고 정조는 "처음에는 이미 몸을 깨끗이 하였고 결국에는 능히 죽음으로써 마무리 하여 한 가닥 정절로 양반의 본색을 잃지 않은 자이니, 매우 가상하다."라고 칭송하였다. 결국 김 여인에게는 은 전이 내려졌다. 20일이 넘도록 시간을 끌었지만 집안이 가난한데 자기 남편과 어린 자식이 마음에 걸려 시간을 끌었음을 감안한 것이다. 웅천 이창범의 옥사도 같은 선상에서 볼 수 있다. 정조는 자살자 김이단의 정조(貞操)를 인정하고 있으나 본도의 계사는 "삼을 삼고 밥을 지었으니, 처음에는 반드시 죽으려는 마음이 없었고 온 동네 사람들이 모여 구경하고 이창범의 처가 악행을 부린 뒤에야 수치스럽고 부끄러워 자살한 것"이라고 보았다. 이 사례 또한 타이밍과 정황의 애매함을 적나라하게 보여주는 예라고 할 수 있을 것이다.[57] 이런 시각은 열녀에 대한 관점의 전환과 관련이 있다. 조선 중기에서 후기로 넘어가면서 조선의 일부 지식인들은 남편을 따라 죽는 열녀들을 보며 매우 안타까워했다. 그들은 그렇게 죽어서는 안 될 일이었다. 그러나 이런 안타까움이 열녀들의 죽음에 대한 안타까움이라고 오해해서는 안된다. 비록 남편은 죽었지만 아직 그들이 봉양해야 할 부모, 그리고 길러야할 자식이 있었기 때문에 그들은 '아직' 죽음을 선택해서는 안 될 상황이라는 것이다. 이는 이옥이나 박지원의 열녀전, 정약용의 '열부론'에서도 잘 나타난다.[58]

그뿐 아니라 실제로 강간을 당했는지 당하지 않았는지도 중요한 기준이되었다. 면천의 배 여인은 이유복에게 강간을 당할 뻔했는데, 그에 대한 수치와 분노로 13일 만에 목을 매어 죽었다.[59] 이미 앞에서 몇 가지 예에서 볼 수 있었듯, 배 여인이 정절을 지킨 예로 칭송 받을 것은 어느 정도 예상할 수 있는 일이다. 그러나 중요한 것은 그것이 아니다. 우선 정조의 판부를 살펴보자.

이유복이 정절녀를 더럽히려고 한 죄는 우선 차치하고, 배 여인처럼 우뚝한 지조는 옛날에도 알려진 일이 드물다. 그 몸이 더럽혀지지도 않았는데 죽음을 결행하였으니 어찌 더럽혀지고 나서 죽어 그 죽음이 어쩔 수 없는 상황에서 기인한 것보다 열 배나 더 훌륭한 일이 아니겠는가.

이 부분에서 선명하게 드러나는 것이 있다. 몸이 '더럽혀지'면 죽음은 '어쩔 수 없는' 일이라는 것이다. 배 여인이 더욱 칭송을 받는 것은 '더럽혀지지도 않았는데' 자살했기 때문이었다. 이런 논평은 영평 최후 씨의 옥사에서도 찾아볼 수 있다.[60]

정숙한 여인이 강포한 자에게 욕을 당하고는 죽음을 결심하여 목숨을 끊는 경우를 이와 같은 옥안에서 많이 보지만, 영평의 유학(幼學) 이경유의 딸과 같이 우뚝하고 늠연하며 차분하고 강개한 경우는 일찍이 자주 들어보지 못하였다. 더구나 몸이 이미 더럽혀지지 않았는데도 집으로 돌아가듯이 삶을 버리고 죽음을 택한 경우이겠는가.

칭송의 이면에는 '더럽혀진 여성'의 선택은 자살밖에 없다는 생각이 깔려있었던 것이다. 이 '깨끗함'(혹은 '더럽혀짐')에 대한 강박은 오히려 결과적으로 가해자의 죄를 변호해 주는 이상한 결과를 가져오기도 했다. 웅천의 김이 단이라는 18세 여자가 사족(土族)인 이창범에게 강간을 당할 뻔한 뒤 그것이 부끄럽고 분하여 목을 매어 죽었다.[61] 그런데 이 사건에서 김이단이 이창범 에게 강간을 당했는지 당하지 않았는지가 문제였다. 해당 지방관의 계사와 형조의 계사가 각기 다른 의견을 내놓았기 때문이다. 이에 정조는 김이단이 "억지로 겁탈당하는 것이 욕된 일인 줄을 잘 알고는 목숨을 끊기를 마치 즐 거운 곳으로 나아가듯이 하였으니" 이창범이 그 뜻을 빼앗을 수 없었을 것 이라며 강간 미수를 주장하였다. 깨끗함에 대한 강박을 더욱 적나라하게 보 여주는 것은 그 다음의 말이다.

> 강간이 이루어지지 못했음을 명백히 알면서 사형에 처하는 것으로 결정하 기에 급급하여 강간이 이루어진 것으로 몰아간다면, 이 또한 자세하고 분명 하는 처리하는 정사에 흠이 되는 것이요, 김이단의 정조를 더럽히기에 충분 한 것이다.

결국 이런 논리로 이창범은 사형을 감하여 정배되었다. 이미 죽은 여인의 정조를 더럽히지 않기 위해 강간 미수로 죄목을 설정하여 죄인의 형을 감해 준 것이다. 비록 간통이라 하더라도 자살을 종용하는 것은 끔찍한 일이라고 손사래를 치면서도,[62] 정작 더럽혀진 혹은 더럽혀질 뻔한 여성들에게 그들 이 권장했던 것은 자살이었다.

이처럼 사건의 종류만으로 볼 때는 강간으로 인한 자살로 분류되어 비슷 하게 보일 수 있지만, 그 자살이 가치 평가를 받게 될 때 '자살의 진정한 의 도'가 살아 있는 자들 사이에서 계속 논의되었다. 그리고 그 논의의 핵심은 가부장제의 유지였다고 할 수 있다. 그 때문에 똑같이 강간을 당한 후(혹은 강간 미수 사건을 겪은 후) 바로 자결하지 않은 여성에게, 경제적으로 어려운 상황에 남겨질 남편과 어린 자식이 걸렸다는 점을 정상참작하여 포상을 했던 것이다.[63]

5. '상상된 자살'의 모순: 여성 자살의 계급 분화

> 자살은 없다. 살해만이 있을 뿐이다.
> — 트리올레

남성 자살자에 대한 냉소 어린 시선과 대조적인, 여성의 자살에 대한 포상과 찬탄을 어떻게 봐야할 것인가? 그리고 특정한 맥락 속에서만 여성의 자살이 칭송받는다는 것을 어떻게 볼 수 있을까? 살아 있는 자들이 죽음을 선택한 자의 의도를 자신의 논리로 재구성한다는 면에서 『심리록』에 나타나는 자살을 '상상된 자살'이라고 명명할 수 있을 것이다. 그런데 여기에 나타나는 자살의 인식은 일면 상충하는 지점이 있다. 이 지점을 조금 더 명확하게 하기 위해 이번 장에서는 『조선왕조실록』의 기록을 이용해 보기로 한다. 이 사료 속에서 부정적으로 바라보곤 했던 자살을 칭송하는 모습과, 반대로 칭송했던 자살을 만류하는 모순되는 모습을 찾아볼 수 있을 것이다. 그리고 이 모순은 자살이 단지 개인의 의사가 절대적으로 반영된 '선택'이 아니라는 점을 여실히 보여준다. 이번 장에서 살펴볼 기록은 약간 범위를 넓혀 영조 대의 기록까지 포함한다.

앞서 정황에 맞는 여성의 자살은 지배층 남성들에게 칭송받았음을 살펴보았다. 또 때로는 '수동적인' 자살이 아니라 '능동적인' 살인을 했을 때 더 극찬을 받기도 했다. 그만큼 정절에 대한 남녀 모두의 강박관념이 심했다는 것을 보여주는 증거라고 할 수 있겠다. 그러나 열(烈)에의 절대적 숭앙과 강박관념이 절대적이지 않았음을 보여주는 사례가 있다. 그것은 바로 영조의 딸 화순 옹주의 종사(從死)다. 다음은 실록에 기록된 화순 옹주의 졸기다.

화순 옹주가 졸(卒)하였다. 옹주는 바로 임금의 둘째 딸인데 효장 세자(孝章世子)의 동복 누이동생이다. 월성위(月城尉) 김한신(金漢藎)에게 시집가서 비로소 궐문을 나갔는데, 심히 부도(婦道)를 가졌고 정숙하고 유순함을 겸비하였다. 평소에 검약을 숭상하여 복식에 화려하고 사치함을 쓰지 않았으며, 도위(都尉)와 더불어 서로 경계하고 힘써서 항상 깨끗하고 삼감으로써 몸을 가지니, 사람들이 이르기를, '어진 도위와 착한 옹주가 아름다움을 짝할 만하다.'고 하였다. 도위가 졸하자, 옹주가 따라서 죽기를 결심하고 한 모금의 물도 입에 넣지 아니하였다. 임금이 이를 듣고 그 집에 친히 거둥하여 미음을 들라고 권하자, 옹주가 명령을 받들어 한 번 마셨다가 곧 토하였다. 임금이 그 뜻을 돌이킬 수 없음을 알고는 슬퍼하고 탄식하면서 돌아왔는데, 음식을 끊은 지 14일이 되어 마침내 자진(自盡)하였다. 정렬(貞烈)하다. 그 절조(節操)여! 이는 천고(千古)의 왕희(王姬) 중에 있지 아니한 바이다. 조정에 받들어 위로하고 정후(庭候)하였다.

사신(史臣)은 말한다. "부인의 도(道)는 정(貞) 하나일 뿐이다. 세상에 붕성지통(崩城之痛)을 당한 자가 누구나 목숨을 끊어 따라가서 그 소원을 이루려고 하지 아니하겠는가마는, 죽고 사는 것이 또한 큰지라 하루아침에 목숨을 결단하여 집에 돌아가는 것처럼 보는 이는 대개 적다. 그러나 정부(貞婦)·열

녀가 마음의 상처가 크고 슬픔이 심한 즈음을 당하여 그 자리에서 자인(自引)

하는 것은 혹시 쉽게 할 수 있지만, 열흘이 지나도록 음식을 끊고 한 번 죽음

을 맹세하여 마침내 능히 성취하였으니, 그 절조가 옹주와 같은 이가 있겠는

가? 이때를 당하여 비록 군부(君父)의 엄하고 친함으로써도 감동시켜 돌이킬

수 없었으니, 진실로 순수하고 굳세며 지극히 바른 기개가 분육(賁育)이라도

그 뜻을 빼앗지 못할 바가 있지 아니하면 이와 같이 할 수 있겠는가? 이는 진

실로 여항(閭巷)의 필부(匹婦)도 어려운 바인데, 이제 왕실의 귀주(貴主)에게서

보게 되니 더욱 우뚝하지 아니한가? 아! 지극한 행실과 순수한 덕은 진실로

우리 성후(聖后)께서 전수(傳授)하신 심법(心法)이므로, 귀주가 평일에 귀에 젖

고 눈에 밴 것을 또한 남편에게 옮겼던 것이다. 아! 정렬하도다. 아! 아름답도

다."[64]

기록에서 볼 수 있는 것처럼 화순 옹주는 영조 34(1758)년에 14일 동안 단
식한 끝에 죽었다. 음식을 끊은 지 7일 후 영조가 그 소식을 듣고 직접 거둥
하여 음식을 권했다는 기록이 있지만,[65] 화순 옹주의 뜻을 바꾸지는 못했던
모양이다. 당시 영조의 상심이 컸는지 정작 화순 옹주에 대한 정표 같은 것
은 바로 시행되지 않았다. 이후 정조 7(1783)년 화순 옹주의 마을에 정문을
세우면서 정조는 다음과 같이 하교했다.

화순귀주(和順貴主)의 마을 어귀에 정문(旌門)을 세우게 하였다. 하교하기를,

"사람이 제 몸을 버리는 것은 모두 어려워한다. 그렇기 때문에 신하가 그리

하였을 경우에는 충신이 되고 자식이 그리하였을 경우에는 효자가 되고 부녀

자가 그리하였을 경우에는 열녀가 되는 것이다. 어떤 사람은 '지어미가 지아

비를 따라 죽는 것은 교훈으로 삼기 어렵다.'고 하였다. 그러나 자식이 생명을 잃은 것을 성인이 경계하였지만 거상(居喪)을 끝내지 못하고 죽어도 효도에 지장이 없고 보면 지어미가 지아비를 위하는 것에 있어서 무엇이 이와 다르겠는가? 부부의 의리를 중히 여겨 같은 무덤에 묻히려고 결연히 뜻을 따라 죽기란 어렵지 않는가, 매섭지 않은가? 여염의 일반 백성들도 어렵게 여기는데 더구나 제왕의 가문이겠는가? 백주(栢舟)를 읊은 시는 겨우 『시경』에 나타나 있으나 죽음으로 따라간 자가 있었다는 말은 듣지 못하였다. 그러고 보면 우리 화순 귀주는 매우 뛰어났다고 하겠다. 월성도위(月城都尉)의 상(喪)에 화순 귀주가 10여 일간 물과 음식을 먹지 않다가 죽었는데, 그때 선대왕께서 그의 집에 가시어 위로하면서 음식을 권하였으나 끝내 강권하지 못하였다. 어질고 효성스러운 화순 귀주가 임금과 어버이의 말씀을 받들어 따라야 한다는 의리를 모르지는 않았겠지만 결국 그의 한번 정한 뜻을 바꾸지 않았던 것은, 정말 왕명을 따르는 효도는 작고 남편을 따라 죽는 의리는 크기 때문이었다. 아! 참으로 매섭도다. 옛날 제왕의 가문에 없었던 일이 우리 가문에서만 있었으니, 동방에 곧은 정조와 믿음이 있는 여인이 있다는 근거가 있을 뿐만이 아니라, 어찌 우리 가문의 아름다운 법도에 빛이 나지 않겠는가? 더구나 화순 귀주는 평소 성품이 부드럽고 고우며 덕의가 순일하게 갖추어져 있었으니, 대체로 본디부터 죽고 사는 의리의 경중을 잘 알고 있으므로 외고집의 성품인 사람이 자결한 것과는 비교가 되지 않는다. 아! 참으로 어질도다. 화순 귀주와 같은 뛰어난 행실이 있으면 정문의 은전을 어찌 베풀지 않을 수 있겠는가? 내가 이를 잊은 적이 없었으나 미처 거행하지 못하였다. 지금 각도의 효열을 포상하는 때를 맞아 슬픈 감회가 더욱더 일어난다. 유사로 하여금 화순 귀주의 마을에 가서 정문을 세우고 열녀문(烈女門)이라고 명명하라."[66]

앞의 영조 대에 화순 옹주의 졸기를 기록한 사신(史臣)같이 정조 또한 화순 옹주의 행동에 감격을 금치 못하고 있다. 이 시기에 이르러 남편을 따라 죽는 종사가 이미 높이 칭찬 받는 행위가 됐음을 알 수 있다. 여기서 주목해야 할 점이 하나 있는데, 정조나 사관 모두 의외의 비교를 한다는 점이다. 일반 여염집의 여인조차 하지 못하는 것을 왕실의 여인이 해냈다는 비교가 그것이다. 사실 유교 윤리를 모범적으로 지켜야 한다는 왕실과 양반층에 대한 우리 상식으로서는 저 비유가 완전히 반대인 것처럼 보인다. 거기에 더하여 정조는 옛날 제왕의 가문에 없던 일이라고까지 이야기하고 있다. 이미 종사의 일로 수차례 포상을 해 왔던 사실은 아예 잊어버린 것처럼 보이기까지 한다.[67]

이전 시기의 다른 사례 몇 가지를 일단 살펴보자. 영조 28(1752)년, 전 판서 김진규의 처 정 씨에게 정려를 명하였다. 남편이 죽자 정 씨가 스스로 목숨을 끊기로 마음을 먹고 미음도 마시지 않아 결국 따라 죽었기 때문이다.[68] 영조 48(1722)년, 판부사 이창의의 졸기에는 그의 아내 윤 씨가 음식을 먹지 않고 자진(自盡)하여 한 무덤에 장사했다는 기록이 있다. 이에 대해서도 영조는 정문을 명하고 제문을 친히 지어 보냈다.[69] 영조 40(1764)년에는 천민도 등장한다. 북도의 관비(官婢) 송아의 가족이 천역을 면하게 되었는데, 송아가 그의 남편이 서울에 거의 20년이나 가 있었는데도 절개를 지키고 있다가 그가 죽었다는 소식을 듣자 따라 죽었기 때문이다.[70] 화순 옹주의 예가 유일한 것이 아닌데 정조는 왜 그렇게 감동하고 있는 것일까? 물론 종친이기 때문에 그럴 가능성이 높다. 하지만 앞서 본 바와 같이 잘 이해가 가지 않는 비유를 하는 점은 어떻게 받아들여야 하는 것일까? 어쩌면 정조와 사신의 말 그대로, 또 영조가 화순 옹주의 자살을 막으려 했던 것처럼, 왕실에서는 오히려 종사를 권장하지도, 권할 수도 없는 것이었을 수 있다. 이 시기 이후, 평민·중인·천민들의 종사 사례 및 정표되었다는 기록이 많이 보이는 것도 이러한 맥락에서 이해해야 할지도 모르겠다.

실제로 이 시기 이후, 종사를 이유로 정표를 받는 사례가 자주 눈에 띈다. 정조 11(1787)년에는 평산 사인(士人)의 아내가 남편이 죽어 자진했고, 안주 병영 소속 노(奴)의 처가 남편이 죽자 약을 마셔 거의 죽게 된 지경에서도 마음으로 맹세하고 무덤을 지켜 포상을 받았다.[71] 정조 13(1789)년, 북청 유학(幼學) 이정상의 처 강 씨가 남편이 위독하여 점쟁이의 말대로 남편 대신 스스로 목매고 죽어 남편의 목숨을 구해 정표를 받았으며, 무산에 살던 역리(驛吏)의 처는 남편이 죽자 장례를 정성스럽게 치르고 난 후, 물에 빠져 자살했다.[72]

이렇게 종사가 유행하고 그 유행을 권장 혹은 조장했던 지배계층이 자신들의 딸이나 부인에게 종사를 권했을지는 의문이다. 이 의문은 딸의 종사를 막으려 했고, 또 종사한 딸로 인해 크게 상심하고 더 나아가 딸을 원망까지 했던 영조를 볼 때 더욱 강해진다. 물론 그 뒤에 정조는 화순 옹주를 극찬했지만, 그 극찬은 오히려 그 동안 왕실에서는 종사가 없었다는 것을 증명한다. 평민이나 중인은 물론이고 천민들까지 남편을 따라 죽는데 왜 왕실을 비롯한 최고위 지배계층 가문의 여성들은 종사를 실행하지 않았을까? 이 모순이야말로 자살이 개인의 절대적 선택이 아니었음을 확실하게 보여준다고 할 수 있다. 남편을 따라 죽는 여성들의 죽음이 칭송을 받았지만, 어떤 여성들은 죽고 또 다른 여성들은 죽지 않았기 때문이다. 그리고 죽지 않은 여성들이야말로 오히려 모범을 보였어야 할 계층(종사를 칭송했던 계층)이었기에 이 모순은 더욱 커진다. 이는 성차에 따라 자살이 다른 의미로 해석되었다는 것에 더해, 계급 또한 자살의 해석과 이용에 큰 영향을 미쳤음을 시사하는 것이다.

6. 맺음말

> 인간들은 삶에 있어서도 죽음에 있어서도 모두 동등하지 않다.
> — 델핀 게이

> 자살은 단지 사회적인 악이고 도덕적 범죄는 아니다.
> 자살의 형태들은 미덕을 가장한 형식에 불과하다.
> — 뒤르켐

이상으로 『심리록』을 중심으로 자살을 둘러싼 조선 후기의 논의를 살펴보았다. 자살은 자살자를 둘러싼 사람들에게 심리적·감정적인 충격을 던져 주기도 했지만, 살아 있는 자들이 그 죽음을 각기 다르게 해석하고 이용하는 경우도 적지 않았다. 특히 강간이나 살인, 간통의 경우와 마찬가지로 자살 또한 그 속에서 젠더가 하나의 기준이 되어 차별을 양산하였음을 볼 수 있었다. 자살은 다른 사건과는 다르게 행위자 자신의 '선택'이라는 의미가 포함되기 때문에 그것에 대한 논의는 다른 사건과는 또 다른 차원에서 이루어졌다. 그러나 자살자의 선택과는 또 다른 지점에서 타인의 선택, 더 강하게는 '강제'가 작용하였기 때문에 논의는 더욱더 복잡해진다.

자살자, 자살 원인 제공자, 자살을 가장한 살인자, 자살 방조자. 이 복잡한 구조 속에서 자살은 단어 자체의 의미와는 달리 단순한 개인의 선택 혹은 개인의 의지만이 반영된 행위가 아님을 다시 한 번 확인할 수 있었다. 한 인간의 자살에는 타인의 행위 혹은 사회적 요인이 크게 영향을 미치고 있으며, 특히 조선 후기에는 성차가 매우 중요한 변수로 작용했음을 알 수 있었다. 사건에 관련된 인물들의 성차에 따라 자살 사건을 수사하는 출발 지점이 달라지고, 그 원인을 찾는 방식이 판이하게 차이가 나며, 죽음에 대한 살아 있는 자들의 해석 및 평가도 달라졌던 것이다. 물론 성차뿐만 아니라 계급 또한 중요한 기준이었다는 것도 이 글의 말미에서 확인할 수 있었다. 노비가 충(忠)을 내세워 자살하는 상황은 매우 만들어지기 어렵다. 그렇기 때문에 노비의 자살은 대부분 무지 또는 경박한 성품의 결과로 받아들여질 가능성이 상대적으로 커진다. 또 실제로 낮은 계층의 여성이 열녀가 되기 위해서는 상대적으로 더 적극적이고 극단적인 방식으로 행동을 취해야 했다. 그 때문에 자살을 살펴볼 때에 성차와 계급, 두 가지 측면을 모두 고려한 크로스체킹이 필요하다.

"자살은 독립의 한 방식이다. 이런 성격 때문에 모든 권력이 자살을 싫어한다."라는 콩스탕의 말은 정확한 지적이기도 하고 또 틀린 말이기도 하다. 앞에서 살펴본 것처럼, 조선 후기의 위정자들도 자살을 좋아하지 않았다. 그것은 분명 체제에 대한 일탈 행위였고 혼란을 야기하는 행위였다. 하지만 또 한편으로 위정자들은 자살에 또 다른 의미를 부여하면서 가치 평가를 하고, 자살을 제도적으로 포상하고 권장하기까지 했다. 그러면서도 자신들은 그 권장 사항의 예외가 되고 싶어 했다. 권력이 가진 양면성의 중심엔 성차가 존재했고, 그 성차의 적용에 있어서 여전히 계급이 중요한 요소로 작용했던 것으로 보인다.

조선 후기 위정자들에게 자살은 일탈 행위였기 때문에 소극적인 행위 더심하게는 도피성이 강한 행위로 취급받았다. 그것이 비록 '충(忠)'을 위한 것이었다 할지라도 소극적 행위라는 평가를 완전히 벗어날 수는 없었다. 그러나 자살을 한 사람이 남성이 아니라 '열(烈)'을 지키려고 했던 여성이었다면 평가는 달라졌다. 예외적으로 자살을 칭송하고, 다른 살아 있는 여성들에게 권장하기까지 했던 것이다. 하지만 그 자살이 칭송받는 죽음이 되기 위해서는 적절한 조건—타이밍과 정황—이 필요했다. 그 조건을 만족시키지 못했을 경우 죽은 이의 의도와는 상관이 없이 자살은 부질없는 짓으로 추락할 수도 있었다. 급변하는 평가와는 어울리지 않게, 그 조건이라는 것은 너무나도 애매한 것이었다.

그리고 그 애매함 때문에 자살은 살아 있는 자들에게 이용될 가능성이 매우 높았다. 지배 이데올로기를 더욱 공고히 하려는 위정자들은 물론, 현재 궁지에 몰린 자신의 상황을 어떻게 해서든 벗어나 보려는 개인들에 이르기까지. 그렇기 때문에 자살은 때로는 강간, 살인, 간통, 더 극단적으로는 부활로까지 변신할 수 있었던 것이 아닐까? 그 변신의 과정과 변신한 모습, 그리고 그 변신의 모방 등 자살이 중심이 된 여러 사건들을 더 자세히 살펴볼 수 있다면 자살만이 아닌 기타 여러 가지 논의를 함께 할 수 있을 거라고 생각한다.

웃음과 죽음의 관계를 바라보는 두 가지 시선
—보들레르와 바흐친의 경우

/ 임 현 수

1. 웃음과 죽음의 사이에서

꽤 오래전 일로 기억하는데, 알고 지내던 분의 부친이 돌아가셔서 그 집에 문상을 갔다. 그 당시는 아직 나이도 어리고 세상 물정을 모르던 때여서 상가에 가면 으레 엄숙하고 심각한 태도를 보이는 것이 합당한 예라고 생각하였다. 검은색 양복을 정중하게 차려입은 나는 조문을 마친 후 상가 한쪽에 마련된 자리에 여러 사람과 동석하게 되었다. 한동안 말없이 앉아 있던 내게 여러모로 생각할 거리를 던져 준 것은 거기에 함께 있었던 어느 선배의 말 한마디 덕이었다. 그 이야기의 요지는 예로부터 상가에서는 떠들썩하게 놀아 주고 가는 것이 예라는 것이다.

그 후 얼마의 세월이 흐른 뒤 조선 시대 실록 자료를 접할 기회가 있었는데, 거기서 그 선배의 말이 나름의 일리가 있다는 것을 확인할 수 있었다.

조선 초기부터 성리학을 정착시키기 위하여 국가적인 차원에서 이른바 이단사설을 배척하려는 노력이 경주된 것은 주지의 사실이다. 성리학 원리의 일상화를 꾀하기 위하여 특별히 주자가례를 실천의 도구로 활용한 사례는 부언할 필요가 없다. 실록에는 주자가례를 정착시키려는 세력과 이단사설에 빠졌다고 지목된 민중들 간에 쫓고 쫓기는 숨바꼭질 장면이 무수히 묘사되어 있다. 이러한 기록 가운데 우리의 관심을 끄는 부분은 상례 풍습이다. 조선 시대는 민간에서 행해지던 이단적 상례 풍습을 금하기 위하여 무진 애를 썼다. 그만큼 조선의 민중 문화는 상례 동안 국가에서 금지한 풍습을 끊지 못하고 지속시키고 있었다. 여기서 국가적으로 금지와 규탄의 대상이 된 상례 풍습의 내용을 일일이 열거할 필요는 없을 것이다. 다만, 기록을 토대로 거기서 느껴지는 중심 분위기를 한마디로 요약한다면 축제성이라고 불러도 무방하지 않을까 생각한다.[1] 상가에서 음주 가무는 기본이고, 남녀가 한데 어울려 노는 것을 당연시하던 당대의 시대상이 떠오른다. 이런 축제의 분위기를 지배했던 많은 요소 가운데 웃음도 한몫 차지했을 터임은 분명하다.

이러한 상례의 축제성은 조선 시대 전반에 걸쳐 사라지지 않은 것은 물론이고, 근대 이후에도 지역에 따라서 꽤 오랜 기간 명맥을 유지해 온 것이 사실이다. 예를 들어 진도 지역의 다시래기[2]는 최근까지도 상례 때 상가에서 공연되었던 연희로서 진한 농담과 음담 등의 장치를 통하여 관객들에게 큰 웃음을 자아내었던 것이다.

전통적인 상례 문화에 대한 짧은 개관을 통해서 짐작할 수 있는 바는 죽음과 웃음의 거리가 생각만큼 그리 멀지 않다는 사실이다. 전통시기 민중 문화에서 웃음은 죽음의 동반자였다. 서로 어울릴 것 같지 않은 둘의 결합은 전통 시대 민중 문화가 지닌 특성 가운데 가장 인상적인 것으로 보인다. 우리는 여기서 이 둘이 왜, 어떤 원리에 의하여 결합할 수 있었는지 해명할 필요성을 느낀다. 하지만 죽음과 웃음의 결합을 낯설게 느낄 수밖에 없는 근대적 맥락에서 어떻게 이 둘의 결합 이야기를 전개할 수 있을까. 이 둘의 거리가 먼만큼 결합의 양상과 원리를 설명하는 일도 지난한 일임이 틀림없다. 다행인 점은 이 문제에 접근하는 데 도움이 될 만한 국내외 선행 연구가 없지 않다는 사실이다. 국내의 연구들은 본고의 문제의식과 완전히 일치하지는 않더라도 논리를 전개하는 데 필요한 주요 통찰력을 제공하였다.[3] 무엇보다도 필자는 샤를르 보들레르(Charles Baudelaire, 1821~1867)와 미하일 바흐친(Mikhail Bakhtin, 1895~1975)이 웃음과 죽음의 문제를 풀어가기 위한 이론적 기틀을 마련해 줄 수 있을 것으로 판단하였다.

본고는 앞서 언급했던 것처럼 전통시기 죽음과 웃음의 결합 양상과 원리를 해명하는 작업은 차후 이루어질 과제로 남겨 두고자 한다. 우선은 이러한 작업을 본격적으로 진행하기 전에 보들레르와 미하일 바흐친의 저술을 통하여 죽음과 웃음의 관계를 어떻게 조명할지를 가늠해 보는 것으로 만족하고자 한다. 이 글에서는 샤를르 보들레르와 미하일 바흐친이 웃음을 해명하는 과정에서 죽음을 어떻게 주제화하는지를 살펴본다. 하지만 양자를 각각 병렬적으로 다루는 일은 지양하고자 한다. 본고는 보들레르와 바흐친이 어떤 지점에서 서로 만날 수 있는지를 규명하고, 그 지점을 중심으로 웃음과 죽음이 어떻게 상호 결합될 수 있었는지를 밝힘으로써 양자에 관한 이론적 종합을 꾀하고자 하는 것이다.

2. 샤를르 보들레르의 웃음론

1) 웃음의 악마적 기원과 우월성 메커니즘

보들레르는 1885년에 기술한 단편 「웃음의 본질」[4]에서 웃음의 기원 및 원인에 대하여 의미심장한 발언을 전개한다.

보들레르는 웃음을 인간만이 지닌 고유의 능력으로 본다는 점에서 아리스토텔레스의 견해를 반복한다. 인간을 다른 생물종과 구분해 주는 능력 가운데 하나가 웃음이라는 이야기이다. 하지만 보들레르가 이런 견해를 피력한 데는 일정한 조건을 전제한다는 사실을 주목할 필요가 있다. 그에 따르면 인간이 처음부터 웃을 수 있는 능력을 타고난 것은 아니었다. 타락으로 묘사되는 원초적 사건은 인간으로 하여금 웃음을 모르고 살던 상태에서 웃음을 피할 수 없는 상황으로 몰아넣었다. 웃음은 타락의 산물인 것이다.

> 지상낙원에서, 창조된 모든 것이 인간에게 선한 것이었던 곳에서, 웃음의 기쁨은 존재할 수 없었다. 거기서 인간은 어떤 고통도 겪지 않기 때문에 그의 얼굴 표정은 항상 똑같은 상태로 유지되며, 오늘날 제 민족을 동요시키는 것과 같은 웃음이 그의 얼굴을 일그러뜨리지도 않는다. 웃음도 눈물도 기쁨이 충만한 낙원에서는 볼 수 없다. 그 둘 모두는 고통의 자식이며, 인간의 몸이 그것들을 억제할 수 없을 때만이 발생한다.[5]

타락 이전에 고통을 모를 뿐더러 모든 것이 충만한 절대적 경지에서 인간은 웃을 일도 없었고, 눈물을 흘릴 일도 없었을 것이다. 웃음은 고통이 시작되면서 비로소 생겨난 것이며, 고통은 타락의 결과이다. 결국, 웃음은 타락의 소산인 것이다.

만약 타락의 시점 이후에 신의 지혜로운 품속에서 살아가는 사람이 있다면 그는 여전히 웃음의 굴레를 벗어날 수 없을까. 아마도 그는 웃지 않을 것이다. 왜냐하면, 그는 신의 지혜 안에서 누구도 경험할 수 없는 충만함을 느낄 것이기 때문이다. 하지만 타락한 세계 안에서 살아가야만 하는 그에게 고통스러운 현실은 언제든지 빠져들 수 있는 유혹이기도 하다. 그리하여 보들레르는 이렇게 말한다.

현자는 두려움에 전율하지 않고서는 웃지 않는다.[6]

현자가 웃음의 욕망에서 완전히 해방된 것은 아니다. 원죄의 상황이 지속되는 한 그 역시 고통의 나락에서 자유로울 수 없기 때문이다. 만일 그가 웃음을 용인하고자 한다면, "마치 웃는 행위가 고통을 동반한 불안한 감정의 상태에 그를 남겨 두게 될 것처럼 가장 조심스러운 심사숙고를 하고 난 다음에야 비로소 스스로에게 웃음을 허락할 것이다."[7] 웃느냐 마느냐는 완전과 불완전, 절대와 상대, 신과 인간의 중간에 위치한 그가 겪어야 할 운명적 선택이 아닐 수 없다. 물론 신의 입장에서라면, 다시 말해 "절대적인 지식과 절대적인 힘의 관점에서 보면 코믹한 것은 사라질"[8] 문제이지만 말이다.

그렇다면 보들레르는 웃음이 일어나는 원인을 무엇으로 보고 있을까. 웃음이 원초적 낙원을 상실한 이후에 나타난 현상이라고 말한다고 해서 웃음이 발생하는 메커니즘을 모두 해명해 주는 것은 아니다. 보들레르는 웃음의 원인은 웃음의 대상이 아니라 웃는 주체에게서 찾을 수 있다고 본다. 웃는 사람이 웃음의 대상에 대하여 가지는 우월성이 바로 웃음이 발생하는 원인이다. 보들레르가 웃음을 악마의 징표라고 부르는 까닭은 웃음이 타락의 산물이기 때문이기도 하지만, 인간으로 하여금 타자에 대한 오만한 우월감을 불러일으키기 때문이다.

일상 속에서 가장 흔하게 일어나는 사건을 예로 들어 보자. 누군가 얼음 위에서 미끄러지거나, 길에서 넘어질 경우, 또는 연석 위에서 실족하는 장면을 보고 무엇이 그렇게 즐겁기에 기독교인 형제자매들의 얼굴은 갑자기 억제할 수 없는 모습으로 수축하거나, 모든 근육이 마치 정오를 알리는 시계 종소리나 혹은 갑자기 움직이는 스프링 장난감처럼 갑자기 작용하는 것일까. 그 불쌍한 녀석은 최소 타박상을 입거나 다리가 부러졌을지도 모르는데 말이다. 그와 동시에 웃음이 그 장면에서 갑작스럽고 주체할 수 없이 터져 나왔던 것이다. 그것에 대하여 깊이 있게 조사해 보면 웃는 사람의 정신적 태도 안에 어떤 무의식적인 오만함이 발견되리라는 것이 분명하다. 이것은 다음과 같은 근본적인 사실을 가리킨다. 나는 넘어지지 않는다. 나는 중심을 잘 잡는다. 나는 보도 위의 장애물이나 길을 막는 포석을 보지 못하는 바보가 아니다.[9]

여기서 웃는 사람은 넘어지는 사람을 보고 있는 사람이지, 넘어진 사람 자신이 아니다. 넘어진 사람은 웃을 수 없다. 보들레르는 넘어지는 사람이 스스로 웃을 수 있기 위해서는 매우 어려운 조건이 충족되어야 한다고 한다. 넘어지는 것과 동시에 제3자의 입장이 되어 넘어지는 자신의 모습을 관망할 수 있는 사람이라면 웃을 수 있을 것이다. 하지만 이는 거의 불가능한 일이다.[10] 보들레르가 웃음의 근본 원인을 웃음의 주체에서 찾는 근거가 여기에 있다. 웃음이 유발되기 위해서는 웃음의 대상이 되는 타자가 스스로 웃음의 원인을 제공한다는 자의식을 가져서는 안 된다. 역설적이지만 원숭이나 앵무새는 심각하기 때문에 웃긴 것이다.[11]

하지만 타자의 불행을 보고 우월성에 젖어 웃음을 그칠 줄 모르는 인간이란 얼마나 나약하고 보잘것없는 존재인가. 여기서 웃음이 악마적 징표이면서 철두철미 인간적 현상이라는 점이 분명해진다. 타자에 대한 우월 의식을 거리낌 없이 드러내기 때문에 악마적이라 한다면, 신과 비교할 때 나약하고 열등한 존재이기 때문에 인간적이라 할 수 있다. 웃음은 우월성과 열등감의 모순적 상황에서 발생한다.

> 웃음은 악마적이고, 그러므로 매우 인간적이다. 그것은 인간 자신의 우월성에 대한 관념에서 나온다. 그것은 본질적으로 인간적이기 때문에 또한 본질적으로 모순적이다. 즉 비할 데 없는 위대함의 징표인 동시에 비할 데 없는 비참함의 징표이다. 인간의 마음 안에 있는 절대적 존재와 비교할 때 생기는 비참함의 징표이며, 동물과 비교할 때 생기는 위대함의 징표이다. 이 두 가지 비할 데 없는 속성에 의해 생산된 영원한 쇼크로부터 웃음이 나온다.[12]

2) 웃음의 두 형식
: 의미 전달적 코믹과 절대적 코믹[13]

보들레르는 그에게 쏟아진 일련의 반론에 응답하는 과정을 통해서 웃음을 단지 우월성 메커니즘만으로 해명하는 것으로는 부족하다고 인식한다. 그의 논의를 둘러싸고 던져진 반론 가운데 하나는 웃음의 악마적 기원과 관련된 것이다. 보들레르의 견해에 동의하지 않는 입장에서는 불행과 열등함, 나약함이 반드시 웃음을 일으키는 것은 아니라고 주장한다. 타자의 불행한 모습이 항상 웃는 자의 우월감을 불러일으키는 것은 아니라는 이야기이다. 그와 달리 우리는 우월감과 무관하게 매우 순수한 차원에서 웃음이 유발되는 광경을 볼 수 있다. 악마적 기원과 무관한 데서 연유한 순수한 기쁨이 있을 수 있다는 것이다.

이에 대하여 보들레르는 웃음(laughter)과 기쁨(joy)을 명확히 구분할 필요가 있다고 응수한다.

> 기쁨은 그 자체 독립적으로 존재하는 그 무엇이다. 그러나 그것은 다양한 모습으로 표출된다. 그것은 내면을 향하고 있기 때문에 때로는 거의 분간할 수 없는 경우도 있고, 어떤 때는 눈물로 표현되기도 한다. 웃음은 하나의 표현, 하나의 징후, 하나의 증상에 불과하다. 그러나 무엇에 대한 징후인가. 그것이 문제이다. 기쁨은 일체성(unity)인 반면 웃음은 이중적, 즉 자기 모순적 정서의 표현이다. 그 점이 웃음이 발작적으로 일어나는 까닭이다.[14]

웃음이 타자와의 비교 과정에서 얻어진 상대적 우월성이라는 콤플렉스의 산물이라면, 기쁨은 주체가 느끼는 내면의 만족에서 흘러나오는 것이다. 기쁨의 내면에서는 열등한 존재를 바라보는 우월한 존재의 상호 모순적 시선이 교차하지 않는다. 웃음이 무언가를 표현하는 매개라면, 기쁨은 그 자체로 자기 완결적이다. 보들레르는 웃음과 기쁨의 구별을 토대로 웃음의 영역도 단일하지 않다는 점을 지적한다. 그가 웃음의 세계를 하나의 시각으로만 바라보지 않을 수 있었던 것은 순수한 기쁨에 가까운 웃음이 존재할 수도 있음을 발견했기 때문이다. 여기서 보들레르는 의미 전달적 코믹(significantly comic)과 절대적 코믹(absolutely comic)을 구별한다.

보들레르가 의미 전달적 코믹이라 부른 것은 우리가 지금까지 일반적으로 코믹이라 지칭했던 것을 가리킨다. 굳이 정의하자면 타자에 대한 우월성을 불러일으킴으로써 웃음을 유발하는 예술 형식을 의미 전달적 코믹이라 할 수 있을 것이다. 보들레르가 이런 종류의 코믹에 대하여 '의미 전달적'이란 수식어를 붙인 이유는 '웃음은 하나의 표현, 하나의 징후, 하나의 증상에 불과하다.'라고 한 데서도 알 수 있듯이, 코믹한 상황을 제시함으로써 어떤 메시지를 전달하고자 하는 목적을 지녔기 때문이다.

보들레르는 이와 같은 의미 전달적 코믹과 다른 차원에서 웃음을 유발하는 또 하나의 코믹을 제시한다. 그에 따르면 타자의 약점이나 불행과 무관하게 발생하는 웃음이 존재한다. 그는 이런 웃음을 성숙한 인간만이 웃는 웃음, 진정한 웃음, 그 무엇과도 비견될 수 없는 강렬한 웃음이라고 칭한다.[15] 이런 웃음에 덧붙이는 수식어의 강도로 볼 때 이 웃음을 그가 얼마나 중시하는지 짐작할 수 있다. 보들레르가 그로테스크(grotesque)라고도 부르고 있는 절대적 코믹이 이런 웃음을 일으키는 예술 형식이다. 그는 그로테스크가 불러일으키는 웃음의 성격을 다음과 같이 묘사한다.

> 그 존재 이유와 정당성이 상식과 아무 관련성이 없는 기괴한 창조물들이 우리 안에서 날 것 그대로의 넘치는 유쾌함을 불러일으킨다. 그리고 이 환희는 끝없이 분열되면서 통제 불능의 명랑함으로 이어진다.[16]

보들레르가 그로테스크적인 웃음이 일반적인 코믹과 다르다는 점을 강조한다고 해서 웃음의 기본 원리인 우월성의 감각마저도 포기하는 것으로 단정해서는 안 된다. 보들레르에 따르면 그로테스크적인 웃음은 여전히 무엇인가에 대한 우월성에서 비롯한다. 다른 인간에 대한 우월함이 아니라 자연에 대한 우월성이 인간으로 하여금 그로테스크적인 웃음을 불러일으킨다. 보들레르의 이러한 논의를 잠시 숙고해 보면 우리가 일반적으로 그로테스크적인 예술에서 발견할 수 있는 기묘한 상상력이란 바로 이러한 자연에 대한 인간의 우월 의식에서 기인하는 것이 아닐까.

> 예술의 시각에서 조명해 보면 코믹한 것은 모방인 반면 그로테스크는 창조이다. 코믹은 창조 능력과 결합된 모방, 다시 말해 예술 관념과 결합된 모방이다. [···] 그로테스크는 모방 능력과 결합한 창조 활동이며, 자연 안에 선재(先在)하는 요소들을 대상으로 작업하는 것이다.[17]

위의 인용문은 의미 전달적 코믹과 절대적 코믹의 차이점을 지적한다. 의미 전달적 코믹이 모방에 기초한다는 위의 문장을 이해하기 위해서 우리는 단지 일반 희극 작품에서 비루한 인물을 희화화하고 그의 약점을 흉내 냄으로써 웃음을 유발하는 장면을 떠올려 보아도 좋을 것이다. 그로테스크 기법을 이용한 절대적 코믹의 예로서 "고대부터 전해 내려오는 가면, 청동상, 근육질의 헤라클레스 형상, 돌출된 입과 쫑긋한 귀, 머리와 남근이 묘사된 프리아포스 (Priapus) 신의 형상"[18]을 예로 들 수 있을 것이다. 이때 그로테스크는 의미 전달적 코믹과 달리 자연을 모방하는 것이 아니라, 기존의 자연물을 대상으로 창조적인 상상력을 발휘하는 것이다. 보들레르는 그로테스크적인 창조물이 자아내는 웃음의 차원에 각별히 주목한다.

> 그로테스크에 의하여 유발된 웃음은 심오하고, 자명하며, 원초적인 것이어

서 풍속 희극에 의하여 유발된 웃음보다 순수성과 절대적 기쁨에 더욱 가깝다.[19]

보들레르가 의미 전달적 코믹보다 절대적 코믹에 상대적 우월성을 부여한 것은 분명하다. 그렇다면 보들레르가 절대적 코믹을 특별히 강조하는 까닭은 어디에 있을까. 다시 말해서 절대적 코믹이 유발하는 웃음의 효과는 무엇인가. 절대적 코믹은 본 논문의 관심사인 죽음의 문제와 어떻게 연결될 수 있을까.

3. 미하일 바흐친의 웃음론

1) 그로테스크와 웃음의 기원

미하일 바흐친은 장편의 저서에서 16세기 르네상스 시대를 풍미한 프랑스 작가 프랑수아 라블레(François Rabelais, 1483~1553)의 문학 세계를 분석한다.[20] 바흐친은 라블레의 두 소설 작품인 『가르강튀아』와 『팡타그뤼엘』이 서구 중세와 르네상스 시대에 걸쳐 민중 문화의 뼈대를 형성하였던 카니발 전통을 반영한다고 보았다. 그는 이 두 작품의 분석을 통해서 당대 민중 문화의 양상과 본질이 무엇인지를 캐고자 하였다. 바흐친의 저서에서 드러난 서구 중세 및 르네상스의 민중 문화는 웃음을 본질로 삼았다고 해도 과언이 아닐 만큼 유쾌하고 긍정적인 세계 인식을 저변에 깔고 있었다. 그의 저서는 수미일관 웃음을 중심으로 당시의 민중 문화가 지닌 다양한 양상을 소개하고, 그 핵심에 자리한 원리를 이론적으로 해명했다.

바흐친은 중세와 르네상스의 민중 문화를 조명하기 위하여 한 가지 주요 개념을 도입하는데, 그것이 곧 그로테스크이다. 그로테스크는 당대 민중 문화가 지닌 웃음의 본질을 이해하는 데 필수적인 개념으로 제시되었다. 그로테스크는 원래 바흐친이 라블레의 문학 세계를 설명하기 위하여 동원한 미학 개념이다. 바흐친은 라블레의 문학을 그로테스크 리얼리즘으로 규정하는데, 여기에는 그로테스크 개념 이외에도 리얼리즘이란 요소가 덧붙여져 있다. 리얼리즘은 바흐친이 자신의 그로테스크 개념에 좀 더 선명한 의미를 부여하기 위하여 첨가한 수식이라고 하는 편이 옳을 것이다. 바흐친에 따르면 오늘날 그로테스크는 입장에 따라서 다양한 의미로 사용된다고 한다. 특히 르네상스 이후는 그로테스크 개념이 변질된 분기점으로 설정된다. 라블레의 문학작품을 통하여 구현된 그로테스크가 물질적·육체적·민중적·보편적 의미를 지니고 있다면, 17세기 이후 새롭게 형성된 그로테스크는 추상적·관념적·개인적 차원에서 이해되기 시작하였다.[21] 바흐친의 입장에서 이렇게 변질된 그로테스크 개념으로는 르네상스 당대의 문학 세계를 올바로 이해할 수 없다고 판단하였기 때문에, 이로부터 생길 수 있는 불필요한 오해를 피하고, 자신이 사용하고자 했던 그로테스크 개념의 의미를 분명하게 드러내기 위하여 리얼리즘이란 수식어를 도입했을 것으로 추정된다. 리얼리즘은 특히 그로테스크를 육체적, 물질적 수준에서 이해하는 데 핵심 요소로 자리하고 있다. 다음은 바흐친이 그로테스크 리얼리즘을 최초로 언급한 대목이다.

라블레에게(르네상스 시대의 다른 작가들에게도) 나타나는 물질·육체적 원리의 이미지들은 민중적인 웃음 문화의 유산(르네상스 시대에 들어와 다소 변화된)이다. 그것은 이미지들의 독특한 유형의 유산이며, 보다 포괄적으로 말해, 이러한 웃음 문화의 특징이자 다음 세기들의(고전주의에서부터 시작하여) 미학적 개념들과는 현저하게 구분되는 존재의 독특한 미학적 개념의 유산이다. 이러한 미학적 개념을 우리는 잠정적이고 조건부로 그로테스크 리얼리즘이라고 부를 것이다.[22]

바흐친이 분석의 대상으로 삼는 라블레의 두 문학 작품은 가르강튀아와 팡타그뤼엘이라는 두 전설적 인물들이 펼치는 환상적 이야기이다.[23] 오늘날 라블레의 작품을 읽는 많은 독자는 매우 당혹스러운 경험을 하는 경향이 있다. 아마도 상식적으로 도저히 이해할 수 없는 사건들이 전편을 뒤덮고 있기 때문일 것이다. 독자들은 라블레의 작품을 통해서 상상을 초월하는 사건들의 전개, 과장과 풍자, 조롱 섞인 사물 묘사, 수없이 반복되는 외설적인 표현 등과 만난다. 특히 "인간의 육체에 대한 해부학적이며 생리학적인 목록, 의복, 음식, 술과 취기, 성적 결합, 죽음, 배설물 등"[24]의 세부 묘사는 라블레의 작품이 얼마나 육체적이며 물질적인 원리에 따라 구성된 것인지를 입증한다.

라블레의 작품에서 볼 수 있는 이러한 문학적 장치들은 세계에 대한 매우 독특한 이미지를 구축한다. 물론 여기에 노출된 독자들이 자신의 일상과 전혀 다른 차원의 세계를 경험하게 되리라는 것은 충분히 짐작할 수 있다. 바흐친은 라블레의 작품에 구현된 것과 같은 이미지 체계를 창출하는 예술적 흐름을 그로테스크 리얼리즘으로 부른다. 바흐친은 르네상스 시기에 만개한 이러한 그로테스크 리얼리즘이 어느 한 개인의 독창적 산물이 아니라, 서구 중세 민중 문화가 남긴 유산이었다고 진단한다. 다시 말해서 그로테스크 리얼리즘이 표현하고자 했던 것은 중세부터 형성되어 르네상스시기까지 명맥을 유지해 온 민중 문화였다는 것이다. 앞서 그로테스크 리얼리즘을 통해서 표현되었다고 말한 바 있는 이질적 이미지들이란 이미 중세 민중 문화에 내장되었던 것이다. 그로테스크 리얼리즘은 이러한 중세 민중 문화를 충실히 반영한 결과에 지나지 않는다. 이와 같은 맥락에서 바흐친은 라블레의 작품이 그와 동시대인에게 낯설지 않게 읽혀질 수 있었다고 한다.[25] 라블레가 활동했던 르네상스 시기만 해도 중세 민중 문화의 영향권 안에 있었기 때문이다. 이렇게 보면 오늘날의 독자들이 라블레의 작품에서 느끼는 이질감은 시대의 산물이자 한계가 아닐 수 없다.

바흐친이 르네상스기 예술 작품 속에 나타난 특정한 경향성을 지칭하기 위하여 하나의 미학적 개념으로 도입한 그로테스크 리얼리즘이 중세 민중 문화를 충실히 계승 및 반영하고 있는 것이 사실이라면, 그로테스크 리얼리즘과 민중 문화는 서로 외연은 다를지언정 동일한 본질을 공유하고 있는 것으로 볼 수 있다. 다시 말해서 그로테스크 리얼리즘은 서구 중세와 르네상스 시기 민중 문화의 본질을 지칭하는 용어로 이해해도 무방할 것이다.

바흐친에 따르면 이 시기의 민중 문화는 교회를 중심으로 형성된 공식적인 지배 문화와 공존 및 대립하면서 지배 문화와는 전혀 다른 세계를 창출하였다. 민중들이 많이 모이는 광장을 중심으로 진행된 각종 카니발적 유형의 축제들은 이러한 민중 문화가 표출되는 대표적인 형식이었다.[26] 카니발 유형의 축제들은 그 형식적 다양성에도 불구하고 민중 문화가 지닌 웃음 문화로서의 본질을 공유한다는 점에서 일체성을 지닌 것이었다. 바흐친은 카니발 축제로 대표되는 민중 문화의 본질을 웃음 문화로 보고 있는데, 이때 웃음은 일정한 목적이나 원인, 결과에 대한 수단이나 징후, 효과로서가 아니라 세계관적 의미를 지닌 것으로 이해된다.

웃음은 심오한 세계관적인 의미를 지니고 있으며, 웃음은 총체적인 세계, 역사, 인간에 대한 진리의 본질적인 형식의 하나이다. 웃음은 세계에 대한 특수하고 보편적인 관점이다. 엄숙함만큼이나(아마도 그 이상으로) 본질적이고 색다른 방법으로 세계를 바라보는 관점인 것이다.[27]

그런데 이러한 민중 문화를 형성하였던 기본 원리가 바로 그로테스크였던 것이다. 중세 민중 문화를 웃음의 문화로 부르는 근본적 이유도 바로 이 문화가 지닌 그로테스크적인 성격 때문이다.

그렇다면 중세 민중 문화의 본질을 그로테스크로 규정한다는 것은 어떤 의미인가. 바흐친은 다음과 같이 그로테스크 개념의 기원을 소개한다.

르네상스 시대에 처음으로 그로테스크라는 용어가 나타났지만, 그것은 단지 협의의 의미에서 최초라는 말이다. 15세기 말, 로마의 테르메스 드 티투스 Thermes de Titus 지역의 지하를 발굴하던 중, 그때까지 알려지지 않았던 로마 시대 회화 장식물이 발견되었다. 이 장식물을, 「grotta」 즉 동굴, 지하실이라는 뜻의 이탈리아어에서 파생한 「la grottesca」라는 이탈리아어로 불렀던 것이다.[28]

그런데 바흐친의 분석에 따르면 이렇게 발굴된 유물들은 상상을 뛰어넘는 기괴한 모습으로 인하여 많은 이들을 놀라게 한다. 이 장식물들은 "하나가 다른 하나로 변하고, 하나가 다른 하나를 출산하는 듯이 보이는 식물과 동물, 인간들의 형식들이 예외적이고, 기묘하며, 자의적인 유희를 통해 표현"[29]되었다. 이러한 장식물들은 일상의 자연적 경계를 과감히 파괴하였던 것이다. 여기서 이 장식물들이 궁극적으로 드러내고자 했던 존재의 이미지는 분명하다. 그것은 부동의 완결적 실체로서의 존재가 아니라, 영원히 미완성인 상태로 끝없이 변화하는 존재의 이미지를 표현하고자 하였다. 이러한 이미지를 구현하기 위해서는 무엇보다도 자유로운 상상의 유희가 필요할 것이다. 자유로운 상상에 기반 하여 이루어지는 이종(異種) 결합, 과장, 비대칭, 희화화, 패러디 등은 존재의 영원한 생성 변화를 표현하기 위해서 동원되는 예술적 기법이라고 할 수 있다. 이렇게 해서 형성된 이미지는 전체적으로 보는 이의 웃음을 자아낼 만큼 우스꽝스러운 모습을 띠기 마련이다.

현실 묘사의 습관적인 정태적 표현은 여기서 존재하지 않는다. 움직임은 기존의 안정된 세계 속의 준비된 움직임의 형식이 되기를 멈추고—식물이나 동물처럼—하나의 형식에서 다른 형식으로, 즉 영원한 미완성의 존재로 변화되는 것을 표현하는, 존재 자체의 내적인 움직임으로 변형된다. 바로 이러한 장식물 속의 유희를 통해서, 이례적인 자유와 예술적 상상력의 가벼움을 느끼게 된다. 이러한 자유는 유쾌하며, 거의 웃음을 자아내는 자유로 느껴지는 것이다.[30]

그로테스크 속에서 삶은 낮고, 비활성적이며, 원초적인 단계에서부터 시작하여 고상하고, 가장 활성화되어 있으며, 정신적인 영역에 이르기까지 모든 단계를 거친다. 바로 이러한 다양한 형식들의 화환 속에서 자기 동일성은 증명되는 것이다. 멀리 떨어져 있는 것을 가깝게 하고, 서로 배척하는 것을 결합시키며, 일상적인 개념을 파괴하는 까닭에, 예술에서 말하는 그로테스크는 논리적으로 패러독스에 다름 아니다. 첫눈에 그로테스크는 기지에 차고, 우

스운 듯이 보이지만, 거대한 가능성을 은폐하고 있는 것이다.[31]

위의 인용문들은 그로테스크라는 용어의 기원과 의미에 대한 정보를 제공한다. 여기서 그로테스크는 특정한 실재를 표현하는 하나의 예술 형식으로 이해된다. 그로테스크적인 예술 형식이 웃음을 자아내는 까닭은 이러한 예술 형식 자체가 지닌 희극성, 다시 말해 사물을 왜곡하거나 과장하는 것과 같은 형식성에서 기인한다. 하지만 바흐친은 그로테스크 개념을 이와 같이 예술적 형식에 국한하여 이해하지 않는다. 오히려 그는 생성 변화를 본질로 하는 존재 자체를 그로테스크한 것으로 이해한다. 영원한 미완성의 상태에서 생성과 소멸을 거듭하는 존재의 이미지를 묘사하기 위하여 동원된 것이 예술 형식으로서의 그로테스크라면, 그러한 예술 형식의 출현을 불가피하게 만들 수밖에 없었던 존재의 실상 역시 그로테스크하다고 할 수 있기 때문이다.

바흐친은 이처럼 생성 변화를 본질로 하는 존재는 우스꽝스럽다고 한다. "'영원한 미완성' 속에서 전체는 '해학적이고' 유쾌한 성격을 지닌다."[32] 그에 따르면 웃음은 존재 자체가 지닌 본성에서 기인하는 것이다. 생성하고 소멸하는 존재의 총체적 삶 속에는 영원, 부동, 불변, 절대의 범주로 묶일 만한 것은 단 한 가지도 없다. 바흐친은 이와 같이 '삶 그 자체의 움직임으로부터 드러나는 존재의 유쾌한 상대성'[33]이 웃음을 자아낸다고 한다. 그렇다면 존재의 상대성을 깊이 체험한 사람의 안면에서는 웃음이 잠시도 떠나지 않을 것이다. 삶과 웃음은 일체이기 때문이다. 삶의 상대적 본성이 불러일으킨 웃음은 타인의 약점을 보고 웃는 보통의 웃음과 다르다.[34] 비웃음이나 풍자가 삶의 부정적인 면만을 부각시키는 데 초점을 맞춘다면, 이 웃음은 삶의 긍정적인 면을 함께 바라보는 낙관적 태도에서 기인하는 것이다. 이 웃음은 죽음과 소멸의 끝에서 재생과 창조로 이어지는 삶의 긍정적 본질을 직시하는 데서 우러나온다. 그러므로 이 웃음이 도달한 경지는 특별하다. 바흐친이 말한 것처럼 '심오하고 절멸 없는 삶의 기쁨'[35]은 오직 이런 종류의 웃음을 통해서만 얻어질 수 있는 선물일 것이다.

2) 웃음의 양면 가치

앞서 중세 및 르네상스기 민중 문화의 웃음이 존재 자체가 지닌 그로테스크한 성격에서 기인한다는 점을 지적하였다. 바흐친은 민중 문화를 지배하였던 웃음의 문화가 지닌 두 가지 가치를 구분한다. 그에 따르면 웃음은 긍정적 가치와 부정적 가치를 동시에 지니고 있었다.

우선 민중 문화의 웃음이 지닌 부정적 가치는 당시 교회를 중심으로 구성되었던 지배 질서를 비판하는 기능을 의미한다. 지배 문화의 공식 이데올로기는 기존 질서를 정당화하고, 이를 영구적인 것으로 고착시키기 위하여 다양한 장치를 동원한다. 각종 이데올로기적인 범주를 개발하고, 이를 민중들에게 강요하기 위하여 억압적인 분위기를 조성한다.

> 중세 공식 문화의 특징은 일방적인 엄숙함의 음조였다. 금욕주의, 섭리설 providentialism, 죄, 속죄, 고통과 같은 범주의 주도적 역할이 바로 중세 이데 올로기의 내용인데, 극단적인 위협과 박해의 형식들을 수반하는 이러한 이데 올로기의 봉건적 체제의 성격 자체는, 독특한 음조의 일방적 성격과 얼음처럼 경화된 엄숙함의 원인이 된다.[36]

경건함과 엄숙함은 중세 지배 문화가 민중들의 사고와 행동을 통제하기 위하여 사회 전반에 걸쳐 불러일으켰던 분위기였다. 이러한 분위기 속에서 민중들에게 지배 이데올로기가 강제로 주입되었고, 이와 더불어 행동을 통제하는 각종 금기와 규율이 설정되었다. 바흐친은 중세 지배 문화가 지닌 권위주의적 속성은 민중들로 하여금 끊임없이 무언가로부터 위협을 당하고 있다는 공포심을 느끼도록 조장하였다고 역설한다. 그것은 "신과 자연의 힘에의 공포를 포함하여, 모든 성스러운 것과 금지된 것에 대한 공포, 신권과 인권에 대한 공포, 권위주의적인 계율과 금지에 대한 공포, 죽음과 내세의 징벌에 대한 공포, 지옥에 대한 공포, 이 대지보다도 더욱 무서운 모든 것들에 대한 공포"[37]를 의미하는 것이었다.

그러나 민중 문화의 관점에서 엄숙함과 공포가 지배하는 세계가 바람직스럽지 않은 것은 당연한 일이다. 바흐친은 15세기 당시에 민중적 카니발 축제의 정당성을 옹호한 발언을 다음과 같이 소개한다. 이 문장을 보면 이와 같은 엄숙한 분위기는 지배 문화를 유지하기 위해서라도 별반 도움이 되지 않는다는 논리를 피력한다.

우리의 제2의 본성이자, 인간의 생득적인 조건인 어리석음(익살스러움)이 일 년에 한 번쯤이라도 자유롭게 자신을 소진할 수 있도록 해 줄 필요가 있는 것이다. 때때로 구멍을 열고 바람을 쐬지 않으면, 포도주 통은 터져 버리고 만다. 가령 신에 대한 외경과 공포라는 끊임없는 발효 상태에 처한 포도주가 있다면, 우리 인간들 모두는 이 지혜의 포도주 때문에 터져 버리게 될, 잘못 틀어막은 포도주 통일 수도 있다. 포도주가 상하지 않도록, 바람을 쐴 필요가 있는 것이다. 그러므로 우리들도 어떤 특정한 날만큼은 자신에게 우스꽝스러움(어리석음)을 허락하는 것이다. 다음에는 아주 열심히 신에 대한 근행으로 되돌아올 수 있도록 말이다.[38]

그러나 이보다 더 심각한 지적은 민중 문화의 관점에서 볼 때 공식적인 지배 문화가 조성한 세계가 참된 실재의 본성과 어긋난다는 사실이다. 영원한 미완의 상대성을 본질로 하는 실재가 끊임없이 생성 변화하는 모습을 보이는 데 반해, 중세 지배 문화는 불변의 진리를 주장하고, 권력의 절대성과 초시간성을 강요한다. "지배적인 권력과 지배적인 진실은 자신의 모습을 '시간'이라는 거울에 비추어 보지 않는다."[39] 중세 민중 문화의 웃음이 지닌 가치란 이러한 지배 문화가 의도한 공포의 허구성을 벗겨 내고 실재의 참된 본성을 회복하는 데 있다.

공포에 대한 승리의 예민한 감각은 중세의 웃음에 있어서 가장 본질적인 계기이다. 이러한 감각은 중세의 우스꽝스러운 이미지들에 나타난 일련의 특성 속에서 표현되고 있었다. 항상 기괴하고 우스꽝스러운 형식 속에서, 권력과 압제의 상징들을 뒤집어 놓은 형식 속에서, 죽음의 우스꽝스러운 이미지들과 유쾌하게 해체된 육체 속에서 이렇듯 극복된 공포가 존재한다. [⋯] 일반적으로 이 같은 극복된 공포의 요소를 고려치 않고 그로테스크 이미지를 이해할 수는 없다. 공포와 놀이를 벌이고, 그 공포를 조소하는 것이다. 공포는 '유쾌한 괴물'이 되어 버리는 것이다.[40]

카니발적 세계 감각으로 점철되어 있는 중세 및 르네상스 그로테스크는 모든 공포와 경악으로부터 세계를 해방시켰으며, 세계를 결코 하나도 무섭지 않은 곳으로, 그러므로 무척이나 유쾌하고 밝은 장소로 만들었던 것이다. 일상적인 세계 속의 무섭고 놀라운 모든 것이 카니발 세계에서는 즐겁고 '우스꽝스러운 괴물'로 변모한다. 공포, 이것은 웃음에 굴복한 일방적이고 멍청한 엄숙함의 극한적 표현이다. 결코 하나도 무섭지 않은 세계에서만 그로테스크 고유의 그 극단적 자유가 나타나는 것이다.[41]

한편, 바흐친은 중세 민중 문화의 웃음이 지닌 긍정적 가치로서 창조적 기능을 강조한다. 웃음의 부정적 가치가 지배 권력과 억압적 사회 분위기를 비판하고, 이로부터 해방을 추구하는 것이라면, 웃음의 긍정적 가치는 생명의 창조와 재생을 지향한다. 실제로 앞서 언급한 바와 같이 존재의 실상이 생성 소멸의 과정을 영구적으로 진행하는 이미지로 표현될 수 있는 것이라면, 웃음의 긍정적 가치는 결국 이러한 생성의 영원한 과정이 원만히 진행되도록 촉진하는 역할에 있는 것이다.

웃음에 대한 르네상스 이론의 특징은 웃음을 긍정적이고 재생적이며 창조적인 의미로 인정하고 있다는 점이다. 이것은 베르그송도 포함해서, 웃음 속에서 주로 웃음의 부정적인 기능을 도출했던, 웃음에 대한 그 이후의 이론이나 철학과는 첨예하게 구별되는 점이다.[42]

위 인용문에서 바흐친이 언급한 '웃음에 대한 르네상스 이론'이란 당대 웃음의 주체들이 웃음에 대하여 가지고 있었던 관점을 의미한다. 중세 및 르네상스 시기 민중 문화의 주체들은 웃음의 창조적 의미에 대하여 충분한 자의식이 있었음을 알 수 있다. 바흐친에 따르면 이러한 민중 문화의 관점은 웃음의 창조적 의미를 인식했던 고대 전통을 계승하는 것이다.

> 웃음의 창조적인 힘에 대한 인식은 그리스 로마적 고대 이외의 문명에도 알려져 있었다. 레이덴(Leiden)에 보관되고 있는 서기 3세기경의 이집트 연금술사의 한 파피루스에는 세계 창조가 신의 성스러운 웃음에서 기인한다고 적혀 있다. '신이 웃음 짓자, 세계를 다스릴 일곱 명의 신들이 태어났다. ⋯ 그 신이 두 번째로 웃음을 터뜨리자, 물이 생겼다. ⋯ 영혼은 일곱 번째 웃음을 터뜨릴 때 나타났다.'[43]

중세 민중 문화의 웃음이 지닌 창조적 가치에 대해서는 다음 장에서 좀 더 부연할 예정이다. 이 글의 관심 가운데 하나는 바흐친이 웃음과 죽음의 관계를 어떻게 풀어 나가고 있는지 설명하는 일이다. 바흐친의 그로테스크 개념은 웃음의 창조적 기능과 더불어 죽음의 문제를 해명하는 데 핵심적인 위치를 차지할 것이다.

4. 보들레르와 바흐친의 접점: 그로테스크 이론과 죽음

보들레르와 바흐친이 웃음을 논의의 과제로 삼았던 출발점을 회고해 보면 둘 사이의 공통점은 거의 찾을 수 없다. 하지만 논의가 진행될수록 이 둘은 서로를 향하여 수렴해 가는 듯한 인상을 지울 수 없다. 이 둘은 웃음을 실존의 가장 고통스러운 뿌리 밑으로까지 내리려는 의지마저 강력하게 피력함으로써, 웃음에 대한 많은 이론가와 뚜렷한 차별성을 보여준다. 무엇보다도 이 둘의 웃음 이론은 그로테스크라는 공통의 개념을 근거로 자신들이 진행하는 논의의 최종 목적지를 향해 달려갔다. 그 점에서 이 둘의 상호 친화성은 더욱 강화되었다. 우리는 양자의 접점으로서 그로테스크를 상정할 수 있을 것이다. 앞으로 그로테스크 개념을 중심으로 웃음과 죽음에 관한 두 사람의 논의가 어떻게 종합될 수 있을지 고찰하도록 한다.

1) 보들레르의 그로테스크 이론과 죽음의 문제

바흐친에 대한 논의를 시작하기에 앞서 웃음과 죽음에 관한 보들레르의 입장을 살펴본다. 보들레르의 웃음 이론을 정리한 지난 장에서 우리의 관심사 가운데 하나인 죽음이 웃음과 어떻게 관계하고 있는지 분명하게 드러나지는 않았다. 실제로 보들레르는 자신의 논문에서 직접 죽음을 주제화해 다루지는 않는다. 그러나 그의 웃음 이론이 죽음의 문제를 포섭할 잠재성이 있다는 점만은 지적하고 싶다. 실제로 보들레르의 웃음 이론의 관점에서 죽음을 조명한 글들은 모두 그런 잠재성을 해석의 지평 속으로 끌어올리고 있었다.[44] 그만큼 그의 웃음 이론은 죽음과 친연 관계에 있다고 말할 수 있을 것이다.

그렇다면 보들레르의 웃음 이론이 죽음에 대한 논의로 확장될 가능성은 어디에 있는 것일까. 그것은 처음부터 그의 웃음 이론 자체에 내재되었다고 말하는 편이 옳다. 왜냐하면, 그의 웃음 이론은 무엇보다 인간의 실존적 상황의 이해를 바탕으로 전개되었기 때문이다. 웃음이 낙원을 상실한 인간의 고통과 모순, 비애를 역설적으로 표현하는 매개로 이해된 이상 죽음의 문제와 필연적으로 연결될 수밖에 없다. 보들레르의 말처럼 웃음이 타락으로 말미암은 인간 고통의 산물이라면, 다른 한편으로 웃음을 죽음의 자식이라고 말한다고 해도 조금도 어색하지 않다. 죽음은 낙원을 상실한 인간에게 주어진 최대의 고통이지 않은가.

보들레르는 왜 웃음에 관한 논의를 낙원의 상실과 결부시켰던 것일까. 낙원의 상실을 운위하는 사람이라면 낙원을 회복하는 문제에 대해서도 관심을 가지고 있는 것은 아닐까. 만약 그렇다면 보들레르의 웃음 이론에서 낙원 회복의 가능성은 어떻게 타진되고 있는 것일까.

필자는 보들레르가 말하는 그로테스크적 웃음이야말로 이런 낙원 회복의 잠재성을 내장하고 있는 요소라고 생각한다. 그로테스크는 보들레르가 의미 전달적 코믹으로 부른 것보다 훨씬 더 중요하게 취급한 예술 장르였다. 그로테스크는 그의 짧은 단편이 모두 그것을 향해 있다고 할 만큼 매우 비중 있게 다루어지고 있다. 보들레르의 입장에서 웃음은 타락의 산물로 규정된 이상 궁극적으로는 극복되어야 할 대상이다. 타자보다 우월한 입장에서 그의 단점을 비웃는 행위가 타락의 정황을 살아가야만 하는 인간을 구원할 수는 없기 때문이다. 하지만 보들레르는 이처럼 웃음에 대한 부정적인 견해에도 불구하고, 웃음이 구원을 위한 수단이 될 수 있음을 인정한다.

> 인간은 눈물을 가지고 고통을 씻어내고, 때로는 웃음을 가지고 인간의 마음을 부드럽게 하거나 끌어드릴 수 있다는 사실에 주목하자. 타락이 낳은 그 현상들은 구원의 수단이 될 수 있기 때문이다.[45]

이때 보들레르가 말한 구원의 수단으로서의 웃음이 의미 전달적 코믹에 의하여 유발된 것과 같은 유의 웃음은 결코 아닐 것으로 짐작된다. 오히려 그 웃음은 일반적으로 우리가 생각하는 웃음의 차원과 달리 낙원의 기쁨을 불러일으키는 경험에 근접해야 할 것이다. 여기서 우리는 보들레르가 말한 그로테스크적인 웃음이 그런 낙원의 기쁨을 추구하고 있을 개연성에 주목할 필요가 있다. 다음은 자신의 논문에서 보들레르를 인용한 바 있는 한 연구자가 그의 절대적 코믹이 빚어낸 웃음의 경지를 묘사한 대목이다.

> 절대적인 해학을 지닌 창조적인 유희에서는 희극적인 상상력이 인간의 타고난 반낙원적인 상태의 모순들을—그것들이 사회적, 행동 과학적 혹은 실존적인 어떠한 형태로 나타나든 간에—그 대상으로 취하고, 또 그것들을 모든 자연적인 조화에서 벗어나게 만들어 한층 더 왜곡시켜 놓는다. 역설적으로, 이 한층 고양된 부조화에서 빚어지는 웃음은 준낙원적 완전함을 지닌 순간적인 섬광이며 거의 순수한 어린 아이의 그것과 같은 기쁨의 표출이다.[46]

웃음이 낙원의 상실에서 얻어진 고통의 산물이라면, 회복된 낙원에서는 역으로 웃음이 사라질 것이다. 웃음이 인간의 나약과 비참함의 징표이자, 이중적 자기모순의 결과물이라면, 낙원에서는 이러한 모든 분열적 양상들이 소멸되고, 오직 순수하고 절대적인 기쁨만이 표출될 것이다. 이런 의미에서 역설적이지만 보들레르가 말하는 그로테스크적인 웃음은 웃음 아닌 웃음, 절대적 기쁨과 일치하는 웃음이라고 할 수 있을 것이다.

보들레르가 강조한 절대적 코믹은 바로 이런 그로테스크적 웃음을 현실 속에서 구현할 수 있는 예술 형식으로 제시한 것이다. 보들레르에게 이미 낙원을 상실한 이후 타락의 시간을 살 수밖에 없는 실존의 한계를 극복하고, 원초적 상태를 회복할 수 있는 무기는 예술이다. 하지만 의미 전달적 코믹처럼 평범한 예술은 타락 이후의 정황을 재확인하거나 고착시키는 데 불과하다. 이에 비하여 절대적 코믹은 낙원의 상태에서나 있었을 법한 경지를 구현할 수 있는 예술 형식이다. 보들레르는 절대적 코믹이 유발하는 웃음은 '비범한 시적 즐거움'[47]을 불러일으킨다고 말한다. 여기서 '비범한 시적 즐거움'을 보들레르의 다음 발언을 통해서 재조명해 보자.

보들레르는 기독교 전통에서 말하는 낙원 이외에도 원초적으로 순진무구한 상태에서 웃음을 모르고 살았던 원시민족의 존재를 가정한다. 물론 이 원시민족은 점차 문명의 과정을 통하여 악마적 웃음을 알게 된다. 보들레르는 문명화된 원시민족이 악마적 웃음의 배경이 되는 우월감과 오만함 속에서 더 이상 살지 않기 위하여, 다시 말해 원초적인 상태의 순진무구함을 회복하기 위하여 순수시를 추구하는 상황을 상상한다.

> 최고로 문명화된 민족들 중에 한 뛰어난 지성의 소유자가 우월성에 대한 갈망에 사로잡혀 살다가, 세속적인 오만함의 한계를 뛰어넘어 순수시를 향해 과감히 뛰어들고자 원할 경우, 자연만큼이나 맑고 깊은 순수시에는 현자의 영혼이 그런 것처럼 웃음이 존재하지 않게 될 것이다.[48]

위의 인용문에는 원초적 상황을 회복할 수 있는 예술 형식으로 순수시가 제시된다. 여기서 순수시가 구체적으로 무엇을 가리키는지는 불분명하다. 순수시의 구체적 형태는 좀 더 면밀한 탐구가 요구된다. 우리는 이 인용문에서 순수시가 기독교의 현자에 대한 비기독교적 대응물임을 알 수 있다. 이 둘은 모두 잃어버린 '원초적 세계'를 회복하기 위하여 마련된 장치이다. 그렇다면 순수시와 현자, 절대적 코믹은 형식은 다를지언정 추구하는 방향만큼은 공유하는 것이다. 순수시와 현자의 영혼에는 웃음이 없다. 앞서 보들레르가 절대적 코믹이 불러일으킨다고 소개한 '비범한 시적 즐거움'도 순수시처럼 웃음을 초극한 경험으로 이해해도 무방하리라 판단된다.

보들레르는 절대적 코믹이 무엇인지 좀 더 분명히 하기 위하여 몇 가지 사례를 소개한다. 여기서는 그가 언젠가 매우 인상 깊게 관람한 적이 있다고 소회를 털어놓으면서 절대적 코믹의 전형이라고 제시했던 영국의 한 무언극(pantomime)에 국한하기로 한다. 보들레르는 이 무언극의 내용을 소개하기 전에 주인공으로 등장하는 피에로의 모습을 비교적 자세히 소개한다. 그중에서도 피에로의 얼굴 묘사는 대표적인 그로테스크 기법에 속한다.

피에로의 입 양 옆으로는 두 줄의 긴 진홍색 입술이 분장되어 있었다. 그것 때문에 그가 웃으면 입이 귀에 걸리는 것처럼 보였다.[49]

보들레르는 자신이 관람한 무언극의 분위기가 전체적으로 과장된 표현 때문에 당혹스럽고 현기증을 일으킬 정도였다고 회고한다. 무언극 중 피에로가 단두대에 목이 잘리는 장면은 이런 과장법이 극단적으로 나타난 경우였다. 그에 따르면 피에로는 어떤 범죄 행위 때문에 단두대에서 처형당할 운명에 처한다. 피에로는 처음에는 도살장 냄새를 맡은 소처럼 울며불며 발광하다가 마침내 자신의 운명을 받아들인다. 무대 위에는 무시무시한 단두대가 설치되어 있다.

그의 머리가 몸에서 떨어져 나갔다. 붉게 얼룩진 얼굴이 요란스럽게 소리를 내며 프롬프터의 상자 속으로 굴러 들어갔다. 관객들은 그의 목 주변으로 솟구치는 핏줄기와 잘려져 나간 척추, 진열장 안에 선혈이 낭자한 채로 저며져 있는 고깃덩어리를 보았다. 그러나 그때 느닷없이 일어난 목 잘린 몸통.

그도 어쩔 수 없는 도벽의 힘으로 소생한 몸통은 잘려져 나간 자기 머리를 갖고 의기양양하게 도망친다. 햄이나 와인 병처럼 그것을 주머니 속에 집어넣은 채 말이다.[50]

피에로는 평소 도벽이 심한 인물이었다. 단두대에 목이 잘리면서도 그의 도벽은 멈출 줄 모른다. 심지어 이 도벽이 죽었어야 할 주인공을 일으켜 세운다. 보들레르는 기괴하기 이를 데 없는 이 장면을 보고 받은 인상을 필설로 옮기는 것이 얼마나 어려운지를 토로한다. 그에 따르면 이와 같은 절대적 코믹은 한마디로 현기증과 당혹스러움의 감정을 불러일으킨다. "무대는 이런 감정에 휩싸였고, 관객은 이런 분위기를 호흡하였다. 이 분위기는 관객의 폐를 확장시키고, 심장을 새로운 피로 채웠다."[51] 이런 감정과 분위기가 연출된 것은 극단적인 과장법 때문이다. 하지만 "이 모든 것은 최고의 만족감으로 가득 찬 요란한 폭소로 이어진다."[52] 절대적 코믹이 유발하는 웃음은 강렬하다. 이 웃음이 타인에 대한 우월감에서 주조된 상대적 만족감과 질적으로 다르리라는 것은 분명하다. 이 웃음 뒤에 남는 만족감이란 앞서 보들레르가 말한 '비범한 시적 즐거움'과 일치할 것이다.

절대적 코믹이 창출하는 이와 같은 효과는 특유의 과장법에서 나온다. 의미 전달적 코믹이 이미 존재하는 무언가를 모방하고자 한다면, 절대적 코믹은 새로운 것을 창조한다. 절대적 코믹이 지향하는 창조는 이미 존재하는 것들을 재료로 삼아 이루어지되, 그 결과물은 사물의 극단적 과장으로 표출된다. 의미 전달적 코믹이 이미 존재하는 것들의 경계를 그대로 온존시키는 반면, 절대적 코믹은 이들의 경계를 파괴한다. 절대적 코믹은 존재의 경계를 흐릿하게 만들고, 심지어 그 경계를 뛰어넘음으로써 존재 자체를 무화

(無化)하는 결과를 낳는다. 우리가 경험하며 살고 있는 이 세계는 그저 상대적인 것에 불과하다는 의미이다. 여기서 인간에게 주어진 삶의 조건 및 한계가 절대적 코믹에 의해 상대화될 가능성이 열린다. 따라서 절대적 코믹의 관점에서 죽음의 문제를 바라보는 것은 매우 자연스러운 일이다. 절대적 코믹은 죽음 역시 상대화시킴으로써 죽음 자체를 무화시키는 것은 물론이고 죽음을 둘러싸고 역사적으로 형성된 각종 인식의 틀과 문화적 구성물을 일거에 무너뜨린다. 보들레르가 예로 든 영국의 무언극에서 배우는 이제까지 누구도 볼 수 없었던 죽음의 한 장면을 창조해 낸다. 몸과 머리로 두 조각난 죽음이 갑자기 기립한다. 관객은 순간, 이 황당함을 어떻게 받아들여야 할지 어쩔 줄 몰라 한다. 잠시 후 폭소가 터진다. 죽음은 하찮은 장물에 지나지 않았던 것이다. 웃음거리가 되어 버린 죽음은 이제 더 이상 공포의 대상이길 그친다. 절대적 코믹이 창출하는 그로테스크적 웃음 속에서 죽음은 왜소해진다. 그로테스크적 웃음을 통해서 죽음의 장벽 저 너머에 보이는 존재의 새로운 전망을 확보하게 된다.

2) 바흐친의 그로테스크 이론과 죽음의 문제

바흐친이 분석한 웃음의 본질은 죽음의 문제와 어떻게 연계되는가. 앞서 우리는 중세 민중 문화가 물질적이며 육체적인 원리에 토대를 두고 전개되었다고 말한 바 있다. 바흐친의 핵심 개념인 그로테스크 리얼리즘이란 물질적이며 육체적 원리에 입각하여 그로테스크를 이해한 것을 의미한다. 바흐친은 그로테스크 리얼리즘을 설명하기 위하여 진흙으로 만든 한 인물상을 예로서 제시한 바 있다. 그가 소개한 인물상은 다름 아닌 임신한 노파의 형상이었다. 이에 대한 그의 발언을 들어 보자.

쌍뜨-뻬쩨르부르그의 에르미따쥬 박물관에 소장되어 있는 유명한 께르치 산(産) 테라코타 진흙 세공품들 가운데에는 임신한 노파의 독특한 인물상들이 있는데, 그 노파의 흉측한 노년과 임신은 그로테스크하게 강조되고 있다. 더욱이 임신한 노파들은 웃고 있기까지 하다. 매우 특징적이고 표현성이 두드러진 그로테스크 작품인데, 이 그로테스크는 양면 가치적이다. 임신한 죽음이자, 탄생하는 죽음인 것이다. 임신한 노파의 육체에는 완성된 것, 안정되고 정적인 것은 결코 하나도 존재하지 않는다. 거기에는 늙어서 해체되고 이미 변형된 육체와 아직도 성숙하지 못한 새로운 삶을 수태한 육체가 조화를 이루고 있다. 여기서는 양면 가치적이며, 내적으로 모순된 과정 속에서 삶이 제시된다. 여기에는 기존의 것은 아무것도 없다. 이것은 미완성 그 자체이다. 그와 같은 것이 그로테스크한 육체의 개념인 것이다.[53]

위의 인용문을 보면 그로테스크 리얼리즘은 존재의 두 모순된 양상을 하나의 육체적 이미지를 통해서 표현하고 있음을 알 수 있다. 탄생과 죽음의 모순이 하나의 이미지, 그것도 철두철미 육체적인 이미지를 통해서 표현된 것이다. 따라서 이렇게 표현된 탄생과 죽음은 이제 더 이상 모순된 것일 수 없다. 탄생과 죽음은 상호 밀접하게 연결되어 있다. 죽음은 탄생의 관문이며, 탄생은 죽음의 시작인 것이다. 총체적인 삶이 지닌 거대한 생성변화의 과정에서 이 둘은 서로 결합한다. 죽음은 존재의 소멸이 될 수 없다. 죽음은 "단세포적인 유기체들처럼 결코 시체를 남기지 않는다. 단세포 유기체의 죽음은 그 세포의 번식, 즉 두 개의 세포, 두 개의 유기체로 분열하는 것과 부합한다. 어떤 종류의 '죽음으로의 여로'도 없는 것이다."[54]

엄밀하게 말해서 그로테스크 리얼리즘의 관점에서 보면 삶과 죽음은 실재하는 것이 아니다. 왜냐하면, 삶과 죽음의 경계는 불분명하며, 유동적이기 때문이다. 삶과 죽음이 실재하는 것이 아니라면 과연 실재하는 것은 무엇일까. 그것은 아마도 삶과 죽음이 남긴 잔영을 뒤로 남기면서 끝없이 나아가는 생성 변화하는 과정 자체가 아닐까. 바흐친은 이런 생성 변화하는 총체적 삶을 그로테스크라고 불렀다.

> 거대한 전 민중적 육체의 삶을 그로테스크적으로 이해한다면, 이러한 체계 속에서의 죽음은 결코 삶의 부정이 아니다. 여기서 죽음은 삶의 필연적 요소로서, 삶의 끊임없는 갱신과 회춘의 조건으로서, 총체적인 삶에 개입한다. 여기서 죽음은 항상 탄생과 상호 연관을 맺고 있으며, 무덤은 대지의 탄생하는 모태와 연관을 맺고 있다. 탄생—죽음, 죽음—탄생들은 괴테의 『파우스트』에서 잘 알려진 대지 정령의 말처럼, 삶 자체의 결정적(구성적) 계기들이다. 죽음은 삶 속에 내포되어 있고, 탄생과 함께 삶의 영원한 움직임이 규정된다.[55]

바흐친은 중세 및 르네상스 시기 민중 문화의 그로테스크적 세계관의 본질을 웃음으로 규정한 바 있다. 그로테스크적 세계는 절대적 경계가 존재하지 않는다. 모든 것은 상대적이며 일시적일 뿐이다. 모든 것이 경계를 넘어 뒤섞이고, 다시 새로운 생성을 향해 열려 있다. 생성은 또다시 경계의 붕괴와 소멸로 이어지지만 결국은 새로운 탄생을 낳는다. 그로테스크적 세계관이 자아내는 웃음의 원천은 삶의 지속성에 대한 이와 같은 낙관주의에서 찾을 수 있을 것이다. 이때의 웃음은 다른 사람에 대한 우월감에서 비롯된 비웃음도 아니고, 음울한 냉소나 사회 비판적 풍자에서 나오는 웃음은 더욱 아니다. 이 웃음은 존재 자체의 실상을 목도한 후에 절로 터져 나오는 기쁨에 가깝다. 바흐친은 이 웃음을 '유쾌하고 환호작약하는 웃음',[56] '심오하고 절멸 없는 삶의 기쁨'으로 묘사한 바 있다. 이 웃음은 중세 민중 문화의 카니발 현장에서 폭발하였다. 카니발적 웃음은 죽음을 넘어서는 힘이었을 뿐만 아니라,[57] 생성의 과정을 촉진하는 자극제였다.

바흐친이 말하는 그로테스크적 웃음이 이와 같이 죽음을 극복하는 수단적 의미가 있다는 점을 부인할 필요는 없다. 하지만 그로테스크적 웃음은 엄밀하게 말해 수단 이상의 의미를 지닌다. 이 웃음은 존재 자체의 실상을 파악하는 순간 발생한다는 점을 감안하면 웃음과 존재는 동전의 양면처럼 동일한 본질을 지닌 것이다. 웃음은 존재의 효과도 아니고, 존재를 구성하는 한 요소도 아닌 존재 그 자체이다. 그러므로 웃음은 죽음보다 더 근원적이다. 무엇보다 이 웃음은 존재의 실상으로부터 죽음의 비실재성을 깨달은 자만이 마음껏 웃을 수 있는 자유의 징표이다. 바흐친의 그로테스크적 웃음은 존재의 참모습을 체감한 순간에 터지는 웃음의 차원이 어떤지를 알려 준다. 이러한 웃음이 죽음과 맺는 관계를 목적과 수단의 틀로 한정할 수 없는 것은 당연한 일이다. 다시 말해 웃음을 죽음을 극복하기 위한 수단으로만 이해할 수 없다. 죽음을 극복하기 위해 웃는 것이 아니라는 말이다. 오히려 웃음은 죽음이 극복되고 난 뒤에 비로소 피어나는 꽃이다. 바흐친의 논의를 충실히 따르면 죽음을 넘어선 존재의 심연에서 웃음꽃이 만발하기 때문이다. 그러므로 웃는 자는 이미 죽음을 극복한 자, 다시 말해 존재의 비밀을 알아 버린 자이다. 웃음은 죽음보다 월등하다. 웃음은 죽음 앞에서 스스로 힘을 과시함으로써 죽음이란 존재의 크기에 비해 더할 나위 없이 왜소한 것임을, 그리하여 죽음이란 공포의 대상도 아니고, 하잘 것 없는 것에 불과함을 그 자체의 위대함을 통하여 입증한다.

5. 웃음과 죽음의 가교를 향하여

이 글은 한국의 전통적 민중 문화가 죽음을 경험하고 다루었던 방식이 예사롭지 않다는 사실에 주목하면서 논의를 시작하였다. 이러한 민중 문화의 비범함은 죽음을 웃음과 대면시키는 데서 찾아진 것이었다. 하지만 우리가 현재 이런 민중 문화에 대해 느끼는 낯설음은 분명 시대적인 거리감이 불러일으킨 당혹스러움일 것이다. 당연하게 여겨지던 것이 이제는 낯설게 느껴지는 시대를 살 수밖에 없는 불편함은 결국 이 현상을 어떻게 설명할 수 있을지 고민하는 방향으로 이끌었던 것이다.

이 글은 죽음의 문제를 웃음과 연결시켰던 두 선행 연구를 천착함으로써 추후 이루어질 작업에 대비한 예비적 통로를 확보하고자 하였다. 보들레르와 바흐친은 그로테스크적 웃음의 세계를 제시함으로써 기존의 웃음 이론과 일정한 차별성을 확보했다. 두 사람의 논의는 흥미롭게도 그로테스크적 웃음이라는 공통의 방향을 향하여 달려갔다. 하지만 이 둘이 웃음 이론을 풀어 나간 출발점은 달랐다. 보들레르는 웃음의 출현을 낙원의 상실과 연결시킴으로써 웃음을 실존의 한계를 보여주는 증거로 삼았다. 우리는 그가 웃음 이론을 전개하는 과정에서 낙원의 상태와 타락의 상황, 원시와 문명을 구분하고 있음을 확인할 수 있다. 이 구분에 의하여 성립된 각 항은 웃음이 없는 세계 및 웃음이 있는 세계와 각각 대응한다. 보들레르가 단순히 웃음의 기원을 밝히기 위하여 낙원의 명제를 끌어온 것이 아님은 두말할 나위가 없다. 그의 궁극적인 관심은 실낙원의 상황을 어떻게 하면 낙원의 상태로 되돌릴 수 있는가에 있었다.

바흐친도 자신의 논의를 두 가지 서로 다른 문화를 구분하는 데서 출발한다. 바흐친은 중세 및 르네상스 시기 민중 문화의 본질을 밝히기 위하여 이와 상반되는 공식 문화를 대립시킨다. 그가 말하는 민중 문화는 웃음을 본질로 했다.[58] 이에 반해 교회를 중심으로 성립한 공식 문화는 엄숙함이 지배했다. 물론 바흐친은 공식 문화보다 민중 문화에 더 많은 애착을 가졌다. 민중 문화는 영원한 미완성으로서 끊임없이 생성 변화하는 존재의 본질을 상실하지 않고 살아간다. 공식 문화는 생성의 세계를 절대와 초월, 불변의 덮개로 가려 버린 우를 범한다. 바흐친의 관심은 어떻게 하면 민중 문화가 지닌 웃음의 세계를 회복할 수 있을지에 집중한다.

보들레르와 바흐친의 논의가 서로 출발점이 다름에도 불구하고, 서로 수렴되는 경향을 보인 것은 이 둘이 '회복'에 대한 관심을 공유하였기 때문으로 보인다. 본문에서 밝힌 바와 같이 양자는 그로테스크에 비상한 관심을 보여주었다. 그 이유는 그로테스크가 회복의 방법으로서 가장 적합하다고 판단하였기 때문이다. 하지만 이 둘이 이해한 그로테스크의 의미가 완벽하게 일치하는 것은 아니었다. 보들레르와 바흐친이 다 같이 그로테스크를 하나의 예술 형식으로 간주했다는 점에는 이견의 여지가 없다. 다만, 바흐친은 여기서 한발 더 나아갔다. 그는 그로테스크를 영원한 생성 변화의 과정을 거치는 존재의 상대성을 가리키는 것으로 이해하였다. 예술 형식으로서의 그로테스크는 이와 같은 존재의 상대성을 작품에 반영하는 방법에 불과하다.

보들레르와 바흐친이 그로테스크를 무엇으로 규정하든 웃음을 초래하는 것으로 본 점에서는 한목소리를 낸다. 이 둘은 그로테스크적 웃음을 일상이나 평범한 희극 예술 속에서 흔히 접하는 보통의 웃음과 철저히 구별하였다. 이들에게 그로테스크적 웃음은 존재의 심연을 흔들어 깨우는 능력을 지닌 것이었다. 이 웃음이 지닌 힘은 죽음마저도 삼켜 버릴 만큼 강력하였다. 그로테스크적 웃음이 언제든 죽음의 문제와 대면할 잠재성을 품고 있었던 것은 이들의 웃음론이 존재론적 맥락에서 전개되었기 때문이다.

지금까지 보들레르와 바흐친의 웃음 이론을 간단히 비교하는 과정을 통해서 이 글에서 논의된 내용을 정리할 기회를 마련하였다. 이 글의 최종 목적은 단순히 두 인물의 웃음 이론을 살피는 데 있지 않다. 웃음과 죽음이 하나의 문화 현상 안에서 공존하는 사례는 지역적으로 매우 광범위하게 발견되는 듯하다. 이 글의 서두에서 소개한 한국의 전통 상례 문화는 그중 하나에 불과하다. 보들레르와 바흐친의 논의가 이와 같은 사례들을 분석하는 데 유용성을 발휘하기를 기대한다.

제 2부

죽음의 인문학

死

죽음 문화의 그늘
—편의주의

/정 진 홍

1. 죽음 인식과 죽음 승인의 갈등

사람은 죽습니다. 그렇다고 하는 것을 인간이면 다 압니다. 언제 어디서 어떻게 죽을는지는 모릅니다. 하지만 살아 있는 한 죽는다는 것을 모르는 사람은 없습니다. 그리고 죽음이 어떤 현상인지도 압니다. 내가 지닌 삶이 더 이상 지속하지 않게 되는 계기, 또는 사건이 죽음이라는 것을 압니다. 그래서 죽음은 단절이고 종말이라고 말합니다. 그 단절과 종말이 초래하는 현상이 어떻다는 것도 압니다. 그래서 사람들은 죽음이란 어떤 것도 더 바랄 수 없게 함, 더 할 수 있는 것도 없게 함, 되돌아 올 수 없게 함 등을 담은 절대적인 좌절이라고 말합니다. 그리고 그것은 곧 인간으로 하여금 허무를 호흡하게 하고, 불안을 삼키게 하며, 속수무책인 현실 속에서 절망에 함몰되도록 합니다. 죽음이 그렇다는 것을 인간은 알고 있습니다.

결국 죽음은 인간을 '더 살 수 없게' 합니다. 실존하는 개체의 현존에서 볼 때 죽음은 '존재의 소멸'과 다르지 않습니다. 구체적으로 말하면 '몸의 사라짐'입니다. 살아 있으면 '나는 있는데', 죽으면 '나는 없습니다.' 이처럼 죽음은 삶을 부정합니다. 삶을 더 이상 삶이게 하지 않습니다. 삶이 깃들인 몸의 상실이 곧 죽음이기 때문입니다.

　그렇다고 해서 죽음이 생명과 대립하여 병존하는 실재는 아닙니다. 죽음은 생명과 무관하게 있어 생명을 죽이는 그러한 것이 아닙니다. 만약 죽음이 그러한 것이라면 인간은 죽음을 거절할 수도 있어야 합니다. 그러나 그런 일은 있을 수 없습니다. 생명은 '죽게 되어 있기' 때문입니다. 따라서 무릇 존재하는 생명이 예외 없이 죽게 되어 있는 것이라고 하는 것은 죽음은 생명 밖에 있다가 어떤 계기에 생명을 삼켜 더 이상 생명을 생명이게 하지 못하도록 하는 그러한 '실재'일 수는 없다는 것을 뜻합니다. 오히려 죽음은 생명 그것 자체가 스스로 지니고 있는 '생명 현상의 한 모습'이라고 해야 더 옳습니다. 적극적으로 말한다면 '죽음은 생명 현상'입니다. 생명이 아니면 죽음이 있을 까닭이 없기 때문입니다. 죽음은 생명과 더불어 있는 것입니다. 생명이 없으면 죽음도 없습니다. 따라서 죽음을 일컫지 않는 생명에 대한 서술은 온전한 것일 수 없습니다. 태어나 있는 것이 생명이고 죽어 끝나는 것이 생명이라면, 그때 운위되는 생명은 태어남과 죽음을 아우르지 않으면 안 됩니다. 다시 말하면 몸의 현존에 대한 서술은 출생과 죽음을 포함하지 않으면 마무리되지 않습니다. 출생의 주체는 곧 그 출생의 주체이면서 죽음의 주체이기도 합니다. 따라서 인간은 자기의 '삶을 살듯이' 자기의 '죽음도 살아야' 합니다. 죽음도 생명 현상이기 때문입니다. 의식적이든 무의식적이든 '인간이란 죽는 존재라는 것을 아는 인간'의 죽음 이해는 이러한 내용을 담습니다. 인간은 몸을 가지고 자신의 실존을 지탱하며 살아가는 한, 그 종말이 죽음이라는 사실, 곧 몸의 소멸이라는 사실을 몸의 실존 속에서 아울러 살아야 한다는 것을 모르지 않습니다. 죽음은 살아 있는 몸이 겪는 몸의 현실이기 때문입니다.

그러나 사람은 자신의 삶이 이러하다는 것을 알면서도 그것을 삶을 통해 선뜻 승인하지 못합니다. 죽음이 삶의 종말이고, 몸의 소멸이라는 사실을 알면서도 그것이 '자기 삶'의 끝이고, '자기 몸'의 상실이라는 사실을 '견디지' 못합니다. 꿈의 소멸, 별리의 아픔, 공허와 허무 등으로 묘사되는 삶의 무산(霧散)이 아쉽고 안타깝고 두렵기 때문입니다. 존재의 자리에서 자기를 확인하던 그 존재 자체가 언젠가는 비존재화되리라는 것을 알면서도 그것이 현실화되리라는 것을 짐작하는 일은 그대로 불안이고 공포이고 절망입니다. 그래서 사람들은 죽음을 현실로 인식하면서도 그것을 실제 삶 속에서 그 인식의 자연스러운 귀결로 승인하는 일에서는 전혀 자연스럽지 못한 모습을 드러냅니다.

그 부자연스러움의 두드러진 우선하는 양상은 '죽음 물음'에서 비롯합니다. 사실상 죽음 물음은 분명한 인식이 이루어진 사실의 되물음입니다. 그렇다면 죽음에 대한 물음은 비생산적인 무의미한 물음에 지나지 않습니다. 그런데도 죽음을 묻습니다. 까닭인즉 분명합니다. 죽음에 대한 자기의 인식을 스스로 승인할 수 없기 때문입니다. 그 갈등을 그렇게 그 죽음 현상의 되물음으로 표현하는 것입니다.

죽음 물음이 어떤 것을 담고 있는지 살펴보면 우리는 죽음 물음의 속성이 그러하다는 발언을 조금은 정당화할 수 있을 것 같습니다. 우선 죽음 물음은 생명이란 죽음을 포함하는 것이라는 것을 모르지 않으면서도 그렇게 된

까닭을 묻습니다. "도대체 죽음은 어떻게 인간의 삶 속에서 비롯했는가?" 하는 죽음 기원에 대한 논의가 그것입니다. 그런데 이러한 물음들은 실은 '인식과 승인'의 괴리를 드러내는 하나의 양상이라고 할 수밖에 없습니다. 왜냐하면 그 죽음 물음은 이미 죽음이 어떤 것인지 알면서도 짐짓 그 처음을 물어 지금 직면한 죽음 현상의 필연성에 대한 '회의를 통한 부정 가능성' 또는 그 필연성의 '모면 가능성'의 모색을 함축하고 있기 때문입니다. 다시 말하면 그것은 죽음 기원을 알기 위해서가 아니라 죽음의 필연성에 대한 자신의 인식을 부정하고 싶은 태도가 낳은 굴절된 물음일 수도 있습니다. 그러한 물음 과정 속에서 죽음 인식에서 비롯하는 불안과 절망을 잊거나 유예시킬 수 있으리라는 희구가 낳은 어쩌면 '억지'일지도 모르기 때문입니다. 죽음이 아니더라도 무릇 사물의 기원에 관한 물음은 실은 지금 여기를 위한 '면책의 구실 찾기'와 그리 먼 거리에 있지 않습니다.

죽음의 필연성에 대한 인식을 스스로 승인하지 못하면서 죽음을 되묻는 죽음 물음의 또 다른 양상은 이른바 상상력의 발휘에서 구체화됩니다. 사람들은 몸의 소멸이 존재의 종말이 아니라는 상상을 펴면서 죽음의 온갖 부정적 경험들을 불식하고자 합니다. 물론 이렇게 단정하는 것은 무리일 수 있습니다. 그러나 영이나 혼의 실재에 대한 논의는 분명히 몸의 상실이 초래하는 허(虛)를 메우기 위한 상상력의 산물이리라고 판단할 때 비로소 그러한 것들의 존재에 대한 일련의 논의들이 인식의 차원에서 제자리를 차지하게 됩니다. 몸과 얼의 이원적 존재 구조는 본래적인 것이 아니라 몸의 상실을 저어한 상상력이 빚은 실재가 얼이라고 해야, 비로소 얼의 현실감이 실제적이라는 사실을 설명할 수 있기 때문입니다.

죽음 이후에 관한 논의도 같은 맥락에서 이해할 수 있습니다. '죽음 이후'

는 죽음이 종말이라는 것을 부정합니다. 죽음이 몸의 부재를 실증하는데도 대체로 죽음 이후에 대한 논의 내용들은 죽음 이전의 몸의 현실을 이어갑니다. 곧 삶에 대한 '보상의 논리'를 축으로 죽음 이후의 담론이 펼쳐집니다. 그런데 그것은 '몸의 현실'처럼 경험적인 것일 수는 없습니다. '몸 이후'이기 때문입니다. 그럼에도 불구하고 그러한 서술은 '몸 이후의 몸'을 상정합니다. 이러한 '기대'는 이성이나 감성이나 믿음에서 말미암지 않습니다. 그것은 있는 것도 없다고 하고, 없는 것도 있다고 하는 상상력에서 비롯합니다. 이렇게 보면 죽음 이후는 죽음이 종말이 아니기를 바라는, 곧 몸의 현실의 지속을 희구하는 열망이 낳은 상상력의 소산이라고 할 수밖에 없습니다. 그러나 상상력으로 구축된 이러한 '현실'이 아무리 실재하는 것으로 논의된다 하더라도 그것이 죽음이 담고 있는 불안한 공포와 절망을 온전히 불식시키는 것은 아닙니다. 죽음 이후가 이미 죽음을 전제한 것이라면 죽음 이후는 그것이 아무리 현실성이 있다 하더라도 삶은 아닙니다. 그러므로 죽음 이후는 죽음을 견디게 하는 것이지 죽음을 제거하는 것일 수는 없습니다. 물론 죽음 이후가 결과적으로 '삶 이후의 삶'을 유념하는 삶을 살도록 한다면, '몸의 삶'은 그것 자체로 완성되어야 한다는 규범이 이로부터 가능해지지 않는 것은 아닙니다. 그렇지만 이는 오히려 몸의 현실에 대한 폄하를 조장할 수도 있습니다. 죽음 이후 담론은 죽음을 통한 삶으로부터의 도피를 충동할 수도 있기 때문입니다. 편리한 환상에의 몰입은 상상의 또 다른 측면입니다.

죽음 물음을 묻게 하는 또 다른 동기는 아예 죽음을 인식이나 승인 너머에 있다고 여기려는 태도에서 비롯한다고 말할 수 있습니다. 이 경우의 물음은 '인식을 지우려는 반인식적(反認識的) 물음'이라고 할 수 있는 그러한 것이라고 하는 편이 옳을 듯합니다. 왜냐하면 죽음의 필연성에 대한 분명한 인식과 그것을 승인할 수 없는 갈등 속에서, 마침내 죽음은 실은 그러한 인식의 차원 너머에 있는 것이라고 하는 진술을 통해서만 자신의 죽음 인식을 스스로 부정할 수 있을 뿐만 아니라, 죽음을 승인해야 하는 갈등에서도 풀려날 수 있다고 믿기 때문입니다.

이러한 반인식적 물음은 죽음을 신비의 울안에 넣어 버립니다. 무릇 삶은 설명할 수 없는 것으로 가득 차 있어 엄밀한 인식의 틀 안에 모두 담을 수 없는 것이라고 전제하면서, 더욱이 죽음은 생명과 더불어 그러한 설명 불가능한 현상의 전형이라고 주장합니다. 그러므로 그러한 자리에서 보면 죽음은 인식이나 승인과는 상관없는 '불가항력적인 미지'의 실체이기 때문에 그저 직면하고 겪어야 하는 불가사의한 '몸의 현실'일 뿐입니다. 따라서 이러한 물음은 죽음 인식과 승인의 갈등을 아예 비켜가면서 죽음을 '신비의 수용'이라고 묘사합니다.

이 같은 신비주의적 태도는 구체적인 규범인 금기의 의례를 통하여 죽음을 일상으로부터 단절시킵니다. '차마 물을 수 없는 것'이라든지 '건드려서는 안 되는 것'이라든지 '범하면 동티가 난다'든지 하는 틀 안에 죽음을 자리 잡게 하는 것입니다. 그러므로 이때의 죽음 물음은 죽음을 그렇게 '비일상의 범주' 안에 가두기 위한 물음이라고 할 수 있습니다. 죽음의 을씨년스러운 기운도 그렇게 그 시공 안에 갇힙니다. 그렇게 되면 죽음은 아무 데나 있는 것이 아니게 됩니다. 죽음은 의례의 틀 안에서만 일상의 범주에 듭니다. 의례 안에서만 죽음은 '다루어지는 것'이 되고, 그렇게 삶의 공간에 머물다 죽음의 공간으로 옮겨 갑니다. 그렇다면 죽음을 물을 필요도 없고 되물을 수도 없습니다. 인식과 승인의 저편에 있는 것이기 때문입니다. 다만 그렇

다고 하는 것을 확인하기 위해 죽음 물음을 묻습니다. 그러나 신비는 아지
랑이와 다르지 않습니다. 지속하는 신비란 없습니다. 그것은 어쩌면 상황에
따라 변하는 '무지의 승화'일지도 모릅니다. 그리고 금기는 '질서를 위한 틀'
이어서 그것 자체로 항구적일 수 없습니다. 질서의 준거도 변합니다. 때로
금기는 스스로 깨지기 위해 있습니다.

　누구나 죽는다는 것을 알면서도 그렇다고 하는 것을 승인하지 못해 그 역
설 안에서 발언되는 죽음 물음은 이렇듯 죽음 기원에 관한 물음, 죽음 이후
에 대한 물음, 그리고 죽음을 아예 그러한 인식과 승인 너머에 있는 것으로
여기는 반응으로 사람들 삶에서 자리 잡고 있습니다.

2. 죽음 인식과 죽음 승인의 조화

　그러나 이러한 현상이, 곧 죽음 물음이 죽음에 대한 인식과 승인 사이의
갈등에서 벗어나려는 어색한 부자연스러움만을 드러내고 있는 것은 아닙
니다. 그것은 인식과 승인의 갈등이 아니라 그 둘의 조화를 모색하려는 현
실적인 의지가 도달한 '다른 차원의 죽음과의 직면'이기도 합니다.

　무릇 사물의 기원에 관한 물음은 근원적으로 현존하는 사물의 존재 기반
에 대한 탐구와 다르지 않습니다. 기원은 현존하는 것이 '언제 어디에 어떻
게 있느냐'를 묻는 것이 아닙니다. 그것은 이미 충분히 서술되는 사항입니
다. 그 차원에서 아직 기술되지 않은 모르는 사항은 '왜' 그것이 존재하느냐
하는 것입니다. 기원에 관한 물음은 바로 그 '왜'를 묻는 일입니다. 그러한
물음은 존재의 현상에 대한 물음이 아니라 그 현상의 존재 기반에 대한 물
음을 묻는 것일 때 비로소 그 물음의 반향을 얻을 수 있습니다. 이렇듯 왜를

묻는 것은 현존의 의미가 분명하지 않을 때 발해지는 것입니다. 다시 말하면 현상에 대한 충분한 서술이 가능함에도 불구하고 그 현상의 의미가 불투명할 때 우리는 그 현상을 비롯하게 한 처음을 묻습니다. 죽음 물음도 다르지 않습니다. 죽음 물음이 죽음의 까닭을 살펴 이를 모면할 수 있는 가능성을 탐구하려는 실은 무모한 '억지'라고 앞에서 지적한 바 있지만 그러한 것만은 아닙니다. 갈등의 해소는 그 갈등 자체가, 또는 그 갈등이 비롯한 정황이 무의미한 것이 아니라는 것을 확인할 때 이루어집니다. 이러한 맥락에서 보면 죽음 물음이 드러내는 죽음 기원에 대한 물음은 '죽음 현상'이 아니라 '죽음 의미'에 대한 물음입니다. 인식과 승인이 빚는 갈등의 문제가 기원에 대한 물음을 통해 의미의 문제로 자리를 바꾸는 것입니다. 그리고 이때 그 의미가 진술될 수 있다면 그 갈등은 스스로 갈등이기를 그칩니다. 그 둘은 오히려 의미를 낳는 모태가 됩니다. 만약 죽음 물음이 그 '진지성'을 유지하고 지속된다면 이는 죽음 의미를 드러내는 가장 효과적인 '실존적 전환'이 아닐 수 없습니다. 그 물음을 통해 사람은 '왜 죽는지, 왜 죽을 수밖에 없는지'를 서술할 수 있기 때문입니다. 따라서 죽음 인식과 죽음 승인의 갈등은 사람들로 하여금 죽음의 필연성을 현상으로 만나는 것이 아니라 의미의 실재로 만나게 합니다. 죽음이 존재할 이유를 지닌 사건이 되는 것입니다. 그것은 곧 '죽어야 할 이유'라고 해도 좋습니다. 죽음 물음은 그렇게 우리의 갈등 속에서 발해지면서 그 갈등을 조화로 전환합니다.

죽음 기원에 대한 물음이 죽음의 존재론적 기반에 대한 물음이라면, 그래서 죽음의 불가피성을 의미를 통해 수용하게 하는 것이라면, 죽음 이후에 대한 물음은 삶의 존엄을 죽음에 의해 훼손당하지 않게 하려는 희구가 낳은 것이기도 합니다. 삶은 무엇보다도 '지속'으로 그 속성이 특징지어집니다.

그것이 시간이든 공간이든 한정지어진 삶은 삶다운 삶일 수 없습니다. 그러므로 단절되는 삶, 중단되는 삶, 종국에 이르는 삶은 삶이 아닙니다. 펼침과 이어짐, 그것이 함축하는 '낳음'은 생명의 표상입니다. 그러나 삶은 그러한 본연적인 삶다움을 사람들로 하여금 경험하게 하지 않습니다. 삶은 한계를 지니고 있고, 생명은 스스로 자신을 배신하는 귀결에 이릅니다. 삶은 그렇게 경험됩니다. 그 정점에 죽음이 있습니다. 바로 그렇다는 사실을 알게 되면서 사람들은 죽음에 대한 인식과 승인 사이에서 갈등을 겪습니다. 그렇다면 여기에서 비롯하는 죽음 이후가 공연한 상상의 산물이라고만 할 수는 없습니다. 그것은 삶의 본래적인 모습을 유지하려는 가장 직접적이고 정직한 '설계의 완성'입니다. '한계 밖을 설정하는 일'은 없음을 있음이게 하는 것이 아니라 '여기'가 미처 잇지 못한 '저기'의 현존을 찾아 그 둘을 잇는 일입니다. 그렇게 될 때 비로소 삶은 삶다워집니다. 그러므로 죽음 이후가 그려지지 않는 삶의 조감도는 그것 자체로 온전한 것이 아닙니다. 죽음과 더불어 죽음 이후를 그리는 일은 삶의 전체상을 조망하는 총체적인 시각을 확보하면서 그 '전체'를 확인하는 일입니다. 죽음의 인식과 승인이 빚는 갈등은 이렇게 해서 비로소 지양됩니다. 그러므로 갈등 요인들을 조화로운 것으로 정립하면서 그것 자체를 더 이상 문제이지 않게 하는 길은 '이곳의 한정된 삶'만이 아니라 '저기의 무한한 삶'마저 확보하는 길밖에 없습니다. 이것은 실제적인 일입니다. 죽음 앞에서 사람들은 죽음 이후를 당연하게 그립니다. 강요되거나 의도적이어서 이루어지는 일이 아닙니다. '여기'에서 '저기'를 그리는 것은 '잃은, 또는 그래서 잊은 삶의 회복'과 다르지 않습니다. 그리고 이 계기에서 삶 주체의 전환을, 곧 몸의 얼로의 전환을 묘사하는 것은 당연한 일이기도 합니다. 그렇다면 죽음 물음이 담은 죽음 이후의 그림은 삶 속에서 직면하는 죽음 현상을 인식하면서 그로부터 도피하려 하거나, 그것을 승인해야 하면서도 그렇게 할 수 없는 자기를 기만하려는 잔꾀가 아닙니다. 앞에서 지적했듯이 그럴 수 있는 현실성이 없는 것은 아니지만 그것은 삶의 총체성을 확보하는 일입니다. 인식과 승인의 갈등은 바로 이 총체성 속에서 스스로 조화로운 것이 됩니다.

이러한 논의는 죽음 물음을 반인식적 물음이라고 판단한 죽음의 신비화나 금기화 현상에서도 그대로 펼쳐질 수 있습니다. 삶은 직면하는 모든 사물을 투명하게 겪지 않습니다. 그러므로 점진적인 투명화 과정이 삶의 현실이라고 주장하면서 '아직 여기에서의 불투명성'을 넉넉히 양해할 수도 있습니다. 그러나 그러한 전제나 기대가 '불가항력적인 미지'를 제거해 주지는 않습니다. 더구나 분명한 인식이라고 해서 그것이 당연하게 투명한 것으로 나에게 내재화하는 것은 아닙니다. 만약 그럴 수 있다면 죽음 인식과 그 인식의 승인 불가능성이 갈등할 까닭이 없습니다. 그렇다면 어떤 사물을 신비의 범주 안에 담는 것은 소박하게 그 갈등을 비켜가기 위한 '전략'이라고 할 수만은 없습니다. 오히려 그 갈등에서 말미암는 신비라는 범주의 출현은 그 갈등을 넘어서려는 가장 실제적이고 필연적인 '창안'입니다. 그것은 마치 산문적 현실의 논리적 갈등이 시적 진실 안에서 다른 차원으로 옮겨지면서, 마침내 그 모순에서 모순의 존재 의미를 확인하게 하는 것과 다르지 않습니다. 죽음 물음이 함축한 신비주의적 태도는 게으른 회피가 아니라 오히려 갈등의 적극적인 지양입니다. 금기의 경우도 다르지 않습니다. 금기는 갈등하는 문제를 비일상의 공간에 유폐시켜 일상으로부터 차단하여 짐짓 그 갈등이 일상의 차원에서는 아무런 현실성을 가지지 못하도록 하는 장치일 수 있습니다. 그러나 그렇다 하더라도 오히려 그러한 '닫음'을 의례를 통해 '열어'갑니다. 이러한 일련의 과정은, 갈등을 일상의 어떤 자리에 두어야 마침내 그것이 갈등인 채 갈등 아니게 될 수 있을 것인가 하는 것을 고민하는 과정에서, 그 고뇌의 적극적인 실제적 행위가 낳은 새로운 갈등 지양의 모색이 구체화된 것이라고 할 수 있습니다. 신비나 금기의 역사적·문화적 변용을 전제한다 할지라도, 이러한 '설정'이 초래하는 질서는 죽음 인식과 죽음 승인의 갈등이 죽음 물음에 안기면서 새로운 조화를 이루게 합니다.

그렇다면 죽음 물음은 마침내 그것이 담고 있는 죽음 기원에 대한 물음, 죽음 이후에 대한 물음, 죽음을 위치지우는 범주를 설정하는 문제 등에 의해 죽음 인식과 죽음 승인의 갈등을 '불가능하지만 현실적으로' 넘어설 수 있게 할 뿐만 아니라, 동시에 '현실적이지만 불가능한' 인식과 승인의 조화를 실천적으로 누릴 수 있게 해 줍니다. 그러므로 죽음 물음은 불가피합니다. 그 물음을 통해 죽음은 의미의 실재가 되기 때문입니다. 사람들이 자기가 왜 죽는지를 알게 되는 것입니다. 죽음은 무의미한 것이 아닙니다. 죽음은 의미 있는 삶의 현상입니다. 당연히 사람은 죽음도 살아야 하기 때문입니다.

3. '죽음 물음'의 실종

위에서 살펴본 바와 같이 죽는 줄 알면서도 그것을 받아들이지 못하면서 '죽음이 무엇이냐?'고 묻는 죽음 물음은, 죽음으로부터의 '유치한 도피'이기도 하면서 동시에 죽음의 존재 이유에 대한 '성숙한 탐구'이기도 합니다. 사람의 삶은 이 둘을 마치 진자(振子) 운동처럼 오갑니다. 그러나 이 현상이 결코 불안한 것은 아닙니다. 결국 이 현상은 의미의 포착(捕捉)과 상실, 그리고 그 상실에 이은 새로운 포착의 점철일 터인데, 이는 의미의 지속과 실은 다르지 않기 때문입니다. 그렇다면 죽음 물음은 그것이 어떻게 펼쳐지든 죽음을 의미 있는 실재로 여기도록 하는 물음이 아닐 수 없습니다.

그런데 이와 달리 만약 죽음 물음이 발언되지 않는다면, 그 자리에는 다만 죽음을 '즉물적으로 묘사하는 일'과 그렇게 서술된 죽음에 대한 '본능적인 부정'만이 넘칠 것입니다. 그곳에는 의미의 포착도 없고 의미의 상실도 없습니다. 죽음 주체와 죽음 현상만이 오롯하게 있을 뿐입니다. 그러므로 죽음 물음의 부재는 결국 죽음 의미의 부재와 다르지 않습니다. '왜 죽어야 하는지' 아무런 설명도 하지 못하면서, 또는 하지 않으면서, 또는 할 필요를 느끼지 않으면서 죽을 뿐입니다. 그러나 그렇다고 해서 죽음의 필연성을 모르는 것도 아니고, 죽음의 공포를 느끼지 않는 것도 아니며, 삶에의 욕구를 줄이는 것도 아닙니다. 죽음 인식과 갈등은 현실적인 갈등으로 지속됩니다. 그러나 그것이 죽음 물음으로 다듬어지지는 않습니다. 그런데 오늘 우리의 죽음 문화가 이러한 것 같습니다.

오늘의 죽음 논의가 어떤지를 살펴보면 이러한 진단이 크게 잘못된 것 같지는 않습니다. 엄밀하게 말하면 오늘의 현실은 '죽음이 무언지'를 물을 수조차 없게 되어 있습니다. 죽음이 하나의 실체로, 곧 내 인식의 객체로 자리 잡고 있지 않기 때문입니다. 물론 우리는 모르기 때문에 묻습니다. 하지만 모르는 것이 분명한 실체로 자기를 드러내지 않으면 물음은 사실상 불가능합니다. 그런데 우리가 직면하는 죽음이 그렇습니다. 죽음은 있는데 그것이 자기 윤곽을 드러내며 뚜렷하게 나타나지 않습니다.

이러한 사태는 늘 있었던 일이 아닙니다. 이른바 전통적인 경험의 자리에서 보면 죽음은 적어도 그 실체가 분명했습니다. 더 이상 숨 쉬지 않고 더 이상 맥이 뛰지 않는 데서 비롯하는 몸의 경직(硬直), 이와 더불어 종말을 고하는 한 개체의 실존, 그 존재의 회복 불가능한 무화(無化). 그래서 이제는 '그가 살아 있지 않다'는 판단을 하게 될 때 이를 죽음이라고 일컬었습니다. 이에 대한 어떤 반론도 있을 수 없었습니다. 그러나 이제는 사정이 다릅니다. 이를테면 뇌사(腦死)를 일컫는 죽음 현상은 전통적인 자리에서 보면 그 서술을 어떻게 다듬어야 할지 모르는 당혹스러움 자체입니다. 호흡의 여전한 지속, 심장의 여전한 박동에도 불구하고 죽었다고 판단하기 때문입니다. 그러나 당혹은 이런 데서만 일지 않습니다. 움직임도 불가능하고 의식도 없이, 이른바 식물인간으로 지속하는 사람의 삶을 과연 살아 있다고 해야 할지 죽었다고 해야 할지 판단이 모호해지는 경험은 전문적인 어떤 서술과 상관없이 사람들이 모두 겪는 당혹스러운 현실입니다.

어디까지가 삶이고 어디서부터 죽음인지, 무엇이 삶이고 무엇이 죽음인지, 생명인 것은 어떤 것이고 죽음인 것은 어떤 것인지 모르는 이러한 상황에서 딱히 죽음을 표적으로 물음을 묻는다는 것은 불가능합니다. 크게는 자연과학의 발전에서부터 비롯하여 작게는 의학의 발전에 이르면서 온갖 인간의 지식이 '성취'한 이러한 사태는 생명과 물질의 구분, 삶과 죽음의 구분에 대한 전통적인 인식을 근본부터 흔들어 놓습니다. 그리고 그 요동은 아직 잦아들지 않았습니다. 그렇기 때문에 죽음을 물으려 해도 물어야 할 죽음 현상을 인식의 객체로 지목할 수가 없습니다. 물론 잘 다듬어진 죽음 정의가 없지 않습니다. 의학에서는 이 일이 현실적으로 매우 중요합니다. 그러나 주목할 것은 그 정의 자체가 끊임없이 수정되고 또 보완된다는 사실입니다. 그렇기 때문에 우리가 일상적으로 발언하는 '죽음'은 이미 현실 적합성을 잃은, 다만 낡은 흔적을 보여주는 언어로만 발언됩니다. 어쩌면 그래서 오늘 '죽음이라는 언어'가 발언되면 당연하게 인식의 혼란이 일게 되는지도 모릅니다. 그 언어가 담는 실체가 없기 때문입니다.

그렇다고 해서 이른바 '생명의 실제적인 소멸 현상'이 일어나지 않는 것은 아닙니다. '유예되는 죽음', '서술이 치환된 죽음'이 우리가 겪는 실제적인 '생명의 끝'을, 또는 '몸의 소멸'을 우리의 삶에서 배제하지는 못합니다. 죽음은 여전합니다. 그러므로 사람들은 이러한 사태에서 벗어날 수 없는 자신의 한계를 의식적으로든 무의식적으로든 승인하고 수용할 수밖에 없습니다. 죽음을 물어 이 혼란스러운 죽음이 투명하게 될 까닭이 없기 때문입니다. 따라서 사람들은 이제는 '죽음 물음'이라고 일컫던 죽음과 관련한 '의식의 태도'를 의도적으로 지양하지 않으면 '살 수가 없다'는 것을 자기도 모르게 경험합니다. 죽음에 대하여 묻고 대답하는 일을 스스로 감당하기가 힘들기 때문입니다. 따라서 그러하다는 것을 아는 앎은 비록 그것이 의식적으로 작동하는 것은 아니라 할지라도, 이미 지금 여기서 누구나의 생존의 격률입니다. 그래서 오늘을 사는 사람들은 죽음 물음을 아예 묻지 않습니다. 죽음은 그저 죽음일 뿐입니다. 죽음이 소멸이라면 그것은 그렇게 소멸일 뿐입니다. 죽음이 생명과 구분할 수 없이 중첩된 것이라면 그런 것일 뿐입니다. 죽음을 유예할 수 있다면 그렇게 하면 됩니다. 죽음도 치유할 수 있는 질병이라고 말할 수 있다면 그렇다는 것을 좇아 살면 됩니다. 죽음 현상의 서술이 바뀌었다면 그렇게 바뀐 서술에 의거해서 죽음을 그런 것이라고 알면 됩니다. 죽음이 두려우면 두려워하면 됩니다. 두렵다고 해서 피할 수 있는 것이 삶은 아니라는 것을 살아 있는 사람들은 누구나 압니다. 죽음을 피하고 싶으면 피하고 싶은 만큼 온갖 일을 마다 않고 다해 피하면 됩니다. 건강이라는 이름의 몸 관리에서 장기이식에 이르기까지, 그리고 다시 시신의 냉동

보관에 이르기까지 할 수 있는 일을 다 하면 됩니다. 그러나 그래도 피할 수 없다면 그렇다고 하는 것을 받아들여야 합니다. 그러면 그만입니다.

그래서 그렇다고 여겨집니다만 오늘 우리의 죽음맞이는 의외로 소박합니다. 죽음이란 것이 어떻게 인간의 삶 속에 있게 되었는지 하는 물음을 묻지 않습니다. 물을 필요가 없습니다. 기원에 대한 관심이 의미의 발견과 연계된다는 것을 유념하면 죽음 물음의 배제는 당연합니다. 죽음은 의미를 발견하거나 부여한다고 해서 달라지는 현상이 아니라고 판단하기 때문입니다. 죽음은 생명과 더불어 있는 것이어서 오히려 생명 현상이라고 해야 옳을 것이라고 보기도 했지만, 이제는 그렇게 말하기보다는 아예 물질 현상이라고 말해야 옳을 듯합니다. 그렇다면 '물건이 있듯이' 그렇게 죽음도 '그저 있는' 현상입니다. 그것을 넘어서는 자리에서 그렇다고 하는 것도 아니고, 그것에 미치지 못해서 그렇다고 하는 것도 아닙니다. 다만 그렇게 있으니 그렇게 있다고 할 수밖에 없습니다. 생명 논의도 이미 생명을 그렇게 기술하고 있습니다. 그것도 물질 현상이기 때문입니다.

그렇다면 물질 현상의 물음에서 우리가 저어해야 할 것은 그것의 '무엇'과 '어떻게'를 묻기보다 '왜'를 물어 그것의 존재 의미를 찾고자 하는 비현실적이고 비생산적인 물음을 발언하는 일입니다. 있는 현상을 '어떻게' 살까 하는 것만이 물음다운 물음일 수 있습니다. 죽음 이후도 다르지 않습니다. 영혼에 관한 논의도 마찬가지입니다. 이를 물을 필요도 없고, 이를 상상할 이유도 없습니다. 삶은 지금 여기만으로도 충분합니다. 죽음 이후나 영혼을 묻는 것은 지금 여기의 낭비이고 지금 여기의 누림을 훼손하는 일이기도 합니다. 왜냐하면 그러한 상상이 죽음을 조금도 바꾸지 않기 때문입니다. 다만 삶을 치장하여 죽음을 넘어서려는 것인데, 이러한 태도는 오히려 죽음맞이 과정에서 거추장스럽기만 합니다. 삶을 새로운 긴장에 노출시키기 때문입니다. 다시 말하면 삶은 여기 지금만이고, 그래야만 합니다. 그러니 '왜 사느냐'는 물음은 불필요합니다. '어떻게' 지금 여기를 살까 하는 것만이 문제입니다. 더구나 죽음을, 그래서 결과적으로 생명을 신비의 범주에 넣는 일은 할 만한 일이 못됩니다. 신비는 실재를 서술하는 데서 전제되어야 하는 범주도 아니고, 설정하려 한다고 해서 그렇게 될 수 있는 범주도 아닙니다. 신비는 근원적으로 지적 좌절이 도달하는 병적인 징후의 이름일 뿐입니다. 그렇다면 의식(意識)을 신비에의 지향이게 하는 것은 결국 자기기만과 다르지 않습니다. 신비는 있지도 않고 있을 수도 없는 범주이기 때문입니다. 그것은 부정직한 일입니다. 금기의 설정도 다르지 않습니다. 이보다 더 심한 '기만의 구조'는 없습니다. 금기를 함축한 의례, 죽음을 금기에 담는 일은 죽음을 '조작하거나 관리하는, 그렇게 해서 삶의 파손을 제어하려는' 계산된 작위(作爲)입니다. 그러나 그러한 사실이 여전히 일컬어지고 있다면 다만 그렇다고 하는 것을 문화가 지닌 관성(慣性)쯤으로 포용하면 그뿐입니다. 그것은 죽음을 죽음 아니게 할 수 있는 어떤 가능성을 지닌 것이 아닙니다.

그러므로 죽음 물음의 이러한 속성은 오늘 여기 죽음 현상의 맥락에서 보면 사실상 사람들의 실제적인 죽음 경험에 그리 뚜렷한 영향을 주지 않습니다. 사람들은 죽음 물음이 지닌 그러한 무게에서 벌써 스스로 자유롭게, 또는 무관심하게 놓여 나와 스스로 죽음을 '다스리고' 있기 때문입니다. 죽음 물음은 이제 없습니다. 있다 해도 그 실용적 가치는 없습니다. 그것은 죽음에 대한 공연한 영탄(詠嘆)일 뿐입니다. 그런데 그 영탄의 효용도 그것 이상을 넘지 못합니다.

4. 편의주의의 범람에서 유실되는 죽음

위에서 언급한 바와 같이 오늘 여기에서 우리의 죽음에 관한 태도는 뜻밖에도 가볍습니다. 죽음을 매우 편리하게 다룹니다. 죽음을 근원적으로 묻고 고뇌하고자 하는 노력을 기울이지 않습니다. 죽음의 종국적인 해답을 찾아 지녀야겠다는 의도도 뚜렷하지 않습니다. 뚜렷한 것은 다만 죽음 현상이, 또는 죽음 사건이 빚는 다양한 '일들'을 그때그때 적절하게 대처하여 넘기려는 태도나 의식뿐입니다. 다시 말하면 죽음은 일상적인 편의주의적 태도에 실려 스스로 유실되었습니다.

죽음은 이제 어떤 권위에 의해서도 책임 있게 확인되지 않습니다. 하나의 '구조'에 의한 '민주적 협의'에 의해서 결정됩니다. 뇌사 판정 여부에서 이러한 사례가 전형적으로 나타납니다. 그런데 공동 책임이라든지 구조 책임이라든지 하는 것은 실은 책임 부재의 다른 표현일 수 있습니다. 따라서 죽음을 확인하는 일이 이렇게 이루어진다는 것은 비록 그것이 오늘 우리의 정황에서 불가피한 규범적 당위라 할지라도, 또 그 구조와 협의가 죽어 가는 자의 삶을 물으면서 그의 죽음을 고뇌한 귀결로 나타난 가장 진지한 산물이라할지라도, 결과적으로는 죽음에서 비롯하여 자기에게 과해질 책임에서 벗어나기 위해 죽음을 편리하게 '처리'하려는 태도에서 그리 멀리 있지 않습니다.

이뿐만 아니라 죽음 주체의 죽음 책임에 대한 논의가 점증하는 것도 같은 맥락에서 살펴볼 수 있습니다. 이른바 죽음의 자기결정권 여부에 대한 논의는 직접적으로는 치유 불가능하다고 판단되는 임종 직전의 환자의 연명의료 거부권(존엄사)에서부터 자살자의 스스로 죽을 권리에 이르기까지, 또 우회적으로는 회복 불가능한 환자의 고통을 중지하기 위한 '죽여 줌(안락사)'의

결정 주체로부터 태아 낙태를 결정하는 모친의 경우에 이르기까지 넓은 사태를 아우르고 있습니다. 그러나 이러한 주제의 논의는 죽음 주체의 권리를 가장 존중하는 것이면서도 죽음을 둘러싸고 일어날 수 있는 모든 책임을 그에게 전가하고 누구도 그의 죽음을 간섭하거나 책임지지 않으려는 편의주의적 태도와 다르지 않습니다. '그의 죽음은 그가 선택한 것이다. 나는 그 죽음과 무관하다.'라는 태도의 범람을 그려 보면 이러한 편의주의가 초래할 사태가 어떤 것일지 짐작하기란 어렵지 않습니다. 그것은 어쩌면 더불어 사는 삶에 스미는 재앙일지도 모릅니다. 그러나 분명한 것은 이러한 편의주의에 의해서 죽음은 그 흔적조차 남기지 않고 유실된다는 사실입니다.

사람들은 어떤 일도 책임지기를 삼갑니다. 자기 일도 그렇거니와 하물며 다른 사람의 일은 더욱 그러합니다. 특별히 사람들은 그 어떤 죽음에서도 자신이 면책되기를 바랍니다. 자기의 죽음에서조차 그러합니다. 자기 죽음의 조용한 수용은 생각보다 그리 자연스러운 일이 아닙니다. 이른바 몸을 준거로 한 사인(死因)의 규명은 마치 그것만 없었다면 죽음이 없었을 것이라는 '기만적인 기대'를 정당화합니다. 그리고 그 사인은 일어난 죽음에 관한 어떤 책임도 나에게 지우지 않습니다. 그것이 우리의 일상입니다. 그렇다면 어쩌면 죽음으로부터의 면책을 희구하는 것은 스스로 편하고 싶기 때문이라고 해야 옳을 듯합니다. 굳이 그것을 책임이라고 하지 않더라도 죽음과의 얽힘은 그것이 어떤 형태로 이루어지는 것이든 우리에게 견딜 수 없는 괴로움을 안겨 주기 때문입니다.

그래서 사람들은 지극히 혼란스러워 판단이 쉽지 않은 죽음들, 이를테면 낙태를 통한 태아의 죽음, 안락사나 존엄사, 사형 등의 죽음을 법으로 결정하여 그러한 경우가 지니는 복합적이고 뒤엉킨 부조리의 늪에서 모두 벗어나고자 합니다. 이러한 태도가 특별한 것은 아닙니다. 이미 우리는 일상에서 법의 질서를 준수하며 살아갑니다. 법은 불가피하게 삶의 복합성 안에서 일어나는 뒤엉킨 사태를 전제하면서도 이를 단순화하여 보편적 정의를 이루는 실현 도구입니다. 그러므로 죽음을 그렇게 법의 틀로 명료화하여 죽음으로부터 비롯하는 문제들을 지양하고자 하는 것은 당연한 일입니다. 그러나 이러한 입법 절대주의적인 주장은 법 의존적인 태도를 통한 편의 추구의 위험에서 온전하게 벗어날 수 없습니다. 결과적으로 죽음 현실에 책임 있는 주체로 참여하지 않아도 된다는 면책을 합법적으로 누리는 데 이를 수 있기 때문입니다.

마찬가지로 종교적인 근본주의의 태도도 다르지 않습니다. 그러한 입장에서는 생명을 인위적으로 단절하여 죽도록 하는 것은 그럴 수밖에 없는 어떤 상황적인 설명이 가능하다 해도 근원적으로 해서는 안 되는 악일 뿐만 아니라, 그러한 행위는 인간이 할 수 있는 차원을 넘어서는 것이라고 주장합니다. 낙태도, 안락사도, 존엄사도, 어떤 죽음도 용서할 수 없다는 주장을 통해 자기는 언제나 정당하고 의로운 자리를 차지합니다. 물론 이러한 주장이 단순하게 등장한 것일 수는 없습니다. 그러나 때로 이러한 주장은 현실을 간과한 이념의 차원에서 이념을 위한 이념을 선포하면서 실은 현실을 책임질 수 없는 자기를 정당화하는 논리로 구사될 수 있습니다. 자기가 제시하는 규범의 절대성이 실은 자기 면책의 정당화 논리로 선포될 수도 있음을 간과할 수 없는 것입니다.

입법 절대주의적인 주장이든 근본주의적 종교적 주장이든 이들이 지닌 태도의 순수성과 진지성을 간과할 수는 없습니다. 때로 가장 이념적이고 가장 근원적인 주장이 가장 현실적인 해답을 구축한다는 사실도 이러한 주장들에 대한 비판적 인식을 주저하게 합니다. 그러나 근원적인 자리에서 비롯한 현실과의 만남이 아니라 현실을 근원에다 위탁하는 것은 편의주의의 모습일 수밖에 없습니다. 이러한 위탁의 범람은 모두 죽음을 일상에서 표류하게 하면서 결국 죽음을 잃어버리게 합니다.

이와 아울러 우리가 주목하고 싶은 것은 죽음의 물화(物化) 현상입니다. 죽음이 그것 자체로 의미의 실재일 수 없다는 태도는, 죽음의 의미를 그것이 삶을 위해 어떤 효용을 얼마나 지니는지를 준거로 하여 판단합니다. 이를테면 기대 수명의 확장이 심각한 사회문제를 야기한다고 할 때, 죽음은 이미 촉진해야 할 일이지 저어해야 할 일이 되지 못합니다. 경제적 가치를 지니지 않기 때문입니다. 매장에서 화장으로의 장례 문화의 전이를 권하는 우리가 지금 겪는 '정책'은 죽음의 가치를 경제적으로 측정한 전형적인 예입니다. 전 국토의 장지화(葬地化)는 경제적 생산성을 감소하는 원인이라는 화장 권유의 논리는 죽음의례를 오물의 생산적 처리 절차와 근원적으로 다르지 않게 하는 데 일조를 했습니다. 아울러 그것에 동조하는 급격한 장례 문화의 변화도 결국 그것이 편리한 처리 수단의 확보라는 편의주의적 발상과 공명하면서 이루어진 것이라고 할 수 있습니다. 그럴 수밖에 없는 것이 현실이 아니냐는 반론은 유의미합니다. 이를테면 전통적인 상장례의 실천은 현실적으로 불가능하기 때문입니다. 그러나 중요한 것은 그 불가피성이 낳는 편의주의의 편만(遍滿) 속에서 죽음 자체가 이미 죽음일 수 없다고 하는 사실에 있습니다. '죽음'은 없습니다. 생산성이나 공공의 건강을 위해, 또는 살아 있는 자의 온전한 삶을 위해 효과적으로, 경제적으로, 위생적으로 처리해야 할 '주검'이 있을 뿐입니다.

그렇다고 해서 죽음이 그렇게 '치워지고 있는 것'만은 아닙니다. 죽음에 대한 편의주의적인 반응은 뜻밖에도 죽음이 여러 삶의 자리에서 제각기 자기의 목적을 실현하는 수단일 수 있다고 판단하는 데서 또 다른 모습을 보입니다. '사치스러운 장례'가 사회적 신분의 과시로 자리 잡은 것은 이미 오래 된 일입니다. 장례는 죽은 자를 위한 의례가 아니라 산 자를 위한 수단이 되었습니다. 자연히 초라한 장례는 장례를 치르는 당사자에게 죄의식을 갖게 하고, 빈부 간에 제각기 그와 관련한 자의식을 고양시킵니다. 편의주의적 태도는 예상하지 않은 공동체 해체의 통로가 됩니다. 정치적 이념의 틀안에서도 죽음은 권력의 유지와 당해 공동체의 통합을 위한 수단이 됩니다. 특정한 망자(亡者)가 영속하는 이념의 실체가 됩니다. 따라서 그곳에는 망자의 죽음이 없습니다. 다만 영속하는 살아 있는 망자만이 있습니다. '생명이 영속하는 죽음', 또는 살아 있는 죽음을 통한 통치보다 더 편리하고 효과적인 통합 수단은 없습니다. 그것은 권력의 성화(聖化)를 이루기 때문인데 죽음은 이를 위한 절대적인 수단이 됩니다. 주검 시위도 다르지 않습니다. 죽은 사람은 사라지고 그의 주검은 절규를 위한 수단으로 살아남아 있습니다. 테러도 다르지 않습니다. 테러의 현장은 테러리스트와 그로 인한 피살자가 모두 어떤 목적을 위해 죽은 '수단화한 죽음의 산재(散在) 현장'입니다. 종교적 순교라는 이름의 죽음도 비록 그것이 승화된 언어로 묘사된다 할지라도 이 범주 밖에 있는 현상은 아닙니다.

바야흐로 죽음 물음은 편의를 준거로 하여 다시 등장합니다. 죽음은 편의를 통해 인식되고, 편의의 자리에서 그 의미가 진술되며, 편의를 준거로 그 규범이 마련됩니다. 그리고 이러한 현실은 그 나름의 도덕으로 자리 잡습니다. 그것은 그렇게 하지 않으면 지금 여기에서 죽음을 인식하고 승인하는 일이 이루어질 수 없기 때문입니다. 편의는 새로운 죽음 문화의 윤리입니다. 죽음의 유실을 오히려 그러한 태도에서 막을 수 있다고 하는 것이 편의주의적 입장의 완성일지도 모릅니다.

5. 죽음을 위한 정직한 인식과 열린 상상력

그러나 이러한 사태가 오늘 우리를 '지배'하는 것은 아닙니다. 그것이 하나의 '경향'이기는 하지만 그렇게 결정지어진 것은 아닙니다. 삶은 닫힌 것이 아닙니다. 그러므로 문화도 다르지 않습니다. 그리고 만약 죽음도 삶의 현상이라는 것을 우리가 아직도 전제할 수 있다면, 우리는 편의주의에 의해서 유실되었다고 하는 현대의 죽음 문화의 양지를 살피는 일도 아울러 수행할 수 있습니다.

이 계기에서 우리는 오늘 우리 죽음 문화가 함축한 가장 심각한 우선하는 문제에 다시 주목할 필요가 있습니다. 그것은 다른 것이 아니라 삶과 죽음이 낳는 혼효(混淆)입니다. 삶과 죽음을 구분할 수 없는 이어짐 또는 겹침으로 만날 수밖에 없게 된 것이 오늘의 정황이라는 사실을 발언하지 않으면 안 된다는 것이 그것입니다. 그런데 이러한 사실은 '새로운 사태와의 만남'이기도 하지만 실은 일상 속에 함몰된 채 '오래 잊었던 사실의 되새김'이기도 합니다. 그렇다고 해서 특정 종교의 생사일여(生死一如)라는 주장을 이곳에서 반향(反響)하고자 하는 것은 아닙니다. 우리가 살피고자 하는 것은 이러한 혼효가 죽음과 더불어 삶을 새삼 조망하게 했다는 사실입니다.

이를테면 우리는 편의주의적인 죽음의 수단화가 죽음에서 머물지 않는다는 사실을 겪습니다. 편의주의는 실은 삶에서 비롯한 것이고, 그것이 죽음으로 이어지면서, 죽음을 안고 다시 삶의 현장에서 드러나는 태도입니다.

그러므로 사실상 죽음을 수단화하는 것은 죽음을 위한 것이 아닙니다. 그것은 삶을 위한 것입니다. '죽음을 위한 것'이라는 발언 자체가 적합성을 갖지 못할 정도로 죽음을 위한 어떤 것도 담지 못하는 것이 편의주의의 실상입니다. 그런데 예상하지 못한 것은 '죽음을 위한 어떤 것도 배제한 편의주의'가 결과적으로는 '삶을 위한 어떤 것도 죽음을 수단으로 해서는 이룰 수가 없다'는 것을 확인하게 해 준 일입니다. 이를테면 주검을 오물 처리의 틀에 넣어 처리하는 투의 장례, 그것이 경제 논리로 설명되는 일련의 사태는 그대로 생명도 오물처럼 처리될 수 있을 뿐만 아니라 모든 삶의 주체들이 경제 논리에 의하여 수단화될 수 있음을 함축한다는 사실, 그리고 그렇게 실제로 삶이 펼쳐진다는 사실을 경험하게 한 것입니다. 결국 편의주의의 범람을 좇아 일어나는 죽음의 유실은 그대로 생명의 유실을 현실화하는 계기이기도 하다는 사실을 발견한 것입니다. 그러므로 이를테면 오늘의 삶의 정황에 만연한 '죽여 버림'과 '죽어 버림'은 결코 죽음과 관련된 죽음 현실이 아닙니다. 그것은 그대로 삶에서 일어나는 삶의 현상입니다. 그런데 죽음이 수단으로 인식되지 않았다면 타자의 살해는 어떤 의미에서도 정당성을 갖지 않을 것이지만, 죽음이 수단으로 인식되면 문제의 해결을 위해, 또는 자기의 목적을 위해 '죽여 버림'은 효율적인 편의의 발휘와 다르지 않게 됩니다. '죽어 버림'도 다르지 않습니다. 다만 죽여 버림과 다른 것은 살해자와 피살자가 같다는 사실뿐입니다. 살해와 자살이 지닌 편의주의적 구조는 조금도 다르지 않습니다. 그러므로 편의주의적인 죽음 처리는 삶을 편의주의적으로 처리하는 데 이릅니다. 그럴 수밖에 없습니다. 죽음은 삶과 단절된 것이 아니기 때문입니다. 그렇다면 그 역도 참입니다. 삶을 편의주의적으로 살지 않았다면 죽음도 그렇게 다루지 않았을 것입니다.

그렇다면 우리가 이에서 의도해야 하는 것은 죽음과 삶을 총체적으로 조망하는 일입니다. 그 다른 둘이 한데 섞여 곤혹스러운 것이 아니라, 그 둘이 이어진 것임을 간과해서 생긴 갈등을 그 둘을 나누어 분리해 놓은 채 지양하려는 태도가 처음부터 잘못된 것일 수 있음을 되살피는 일입니다. 그러므로 죽음 논의는 삶의 논의와 단절되어서는 안 됩니다. 아울러 삶의 논의는 죽음 논의를 포함하지 않으면 안 됩니다. 그렇다면 죽음을 복잡한 가치의 얼개 안에 두고 고민하기보다 단순하게 생산성을 준거로 다룰 때 비로소 죽음의 온갖 문제들을 넘어설 수 있으리라고 판단한 편의주의는 매우 불안한 태도입니다. 왜냐하면 그것은 죽음에만 관심을 기울여 그것을 삶을 위해 어떻게 '활용'할 것인지 하는 데에만 몰두했든가, 아니면 삶이란 그것 자체를 무한히 생산적이게 할 수 있을 때만 죽음에서 비롯하는 존재의 무화 현상을 피할 수 있으리라고 판단했을 것이기 때문입니다.

그런데 만약 우리가 총체성의 시각을 확보할 수 있다면 그때 가장 직접적으로 드러날 수 있는 현상은 어쩌면 우리의 삶이 죽음을 지향하는 존재로 자기를 다듬는 것이 아니라, 죽음 자리에서 삶을 조망하면서 자기를 다듬는 그러한 존재로 현존하는 모습일지도 모릅니다. 그리고 만약 우리가 그러한 존재로 현존할 수 있다면, 이른바 앞에서 논의한 '죽음 물음'이 담고 있는 죽음 기원의 문제, 죽음 이후의 문제, 신화와 금기를 설정하여 그 안에 죽음을 자리 잡게 하는 문제 등도 '죽음 회피의 억지'이거나 죽음에 의미를 부여하고자 하는 '계산된 작위'가 아니게 됩니다. 어쩌면 이를 넘어 죽음 물음은 죽음과 삶을 총체적으로 아우르는 삶을 완성하기 위한 바로 그 '총체성의 시(詩)'가 되어, 일상의 산문을 읽는 것과 더불어 그것이 읊어질지도 모릅니다.

사람은 자기가 죽는다는 것을 아는 존재일 뿐만 아니라 그 죽음이 생명 현상이라는 것도 알고 있습니다. 그러므로 사람들은 죽음도 살아야 한다는 것도 알고 있습니다. 각박한 삶이 때로 사람들로 하여금 그렇다고 하는 사실을 망각한 채 삶 자체만을 절대화하면서 죽음 인식을 승인하지 못하게 하기도 하고, 때로는 죽음 인식에 의하여 자지러진 채 절망과 공포에 찌들려 죽음은 물론 삶 자체도 승인할 수 없게 하지만, 사람들은 그 둘이 지닌 총체성이 스스로 자기를 드러내는 낌새를 간과하지 못합니다. 왜냐하면 자신의 문제를 순수하게 드러내는 물음이 가닿는 정직한 인식의 가능성과, 죽음을 포함하고 있다 할지라도 죽음조차 살 수 있는 열린 상상력을 지닌 것이 생명의 본연이기 때문입니다. 인간은 그러한 존재입니다.

그렇다면 이제 우리는 죽음을 인식의 언어에 실어 펴기보다 고백의 언어에 실어 펴야 할지도 모릅니다. 죽음에 대한 실증적인 사실을 연구하고 제시하고 가르치기보다 죽음을 자기에게 정직한 언어로 고백하게 해야 할 것 같습니다. 죽음을 개념에 담아 논리를 좇아 진술하게 하기보다 삶의 자리에서 스스로 고백한 죽음을, 그리고 죽음의 현실을 마음껏 상상하며 살도록 해야 할 것 같습니다. 그렇게 하는 일이 '건강한 죽음 문화의 구축'을 위해 우리가 해야 할 일일지도 모릅니다.

그러나 이러한 택일적인 강조는 여전히 불안합니다. 죽음에 대한 진술은 인식과 고백을 아우르는 지평에서 펼쳐져야 마땅합니다. 그것이 때로 지난한 과제라는 느낌이 없지 않지만 실은 이미 사람들은 자신의 삶의 바탕에서 그러한 삶이 고갈하지 않았음을 스스로 확인하곤 합니다. 아무리 죽음 문화의 그늘이 짙어도 그러한 소박한 삶은 소멸되지 않는 죽음 문화의 양지를 빚는 그루터기입니다. 바로 그 그루터기를 실증하는 일이 죽음에 대한 인식 언어의 책무라고 말하고 싶습니다.

한국 무속의 죽음 이해 시론

/ 이용범

1. 들어가는 말

이 글은 한국 무속의 죽음의례를 통해 한국 무속의 죽음 이해 일반을 살펴보고자 한다. 물론 무속의 죽음 관련 신화도 무속의 죽음 이해에서 빠뜨릴 수 없는 중요한 자료의 하나이다. 그러나 무속 신화는 무속의례 과정에서 구송(口誦)되거나 행위로 구현된다는 점에서 무속의례에 포함시킬 수 있다.

무속 죽음의례는 오랜 시간 한국 사회에서 유교와 불교 등 타종교의 죽음의례와 함께 죽음의례 가운데 하나로 기능해 왔다. 이런 점에서 무속의 죽음 이해는 한국 사회의 전통적인 죽음 이해의 한 부분을 이룬다. 또한 현재에도 여전히 무속의 죽음의례가 행해진다는 점에서, 무속에 대한 한국 사회의 시선과 무관하게 무속의 죽음 이해는 현대 한국인의 죽음 이해와 무관하지 않다.

한국 사회에서 무속은 유교, 불교와 상호 영향을 주고받으면서 존재해 왔고, 따라서 무속의 죽음 이해 역시 유교와 불교의 영향을 받았음을 부정할 수 없다. 이 글은 유교와 불교의 영향을 본격적으로 다루지는 않는다. 이 글은 불교와 유교의 영향은 괄호를 치고, 무속 죽음의례에 나타난 죽음 이해를 살피고자 한다.

한국 무속에는 다리굿(평안도), 진오기굿(황해도, 서울, 경기), 씻김굿(호남), 오구굿(남해안, 동해안), 시왕(十王)맞이(제주도) 등 각 지역 나름의 죽음의례가 존재한다. 이 글은 각 지역 무속 죽음의례에 나타나는 죽음 이해의 특수성보다는 한국 무속의 죽음 이해 일반에 초점을 맞추고자 한다. 이런 이유에서 글의 제목을 '한국 무속의 죽음 이해 시론'으로 정하였다.

한 사람의 죽음은 늘 그에 대한 물음을 불러일으킨다. 죽음에 대한 물음은 죽음에 따라 얼마든지 달라지지만, '죽음의 원인'과 '죽음 이후'에 대한 물음이 가장 일반적이다. 죽음이 발생했을 때, 죽음의 원인에 대한 납득할 만한 답이 주어질 때 비로소 죽음을 수용할 수 있다. 이유를 납득할 수 없는 죽음은 살아 있는 사람들에게 필연적인 것으로 수용되기 어렵다. 이는 특히 가까운 사람의 죽음이나 이른바 넓은 의미의 비정상적 죽음의 경우에 더욱 그렇다. 죽음 이후에 대한 물음 역시 죽음에 던지는 일반적인 물음 가운데 하나이다. 이 물음은 죽음이 가져오는 변화, 죽음 후의 존재, 죽음 후에 가는 저승, 저승에서의 삶 등에 대한 보다 세부적인 물음으로 나눌 수 있다.

이 글은 이러한 물음에 대해 무속의 죽음의례가 함축하는 대답이 무엇인지를 살펴봄으로써 한국 무속의 죽음 이해 일반을 파악하고자 한다. 구체적으로 이 글은 무속 죽음의례의 유형과 무속 죽음의례의 중심 모티프를 통해 그러한 물음의 답으로 드러나는 무속의 죽음 이해를 살피고자 하였다.

죽음을 처리하는 무속 죽음의례에는 여러 유형이 있다. 무속 죽음의례의 복수성은 죽음의 복수성을 전제한다. 이는 무속이 인간의 죽음을 단일하고 동질적인 것으로 바라보지 않고, 죽음을 구분한다는 것을 의미한다. 따라서 무속 죽음의례의 유형을 통해 무속이 인간의 죽음을 어떻게 구분하는가를 파악할 수 있다.

각 지역의 무속 죽음의례에서 일반적으로 나타나는 중심 모티프 역시 무속 죽음 이해의 주요 단서를 제공한다. 무속 죽음의례에 일반적으로 나타나는 중심 모티프는 '죽음 이후'의 물음에 대해 일정한 답을 함축한다. 이 글은 또한 무속 죽음의례의 중심 모티프가 함축하는 죽음 이후의 물음에 대한 답을 통해 무속 죽음 이해의 일단을 파악하고자 하였다.

그런데 이 글은 죽음의 원인을 다루지는 않는다. 그것은 무속이 죽음의 원인을 말하지 않기 때문이다. 무속 죽음의례는 죽음을 주어진 현실로 수용하고 죽은 자를 죽은 자의 세계인 저승으로 보내는 데 관심을 기울인다. 죽음이 시절이나 운명 탓이거나 신의 부름 등 여러 원인이 있을 수 있다는 것을 지적하는 데 그치고,[1] 분명한 원인을 밝히려 하지 않는다. 또한 죽음의 원인이나 기원 자체를 다룬 무속 신화는 발견되지 않는다. 오히려 아이나 어른, 노인이나 젊은이를 가리지 않고 발생하는 죽음의 구체적인 현실을 설명하는 신화가 있을 뿐이다.[2] 이는 한국 무속에서는 인간의 죽음 자체보다는 나이와 무관하게 발생하는 죽음의 예측 불가능성이나 부조리함이 문제가 됨을 말해 준다.

이런 점에서 원인이 무엇이든 인간의 죽음을 하나의 현실로 받아들이는 데서 무속 죽음의례는 출발한다고 말할 수 있다. 무속 죽음의례의 이런 성격으로, 이 글은 죽음 이후에 대한 물음을 주로 다룬다. 즉 죽는다는 것이 무엇이며, 죽음 후의 존재 , 죽음 후에 가는 저승, 저승에서의 삶 등을 중심으로 무속의 죽음 이해를 살펴본다.

하지만 이 글은 무속이 죽음을 무력하게 수용할 수밖에 없는 불가피한 운명이나 현실로 파악하는 비관적 죽음 이해를 갖는다고 생각하지 않는다. 무속은 죽음을 인간의 존재가 사라지는, 그래서 부정해야 하는 두려운 현상으로 보지 않는다. 오히려 무속은 죽음에 대해 존재의 소멸이 아닌 존재의 변화, 즉 이전과는 다른 새로운 존재로 다시 태어나는 계기라는 적극적인 의미 부여를 한다. 또한 무속은 죽음이 인간으로서는 이해할 수 없고 불가피한 두려운 절대적인 현실이기보다는, 인간의 개입이 열려 있고 인간의 정성과 슬기로서 극복할 수 있는 삶의 한 측면이라는 내용의 신화들을 갖고 있다. 전국적으로 분포된 바리공주 신화를 비롯해서 함경도의 도량선비 청청각시 신화와 황천혼시, 전라도의 장자풀이, 앞에서 소개한 제주도의 차사본풀이 등 무속의 죽음 관련 신화는 대부분 그런 모티프를 함축한다. 그러나 이 글에서 이 부분을 본격적으로 다루지는 못했다.

2. 동일하지만 다른 죽음

한국 각 지역에서 행해지는 무속 죽음의례에는 여러 가지가 있다. 죽은 지 얼마 안 된 죽은 자를 위한 죽음의례와 오랜 시간이 지난 죽은 자를 위한 죽음의례,[3] 물에 빠져 죽은 사람을 위한 죽음의례,[4] 미혼으로 죽은 남녀를 위한 죽음의례[5] 등이 있으며, 또한 죽음의 각 단계마다 일반 상장례와 함께 행해지는 죽음의례[6]도 있다.

무속에 여러 유형의 죽음의례가 있다는 것은 무속이 인간의 죽음을 여러 갈래로 구분함을 의미한다. 인간의 죽음이 동일하다면, 죽음에 따른 여러 유형의 죽음의례가 존재할 이유가 없다. 한국 무속은 인간의 죽음은 단일하거나 동질적인 것이 아니고 성격이 서로 다른 여러 죽음이 존재한다는 것을 전제한다. 생물학적 관점에서 보면, 모든 인간의 죽음은 동질적이다. 이처럼 인간의 죽음에 차별성을 부여하는 것은, 무속이 인간의 죽음을 생물학적 견지에서 바라보지 않음을 말해 준다.

무속 죽음의례의 유형을 달라지게 하는 요인은 크게 두 가지다. 하나는 죽음 발생 이후 경과된 시간이고, 또 하나는 죽음의 방식 차이이다. 한국 무속에서는 동일한 죽음이라도 죽음 발생 이후 시간이 얼마나 지났느냐에 따라 그것이 다르게 받아들여진다. 즉 죽음 발생 이후 시간의 경과에 따라 동일한 죽음이라도 그 성격이 달라진다고 파악한다. 이러한 인식은 무속 죽음의례의 유형을 통해서 확인된다. 죽음 발생 이후 경과된 시간에 따라 죽음의례의 절차가 달라진다.

예컨대, 서울 지역의 경우 갓 죽은 사람을 위한 '진진오기굿'과 죽은 지 상당한 시간이 흐른 죽은 자를 위한 '(마른) 진오기굿'[7]이 구분된다. 당연히 굿 절차에서도 차이가 발생한다. 마른 진오기굿에서는 행해지는 불사거리,[8] 도당거리,[9] 본향거리,[10] 성주거리[11] 등의 절차가 진진오기굿에서는 행해지지 않는다. 불사거리, 도당거리, 본향거리, 성주거리 등의 절차는 서울굿의 일반적인 절차인데, 진진오기굿에서는 생략된다.

이는 호남 지방도 마찬가지이다. 호남 지방에서는 출상 전날 관 옆에서 행하는 곽머리 씻김굿 같은 굿을 '진굿', '진일'이라고 한다. 반면에 초상 후 일정한 시간이 흐른 뒤 날을 잡아 행하는 씻김굿인 날받이 씻김굿 같은 굿을 '마른 씻김굿(묵은 씻김굿)'이라고 한다.[12] '진굿'에서는, 부정을 물려 굿이 이뤄지는 집의 공간을 정화하며 조왕신에게 굿을 알리고 축원하는 조왕굿을 행하지 않는다.[13] 또한 씻김굿의 절차로서 행해지는 안당[14] 역시 죽음이 발생한 지 이틀 만에 행해진 혼건지기 굿과 같은 진굿에서는 행해지지 않는다.[15] 오늘날 제석굿은 호남 지방 씻김굿의 일반적인 절차로 행해진다. 그러나 제석굿 역시 이전에는 진굿에서 행해지지 않았다고 한다.[16] 조왕굿, 안당굿, 제석굿은 호남 지방 굿에서는 늘 등장하는 일반적인 절차이다. 그런데 죽은 지 얼마 안 된 사람을 위한 굿에서는 이 절차들이 생략되거나 간략하게 행해진다.

다른 지역의 경우, 이러한 구분을 분명한 자료로 확인하긴 어렵다. 하지만 동해안 지역에서도 '진자리 오구'가 해방 이후에 사라졌다는 이야기가 있다. 황해도의 경우에도, 진진오기 굿에서는 마을신에 대한 절차를 행하지 않는다고 한다.[17] 이런 점에서 죽은 지 얼마 안 된 죽은 자를 위한 이른바 '진굿'과 오래된 죽은 자를 위한 '마른굿'의 구분은 한국 무속에서 거의 일반화된 구분이라고 말할 수 있다.

이처럼 죽음 발생 이후 시간에 따라 이른바 '진굿'과 그렇지 않은 '마른굿'이 구분되는 것은, 한국 무속에 죽음 발생 이후 시간에 따라 죽음의 성격이 달라진다는 관념이 존재함을 말해 준다. 죽음의 성격이 달라지는 것으로 판단되는 시점은 대체로 사후 49일이나 100일, 또는 3년 등 넓은 의미의 '탈상(脫喪)'이 기준이 된다. 사후 49일, 100일, 3년 등의 시점은 무속 본래의 시간 구분으로 말하기 어렵다. 그것은 유교와 불교 죽음의례에서 유래된 시간개념으로 여겨진다. 유래가 어찌되었든, 그러한 시점은 시간의 흐름에 따라 죽음의 성격이 달라진다는 인식이 한국 무속에 존재함을 말해 준다.

한편 49일, 100일, 3년 등의 시간의 경과에 따라 무속 죽음의례가 진굿과 마른굿으로 나뉘는 것은 한국 상장례에서 설정하는 과도기 개념과 연관된다. 한국 상장례에서 죽은 자는 숨이 끊기는 생물학적 죽음과 함께 곧바로 기존 죽은 자의 세계인 조상의 반열에 들지 못한다. 49일이든, 100일이든, 3년이든 과도기를 거쳐 탈상을 해야만 비로소 조상의 세계에 들어간다. 당연히 조상의 세계에 들어가기 전의 죽은 자는 기존 조상들과 다르게 파악된다. 예컨대 머무는 공간이 다르다. 탈상을 거치지 못한 죽은 자는 조상의 세계인 '사당'이나 '선산'에 들어가지 못하고 '상청'에 모셔지거나 초빈(草殯)[18]과 같은 형식으로 '임시 공간'에 모셔진다. 이처럼 과도기를 거쳤는가의 여부에 따라 죽은 자이지만 서로 다른 죽은 자로 파악되는 것이다. 무속 죽음 의례 역시 이처럼 '동일하지만 다른' 죽음의 개념을 전제한다.

'진' 굿과 '마른' 굿으로 나누는 것을 통해 짐작되듯, 양자를 나누는 시점은 죽은 자의 몸의 상태를 기준으로 했을 가능성이 크다. 죽은 지 얼마 되지 않아서 살이 남아 있고 죽음의 부정이 '진한(따라서 강한)' 죽음에는 '진굿'을, 죽은 지 오래되어 살이 다 사라지고 뼈만 남아 있는 '마른' 죽음에는 '마른굿'을 하였을 것으로 추측된다.

이처럼 죽은 자의 상태, 정확히는 죽은 자의 몸의 상태 즉 육탈(肉脫) 여부를 기준으로 과도기 통과 여부를 결정하고 죽은 자의 부정의 정도를 파악하는 것은 아직도 초빈(草殯)과 같은 이중장(二重葬)의 관행에 남아 있는 관념이다. 한국의 무속도 이러한 관념을 공유하다가, 유교와 불교의 영향으로 49일, 100일, 3년 탈상 등의 기준을 갖게 된 것으로 생각된다.[19]

또한 무속의 죽음의례는 이른바 정상적인 죽음과 비정상적인 죽음에 따라 달라진다. 이는, 한국 사회의 전통적인 관념과 마찬가지로, 무속 역시 자연스러운 정상적인 죽음과 그렇지 못한 비정상적인 죽음을 구분한다는 것을 말해 준다.

무속에서 정상적인 죽음과 비정상적인 죽음의 차이를 발생시키는 것은 죽은 자의 인격이나 업적, 사회 기여 등 생전의 삶이 아니다. 사람이면 누구나 자연스럽게 거쳐야 한다고 여겨지는 통과의례를 통과했는지의 여부, 그리고 어디서 어떻게 죽었느냐 등 넓은 의미의 죽음의 방식이 죽음의 성격을 결정한다.[20]

한국 사회의 전통적인 관념과 마찬가지로, 무속에서도 태어나 성인이 되어 결혼을 해서 자식을 낳고 적당한 수를 누린 다음 자기 집에서 맞이하는 죽음이 정상적인 죽음이다. 태어나서 성인이 되지 못하고 어린 나이에 죽거나, 성인이 되었지만 결혼을 하지 못하고 죽는 경우 비정상적인 죽음으로 여겨진다. 어린아이의 경우 정식 사회 구성원으로 인정되지 않기에, 일반 상장례 절차에서 그렇듯이, 어린아이의 죽음은 무속 죽음의례의 대상이 되지 않는다.[21]

성인이 되었으나 결혼을 못하고 죽었을 때 흔히 처녀귀신·총각귀신이 된다고 하는데, 이들을 위한 별도의 무속 죽음의례가 준비되어 있다. 허재비굿, 짝짓기굿과 같은 이른바 '사후(死後)결혼굿'이 그것이다. 이러한 사후 결혼굿에는, 정상적으로 죽은 사람을 위한 무속 죽음의례와 달리, 죽은 자의 결혼식이 굿 과정에 포함된다.

통과의례의 통과 여부 외에 무속에서 비정상적인 죽음을 발생시키는 또 다른 요인은 죽음의 발생 공간과 죽음의 방식이다. 무속에서 자연스러운 죽음은 평소에 살던 자기 집에서 맞이하는 죽음이다. 집 밖의 죽음은 이른바 객사(客死)라는 비정상적인 죽음으로 규정된다. 병원에서 치료를 받던 노인을 임종이 가까우면 집으로 모시던 관행이 말해 주듯, 집 밖의 죽음은 정상적인 죽음으로 여겨지지 않았다.

심지어는 자기 논에 일을 나갔다가 수로에 빠져 죽은 노인도 객사로 처리된다. 노인이 일을 나간 논은 집에서 멀리 떨어져 있지 않았고 그가 살던 마을의 영역에 포함되어 있었다. 그런데도 객사로 처리되어 그 노인의 시신은 집으로 모셔지지 못하고, 임시 빈소인 외빈(外殯)으로 모셔졌다.[22]

충분한 수를 누리고 자연스럽게 맞이한 죽음이 아니라, 각종 사고, 타살이나 자살, 전쟁 등으로 발생한 죽음 역시 비정상적인 죽음으로 여겨진다. 이런 죽음 역시 일반적으로 집 밖에서 발생한 죽음이라는 점에서 넓은 의미의 객사의 범주에 포함시킬 수 있다.

이러한 넓은 의미의 집 밖의 죽음에 대해서는 이른바 죽은 자의 '혼(넋) 부르기'(익사자의 경우 '혼(넋) 건지기')의 절차가 행해진다. 이는 죽은 자의 혼을 복귀시키는 것으로, 죽은 자의 혼을 불러온 뒤 일반적인 무속 죽음의례의 절차를 진행한다. 이처럼 집 밖의 죽음에 대해서 죽은 자의 혼을 부르는 것이 필수적인 절차로 나타나는 것은, 집 밖에서 죽었을 경우 죽은 자의 혼이 죽음이 발생한 장소에 붙잡혀 있다는 사고와 관련이 있다.

흔히 비정상적인 죽음으로 원혼이 된 경우, 그 원혼은 자신이 죽은 장소에서 벗어나지 못하고 그 장소에 붙잡혀 있어서 그 장소를 위험하게 만든다고 여겨진다. 이러한 원혼으로 인해서, 사람이 자살한 집은 흉가가 되고, 교통사고로 사람이 죽은 곳은 계속 교통사고가 이어지는 사고 빈발 지점이 되며, 사람이 빠져 죽은 물가 역시 계속 익사 사고가 발생하는 위험한 곳이 된다고 한다. 즉 비정상적인 죽음을 당한 망자는 죽음의 발생 공간에 붙잡혀 그곳을 맴돌고 있음으로써, 기존 죽은 자의 세계에 통합되지 못한 채 죽음이 발생한 공간을 위험 공간으로 만든다는 것이다. 이러한 죽음에 대해서는 죽은 자를 그 공간으로부터 자유롭게 하는 의례가 필요한데, 그것이 바로 죽은 자의 '혼 부르기'(또는 혼 건지기)이다.[23]

3. 존재의 변화와 지속

1) 존재의 변화로서의 죽음

한국 무속에서 죽음은 한 사람의 존재가 사라지는 것이 아니라 그 존재가 변화하는 것이다. 즉 인간 세계인 이승의 존재에서 죽은 자의 세계인 저승의 존재로 변화하는 것이 죽음이다. 그래서 한국 무속의 죽음의례에는 죽음이란 죽은 자의 존재가 변하여 저승의 존재로 새롭게 태어나는 것임을 보여주고 확인하거나, 죽은 자의 존재 변화를 가능케 하여 죽음을 수용할 수 있도록 하는 의례 절차가 두드러지게 나타난다.

죽은 자의 존재 변화를 확인하는 의례 절차는 각 지역 무속 죽음의례에서 두루 발견된다. 대표적인 예로, 말미 후 세발 심지 태워 흔적보기(서울 진오기굿), 오구가루 보기(전라도 씻김굿), 영가루치기(제주도 撫魂굿), 넋일굼(동해안 오구굿), 넋올리기(전라도 씻김굿), 맑은 혼 모시기(황해도 진오기굿) 등이 있다.

말미 후 세발 심지 태워 흔적보기,[24] 오구가루 보기[25]는 바리공주 신화를 구송한 다음에 죽은 사람이 어떤 존재로 환생했는가를 확인하는 절차이다. 영가루치기 역시 굿이 다 끝난 후에 쌀가루 위에 남은 흔적으로 죽은 사람의 환생 여부를 확인하는 것이다.[26] 황해도 진오기굿에도 이와 비슷한 절차가 있다.[27]

넋일굼, 넋올리기, 맑은 혼 모시기 등 역시 죽은 자의 존재 변화를 확인시켜 주는 절차이다. 넋일굼이나 넋올리기는 죽은 자를 상징하는 신체에서 넋만을 분리해 들어 올림으로써 죽은 자가 '몸과 넋을 가진 존재'에서 '(몸이 없는) 넋을 가진 존재'로 변화되었음을 확인한다.[28] 맑은 혼 모시기 역시 대내림[29]을 통해 자신의 심정을 다 말한 죽은 자가 맑은 혼으로 상징되는 새로운 존재, 즉 저승의 존재로 바뀌어서 자기 가족들과 다시 대면하는 절차이다. 구체적인 부분의 차이에도 불구하고, 이런 굿 절차들은 죽은 자가 몸과 넋을 가진 이승의 존재에서 넋의 존재, 혼의 존재로 변화되었음을 알리고 확인하는 의미를 갖는다.

한편 무속의 죽음의례에는 단지 죽은 자의 존재 변화를 확인하는 데 그치지 않고 보다 적극적으로 죽은 자의 존재를 변화시키는 기능을 하는 의례 절차도 있다. 예컨대 전라도 씻김굿의 고풀이와 씻김의 절차는 얽히고 설킨 이승의 삶과 그에 대한 미련과 한을 풀어내고 이승의 흔적을 씻어 냄으로써, 죽은 자를 이승의 존재와는 다른 새로운 존재로 변화시켜 준다. 이런 점에서 씻김굿의 고풀이와 씻김의 절차는 불교 천도재의 관욕(灌浴)과 같은 기능을 한다고 할 수 있다.

한국 무속의 죽음의례에서 죽은 자를 이승의 존재에서 저승의 존재로 변화시키는 핵심적인 절차는 죽은 자와 산 자의 대화이다. 죽은 자의 존재 변화가 이뤄지기 위해서는 죽은 자가 자신의 죽음을 현실로 받아들여야만 한다. 죽음이 발생했을 때 죽은 자 당사자나 살아 있는 가족에게 가장 어려운 문제는 죽음을 분명한 현실로 받아들이는 일이다. 특히 죽은 자는 자신의 죽음을 인정하지 않으려 하며, 저승의 세계로 떠나는 것을 주저한다. 이때 죽은 자로 하여금 죽음을 현실로 받아들이도록 하는 데 결정적 역할을 하는 것이 죽은 자와 산 자의 대화이다. 이 대화는 무당의 신내림 또는 대내림 같은 의례적 장치를 통해 죽은 자가 자신의 심정을 말하는 과정에서 이뤄진다. 서울 진오기굿의 영실(또는 넋두리)이 대표적 예이다. 영실은 무당에게 실린 죽은 자가 자신의 이야기를 가족에게 전하는 것이다.

이처럼 죽은 자의 이야기를 듣고 대화를 나누는 절차는 서울 진오기굿은 물론 여러 지역 무속의 죽음의례에서도 나타난다. 동해안 오구굿의 강신너름,[30] 제주도의 귀양풀이나 시왕맞이[31]의 영개울림,[32] 전라도 씻김굿의 손대잡이,[33] 황해도 진오기굿의 대내림, 평안도 다리굿의 기밀드리기[34] 등이 바로 그것이다. 이러한 사례들은 한국 무속의 죽음의례에서 죽은 자가 자신의 이야기를 하고 산 자가 그 이야기를 듣는 커뮤니케이션 과정이 하나의 일반적 구성 요소로 자리 잡고 있음을 말해 준다.

경우에 따라 조금씩 다르지만, 어떤 죽은 자나 자신의 죽음을 쉽게 현실로 받아들이지 못한다. 그래서 죽은 자는 가족들에게 생전 삶의 안타까움과 서러움, 슬픔과 한스러움, 이승 삶에 대한 미련, 가족들에 대한 섭섭함 등 하고 싶은 이야기와 못 다한 이야기를 토로하게 마련이다. 살아 있는 가족들 역시 망자의 심정에 공감하며 망자의 죽음을 함께 안타까워한다.

이러한 커뮤니케이션의 과정은 단순히 죽은 자의 심정을 듣고 죽은 자와 산 자가 마지막으로 나누는 대화에 그치지 않고, 궁극적으로는 죽은 자나 산 자 모두에게 죽음을 엄연한 현실로 받아들이게 하는 의미를 갖는다. 산 자와의 대화를 통해 죽은 자는 이승에서의 삶을 돌이켜봄으로써 이승의 삶을 정리하고 또 다른 세계인 저승의 삶을 받아들일 수 있게 된다.

이러한 대화는 상황에 따라 다양한 갈등을 드러내고 복잡한 상호작용의 양상을 보이기도 한다. 그러나 항상 죽은 자가 살아생전의 아쉬움과 미련, 섭섭함, 미안함을 다 털어 버리고, 남은 가족들을 도와주고 좋은 곳으로 가겠다고 말하는 것으로 끝난다. 이는 그러한 커뮤니케이션 과정을 통해 죽은 자가 자신이 산 자에서 죽은 자로 바뀌었다는 것을, 즉 자신의 존재 변화를 스스로 인식하게 되었음을 나타내는 것으로 해석할 수 있다.

이처럼 대화를 통한 죽은 자의 존재 변화는, 앞에서 예로 든, 죽은 자가 대내림에서 가족들과 대화를 나눈 뒤 맑은 혼이 되어 다시 등장하는 황해도의 맑은 혼 모시기나, 역시 강신너름을 통해 가족들과 죽은 자가 마지막 대화를 나눈 뒤 죽은 자의 넋을 올려 넋의 존재가 되었음을 보여주는 동해안 오구굿의 넋일굼 등의 사례에서 잘 나타난다. 서울 진오기굿에서도 죽은 자와 산 자가 대화를 나누는 영실이 여러 번 반복되는데, 뒤로 갈수록 죽은 자는 점차 자신이 죽은 자라는 인식을 보다 분명하게 보여준다.

이런 점에서, 죽음으로 초래된 죽은 자의 존재 변화를 확인하고 죽은 자를 산 자의 세계인 이승에서 죽은 자의 세계인 저승으로 전이(轉移)시키는 것이 죽음의례의 일반적 과정이라고 할 때, 무속의 죽음의례는 바로 죽은 자와 산자의 직접적인 만남과 대화가 이뤄지는 의례 장치를 중심으로 산 자에서 죽은 자로의 존재 변화를 확인한다.[35] 그리고 이러한 죽은 자의 존재 변화는 말미 후 세발심지 태워 흔적보기, 오구가루 보기, 영가루치기, 넋일굼, 넋 올리기, 맑은 혼 모시기 등의 가시적인 상징적 의례 행위를 통해 직접적으로 확인된다.

한편 이처럼 죽은 자가 자신의 죽음을 인정하게 되는 산 자와의 대화에서, 죽은 자의 대화 상대는 바로 그의 가족이다. 이러한 대화는 죽은 자의 존재 변화에서 가족의 중요성을 확인시켜 준다.

2) 죽음 이후 존재의 지속

무속에는 죽음 이후에도 죽은 자가 여전히 살아 있는 가족들과 관계를 맺으며 생전의 사회적 정체성을 유지하는 것으로 나타난다. 이는 죽은 조상이 한국 무속의례의 일반적인 신(神)의 하나로 자리 잡고, 조상을 대상으로 한 의례 절차인 조상거리에 생전의 모습으로 등장해 가족들과 커뮤니케이션을 갖는 것을 통해서 알 수 있다. 무속 죽음의례에서도 조상들은 조상거리를 통해 등장해 가족들을 위로하며, 보살핌과 도움을 약속하고, 아울러 이제 막 저승길에 오를 죽은 자를 저승으로 잘 인도해 주겠다고 한다.[36]

이처럼 무속의례에서 죽은 조상이 살아 있는 가족과 커뮤니케이션을 갖는 것이 일반적인 의례 절차의 하나라는 것은, 죽음 후에도 가족관계가 깨지지 않고 지속된다는 믿음을 바탕으로 한 것이다. 죽음 이후에 가족관계가 지속된다는 믿음이 없다면 무속의례에서 조상을 모시는 절차가 필요하지 않을 것이다. 이는 가족이라는 혈연관계는 죽음에 의해 단절되지 않고 지속된다는 관념을 보여주는 것으로, 죽은 자는 죽음 후에도 여전히 생전의 가족관계의 맥락에서 자신의 존재를 유지한다는 것을 말해 준다.

이런 믿음을 바탕으로, 무속 죽음의례에서 조상은 갓 죽은 자보다 먼저 모셔지고, 아울러 저승에 먼저 가서 살고 있는 가족으로서 이제 갓 죽어 저승길을 모르는 죽은 자에게 저승길을 안내하는 역할을 한다. 동해안 오구굿을 예로 들면, 갓 죽은 자를 이끌어 저승으로 데려가는 조상의 역할이 잘 나타나 있다. 무가 사설을 보면, "구대조상 양주부채[兩主夫妻] 팔대조상 양주부채여 칠대조상 양주부채 육대조상님 양주부채요 오대 조상님네 양주부채 모시고 사대로 조상님네…… 삼대 조상님네 이대야 조상님네 김씨 조상님네" 등 여러 조상들이 "썩은 손길 부여잡고" 와서 자손들도 만나고 굿을 받아 갓 죽은 망자와 함께 극락세계로 가기를 기원한다.[37]

전라도 씻김굿 무가 사설에도 조상과 갓 죽은 자가 굿에 같이 오고 저승에도 같이 간다는 것을 보여주는 구절이 나타난다. 물론 앞서 가는 것은 조상이고, 뒤를 따르는 것은 갓 죽은 자이다. 즉 "불쌍한 박씨망자 구망조상 앞을 서고 신망조상이 뒤를 따라 넋이라도 오시옵고…… 구망조상 앞을 서고 신망조상 뒤를 따라 극락시왕을 가실라고"[38]라고 노래한다.

이처럼 가족관계를 중심으로 본다면, 한국 무속에서 죽음은 다름 아닌 '이승의 가족'에서 '저승의 가족'으로 옮겨가는 것에 불과하다.[39] 그리고 '이승의 가족'과 '저승의 가족' 사이에는 단절이 없다. 그렇기에 이승의 삶에 대한 지나친 집착과 미련을 가질 필요가 없다.

동해안 오구굿을 보면, 살아 있는 가족들은 "금세상에 못다 산 한으로 저승 가서 오래오래 사시라."고 죽은 자를 달래서 저승길을 가도록 청한다. 죽음 이후 죽은 자의 존재가 사라지는 것이 아니라, 여전히 저승에서 가족과의 관계를 통해 지속되는 것이기에 저승에 가는 것을 주저할 필요가 없다고 말하는 것이다. 아울러 가족들은 "우리도 살다 훗세상에 가면 아버지요 그때 만나서 이별 없이 삽시데이."라며, 이승에서의 가족관계가 저승에서도 지속된다는 사실로 죽음이 초래한 이별의 아픔을 극복하도록 설득한다.[40]

제주도 죽음의례에서도 동일한 관념이 나타난다. 영개울림에서 죽은 자는 가족들에게 다음과 같이 이야기한다. "가족들이 모두 사이좋게 살다가 정명(定命)이 다 되어 저승으로 오면 저승문에서 기다리다 마중하고, 이승에서 다하지 못한 만단정화를 하며 즐겁게 같이 살자. 또 저승에 있으면서 언제나 집안의 안전과 번창을 지켜주어 공을 갚겠다."[41] 자식이 먼저 죽었을 경우에는, "늙은 어머님아 살암십서, 살당[살다가] 멩[命]이 다되영 저싱에 오민, 저싱문에 섰당 나 어머니 손목잡앙 인도ᄒ쿠다"[42]라며 저승에서라도 효도하여 이승에서 다하지 못한 효도를 올리겠다고 말하기도 한다.[43]

이러한 사례는 한국 무속에서는 죽음에도 불구하고 기존의 가족관계가 해체되지 않고 여전히 유지됨을 말해 준다. 그리고 죽음은 '가족 밖의 사건'이 아니라 '가족 안의 사건'이다. 이것은 또한 무속은 이승은 물론 저승에서도 지속되는 가족관계를 통해 죽음의 슬픔, 미련, 아쉬움을 극복한다는 것을 말해 준다. 인간 삶의 근본 위기였던 죽음의 문제가 가족관계를 통해서 해소되는 것이다. 이런 점에서 무속에서는 이승의 삶이 가족과 함께하는 삶인 것처럼, 죽음 역시 외로운 개인적인 죽음이 아니라 가족과 함께하는 죽음이다. 이를 다음과 같이 도식화할 수 있다.[44]

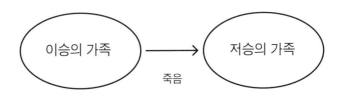

이승의 삶이 가족관계에 기초하는 것처럼 죽음 후의 삶 역시 그렇다. 따라서 죽음 이후에 죽은 자의 존재 상태를 결정하는 것은 바로 가족관계이다.

죽음 후에 죽은 자가 살아 있는 가족에게 의존한다는 관념은 바리공주 신화에서도 분명하게 나타난다.[45] 바리공주 신화를 보면, 바리공주가 생명의 약수를 구하기 위해 저승에 다녀오다가 죽은 자를 태우고 저승으로 가는 배들을 만나는 광경이 나온다. 그중에 불빛도 없이 가야할 방향도 모른 채 가장 처량하게 떠다니는 배가 있다. 그 배는 바로 생전에 자식을 두지 못한 채 죽은 사람들을 싣고 가는 배이다.

갈치산 불치 고개 대세지 고개를 넘어오니 유사강 피바다에 배들이 떠다녔다.

"염불을 외우고, 아미타불 소리 요란하고, 연꽃이 사방에 바쳐져 있고, 거북이 받들고, 청룡 황룡이 끄는 배는 어떤 밴고?"

바리공주가 그중의 한 사람에게 물었다.

… (중략) …

또 한 배가 보이는데 그 배는 불도 없고, 달도 없고, 임자도 없고 조용히 흘러가고 있었다.

"저 배는 어떤 밴고?"

"그 배에 있는 망자는 무자귀신(無子鬼神)과 해산길에 죽은 망자와 시왕제(十王祭), 사십구제, 지노귀 새남도 못 받고, 길을 잃고 세계를 몰라 임자 없이 엎혀 사는 배로소이다."

바리공주는 크게 슬퍼하며 염불해서 그들이 극락왕생하도록 해 주었다.

"아미타불 지장보살님, 염불 받아 극락세계 시왕세계에 왕생천도 하서이다."[46]

이것은 생전에 후손을 남기지 못하고 죽음으로써 살아 있는 사람들과 관계가 끊긴 죽은 자가 가장 가엽고 처량하다는 메시지를 담고 있다.

한국 무속의 신 가운데 인물신(人物神)이 있다. 인물신은 죽은 사람이 신격화(神格化)된 존재로서, 세 부류가 있다. 바로 영웅신, 조상, 잡귀잡신이다. 영웅신과 조상은 나름의 아이덴티티를 갖는 개별적 존재로 인식되는 데, 잡귀잡신은 개별적 아이덴티티가 확인되지 않는 복수의 익명적 존재들로 인식된다.

그런데 잡귀잡신은 살아 있는 사람들과 아무런 관계를 맺지 못한 존재이다. 살아 있는 사람들, 가족이나 가까운 친족이든 아니면 마을이나 한 사회 전체이든, 그들과 아무런 관계가 없기 때문에 그 존재와 아이덴티티가 확인되지 않는 존재이다. 반면에 조상은 혈연관계의 맥락에서 자신의 가족과 관계를 맺고 있고, 영웅신은 혈연관계의 범위를 넘어선 지역이나 사회 전체와 관계를 맺고 있다. 그리고 바로 그러한 관계를 바탕으로 양자는 각자의 개별적인 아이덴티티를 유지한다.

잡귀잡신은 살아 있는 사람들과 자신의 존재를 확인해 줄 아무런 관계를 맺지 못해서 '임자 없는 귀신', '떠돌이 귀신'이라 하며, 이처럼 개별적 아이덴티티가 확인되지 않기 때문에 익명의 무리들로 여겨진다. 또한 개별적 아이덴티티가 확인되지 않는다는 이유로 위험한 존재로 여겨져 무속의례에서 주변적인 위치에 머물게 된다.[47]

결국 죽은 자가 죽은 후에 어떤 상태에 놓이는가를 결정하는 것은 바로 살아 있는 사람들이다. 그리고 살아 있는 사람들과의 관계에서 가장 기본적인 것이 혈연관계이다. 무속에서 혈연관계는 죽은 자의 존재 확인 및 죽음 후의 존재를 결정하는 핵심적 요건으로 작용한다. 죽은 자가 산 자에게 바라는 가장 큰 욕구는 바로 '자기를 기억하고 자기 말을 들어 달라는 것', 곧 자신의 존재를 확인해 달라는 것이다. 이런 욕구를 충족시켜 줄 산 자가 없는 죽은 자는 잡귀잡신이 된다.[48]

평범한 보통 사람의 경우, 죽음 이후에 그를 기억해 줄 가능성이 가장 큰 산 사람은 자신의 후손을 포함한 가족들이다. 따라서 한국 무속에서는 평범한 보통 사람이라 할지라도 살아 있는 가족이 존재하는 한 죽음과 함께 그 존재가 사라지지 않는다. 죽었지만 여전히 '살아 있는 죽은 자(a living dead)'

로서 존재를 지속할 수 있다.

4. 소통과 생명의 공간, 저승

무속에서 저승을 어떻게 그리는지 명확히 말하기는 어렵다. 그리고 한국 사회에서 무속이 유교, 불교 등 주변 종교와 밀접한 상호 관계를 가지면서 구체적인 삶의 자리에서 실천되어 왔기 때문에, 무속의 저승 관념은 결코 단일하지 않고 복합적이다.

한국인 일반의 상식이나 저승 관련 설화를 볼 때, 죽은 자가 머무는 저승 은 바로 죽은 자가 묻힌 무덤이라는 생각이 하나의 분명한 흐름으로 자리 잡고 있다. 이는 예컨대 한 집안에서 돌아가신 조상들을 모신 선산(先山)을 조상들이 계신 곳이라 믿어 소중하게 돌보고 살피는 것을 통해서 알 수 있 다. 무덤이 죽은 자가 사후에 생활하는 공간인 점은 고분과 같은 고대 무덤 에서 발견되는 여러 부장품들이 죽은 자의 사후 생활에 필요한 것들이라는 사실을 통해서도 확인된다. 고구려 고분벽화는 바로 고분이 죽은 자의 또 다른 삶의 공간이라는 점을 생생하게 보여준다.

민간설화에서도 무덤이 죽은 자가 기거하며 살아가는 공간이라는 관념 이 발견된다. 부친의 제삿날이 되자 아들 부부가 부친의 무덤으로 가서 부 친을 집으로 모시고 와 제사를 드린 다음 다시 부친을 무덤으로 보내 드린 다는 이야기[49]는, 죽음 후의 공간이 무덤이라는 생각을 드러낸다. 또한 소금 장사가 날이 어두워 무덤가에서 하루 밤을 자게 되었을 때 무덤에 묻힌 사 람들이 서로 이야기를 나누고 자신의 제삿날에 옆 무덤 속의 사람을 초청하 기도 한다는 이야기 역시 무덤이 죽은 자가 머무는 저승 공간으로 여겨졌음을 말해 준다.

『삼국유사(三國遺事)』 기이편(紀異篇)의 미추왕(未鄒王) 죽엽군(竹葉軍) 이야기 역시 무덤이 죽은 자가 거주하는 곳이라는 이해를 보여준다. 미추왕은 외적이 쳐들어왔을 때 자신의 무덤에서 군사를 내보내 신라군을 도와주었다가 다시 자신의 무덤으로 군사를 되돌린다. 그리고 죽은 김유신(金庾信) 장군은 미추왕을 방문하기 위해 자신의 무덤에서 나와 미추왕릉으로 갔다가 자기 무덤으로 되돌아간다. 마치 산 사람들이 자기 집에서 살 듯 죽은 사람들 역시 자신의 무덤에서 살며, 다른 죽은 사람을 만나기 위해서 다른 죽은 사람의 무덤을 방문하는 것이다. 우리 사회에서 널리 믿어졌던 풍수설 역시 묘지를 저승으로 이해한다. 이는 풍수설에서 묘지를 음택(陰宅)으로 표현하는 것을 통해서도 알 수 있다.

무속 역시 무덤을 죽은 자가 머무는 저승 세계로 파악하는 사고방식을 공유한다. 예컨대 전남 지방에서 환갑을 지내지 못하고 죽은 자를 위해 행해지는 망자 환갑굿은 바로 죽은 자의 무덤에서 행해진다.[50] 이는 무덤이 죽은 자가 거처하는 저승이라는 관념을 전제한다. 같은 지역에서 행해지는 저승 혼사(婚事)굿이나 날받이 씻김굿 또한 먼저 죽은 자가 묻혀 있는 산소에 가서 산굿을 해서 혼을 모셔온다.[51] 이 역시 무덤에 대한 동일한 관념을 전제한다.

남해안 지방에서도 오귀새남굿을 하기 전에 죽은 자의 혼을 부르기 위해 죽은 자의 무덤에서 굿을 하는 절차가 있는데, 이를 '메 맞으러 간다.'고 한다.[52] 이러한 남해안의 사례 역시 무덤이 죽은 자가 사후에 머무는 저승 공간이라는 관념이 무속에 자리 잡고 있음을 말해 준다.

또한 무속은 인간 삶의 많은 문제들을 조상과 연관시켜 해석하는데, 조상 무덤의 문제가 자식들의 삶의 문제의 원인으로 작용하기도 한다. 그 경우 무당은 조상의 무덤에 어떤 문제가 있고 그것을 바로 잡아야만 자식들의 삶의 문제 역시 해결될 수 있다고 설명한다. 이러한 무속의 사고방식 역시 죽은 자가 묻힌 무덤을 죽은 자가 거처하는 저승으로 여긴다는 것을 보여준다.

한편 이처럼 무덤이 죽은 자가 사후에 거주하는 저승의 하나로 여겨질 경우, 그러한 저승 세계의 구체적 모습을 말하기는 어려우나, 대체로 그것은 살아 있는 인간세계와 크게 다를 바가 없을 것으로 판단된다. 보통 한 가족의 무덤은 집안의 선산에 모셔지는 것이 보통이다. 따라서 이승의 가족들이 함께 모여 살 듯 죽음 후에도 저승에서 가족들은 함께 모여 살게 된다. 그리고 그러한 저승의 삶 역시 이승의 가족 간의 삶과 큰 차이가 없을 것이다. 이렇게 본다면 무속의 저승 개념에는 사람이 죽어서 가는 저승은 전혀 낯설고 새로운 곳이 아니라 생전의 가족이 함께하는 공간이라는 개념이 그 일단을 차지한다고 말할 수 있다.

저승 세계의 이런 모습은 무속의례를 통해서도 확인된다. 무속의례에서 죽은 자는 죽음 후에도 여전히 살아 있는 가족들과 관계를 맺고 생전의 사회적 정체성을 유지한다. 한 가족의 조상들은 굿의 조상거리를 통해 생전의 모습으로 등장해서 가족들과 커뮤니케이션을 갖는다.[53] 또한 한 사람이 죽었을 때 먼저 죽은 조상들과 만나 같이 잘 지내시라고 기원되거나, 죽은 지 오래된 조상들이 갓 죽은 자를 저승으로 인도할 것으로 여겨진다. 이것은 생전의 가족관계를 중심으로 저승을 파악하는 무속의 저승 개념을 잘 보여준다. 그리고 무속에서 조상이나 죽은 자에게 드리는 음식이나 의복, 금전 등의 제물 역시 저승이 이승과 크게 다르지 않고, 죽은 자들의 저승에서의 삶 역시 이승의 살아 있는 인간들의 삶과 크게 다르지 않다는 인식을 보여준다.

한국 무속에는 저승에 대한 이러한 관념 외에 다른 저승 개념도 나타난다. 저승 여정을 자세히 서술하는 바리공주나 차사본풀이 같은 무속 신화를 보면, 저승이란 문밖이나 무덤처럼 가까이에 있는 것이 아니라 먼 길을 가야만 도달할 수 있는 곳에 위치한 것으로 나타난다. 바리공주 신화에서 부모를 살리는 약수를 구하기 위한 바리공주의 저승길은 평지 삼천리와 험로 삼천리를 거쳐 바다를 건너야만 하는 것으로 그려진다.

바리공주는 먼저 육로 삼천리를 걸어 간 후 석가세존을 만난다. 석가세존으로부터 낭화와 금주령를 얻은 뒤 가시철성(鐵城)이 하늘에 닿은 듯한 지옥에 도달한다. 낭화를 흔들어 지옥을 깨뜨려 통과한 뒤 바다를 만나는데, 금주령을 던져 무지개 다리를 만들어 드디어 목적지인 무장승이 사는 서천 서역국에 도착한다. 육로로 평지와 험로 삼천리 길을 지나, 지옥을 통과한 뒤 다시 바다를 건너 비로소 저승에 도착하는 것이다. 흥미로운 것은 저승의 마지막 관문이 바다라는 것이다. 이는 바리공주가 저승에서 돌아오는 길에 죽은 사람들이 배를 타고 유사강 피바다를 건너 저승으로 들어가는 것을 본다는 이야기와도 통한다.

제주도 무속 신화인 차사본풀이에 나타난 저승 여정은 이와는 약간 다르다. 강림은 저승 염라대왕을 이승으로 데려오기 위해 저승으로 가야만 한다. 그는 조왕할망, 일문전, 길나장 등의 길 안내를 받아 도보로 먼 길을 걸어 어렵게 이승과 저승의 관문인 행기못에 도착한다. 행기못은 육신을 버리고 영혼만으로 통과할 수 있는 곳이다. 강림은 행기못 가에 이르러, 저승에 못 가고 떠도는 영혼들을 따돌리고, 연못에 뛰어들어 저승 연추문에 도착한다.[54] 구체적인 여정은 다르지만, 먼저 도보로 먼 길을 간 후 물을 거쳐 저승으로 가는 강림의 여정은 바리공주의 저승길과 크게 다를 바 없다. 즉 양 신화는 이승과 저승의 마지막 경계는 물로서, 저승은 물을 건너야만 도달하는 곳이라는 인식을 공유한다.

먼 길을 가야만 저승에 도달한다는 양 신화의 또 다른 공통점은 저승으로 가는 길이 수평적 여정이라는 점이다. 저승을 가기 위해서는 산을 넘고 물을 건너 먼 길을 가야만 한다. 그래서 바리공주나 강림차사의 저승 여정에서는, 예컨대 시베리아 신화나 샤머니즘에서처럼, 지하 세계로 내려가는 수직적 공간 이동의 흔적을 찾기 어렵다. 이는 천상-지상-지하의 삼층적 세계관을 전제하고 죽음의 세계인 저승은 지하에 있다고 믿는 일반적인 생각과는 다른 모습을 보여준다.[55] 물론 무속 신화 외의 다른 저승 관련 설화에는 지하계에 저승이 위치해 있다는 관념이 발견되기도 한다. 그러나 한국의 무속 신화나 대부분의 저승 설화나 상여소리 등에서는 저승이 이승과 맞닿아 있는 어딘가에 있다는 수평적인 저승관이 지배적이다.[56]

이러한 무속 죽음의례에서 구송되는 신화나 의례 과정을 보면, 저승은 3개의 세계로 구성되어 있다. 즉 저승은 지옥, 극락, 서천서역국의 3개 세계로 구성되어 있다. 그런데 무속에서 지옥과 극락은 분명하게 구분되지만, 지옥과 극락의 구체적인 모습은 잘 나타나지 않는다. 지옥의 경우, 불교의 지옥 개념과 크게 다르지 않다. 한국 무속의 죽음의례에서 구송되는 대표적 신화인 바리공주 신화에 나타난 지옥은 칼산지옥·불산지옥·독사지옥·한빙지옥·구렁지옥·배암지옥 등으로 불교적 지옥의 모습을 거의 그대로 보여준다. 저승을 이루는 또 하나의 세계는 극락인데, 극락세계의 서술은 발견되지 않는다. 바리공주 역시 직접 극락세계를 경험하지 않는다.

이렇듯 무속에서 극락과 지옥이 구분되면서도 그 모습이 분명하게 자리 잡지 못한 것은 무속의 저승 개념에서 극락과 지옥의 구분이 큰 의미가 없음을 말해 준다. 특히 무속 죽음의례가 실천되는 현장에서 대부분의 한국인들에게, 극락과 지옥 개념을 갖고 있음에도 불구하고, 극락과 지옥의 구분은 큰 의미를 갖지 못하는 것으로 보인다.

무속 죽음의례에서 문제가 되는 것은 죽은 자가 극락에 가느냐 지옥에 떨어지느냐가 아니다. 그것은 오히려 죽은 자를 저승으로 잘 보내는 것이다. 무속의 입장에서, 한 집안에 문제를 일으키는 대표적인 조상은 바로 죽었으면서도 저승에 들어가지 못한 자들이다. 무속에서 저승에 가지 못해 문제를 일으키는 죽은 자는 있어도 지옥에 떨어져 문제를 일으키는 조상은 거의 없는 것으로 보인다. 죽은 자에게 "좋은 곳으로 가세요."라고 기원할 때 비록 '좋은 곳'을 '극락세계 연화대'와 같은 불교적 표현으로 지칭하지만, 그것이 바로 불교적 의미의 극락이라고 말하기는 어렵다. 그것은 극락과 지옥으로 분화되기 이전의, 무속 나름의 죽은 자의 세계인 저승을 가리킬 가능성이 크다.

무속의 또 다른 저승 세계는 서천서역국이다. 지옥 · 극락과는 달리, 서천서역국으로 가는 길과 서천서역국의 모습은 무속 신화에 분명하게 나타나 있다. 무속에서 서천서역국은 죽은 자를 살릴 수 있는 생명의 물과 꽃이 있는 세계로 그려진다. 동해안 오구굿의 바리데기 신화를 보면, 높은 산을 서너 개 넘어가면 나오는 세 갈래 길 가운데 오른쪽은 극락 가는 길, 왼쪽은 지옥 가는 길이고, 한 가운데 길은 서천서역국 가는 길이라고 말한다.[57] 그리고 바로 서천서역국에 약수가 있고 환생꽃이 있다고 한다.[58] 즉 무속 신화의 저승은 지옥과 극락, 생명수와 생명의 꽃이 있는 서천 서역국으로 이뤄져 있는 것이다.

일반적으로 저승은 죽음과 죽은 자의 공간으로 여겨진다. 저승은 죽은 영혼만이 갈 수 있으며, 산 사람은 절대로 갈 수 없다. 제주도 무속의 차사본풀이에서 이승의 사령(使令)으로 저승을 다녀온 강림도 저승에 들어갈 때는 육신을 벗어 두고 영혼만 들어갔다가 나온다. 즉 이승과 저승은 오고갈 수 있는 상호 소통의 공간은 아닌 것이다. 저승에 갔다가 되돌아온 영혼이 육체가 사라져 버려 되살아날 수 없었다는 것은 저승과 이승의 단절을 잘 보여준다. 육신이 있어야만 이승에서 살 수 있지만, 저승은 육신이 없어야 갈 수 있는 영육분리의 공간이다.

그러나 서천서역국의 개념은 무속의 저승이 단순히 죽음의 공간만이 아니라, 생명의 공간이기도 하다는 것을 말해 준다. 무속 저승 세계의 하나인 서천서역국은 죽은 사람도 되살릴 수 있는 생명의 꽃과 약수가 있는 곳이다. 이런 점에서 무속의 저승은 죽음의 공간이면서 생명의 공간이다. 그렇기에 바리공주는 부모를 살리는 약수를 저승에서 구하는 것이다. 또한 이승과는 다른 죽음 이후의 새로운 삶이 영위되는 곳이 저승이기도 하다.

아울러 저승은 이승의 문제를 해결할 수 있는 공간이다. 저승은 이승의 잘잘못이 바로 잡히는 공간이다. 강림이 이승의 문제를 해결하기 위해 저승 염라대왕을 이승으로 데려오는 것도 이런 맥락에서 이해할 수 있다. 즉 저승은 생명과 재생의 공간이기에 저승 여행을 통해 이승의 문제를 해결할 수 있는 것으로 믿는다.

따라서 한국 무속의 저승은 닫힌 폐쇄적인 공간이 아니라, 이승과 소통이 가능한 공간이다. 저승과 이승의 길이 막혀서 보통 사람은 죽어서야 저승에 갈 수 있으나, 집안의 조상 제사나 무속의 굿과 같은 의례를 통해 여전히 저승의 존재인 죽은 자와 이승의 존재인 산 사람과의 소통은 계속되고 있다. 그리고 조상 같은 저승의 존재들은 이승의 인간 삶에 영향력을 행사한다. 죽었다가 되살아나서 저승에 다녀온 사람들에 대한 설화가 전승된다는 것은, 저승이 사람들의 삶과 무관한 것이 아니라 여전히 삶의 한 부분을 차지하면서 영향을 미치는 공간이라는 것을 말해 준다. 그리고 바리공주로 상징되는 무당은 저승과의 소통을 담당하는 종교 전문가이다.

이렇게 본다면, 한국 무속의 저승은 죽음이 지배하는 어둡기만 한 공간은 아니다. 죽음 이후에도 여전히 생전의 가족관계를 중심으로 새로운 삶이 시작되며, 아울러 생명의 물과 꽃이 있는 생명의 공간이기도 한다. 그래서 저승은 이승의 삶과는 멀리해야 될 단절의 공간이 아니라 이승과 계속해서 소통되어야 할 공간이다. 한국 무속에서 저승은 인간 삶의 한 부분을 구성하는 필수적 공간의 하나이다.

5. 맺음말

지금까지 한국 무속의 죽음의례를 중심으로 한국 무속에 나타난 죽음 이해를 살펴보았다. 무속에서 죽음이란 자연스러운 삶의 과정으로, 한 사람의 존재가 사라지는 것이 아니라 존재가 변화하는 것일 뿐이다. 그것은 이승의 공간을 떠나 저승이라는 새로운 공간의 존재로 다시 태어나는 것을 의미한다.

그리고 죽은 자가 가는 저승의 공간은 이승과 완전히 단절된 공간이 아니다. 저승은 비록 이승과는 다른 공간이지만, 저승의 존재인 죽은 자는 무속의례나 유교 제사 등의 의례를 통해 이승과 소통하며 살아 있는 사람들의 삶에 영향을 미친다. 또한 무속에서 저승은 죽음을 극복할 수 있는 신화적 생명의 공간으로 여겨지기도 한다. 한마디로 한국 무속에서 저승은 항상 관계를 갖고 소통해야 될, 인간 삶의 한 부분을 이루는 공간의 하나이다.

무속 죽음 이해의 중요한 특징의 하나는 가족관계의 맥락에서 죽음을 수용한다는 것이다. 무속에서 죽음이란 이승의 가족에서 저승의 가족으로 이동하는 의미를 지니고 있다. 그래서 죽음은 외롭지 않으며, 자연스럽게 받아들일 수 있는 것이 된다. 이런 점에서 무속은 이승과 저승에서 지속되는 가족관계를 통해 죽음을 극복하는 동기를 갖고 있다.

한편 무속에서는 죽음이 정상적인 죽음과 비정상적 죽음으로 나뉘고, 죽음 후의 시간의 경과에 따라 죽음에 대한 태도가 달라진다. 무속의 죽음 이해는 복합적이다. 저승에 대한 생각 역시 단일하지 않다. 이 글은 이러한 복합적인 무속 죽음 이해를 포괄적으로 다루지 못했다. 특히 인간의 개입이 가능하고 인간의 노력으로 극복될 수 있는 것으로 파악된 죽음 이해의 측면은 다루지 못했다. 이후 무속의 죽음 이해에 대한 보다 포괄적인 작업을 기약해 본다.

고대 인도의 죽음 개념
— 베다, 죽음의 원형 바로 읽기

/ 김 진 영

1. 베다와 죽음의 문제

고대 인도의 종교는 바라문교(婆羅門敎, Brahmanism)이며 주요 성전(聖典)은 베다(Veda)이다. 베다는 하늘의 계시를 받아 만들어진 천계서(天啓書, śruti)이기 때문에 그 자체가 진리로 평가받는다. 바라문교는 불교, 자이나교 등의 시대적 변천에 대응하면서 현재 인도인의 80%에 육박하는 힌두교(Hinduism)로 변용되고 발전하였지만 베다는 절대성을 가지고 인도의 영적인 정체성의 근거로 작용한다. 베다 문헌에는 고대 인도인의 전통적인 사색과 수많은 진리가 담겨 있으며, 그들의 종교, 철학, 윤리 등 가치 체계를 좌우하는 거의 모든 문제들을 담아내고 있다. '죽음'의 문제도 그중에 하나이며, 방대한 베다의 층위마다 그 시대를 반영하며 갖가지 양태로 진화하면서 나타난다.

세계종교의 죽음관을 비교한 『죽음의 의미』의 저자 존 바우커(John Bowker)는 다른 종교와 다르게 힌두교에서는 죽음이 종교적 기원이 되지 못한다는 특징에 주목했다.[1] 베다의 최고(最古)층의 문헌에 힌두교 특유의 정형화된 죽음의 관점이 전혀 나타나지 않고, 베다에서의 죽음 개념의 형성 과정이 매우 독특하다는 점을 지적한다. 여기서 말하는 정형화된 인도의 죽음은 시간적이고 현상적인 에고(ego)가 초시간적이고 절대적인 자아(自我, Ātman)로 다시 태어나는 인식론적인 재탄생을 전제로 하는 철학적인 죽음을 말한다. 인도 사상을 대변한다고 할 수 있는 우빠니샤드(Upaniṣad)의 자아중심의 신비주의 철학은 베단따(Vedānta)철학으로 이어지면서 해석되고 체계화되는데, 이러한 철학 사조에서 인간의 탄생과 죽음의 순환적 반복이 윤회(輪廻, saṃsāra)이며, 이는 무지와 욕망에 의해 만들어진 현상이라고 전제한 후, 이 두 원인을 제어하는 고행과 지식이 해탈을 얻는 방법이고, 이를 통해 획득된 것이 아뜨만이라는 방식으로 생사관을 설명한다.[2] 하지만 베다 초기문헌에서는 전생의 선악의 행위와 욕망에 의해 재생하는 형태, 죽음 이후의 미세신(微細身, sūkṣma-śarīra)과 같은 정교화된 철학 개념이 수반되는 인도의 대표적인 생사관이 나타나지 않는다.

이 글은 인도의 전형적인 생사관이 형성되기 이전의 원형적인 베다의 죽음에 관한 것이다. 이를 위해 베다의 초기 문헌에 나타나는 죽음(mṛtyu)[3]의 의미와 그 시대의 죽음, 사후 세계, 지옥의 개념적 기원과 전개 양상을 순차적으로 알아본다. 방대한 베다 문헌에서 특히 가장 고층에 속하는 우빠니샤드 이전의 베다를 주요한 텍스트로 삼아 고대 인도의 죽음 개념이 어떻게 형성되고 변화하는지 그 양태를 추적할 것이다. 이 작업은 인도의 죽음 문제를 신비주의적 측면으로 해석하는 현 풍토에서 벗어나 인도의 죽음 개념을 새롭게 읽어 내기 위한 노력의 시작이다. 따라서 인도의 죽음을 다루는 이지수, 이옥순, 서종순 등의 주요 국내 저작들이 주로 우빠니샤드의 철학적 분석을 바탕으로 후대의 베단따 철학 체계로 사상을 확장해서 설명한 것과는 다르게 이 글은 우빠니샤드를 기준으로 베다 상히따와 브라흐마나 문헌의 원형성에 주목하여 '죽음'의 문제에 접근하는 역발상에 근거한다.

앞서 말했듯이 베다는 굉장히 방대한 문헌군을 지칭하는 것이다. 단순한 하나의 책이 아니므로 조심스럽게 접근해야 하는데, 그 분류 체계도 매우 복잡하다. 베다는 가장 넓게는 상히따(Saṃhitā), 브라흐마나(Brāhmaṇa), 아란야까(Āraṇyaka), 우빠니샤드 등으로, 좁게는 리그베다(Ṛg-veda), 사마베다(Sāma-Veda), 야주르베다(Yajur-Veda), 아따르바베다(Atharva-Veda) 등으로 분류하는데, 여기서 상히따는 좁은 범위의 베다를 지칭한다. 대표적으로 사용되는 분류법으로는 사호다 쓰루지(1963), 밀리우스(1970), 빗젤(1995) 등의 구분법이 있는데, 사호다 쓰루지는 리그베다를 초기 베다, 나머지 상히따 베다들과 브라흐마나를 중기 베다, 우빠니샤드를 후기 베다로 분류한다. 밀리우스의 경우도 리그베다는 초기로 보고, 다른 상히따 베다들부터 브라흐마나, 우빠니샤드까지를 중기로, 후대의 수뜨라 문헌군을 후기 베다로 삼분하며, 빗젤은 리그베다, 상히따의 운문, 상히따의 산문, 브라흐마나의 산문들, 후기 수뜨라 등의 문학적 형식으로 구분한다.[4]

이 글은 위의 베다 분류법을 감안하여 우빠니샤드 이전의 베다 초기 텍스트에 나타난 베다의 본질적인 죽음의 기원에 관해 집중한다. 따라서 고대 인도의 죽음 개념에서 다루게 되는 베다 문헌의 범위는 '베다 초기'로 제한될 것이다. 이는 '초기 베다'라고 할 경우 베다 분류법상에 정의된 초기의 범주가 주는 글의 범위와 혼선을 피하기 위해서임을 밝힌다.

2. 베다 상히따의 근원적 죽음 형태

1) 죽음은 또 다른 탄생

가장 최초의 베다인 리그베다는 죽음을 두려운 것이라고 말하지 않는다. 베다인들은 자연스럽게 나이가 들어 노화되어 죽는 것, 자신에게 주어지고 할당된 수명을 채운 후에 맞이하는 죽음을 이상적인 것으로 생각했고, 신에게 장수(長壽, āyuṣya), 즉 백세의 완전한 수명(壽命)을 기원하고 꿈꾸었다. 오히려 그들이 경계하고 주목한 죽음의 양상은 이러한 불가피한 것이 아니라 우연하고 불운한 죽음이었다. 질병이나 사고에 의해 갑작스럽게 맞는 악한 죽음, 백세 이전에 강제로 빼앗기는 불완전한 죽음, 특히 결혼 전이나 후손을 낳기 전에 죽는 미성숙한 죽음을 두려워했다.[5] 부적절한 시기에 발생한 부자연스러운 죽음(akālamṛtyu)은 특히 장수를 누리거나 완전히 수명을 다한 사람이 일생 동안 상환해야 하는 세상에 대한 부채(ṛṇa, 빚)를 갚는 데 방해가 되는 불미스러운 것이기 때문에 더욱 문제가 된다고 보았다.[6]

즉, 리그베다에서 강조하는 죽음은 '몸 전체와 모든 신체 형태(sarvatanuḥ sāṇghaḥ)' 그대로 죽는 자연스럽고 만족스러운 죽음[7]이다. 베다인들은 인간은 죽음과 가까운 멸하는 존재라는 사실을 몰랐거나 부정한 것이 아니라 그 사실을 받아들이고, 죽음을 불가피한 악으로 여기며 모든 대가를 치르더라도 되도록 삶을 길게 연장하려고 애썼다. 이 세상에서 완전히 소멸되는 비존재가 되는 죽음은 자연의 법칙인 리따(ṛta, 天測)의 외부에 있는 상태이기 때문에 이를 피하고 온전히 생명을 누리면서 세상에서의 자신의 의무를 다하고자 하였다.[8]

죽음을 대하는 베다인들의 원형적 모습은 역설적으로 탄생(jāti)의 개념을 통해 드러난다. 그들은 죽음의 소멸성에 집중하기보다 인간 개인의 탄생에서부터 죽음까지의 모습을 관찰하고, 탄생을 통해 죽음의 의미를 찾고자 노력했다. 따라서 베다의 근본적인 생사관은 죽음 자체가 아니라 탄생에 초점이 맞춰진 죽음에 의해 성립되었다고 할 수 있다.[9] 이러한 추정은 리그베다의, 인간이 세 번 탄생한다고 규정하는 삼생설(三生說)에서 드러난다.[10] 『리그베다』(4.7.9-10., 4.27.1)에서 인간은 첫 번째로 부모에게서 아이로 태어나고, 두 번째로 베다와 제식의 배움과 깨달음을 통해 태어나고, 세 번째로 사후에 태어난다고 한다. 여기서 인도만의 독특한 탄생은 세 번째 탄생으로서, 이는 현세를 떠나서 맞이하는 탄생이며 동시에 죽음을 통해 완성되는 새로운 탄생이기 때문에 중요하다. 즉 베다인들에게 죽음은 백세의 장수를 누린 후 맞이하는 또 다른 존재로의 이행으로서의 탄생도 포함된 것이라고 할 수 있다.

그러한 의미에서 리그베다는 죽음 이후에 완성되는 죽음, 세 번째 탄생을 앞둔 사자(死者)의 운명에 주의를 기울였고, 특히 사자의 신체, 즉 죽은 이의 몸 상태에 관심을 집중하였다. 『리그베다』(10.16.6)에서 인간은 생전에 검은 새, 개미, 뱀 등과 같은 불길한 동물에 물려서는 안 되며, 심지어 자칼 같은 짐승에게 산 채로 먹히는 불상사가 없어야 한다는 점을 강조한다. 하지만 그러한 죽음을 맞이한 자라도 죽은 후에 소마의 치유력과 제식의 불인 아그니가 생전의 상처를 깨끗이 없애 줄 것이라는 단서를 남겨 사후의 문제도 제식이 해결할 수 있다는 인도 특유의 방법론도 제시한다. 즉, 흠 없이 생전의 몸을 유지해야 하는 것이 최선이지만 만약 불가피하게 신체가 훼손되었다고 하더라도 제식의 소마와 아그니가 사후에 그를 완전한 몸으로 천계에 옮겨 주고 다시 태어나게 할 수 있다고 믿었다. 여기서 죽음에 수반되는 적절한 제식은 사자의 신체의 각 부분을 우주적이고 원초적인 세계로 되돌려 주면서 인간이 다시 태어날 수 있는 순환의 역할을 한다. 죽음 이후에 제식을 통해 근원적 세계로 환원하는 인간의 신체의 이동 경로를 묘사한 『리그베다』(10.16.3)의 해석을 옮겨 보면 다음과 같다.

> 너의 눈은 태양으로, 너의 숨은 바람으로 간다. 하늘이나 지상으로 가고, 너의 자연으로 간다. 혹은 물로도 가니, 그것이 너의 운명이다. 너의 사지(四肢)는 식물의 뿌리로 들어간다.[11]

다시 말해 인간의 신체는 사후에 제식을 통해 태양, 바람, 하늘, 지상 등으로 묘사되는 각각의 근원적 우주로 모두 회귀하며, 이 과정을 통해 사자의 몸, 생기, 마음, 사지, 액즙, 뼈 등의 모든 신체 요소는 내세에 완전한 몸으로 회복된다고 보았다. 이때부터 현세의 몸이 자연과 같은 거대한 우주적 요소로 되돌아간다는 대우주와 소우주의 대응 사상이 형성되는데, 이는 베다의 대표적인 사고 체계로 일반화되기 시작한다.[12] 이러한 사상적 체계는 사자가 조상으로 돌아가는 모습이나 조계(祖界, pitṛloka)에서 사자가 현세의 낡은 몸을 먹어 치우는 과정으로 해석되기도 한다. 리그베다에서 죽음을 맞이한 사자는 생전의 몸 그대로 사계로 옮겨 간다는 전제하에 몸 전체가 자연과 세계 속으로 회귀하는 제식을 치룬다. 그렇게 해야만 죽은 자가 온전하게 사계에서 새로운 신체를 받을 수 있으며, 조상으로 태어나는 인간의 마지막 탄생을 완성할 수 있다고 본 것이다. 후대 우빠니샤드의 범아일여(梵我一如) 사상의 기원이 된다는 점에서도 사상적 의미가 있는 위 문구는 죽음을 통해 인간이 경험하는 대우주와 소우주의 자연적 순환 과정을 시각화한 것으로 사후 인간의 몸이 어떻게 형성되는가를 세세하게 규명해야 하는 문제를 남기게 된다.

2) 사자의 자율적 임계성

죽음과 관련된 베다의 테마 중에서 '사자가 새 몸을 어떻게 얻을 수 있는가?'라는 명제는 매우 중요하다. 망자가 죽은 후에 화장으로 지상의 몸을 소비하고, 조계에서 어떻게 새 몸을 형성하는가 하는 신비한 문제는 리그베다 사상의 핵심적인 논제로 평가된다.[13] 리그베다는 이 물음의 해답을 아래의 『리그베다』(10.14.8) 찬구에서 제시한다.

> 조상들과 합하소서. 야마와 합하소서. 최고의 천상에서 선행과 그대가 행한 제사지낸 과보와 합하소서. 흠일랑 뒤에 버리고 그대의 고향으로 돌아가소서. 그대의 생생한 (새로운) 육신과 결합하소서.[14]

위 인용문의 '생생한 육신(tanvā suvarcāḥ)'은 조계이며 야마계인 천상에서 형성되는 새로운 몸을 말한다. 여기서 육신(tanū)은 개인의 정신적인 요소들로 이루어진 인간의 육체이다. 이 단어는 인간뿐 아니라 신들에게도 해당되는 것으로, 일반적인 신체(śarīra)와는 다른 용어이다.[15] 또한 '생생한(vigorous)'으로 번역한 산스끄리뜨어 '수와르짜(suvarca)'는 대표적인 리그베다 번역자인 그리피스(Ralph T. H. Griffith)와 도니거(W. Doniger)가 '영광스러운(bright with glory, glorious)'의 의미로 풀이한 것과는 다르다. 이는 겔트너(K. F. Geldner)와 로페즈(C. Lopez)의 번역을 따른 것으로 새롭게 형성되는 신체의 장엄함보다는 활기찬 생명력을 강조한 해석이다.[16]

위의 두 해석 모두 조계에서 형성되는 새로운 신체(tanvā suvarcāḥ)는 선행과 제식의 과보로 만들어진 것이라는 점을 공통적으로 지적한다. 여기서의 선행은 일반적인 업으로서의 행동이 아니라, 제식에서의 선행(sukṛta)이다. 또한 과보나 공덕을 뜻하는 단어인 '이씨따뿌르따(iṣṭāpūrta)'도 제식에서의 올바르고 정당한 과보(果報)로서, 제식의 과보는 보이지 않는 결과의 잔재(ucchiṣṭā)가 되어 천계에 저장되며 효능을 발휘한다. 이렇게 사자를 위한 제식의 정확한 수행과 그 보상은 사자가 사후에 즐겁게 살기 위한 새로운 신체의 탄생을 위해서 필수적인 것이 된다.[17] 다시 말해 장례제에서 행해지는 올바른 제식과 제물로 바쳐지는 음식(prasāda)을 통해 사자는 하늘에서 새로운 몸을 부여받게 된다. 이러한 제식과 제물의 효능인 새로운 신체의 형성 과정을 『리그베다』(10.16.5)에서는 좀 더 명확하게 표현한다.

그를 자유롭게 조상에게 가도록 하소서. 아그니시여, 그가 제식의 음료를 가지고 헤매며 당신께 공물을 바칠 때. 수명의 옷을 입고서, 그의 자손들에게 도달하게 하소서, 오, 인간을 아는 자여! (새로운) 몸에 합쳐지게 하소서.[18]

조령에서 조상으로 전환되는 사자의 변이 과정에서 제식의 불 아그니(Agni)도 결정적인 역할을 한다. 제식 중에 호명되는 아그니는 사자의 신체 각 부분을 우주적 원리로 회귀시키면서, 새로운 몸을 형성하도록 손상된 신체를 회복시키고 성숙하게 만들어 제식을 완성하게 한다.[19] 사자는 사후의 제식과 제식의 불인 아그니의 도움을 받아 보존된 신체를 갖고 조계에서 새로운 몸을 받는다. 리그베다에서 인간은 죽음으로 인해 그 존재가 완전히 사라진다고 생각하지 않았다. 인간은 죽은 후에 사자가 되는데, 그 상황에서 어떠한 미묘한 흔적을 남기는 령(靈)이라는 '자율적 임계성(autonomous liminality)'[20]의 국면을 맞이한다. 즉 사자는 죽음을 통해 곧 바로 새 몸을 받아 조상(祖上, pitṛ)이 되는 것이 아니라 '조령(祖靈, preta)'의 단계를 거친 후에 조상이 될 수 있는 것이다.

여기서의 조령은 림보(limbo)와 같이 불완전한 중간 상태로, 재사(再死)의 위험에 처한 중간적인 해체 상태를 말한다. 사자가 조령이라는 임계적 상태를 극복하여 천계로 오르고 새 몸을 구성하기 위해서는 이동과 형성의 에너지가 필요하다. 그 에너지를 만드는 것이 바로 제식, 즉 사자를 위한 장례제(śrāddha祭)이다. 특히 장례제의 필수적인 공물 중에서 참깨, 우유, 버터, 꿀 등으로 빚은 경단(瓊團)인 '삔다(piṇḍa)'가 조계에서 사자가 새 몸을 형성하게 하는 즉각적이고 효율적인 에너지원이 된다.[21] 그렇기 때문에 조계에서 형성되는 새로운 몸과 장례제식은 상호 필수불가결하며 선후를 가릴 수 없는 절대적인 관계를 형성한다. 이는 장례제가 닭이라면 조계에서 새 몸으로 태어나는 탄생을 달걀로 비유하여, 닭이 먼저냐 달걀이 먼저냐 하는 생명 기원의 논쟁과 유사하다고 여겨진다.[22]

그러나 여기서 간과해서 안 되는 것은 조계에서 조상이 된 사자가 영원히 살 수 없다는 점이다. 조계는 죽지 않고 불변하는 불멸의 낙원이 아니다. 즉 사자가 조상으로 변이하는 영역인 조계가 신계(神界)가 아니라는 사실은 『리그베다』(10.88.15)에서 드러난다. 사자가 갈 수 있는 길로 제시된 길이 조계와 신계로 이분되면서, 신계는 죽음이 없는 최종적 하늘로서 조계와 다른 경지로 구분되었다. 이는 『리그베다』(10.72.5)에서도 신을 '죽음에 얽매이지 않는(amṛta-bandhu)' 존재로, 인간을 '죽음에 얽매인(mṛtyu-bandhu)' 존재로 구분하여 규정하는 것과 같다. 다시 말해 조계에서의 조상은 죽음을 경험해야 하는 존재이며, 조계에서 '다시 죽는다'는 재사(再死, punarmṛtyu)의 개념이 어느 정도 형성된 것으로 이해된다. 그러나 조계에서 맞이하는 사자의 두 번째 죽음의 발생과 과정, 후대의 재생(再生, punarjanma)과의 연관성은 분명하게 설명하지 않는다. 우빠니샤드 이전의 베다 초기에는 세련된 재생이론의 철학이 없다는 것이 정설이지만,[23] 리그베다에서는 사자가 죽은 후 해체되는 것을 막는 가장 단순한 재생 이론의 형태가 제시된다. 리그베다에서 왜 재생이 아니라 재사를 언급하면서 죽음의 문제가 사상적으로 전개됐는지에 대한 유력한 가설은 없지만, 어떠한 이론이든 제식이 죽음을 방지하고 모면할 수 있게 한다는 점을 반복해서 설하는 제식 중심의 사상으로 전개된다는 점은 공통적으로 지적하고 있다.

3. 브라흐마나의 재사(再死) 패러다임

1) 사자의 재사와 신의 불멸

리그베다가 말하는 백세의 이상적인 수명론은 브라흐마나 문헌에서도 지속적으로 유지된다. 하지만 더 이상 나이 그 자체를 강조하지 않고 천계에서의 삶을 더 분명하게 상상하는 방향으로 전환된다. 즉, 제식의 과정과 제식이 보장해 주는 내세를 밝히기 위해 노력하고, 내세에서의 죽음의 탈피를 희망하게 된다. 내세에 대한 낙관론과 천계에서의 긍정적인 행복을 확신했음에도 불구하고 베다인들은 차츰 내세에서 맞이하는 죽음인 재사라는 무서운 가능성에 대한 두려움을 갖는다. 왜 브라흐마나 시기에 반복되는 죽음의 고통인 재사 문제를 강조하게 되었는지는 명확하게 규정할 수 없지만,[24] 인생을 불행과 불완전한 측면으로 이해하는 재사 개념의 등장은 낙천적인 상히따 시대관에 변화를 가져오고 브라흐마나는 이를 해결하기 위한 방안을 고안하게 된 것으로 보인다. 『샤따빠따 브라흐마나』(Śatapatha-Brāhmaṇa 10.2.6.19)에 나타난 원문의 내용을 옮겨 보면 다음과 같다.

> 이제 음식으로 배고픔은 멈추고, 음료로 갈증이 사라지며, 선으로 악이, 빛으로 어둠이 사라진다. 그리고 불멸로 죽음이 사라진다. 이처럼 이를 아는 모든 사자는 '반복되는 죽음(再死)'을 정복하고 완전한 생명을 얻는다. 이를 획득한 자는 사계에서 불멸하고, 이 세계에서 생명을 얻을 것이다.

당시 인도인들은 사자(死者)가 현세로 돌아올지도 모른다는 공포감을 가졌던 것으로 보인다. 그들은 장례식에서 잔가지 묶음으로 사자의 발을 묶어 생전의 발자취를 지우면서 사자가 되돌아오는 것을 막았고, 봉묘(śmaśāna)나 비석을 베다 사제가 직접 세우면서 죽은 자들이 현세로 귀환하는 것을 막고자 하였다. 베다인들의 죽은 자가 현생으로 되돌아올지도 모른다는 일반적인 공포가 이러한 장례 관습으로 나타난 것이다.[25] 즉, 죽음과 사자에 대한 공포감은 죽은 조상이 다시 죽는다는 재사(再死) 개념으로 극대화되면서 보다 큰 두려움으로 다가왔다.

『샤따빠따 브라흐마나』(11.5.6.9)에서 재사라는 죽음의 형태는 사자가 이 세계로 되돌아올 수도 있다는 가상의 공포심을 심어 주었고, 인간이 죽음의 먹이(anna, 食)가 되어 계속 잡아먹히는 것이 반복된다는 무서운 비유를 발생시킨다. 곧 브라흐마나의 재사는 인간의 죽음과 관련된 고통 중에서 가장 고통스럽고, 새로운 해결법이 요청되는 시급한 문제로 등장했다고 할 수 있다.[26] 하지만 이러한 죽음은 인간만의 문제가 아니었다. 베다 신화에서 본래부터 불멸인 신은 오직 아그니뿐으로, 그 외 모든 신 또한 인간과 마찬가지로 죽음에 면역을 가지고 있지 않았다. 신과 인간을 만들고 죽음마저 창조한 쁘라자빠띠(Prajāpati)도 자신에게 닥친 죽음을 극복하고자 자신의 몸(四肢)을 바치는 제식(yajña)과 고행(tapas)을 행하여 불멸의 존재가 되었다.[27] 쁘라자빠띠가 불멸을 얻으면서 신들도 죽지 않고 불멸할 수 있는 길이 열렸지만 신화 속에서 신들은 인간에게 불멸의 노하우를 알려 주는 것을 꺼리게 된다. 이와 관련된 설명이 『샤따빠따 브라흐마나』(10.4.3)에 나타나는데, 그 이야기를 간략하게 구성해 보면 다음과 같다.

죽음(mṛtyu)은 시간과 같고, 해(年, saṃvatsara)와 같으며, 신적인 원리와 쁘라자빠띠와 동일시된다. 또한 그는 제식으로 불멸을 얻는 방법을 신들에게 가르쳐 주었다. 이때 죽음은 만약 인간에게도 불멸을 나누어 준다면 자신이 먹을 음식이 없으며, 해야 할 일이 없다고 불평한다. 신들이 인간에게 명하길, 인간들은 죽은 후에 그들의 몸을 죽음에게 반드시 주어야만 불멸을 얻을 수 있으며, 만약 이 조건을 거절한다면 지상의 삶을 반복하게 되고 '죽음의 음식'이 되기를 반복할 것이라고 규정한다.

위 쁘라자빠띠의 신화에서 죽음을 두려워한 신들은 제식을 통해 불멸을 얻지만 인간에게 이 비밀을 알려 주면 죽는 자가 없어져 자연의 질서와 정의가 깨지는 위험한 결과가 올 것을 경고하며, 이후 인간에게 신체를 가지고서는 불멸을 즐길 수 없다는 약정을 맺을 것을 강요한다. 그렇게 해서 죽음은 자연스럽게 세상에서 자신의 몫을 받을 수 있게 되고, 인간은 악(pāpman) 자체인 신체를 버리는 조건으로만 불멸을 얻게 된다. 인간은 신체를 분리한 후에야 불멸의 존재가 될 수 있다는 이 신화적인 '불멸 협약'은 후에 인도 사상이 영혼의 해탈(mokṣa)을 강조하는 지식의 철학으로 전개되는데 크게 기여한다.[28] 다시 말해 인도철학에서 죽음은 몸에 일어나는 것이며 영혼에 일어나는 것이 아니라는 사상, 몸은 죽으나 영혼은 죽지 않는 존재라는 방식으로 몸과 영혼을 분리해서 생각하는 독특한 생사관이 시작된 것이라고 해석할 수 있다. 이러한 관점은 죽은 자와 영원히 죽지 않는 나를 분리하며 육신에서 영혼을 분리하는 형식으로 발전한다. 즉, 인간은 제식의 지식(vidyā)과 성업(聖業, karma)으로 불멸을 얻을 수 있는데, 이 죽음의 극복과 불멸의 획득에는 신체적인 죽음이 반드시 전제되며 비밀의 지식을 획득하는 데 신체가 결정적인 역할을 하게 된 것이다.[29]

신과 인간은 이제 더 이상 천계에서 즐거움을 공유하던 긴밀한 관계가 아니다. 이 유대 관계는 신들이 죽음을 극복하면서 깨지기 시작해 인간과 일정한 거리를 두면서 더 소원해진다. 위의 신화가 말하고자 하는 진정한 의미는 죽음은 보편적이고 확고한 원리이며 불멸은 존재의 선천적 속성이 아니지만 완전한 지식과 제식으로 죽음을 극복할 수 있다는 것이다. 즉, 재사는 조계에서 죽음에 지배받는 인간과 그 지배를 벗어날 수 있는 인간을 구분하는 방법으로 제작된 개념으로, 제식의 중요성을 강조하기 위해 도입된 개념이라고 할 수 있다.[30] 재사라는 개념을 통해 조계는 죽음이 존재하는 현세와 동일시되면서, 후대에 재생의 길인 조도(祖道, pitṛyāṇa) 사상으로 발전하게 된다. 또한 재사는 재생에서 벗어나는 불멸과 해탈의 길인 신도(神道, devayāṇa)를 제시하기 위한 방법론으로 제작된 신화적 개념이기도 하다. 이 개념은 제식을 가장 중요한 원리로 만들기 위해 제식주의자들이 제작한 것으로서 그들에 의해서 주로 논의된다. 이후 재사는 재생의 원리로 전환되면서, 우빠니샤드의 조도와 신도라는 양분된 사자의 길을 이론적으로 체계화하는 데 크게 이바지한다.

2) 재생, 생사의 순환

리그베다에서 조계로 올라가 현세적 행복을 누리는 것에 만족했던 베다인들은 브라흐마나에 와서는 백 년 이상 지속되는 제식을 통해 죽음에서 벗어날 수 있으며 이를 통해 '태양의 저편'인 신계(神界)에 도달하여 영원히 살 수 있다고 믿기 시작했다. 신계를 형용하는 '태양의 저편(beyond)'에서 태양은 시간의 지배를 받는 현상적인 세계를 상징한다. 태양이 있는 곳은 시간이 존재하며 그곳에는 언제나 죽음이 있다. 즉 신계에 도달하는 방법은 시간과 죽음을 벗어나는 방법이면서 동시에 인간이 신의 경지에 이르는 또 다른 차원의 도전이었다. 신계와 죽음의 관계를 묘사한 『샤따빠따 브라흐마나』(2.3.3.7-9)의 내용을 살펴보면 다음과 같다.

> 인간(생유)은 그 생기가 태양 광선에 매여 있어서, 광선에 의해서 내려와, (태양은) 자신이 죽이려고 생각하는 자의 생기를 빼앗아서 상승하므로 그 생유는 죽어 버리는 것이다. …… 그래서 (태양의 저편, 즉) 해가 뜰 때와 해가 질 때 제주는 죽음을 피할 수가 있는 것이다. 그때 행해지는 아그니호뜨라제(Agnihotra祭, 火祭)로서 인간은 죽음에서 벗어날 수 있다.

위에 나타난 '해가 뜰 때와 질 때'가 바로 '태양의 저편'에 해당되며, 이곳이 바로 신계이다. 적절한 시기에 아그니호뜨라제(Agnihotra祭)를 수행하지 않으면 조상들은 매일 죽고 태어나는 태양처럼, 태양 안에서 끝없이 죽음을 반복한다. 해뜨기 전 새벽과 해지기 전 황혼에 행해지는 아그니호뜨라제식을 타고 조상은 하늘로 올라가 죽음을 정복하기 때문에 이 제식을 '천계로 가는 배(nauḥ svargyā)'[31]로 비유하기도 한다. 신계가 태양을 벗어난 저편의 세계라면, 조계는 태양의 영역으로 구분된다. 조계에서의 태양은 뜨고 지는 영원한 순환 법칙 안에 있으며, 이는 생사의 반복을 상징한다.

즉, 조계에서의 재사는 생사의 반복이므로, 재생(再生) 개념과 유사하며 근본적으로 재생을 함축한다고 할 수 있다. 『아이뜨레야 브라흐마나』(Aitareya-Brāhmaṇa. 2.8)에서 현생에서 먹은 것에 의해 내생에 잡아먹힌다는 내용이나 『샤따빠따 브라흐마나』(10.4.3.10)에서 나타나는 죽음 뒤에 탄생하는 '존재(saṃbhava, 生有)'로 시작되는 재생의 원리는 기본적으로 재사를 전제로 한다. 물론 여기서 말하는 탄생은 인간계(manuṣya loka)에서의 단순한 재생이 아니라 다른 차원, 다른 존재로의 탄생을 말하는 것으로 후대의 재생 개념과는 다른 것이다.[32] 『샤따빠따 브라흐마나』(10.5.2.3 이하)에서는 죽음과 탄생, 탄생과 불멸의 관계가 좀 더 명확하게 드러난다.

> 태양의 이글거리는 빛은 불멸이며, 죽음은 그 안에 불멸이 있으므로 죽는 것이 아니다. 그래서 그는 말하길, 죽음 안에 있는 것은 불멸성이다. 이 문구를 이해하는 자는 죽은 후에 그 몸이 불멸이 된다. 왜냐하면 죽음은 그 자신 안에 있기 때문이다.

위 인용문처럼 브라흐마나는 내세에서 다시 새로운 몸으로 태어난다는 탄생의 원리를 발전시켜 인간, 특히 조상들과 신을 구분하는 방법이 바로 재사, 즉 반복되는 죽음이라는 것을 알려 준다. 그리고 재생에 관한 언급이 아직 분명하지 않지만 재사의 논리로서 후대의 윤회의 재생에 관한 교의에 근접해 간다.[33] 브라흐마나 이후에 선에 따르는 합당한 보상과 악에 따르는 징벌의 관념이 발달하고, 반복되는 죽음과 그에 따른 재생의 가능성이 제시되면서, 후에 이는 우빠니샤드의 업과 윤회에 관한 이론으로 발전한다.

4. 베다 내세관의 변화 양태

1) 구덩이와 진흙의 집

리그베다에서 죽은 후의 세계를 긍정적으로 표현하고 낙천적인 내세관을 가졌다고 해서, 베다인들이 죽음을 두려워하지 않았다고 일반화해서는 안 된다. 죽음에 대한 본능적인 두려움이 없는 것이 아니라, 다만 현세에서 법칙을 위반했을 때 사후에 신이 주는 형벌에 대한 두려움이 적었다고 보는 것이 타당하다. 여기서의 두려움은 명계로 오르는 길에 부딪히는 야마의 사나운 개들이나 혹은 죽음의 메신저인 불길한 비둘기를 보고 느끼는 무서움 같은 것이다.[34] 하지만 이러한 단순한 두려움은 차츰 천계와 지옥이라는 상반된 개념으로 구조화된다. 죄와 죽음, 좀 더 정확히 말하면 죄와 죽음의 시간 사이에 형성된 인과적인 관계의 사상적 체계화가 시작된 것이다.

망자가 도달하는 천계는 병자도 몸이 회복되고, 가족 간의 유대가 증진되며, 모든 욕망이 충족되어 풍족한 상태가 보장되는 긍정적인 세계였다. 특히, 선한 자들이 가는 조계는 낮, 물, 밤의 세계로 매일매일의 순환적 구조를 가지며, 말, 목초, 풀, 나무들이 가득하고 맑은 물과 광명이 있는 이상적인 곳으로 알려져 있다. 조계를 이렇게 묘사하는 것은 리그베다인들의 세속적이고 유물론적 가치관과 지상의 즐거움이 투영된 '현세의 거울상'[35]을 반영한 이상화라고 할 수 있다. 이곳에 도착하면 사자들은 야마, 바루나, 여러 신들, 조상들과 함께 소마를 마시며 최상의 향유를 즐기기에 흔히 조계를 낙토(樂土)라 부른다. 이와 같이 리그베다의 조계는 천상의 거주지로서 행복이 보장된 곳이다.

리그베다에서는 선한 자가 도달하는 이상적인 조계와는 반대로 악한 자는 '무시무시한 심연(『리그베다』 1.185, 10.152.4)'에 간다는 표현이 자주 등장한다. 여기서 말하는 심연(parśāne)은 지상 아래 위치한 지하 세계를 상징하는데, 흔히 제식을 바치지 않는 자가 추락하는 구덩이(kāṭa)[36]로 알려져 있다. 리그베다는 죄지은 자의 추락과 하강을 분명하게 언급하면서 악한 사자가 빠지는 심연과 구덩이로 지하 세계를 비유한다.[37] 이러한 심연과 구덩이의 은유는 후대에 나락(nāraka, 地獄)으로 의미가 확장된다. 즉, 깊고 커다란 구멍으로 던져진다는 추락과 하강의 이미지는 지옥의 특정한 형상을 구현하는 데 영향을 미친다.[38] 뿌젠베르거(Butzenberger)는 심연과 구덩이의 부정적인 이미지는 베다 시대의 매장(埋葬, anagnidagdha) 관습에서 발생한 것이라고 해석했다. 그는 리그베다 고층에서 자주 언급되는 구덩이를 지옥 개념의 기원이라고 보고, 던져지는 것을 벌을 받는 것이라고 주장했다. 베다 시대에 장례 관습으로 화장(火葬, agnidagdha)뿐 아니라 매장도 성행했다는 점에 착안한 이 설명은 학계에서 상당히 각광받았는데, 반면 보데위츠(Bodewitz)는 매장당한 사자가 무덤으로 빨려 들어가는 것도 그곳에 떨어지는 것도 아니라는 점을 밝히면서 구덩이가 무덤으로서의 지하 세계를 상징하는 것이 아니라 수사학적인 죽음의 세계를 의미하는 것이라는 해석을 내놓으며 치열한 논쟁을 야기했다.[39]

베다가 표현하는 수사학적인 죽음은 죄인이 심연의 구덩이에 던져지는 고통을 묘사하는 『리그베다』(2.29.6, 10.87.14)에서 절정에 달한다. 여기서 인간은 사후에 어둠의 구덩이에 빠지는 것을 막아 달라고 기원하기 시작하는데, 구덩이 안에서 먹이를 갈구하며 배고파 울부짖는 자칼로부터 보호해 달라거나, 모든 것을 태워 없애는 아그니의 불로부터 자신을 지켜 달라고 애원한다. 자칼은 육신을 먹어 치우고, 아그니는 모든 것을 다 태워 버리는 존재를 의미하는 것이기 때문에, 이를 통해 죄지은 자가 심연의 구덩이에 던져져 완전한 무(無)가 되어 소멸당하는 죽음에 대한 두려움이 상당히 컸음을 유추할 수 있다.[40]

또한 이 심연의 구덩이는 『리그베다』(7.89.1)에서 '진흙의 집(House of Clay, mṛhmayaṃ gṛham)'[41]으로도 불린다. 이 용어는 병든 자가 신에게 '진흙의 집'에 보내지 말아 달라고 간청하는 장면에 등장한다. 여기서의 신은 바루나(Varuṇa)이며, 진흙의 집은 악한 자들이 수종과 폐결핵 같은 질병으로 고통받는 곳으로서, 질병의 고통을 피하고자 하는 죄인이 최악의 질병을 반복적으로 맞이하는 고통이 극대화된 세계를 말한다. 진흙의 집처럼 리그베다에서는 죄인의 죄목에 맞는 다양한 처벌의 실례를 확장시키는 방식으로 지옥의 개념이 형성되기 시작한다. 『리그베다』(7.104)에서는 "고기를 먹은 자, 바라문 사제를 미워한 자, 악한 눈을 가진 자 등은 펄펄 끓는 솥 안으로 들어간다. 악행을 행한 자는 몸이 꿰뚫어져 영원한 심연 속에 던져진다. 거짓말을 행한 자는 아무 것도 아닌 것을 말한 자이므로 아무 것도 아닌 비존재가 된다. 타인을 유혹하거나 부정부패를 행한 자는 뱀에게 물리거나 소멸된다."[42]라는 식으로 상세히 설명한다. 이러한 죄목과 처벌의 구체적 묘사는 악하거나 진실이 없는 인간에 대한 경고의 의미로 제작된 것으로 후대 텍스트에 등장하는 죄와 지옥의 원형적인 형태가 된다.

2) 심판과 지옥

지옥 개념은 아따르바베다(Atharva-veda) 시기에 이르면서 실제적인 명칭을 가지고 구체적으로 발전한다. 『아따르바베다』(12.4.36)에서는 후대에 지옥의 명칭이 되는 나라까(nāraka, nárakaṃ loká́m)가 악귀녀와 주법사가 사는 곳으로 등장하고, 『아따르바베다』(12.5.64)에서는 야마를 만난 후에 도덕을 어긴 사자는 지옥으로 불리는 빠라와따스(Paravatas)로 직행한다고 묘사된다. 『아따르바베다』(8.1.3, 1.9-19, 2.10-24)에서는 야마의 사나운 두 마리 개들이 샤야마(Shyama)와 샤발라(Shabala)라는 구체적인 이름으로 불리면서 위협적으로 나타나고, 무서운 이빨을 가진 상어, 머리를 풀어헤친 여자, 음울한 비관론자들, 부패한 자, 악녀, 악한 유령 등이 지하 세계에 존재한다는 식의 기술이 더해진다. 또한 『아따르바베다』(5.19.3)에서는 "바라문에게 침을 뱉거나 시신을 훼손한 자는 피로 가득한 연못에 앉아 머리카락을 씹어 먹는 벌을 받는다."라고 명시하면서 각 죄목에 따른 지옥의 형상을 세부적으로 표현하고 있다.[43]

브라흐마나 시대에 와서는 사자가 사후에 심판받는 단죄법(斷罪法)이 발전하면서, 죄지은 자들의 내세에 대한 부정적인 설명이 늘어난다. 도덕과 윤리적 기준에 따라 죄의 무게를 판단하여 지옥으로 보낸다는 의미가 등장한 것이다.[44] 브라흐마나에서 설명하는 내세, 특히 대표적인 지옥의 모습은 『샤따빠따 브라흐마나』(11.6.1)에 등장하는 바루나신의 오만한 아들 브리구(Bhṛgu)의 이야기에서 찾아볼 수 있다.

브리구는 시체를 훼손하여 먹어 치우는 자, 크게 울부짖는 자, 침묵하고 있는 자, 보물을 지키는 두 여인, 철로 된 곤봉을 든 채 다 벗은 이가 수호하는 피의 강, 황금의 컵으로 원하는 것을 얻은 황금인에 의해 지켜지는 기름의 강, 청백색 연화로 덮인 채 물의 요정인 아프사라스(Apsaras)가 춤추고 노래하고 피리를 불고 향기를 증장시키는 다섯 개의 강을 보았다. 북동쪽에는, 천계의 방향으로, 야마계(혹은 천계)가 위치하며, 야마는 검은 피부에 노란 눈, 분노를 상징하는 곤봉을 든 것으로 자신을 묘사한다. 그는 못생긴 여자와 아름다운 여자 사이에 서 있으며, 이들은 신앙의 충만함과 부족함을 상징한다.

이 이야기에서 브리구가 경험하는 내세는 천계와 지옥이 공존하면서도 세분화되어 있다는 것이 특징이다. 그가 처음 만나는 인물들의 모습은 지옥에서 응당한 죄 값을 받는 상황을 상징하고, 이어 목격한 피와 기름의 강은 악과 선의 세계를, 다섯 개의 강은 바루나의 세계를 말하는 것이다. 또한 두 여성의 대조적인 모습을 통해 야마계는 이제 신앙에 의해 심판받는 세계로 변화했음을 표현한다. 여기서 말하는 신앙은 신에 대한 무조건적인 헌신이 아니라 제식에 대한 두터운 신뢰를 말한다. 즉, 조계는 제식에 대한 신앙에 의해 심판받고 그 결과에 따라 내세의 운명이 결정된다는 것을 의미한다. 위의 이야기와 서사적인 구조가 비슷하지만 좀 더 정교한 『자이미니야 브라흐마나』(Jaiminīya-Brāhmaṇa. 1.42-44)를 통해 보다 정확한 내용을 파악할 수가 있다.

첫 번째 세 영역에서 그는 무지한 채 불의 제식(火祭)을 수행한 자들이 주검을 훼손하고, 미친 듯이 먹어 치우는 것을 본다. 이들은 제식 규정에 맞지 않게 나무, 동물, 쌀, 보리 등을 사용한 자들이다. 지상의 질서와 반대로 제식을 올리는 자들은 이제 제식에 의해 먹히는 것이다.[45]

브리구가 만난 위의 지옥은 제식에 대한 지식과 올바른 지혜가 없는 자들의 세계를 말한다. 비록 제식에 한정된 지식이라 할지라도 참된 지식의 가치를 강조하는 진전된 사고방식은 브라흐마나의 사상적 전환점으로 작용한다. 또한 브라흐마나에서도 불멸에 대한 지식 자체를 강조하면서 우주적 본성과 개체적 본질을 자각하고 사색하는 철학적인 구절이 나타나기 시작한다. 어느 정도 우빠니샤드의 주요한 철학 개념들이 형성되면서, 브라흐만(Brahman)이라는 우주적 자아의 본질적 정체성(sātmatā)을 얻어야만 재사를 극복할 수 있다고 제안하며 새로운 체제의 변화를 예고하는 전조로 작용하게 된다.[46]

5. 우빠니샤드 재생(再生)철학으로의 이행

리그베다에서 현실의 죽음이 조계로 이행되고 새로운 탄생으로 완성되는 즐거움을 누렸던 인간은, 브라흐마나 시대에 와서는 조계에서 다시 죽을 수도 있다는 새로운 죽음의 공포에 지배되었다. 베다 초기의 사람들에게는 내생의 삶이 이생으로 이행된다는 개념은 없었다. 그들에게 죽음은 내생의 삶을 완성하는 마지막 단계에서, 내생에서 다시 죽을 수 있다는 그 시점에 멈추어져 있다.

리그베다에서 덕을 행한 자는 천계로 올라가 불사를 얻고, 악행을 행한 자는 영락했다. 생전에 행한 선과 악한 행위가 죽음의 질을 결정했고 그것이 인간의 마지막 죽음이었던 것이다. 그러나 브라흐마나에 와서는 자신이 행한 행위에 의해 처벌받는 심판의 논리가 공고해지고, 죽음의 문제에 행위와 결과의 인과법칙이 적용되기 시작했다. 『샤따빠따 브라흐마나』(6.2.2.27)

에서 "사람은 자신이 만든 세계에 태어난다(kṛtam lokaṃ puruṣo'bhiyāyate)."라는 우빠니샤드적인 인과응보의 교의를 바탕으로 죽음보다는 탄생에 초점을 맞춘 재생(再生)의 철학으로 이어진다. 더불어 브라흐마나에서 나타난 주지주의(主知主義)적 성향이 극대화되면서 죽음 문제의 구체적인 해답을 『샤따빠따 브라흐마나』(10.5.4.15-16)에서 아뜨만(ātman)으로 명확하게 제시하게 된다.

> 이 아뜨만(ātman)은 이 모든 것의 목적이다. 그것은 모든 물 가운데서 살며, 모든 욕망의 대상이 충족된다. 그것은 욕망에서 자유로우며, 욕망을 이루기 위한 모든 대상을 가지고 있다. 왜냐하면 그것은 아무것도 바라지 않기 때문이다. …… 참된 지식으로 인간은 욕망이 사라진 상태로 떠오른다. 제물로도 저편에 이를 수 없고, 지식 없는 열렬한 고행자도 그곳에 닿을 수 없다. 왜냐하면 이러한 지식을 지니지 못한 자는 제물이나 고행으로도 그 세계를 얻을 수 없기 때문이다. 그것은 오직 이러한 지식을 가진 자들에게 속한다.[47]

다시 말해 당시 싹트기 시작한 재생의 원리에서 발생되는 윤회전생의 비밀을 넘어서는 진정한 지식을 아뜨만이라고 알려 준 것이다. 브라흐마나 문헌에서 "베다를 읽는 자는 재사로부터 자유로우며, 브라흐만과 동일한 본질을 얻는다.", "신들에게 산 제물을 바치는 자는 아뜨만에게 산 제물을 바치는 자만큼 훌륭한 세계를 얻지 못한다."[48] 등의 우빠니샤드적 사색과 철학을 담은 문구를 찾아볼 수 있게 된 것이다. 이는 브라흐마나 시대에 이미 브라흐만과 아뜨만의 지식을 제식에 대한 지식보다 상위의 것으로 평가하기 시작했고, 죽음을 벗어나게 하는 최고의 지식으로서 인간이 원하는 최상의 결과를 제공하는 참된 지식으로 제안되었다고 볼 수 있다.

결론적으로 베다 초기의 죽음에 대한 가치관은 신과 인간의 관계, 조계의 재사 개념, 개체성의 등장, 인과응보적 세계관의 발생 등의 여러 원인에 의해 전변되고, 내세관의 변화에도 영향을 미쳤다. 특히 브라흐마나 시대에 등장한 '내생에서 다시 죽는다.'는 독특한 재사 개념은 베다 초기의 내세관을 급격하게 변화시킨다. 하지만 조상이 다시 현생으로 되돌아오는 재생의 철학까지 체계화되지는 못했던 것으로 보인다. 사후에 생전의 행위에 의한 상과 벌을 모두 향수하고 나면, 그 생을 마감하고, 다시 지상에 태어난다는 재생의 논리가 발생할 가능성을 제시하는 차원에 머물고 있는 것이다.

이처럼 베다 초기에 나타난 죽음의 개념은 백세를 채워 심신이 만족스러운 상태에서 조상이라는 새 존재로 이동하는 것에서 조계에서 다시 죽음을 맞이하는 형태로 변화했다. 리그베다를 비롯한 상히따와 브라흐마나의 시대는 조상이라는 존재로의 변이, 조상의 재사라는 특유의 죽음 개념을 형성하면서 현생의 사람들과 조상을 분리해서 사고했다. 그리고 이 모든 죽음의 고통을 제거할 수 있는 새로운 방법을 추구하던 브라흐마나의 사상은 이제 죽음을 '낡은 옷을 벗고 새 옷으로 갈아입는 자연스러운 여행'이라고 불렀던 우빠니샤드 철학의 등장을 예고하게 된다. 현실적 죽음, 사후에 반복되는 죽음으로 변화하던 베다 초기의 죽음의 문제는 끝없는 윤회에서 재생하는 죽음으로 급변하면서 인간에게 영적인 해탈의 길을 추구하도록 자극하는 우빠니샤드 철학으로 이행되기 시작한다.

티베트 생사관의 형성 배경

/ 심 혁 주

1. 서론

한 국가 또는 민족의 사상과 문화는 주어진 자연환경에 인간이 대응하고 적응하는 과정 속에서 생산된 삶의 양식이라고 할 수 있다. 그러나 다른 한편 인간 혹은 민족의 사유 체계와 문화 형성은 자연환경에만 한정하여 상호 연관성을 가지는 것일까? 어찌 보면 사상과 문화는 외부의 객관적 요소와 내부의 주관적 요소의 끊임없는 도전과 응전의 상호 관계 속에서 변화하는 가운데, 가변적 유기체로 살아 움직이는 것의 실체라고 할 수 있다. 따라서 사상과 문화의 생성과 전승 과정에는 자연환경 외에도 수많은 변수들과 상호 관계가 있음을 인정하지 않을 수 없다. 하지만 본문에서는 논의의 초점을 분명히 하기 위해서, 복합적인 다른 변수와 조건들을 일단 접어 두고 티베트의 자연환경과 종교의 관점에서만 집중적으로 살펴보고자 한다. 그럼으로써 지리적 · 공간적 환경의 특수성과 그로 인해 형성된 종교가 티베트인들로 하여금 어떤 방식의 삶을 영위하게 하면서 환경에 적응해 나가고 그러한 적응의 결과가 어떤 문화적 독자성을 확보해 주는가를 주목하고자 한다.

사회윤리와 습속은 일반적으로 인간 생활에 가장 필수적인 관혼상제(冠婚喪祭)에 의해 집적되는데, 특히 상장례(喪葬禮) 습속은 그 민족이 처한 자연환경, 생산방식, 생활 습관, 종교 및 신앙, 이데올로기 등과 아주 깊은 관계가 있다. 그런 의미에서 볼 때, 오늘날 티베트라는 지역의 상장례 의식과 문화는 주목할 만하다. 예컨대 전통적으로 추구되는 네 가지의 장법, 즉 천장(天葬), 화장(火葬), 수장(水葬), 탑장(塔葬) 등이 오늘날까지 전승되는데 그 내용과 의식의 절차는 특별하다. 이러한 각각의 장법은 그 나름대로의 기원과 역사가 담겨져 있으며 티베트인들의 정신적 유산이 고스란히 녹아 있다. 티베트의 상장의식에는 환생(還生)과 윤회(輪廻)라는 불교적 생사관이 매우 중요한 가치로 작용하고 있다. 죽음이 곧 삶 또는 환생이라는 불교적 관념이 뿌리 깊게 자리하고 있는 것이다. 이러한 티베트만의 장법과 그 가치관의 배경을 오늘날 올바로 이해하려면 어떻게 시작해야 할까? 이는 다시 말해서 티베트의 정신세계를 엿볼 수 있는 본질적이고도 근원적인 사고의 틀은 과연 어디서 시작해야 하는가의 문제이기도 하다.

이 글은 그 본질적인 틀을 티베트의 공간적 환경과 종교에서 단서를 찾고자 한다. 사고의 패러다임은 인간이 태어나고 활동하고 죽었던 공간, 곧 생명이 순환적으로 이루어지는 특성에 의해 결정되기 때문이다. 그 삶과 죽음이 이루어지는 공간을 세밀히 살펴보면, 고대로부터 현대에 이르기까지 티베트 민족(藏族)만이 지니고 있었던 정신의 패러다임, 즉 생사관의 형성과 누적 과정을 가늠할 수 있기 때문이다.

따라서 본문에서는 크게 티베트의 공간과 자연환경 그리고 종교(본교와 불교)가 티베트인의 정신세계, 특히나 생사관에 어떤 영향과 효과를 주었는지에 대하여 구체적으로 살펴보고자 한다. 결론적으로 이 글은 티베트의 지리환경과 생존 조건 그리고 정신적 토대인 종교가 티베트인의 사유 체계, 구체적으로 생사관(生死觀)에 어떠한 영향을 주었는지 또한 그러한 생사관을 바탕으로 어떤 상장의식이 구축되었는지에 대한 본질적 탐구이다.

2. 환경과 공간

우선 티베트의 환경과 공간과 관련하여 대표적인 국내외 연구 사례는 다음과 같은 것들을 들 수 있다. 국내의 경우 문순철은 그의 논문 「티베트 자연, 인문 환경의 지리적 특성」에서 티베트의 특수성과 민감성을 지역의 '이심성'과 '차별성'으로 설명 가능하다고 주장했다.[1] 여기서 말하는 이심성은 '지리적 입지의 원격성'을, 차별성은 그에 따른 '사회 공간적 특이성'을 말한다. 그는 이러한 지리적 이심성, 원격성이 티베트의 사회공간적인 특이성의 원인으로 작용한다고 분석했다. 그리고 이러한 특성은 티베트의 문화, 종교, 건축양식, 제도 등에서 티베트 스타일로 고착되었다고 보았다. 국내에서 안성두가 번역한 독일인 학자 롤프 슈타인의 저서 『티벳의 문화』에서는 역사적으로 티베트인들에 의해 점유된 공간과 풍토에 관하여 매우 이색적인 견해를 제시하고 있는데 다음과 같다.

그는 일반인들이 보통 그곳을 매우 춥고 거칠어 살아가기 힘든 땅이라고 생각하지만 그런 선입견은 수정되어야 한다고 주장한다. 오히려 티베트의 지리학적 위도는 알제리의 그것과 같고 따라서 모든 지역이 단지 눈과 황무지로 이루어져 있다고 생각하는 것은 진실과 멀다는 것이다. 이런 평가는 탐험가들의 잘못된 인식과 보고로부터 유래했다는 것이다. 물론 티베트 북부의 창탕(羌塘) 지역은 대부분 황무지이고 거주할 수 있는 공간은 매우 제한적이다. 하지만 이에 비해 남동지역은 매우 오래된 원시림이 존재하고 대부분의 평지와 계곡에는 그 규모를 떠나서 초지와 숲이 있다는 것이다. 겨울이 되면 산속이 매우 견디기 힘들지만 계곡과 평지는 낮 동안에 많은 양의 햇볕이 견딜만하게 해 준다는 것이다.[2]

이 책에서 저자의 관점이 특이한 것은 티베트의 외관적 고립에도 불구하고 지형과 토지가 여러 면에서 외부적으로 개방형에 가깝다고 설명한다는 점이다. 본 주제와 관련하여 가장 연관성이 밀접한 연구 사례를 보여주는 중국의 학자 초치평(焦治平)은 그의 논문 「장족의 상장풍속을 논하다(論藏族的喪葬風俗)」에서 티베트의 자연환경은 천장의 핵심 요소인 독수리의 적합한 서식지라는 점을 지적한다.

티베트에서 시신을 처리하는 가장 보편적인 방법은 시체를 해부하여 산과 들에 버리거나 독수리에게 먹이는 것이다. 그 원인은 토장하기에는 땅이 얼어붙어 파기 어렵고, 화장은 나무가 부족하기 때문이며, 수장은 마시는 물을 오염시키기 때문이다. 그래서 라싸 주변의 평원 및 변방의 산골에는 천장터를 지정하여 천장을 하게끔 하고 있다.[3]

티베트 고원의 독수리는 동물의 시체와 썩은 고기를 먹기 좋아하기 때문에 오염된 물질을 청소하는 역할을 한다. 그래서 티베트인들은 독수리를 두고 '하늘 위의 청소부'라고까지 부른다. 고원의 독수리는 시체의 뼈까지도 씹어 삼킬 수 있는 강한 소화 능력을 가지고 있다. 독수리는 시체를 먹고 난 후 수천 미터 상공을 날아다니면서 배설을 한다. 티베트인들은 그 배설된 장소가 새로운 생명의 윤회와 환생의 시작을 의미한다고 믿는다. 티베트인들은 지금까지도 독수리의 시체를 발견한 적이 없다고 한다. 그래서 독수리는 티베트에서 신조(神鳥)로 분류된다. 독수리를 천장의 매개체로 선택하는 중요한 이유 중의 하나다.[4]

농업보다는 유목이 주류인 티베트인들에게 천장은 선택의 여지가 없는 장례 방식일 수 있다. 즉 유목인들은 물과 목초를 따라 이동하며 살아가기 때문에 정착 관념이 부족하다. 이러한 상황은 가족 혹은 친지의 시신을 한 곳에 묻어 둘 경우 자주 볼 수 없는 심리적 부담감을 주기 때문에 천장은 이러한 상황을 관념적이나 의례적으로 가장 잘 해결할 수 있는 장법이었다. 이는 티베트의 독특한 자연환경과 공간성을 고려할 때, 그 어떤 장례 방식보다도 환경 친화적 혹은 그 환경에 적합한 장례 방식으로 볼 수 있다. 토장은 동토가 많은 티베트의 지형적 특성상 작업하기 어렵고, 화장은 삼림 자원이 풍부하지 않은 여건 때문에 일반인들이 내기 힘들 정도로 많은 재정적 대가를 지불해야 하기 때문이다.

이와 같은 국내외 연구 사례를 바탕으로 본문은 다음과 같은 티베트의 특수한 환경과 공간을 주목하고자 한다. 티베트의 환경과 그 공간적 특수성은 역사적 시간과 공간을 개념화하는 데 있어서 어떤 위치를 차지하고 있는가? 외관적으로 볼 때, 티베트는 북으로는 중국의 신강(新疆)과 청해호(清海湖)에 연접해 있고, 동으로는 중국의 사천(四川)과 운남(雲南)으로 산맥을 이어간다. 티베트의 내부 역시 복잡한 지형이다. 티베트의 중부는 카일라스산맥이 동서 방향으로 뻗어 장북고원(藏北高原)과 장남곡지(藏南谷地)의 경계를 이루고 있다. 카일라스산맥 이북과 곤륜산맥 이남은 모두 장북고원이라 일컫는 5,000m 전후의 광활한 고원을 이룬다. 이 고원은 기복이 비교적 완만한 산지와 분지로 구성되며 이 분지 안에는 많은 함수호가 형성되어 있다. 곤륜산맥 이외의 여러 습곡산맥은 티베트의 동부 지역으로 몰렸다가 갑자기 방향을 남북으로 바꾸고 있는데, 이곳에서 여러 개의 높은 산맥과 깊은 협곡이 교차하며 고산협곡지구를 이룬다. 티베트는 북위 7~27°사이에 위치하여 위도상으로 그다지 높다고 할 수는 없다. 그러나 지형이 높고 험준하며 고산으로 둘러싸여 있기 때문에 한랭 건조한 기후를 나타낸다. 특히 곤륜산맥에는 식생이 전무한 고산한랭지역도 분포한다.[5] 이러한 티베트가 가진 지리적 특징 중의 하나는 '외형적 고립'이라는 것이다.[6] 고대로부터 티베트는 외부와 공간적으로 폐쇄성을 유지했다. 하지만 격절과 고립이라는 지형적 특징은 티베트가 문화적 고유성을 확보할 수 있는 공간적 조건을 제공했다. 공간상의 간극은 외부로부터의 영향과 유입을 극소화할 수 있다. 이것은 선택적인 문화 교류가 가능하고, 또 그것을 자체의 것으로 융화할 수 있는 충분한 시간을 벌 수 있다. 이는 티베트의 지형적인 조건이 문화적인 부분에 긍정적으로 작용한 측면이기도 하다.[7] 이러한 환경은 인문학적 관점에서 보면 단점이 될 수 있지만 장점이 될 수도 있는 측면이 있다. 예를 들면 티베트의 건조한 날씨이다. 건조지역의 토양 부식층은 희박한 식생 피복 때문에 공급되는 유기물이 거의 없고 설사 있더라도 미립 물질과 함께 바람에 의한 취식으로 사라진다. 또한 토양 수분의 부족이 화학적 풍화를 제한함으로써 사면에 완전한 토양층을 발달시키지 못한다. 더구나 토양 속의

미생물이 적고 다양하지 못함으로써 적은 양의 유기물질 분해도 느린 편이다. 건조지역에서 토양은 주로 세탈과 용탈보다는 오히려 탄산염석회가 풍부해지는 경향이 있다. 그런데 티베트의 이런 건조한 환경은 오히려 유산과 유물의 보존성과 영속성을 자연스럽게 책임질 수 있다는 장점이 있다. 즉 이러한 환경조건은 티베트의 문자를 보관하고 유지할 수 있으며 그로 인해 불경의 번역과 유통 작업을 지속적으로 해낼 수 있다. 이는 크게는 티베트 사회의 정치와 조직을 만들어 내는 성과로도 연결된다. 오늘날까지 티베트가 매우 독특한 정신문화와 유물을 오래도록 전승하고 유지하는 근본적인 이유이기도 하다. 건조한 고원성 기후는 모든 것을 원형 그대로 보존할 수 있게 만드는 장점을 가지고 있다. 티베트 문화가 보이는 원형 보존성은 이러한 지리적 수혜를 받았기 때문이다. 중앙아시아 초기 불교의 범문(산스크리트)경전은 인도에서는 이미 자취를 감추었으나 티베트 불교 경전에는 아직 남아 있다. 인도와 중앙아시아의 고대를 장식했던 예술과 경전은 이제 티베트에서 현재까지 그 생명력을 이어오고 있어 그 풍격과 내용을 찾을 수 있다. 이렇듯 티베트 문화가 보이는 강인한 전통성은 고원의 기후가 선사하는 원형 보존성과 결코 무관하지 않다. 장구한 시간 동안 티베트는 주위의 선진 문명을 받아들였으며 이에 따라 티베트 문화는 시기별로 다양한 모습을 갖는다. 하지만 거시적 시각에서 보면 티베트는 자체 문화의 고유성을 잃지 않았으며, 변화된 문화 속에 오히려 그 문화 원형을 간직하고 있었다.

결론적으로 보자면, 티베트의 공간과 자연환경은 기타의 지역과 비교할 때, 태생적으로 고유성을 가지고 있었다는 것이고 그것이 종교의 발전으로 그리고 장법의 형성에 절대적 영향을 미쳤다는 것이다.

3. 종교의 영향

이러한 환경 속에서 티베트인들은 어떤 육체적 순응과 정신적 진화를 보여 왔을까? 일반적으로 인간을 둘러싸고 있는 자연조건은 살아가는 생산방식을 결정짓는다. 그리고 그러한 생산방식은 주관적 사유를 형성시킨다. 티베트인들은 외부 세계와 봉쇄된 환경 속에서 정신적인 토대가 절실히 필요했는데 이는 종교의 형태로 나타났다. 티베트는 지리적으로 보면 불교의 발상지인 인도, 네팔의 바로 북쪽에 위치하고 있다. 네팔의 동쪽에는 시킴과 부탄이 있어 티베트 문화권의 남부를 형성하고 있으며, 티베트의 서쪽은 라다크를 따라서 캐시미르와 접하고 있다. 따라서 티베트인들은 고대로부터 자연스럽게 이 인도와 네팔로부터 불교를 습득했다.[8] 초창기 티베트의 종교는 샤머니즘 성격이 강한 본교(本敎)였다. 여기서 '본'이란 티베트어로 '외치는' 사람 또는 '신을 부르는' 사람이란 의미이다. 본교의 샤먼(Shaman, 巫師)은 검은 모자를 쓰고 북을 치면서 인간에게 폭풍우와 질병 등의 재앙을 가져다주는 악마와 싸움을 벌이는 종교적 능력자이다. 그는 또한 공중으로 높이 솟구쳐 올라가서 눈 덮인 산에 사는 신들의 계시를 구할 수 있으며 그 계시를 빙의(憑依)의 상태에서 사람들에게 전달해 줄 수도 있다. 고대 티베트 본교에서는 단신(斷身) 의식이 존재했는데 이는 인간이나 동물의 사지를 분리하는 것이다. 단신 의식은 '환생'을 목적으로 한다. 이러한 본교는 훗날 두 가지의 상장 유형을 나타낸다. 즉 토장과 천장이다. 이 둘은 공통점이 있다. 바로 단신과 환생 사상이다. 당시 단신 의식을 주관하던 무사는 동물의 몸을 절단하여 피와 살, 그리고 뼈로 나누어 여러 귀신들에게 바치는 것을 생동적으로 보여주었다.[9] 이러한 단신 의식은 형식과 내용에서 샤머니즘의 그것과 매우 흡사하다. 그러나 티베트 본교와 기타(한국을 포함한) 지역의 샤머니즘은 다음의 성격상의 이동(異同)을 갖는다. 고대 북방 소수민족이 활동하고 생존하던 무대는 티베트의 본교가 탄생한 생존 환경과 비슷했다. 따라서 배양되고 출현했던 생활양식이나 문화현상 그리고 원시적 종교 활동의 형태는 비슷한 양상을 보인다. 예를 들면, 천신(天神) 숭배, 화(火)와 광(光) 숭배, 천신숭배 화, 광 등이다. 하지만 차이점도 존재한다. 다음과 같은 것들이다. 첫째, 교리나 경전은 신교(神敎)의 중요한 특징 중의 하나이다. 본교는 여기에 부합하는 조건을 갖추고 있을 뿐만 아니라 창시자 센랍미우체(辛繞米沃, gshen-rab-mi-bo) 또한 존재한다. 더불어 방대하고도 체계적인 경전인 『본교대장경(本敎大藏經)』까지 갖추고 있어 다신(多神) 숭배를 주로 하는 샤머니즘과는 차이를 가진다. 둘째, 종교 조직이다. 본교는 토번(吐蕃)왕조 이전에 이미 체계적인 교의(敎義)와 거기에 부합하는 종교 활동을 했다. 그리고 토번왕조에 이르러서는 불교의 영향을 받아 집단 사원을 형성했으며 교의는 더욱 엄밀해졌다. 이에 비해 샤머니즘은 민간 제사장(巫師) 수준의 간단한 종교 활동을 하였다. 셋째, 문헌에 따르면, 본교는 토번의 초대 왕인 섭적찬보(聶赤赞普, gnyav-khri-btsan-po) 시기부터 이미 전문적인 본교의 사당 즉, 새강(塞康, gsas-khang)을 건립했다. 훗날 상웅(象雄) 지역에서 본교의 대사를 초빙하고 나서부터는 본격적으로 사당 건립을 추진했는데 무려 37개의 본교 사당을 건립했다. 이 사당은 초창기 간단한 종교 활동을 위한 의례 장소의 성격에서 시간이 지날수록 규모와 실내장식 및 벽화의 화려함이 추가되어 본교 사원에서 분리되고 이 사당을 전문적으로 관리하고 지키는 전문 본교도까지 배양하게 되었다.[10]

티베트에서 본교는 시기적으로 서로 다른 종파와 이합집산을 하면서도 사상적인 측면에서는 연속적인 공통점이 있었다. 바로 '자연숭배사상'이며 자연계에 존재하는 생명체에 대한 영혼의식이었다. 본교는 만물에 존재하는 모든 생물은 영혼이 있다고 믿었으며 그 영혼을 숭배하고 경외하였다. 따라서 그(영혼)에 대한 제사 의식을 종종 주관하였는데 그 방식은 혈제(血祭)와 연제(烟祭)를 추구하였고 이를 주관하는 사람은 무사라는 신령스러운 매개자였다. 당시 티베트인들은 영혼은 불멸하여 사후에 영혼이 육체를 이탈하면 신(神)이 될 수도 있고 귀(鬼)가 될 수도 있다고 믿었다. 그리고 신이 된 영혼은 씨족의 선조 중에서 전설적인 영웅적 인물로 각종 자연재해와 수렵, 전쟁 등으로부터 부족을 보호해 준다고 믿었다. 반면에 귀가 된 영혼은 생전에는 인간 생명을 주재하고, 사후에는 그 가정에 후대까지 남아서 계속하여 위해를 가하는 존재로 인식했다. 그래서 이 영혼을 위해 비록 제사를 지내고 받들어 섬기지만 효과를 얻지 못하면, 무사 등을 초빙하여 춤과 노래, 주문이나 길흉을 점쳐서 그 악령에 의해 생겨난 온갖 불미스런 일을 해결하고 사전에 예방하여 내쫓는다. 이러한 역할 또한 불교가 전파되기 전에는 주로 본교의 무사들이 주도했다. 이 무사는 티베트 고대의 부락 사회부터 존재했는데 시간이 지나면서 티베트의 관혼상제를 주관하는 전문적인 직업인이 되었다. 그런데 이 무사가 티베트 사회에서 힘을 갖고 영향력을 발휘할 수 있었던 이유는 티베트 토번 시대부터 왕족의 도움과 지지가 있었기에 가능했다.[11]

티베트는 처음 자생 종교인 본교가 흥성하였지만 시간이 지나면서부터 불교가 흡수됐는데 이는 훗날 티베트 불교(藏傳佛敎)로 탈바꿈하였다. 불교의 동아시아 전파에서 티베트 불교는 특수한 위치를 차지한다. 소위 티베트 불교는 중국과 인도 양국 불교의 수용과 샤머니즘적인 전통 종교(본교)와의 습합 등 여러 가지 특수 요인으로 인해 일련의 특색을 지니고 복잡한 발전 과정을 겪어 왔다.[12] 티베트가 처음 불교를 받아들인 것은 7세가 전반에 티베트를 통일한 토번의 송첸감포(Srong-btsan-sgam-po, 617~650) 왕 때인 것으로 전해진다. 당시는 중원의 당(唐)이나 네팔과의 정략적 혼인이 그 계기가 되었다고 볼 수 있다.[13] 티베트에서 본교는 불교의 초기에는 불교에 완강히 저항했으나, 발전기에 들어와서는 인도로부터 밀교가 전입됨에 따라 그 상통성으로 말미암아 서로 융합 흡수 되었다. 특히 밀교의 신비한 점이나 좌도(左道)밀교의 성적 쾌락을 신성시하는 점 등은 티베트인들에게 매력적으로 다가왔다. 이러한 제반 환경은 티베트 풍토에 적합한 밀교, 즉 라마(Lama)교가 성립하는 데 결정적 역할을 하였다. 이로부터 시작된 티베트 초기 불교를 역사에서는 닝마파(寧瑪派, Rnying-ma-pa)라고 한다.[14]

7세기가 티베트 불교의 초기라면 8~9세기는 발전기라고 할 수 있다. 티베트는 8세기 후반 치송데첸(Khri-srong-lde-btsan, 755~797) 때 국력이 최전성기에 달한다. 당(唐)의 '안사(安史)의 난'을 틈타서 763년에는 티베트군(軍)이 수도 장안까지 공격하고, 그 후 약 한 세기 반 동안 중국 감숙에서 중앙아시아를 통하는 광대한 지역을 놓고 당과 치열한 쟁탈전을 벌였다. 이러한 기세의 상승세를 타고 불교도 활발히 전파되었다. 이 과정에서 인도로부터 연이어 학승과 고승들이 내도하여 티베트의 풍토에 걸맞은 불교를 설교함으로써 점차 밀교적인 인도 불교가 우세해진 반면 철학적인 중국 불교는 밀려났다.[15] 특히 인도에서 온 밀교 고승들은 밀법(密法)에 의해 악마를 조복(調伏)하고 기적을 행함으로써 민심을 선도하였다. 이러한 밀법은 전통적인 티베트 종교 관행과 융합됨으로써 특유의 밀교를 창출하였다.

11세기 티베트 불교는 부흥기를 맞이한다.[16] 인도의 고승 아티샤(阿底峽

Atisa, 982~1054)는 이 부흥기를 주도한 인물이다. 그는 『보리도등론(菩提道燈論)』을 저술하여 계율을 엄격히 하고 승려의 독신을 주장하면서 본교의 의식을 개혁하는 등 타락한 티베트 밀교를 개혁하였다. 따라서 아티사 이전의 밀교를 구파(舊派)로 그에 의해 개혁된 밀교를 카담파(噶唐派, bka'- gdams-pa)라고 한다. 이를 뒤이어 사캬파(萨迦派, Sa-skya-pa, 1073)가 성립되고 11세기 중엽에는 마르파(瑪爾巴, Mar-pa-chos-kyi-blo-gros, 1012~1097)에 의해 카규파(噶擧派, bka'-brgyud-pa)가 성립된다. 이러한 분위기는 12세기 티베트 불교의 중흥기로 이어진다. 그러나 13세기에 들어와 중원의 원(元)나라가 부상하자, 티베트의 종교 판도는 정치적으로 원조와 밀착된다. 예를 들어 사캬파(萨迦派, Sa-skya-pa, 1073)가 원조와 결탁하여 중원의 비호와 지지를 등에 업고 티베트의 정치와 종교를 모두 장악한 것이다. 그런데 이러한 특정 종파의 장악은 티베트 사회와 불교를 타락시키는 주요 원인으로 자리한다. 이때 이러한 타락과 변질을 막기 위해 일어난 것이 14세기 티베트의 불교 개혁 운동이다. 이 개혁의 중심에는 총카파(tsong-kha-pa, 1357~1419)가 있었다. 그는 분열되고 타락한 티베트 종교를 중관(中觀)의 입장에서 반야(般若)중관과 밀교를 융합하는 방법으로 밀교를 개혁하였다. 그는 개혁을 통해 정교합일(政敎合一) 체제의 달라이 라마(Dalai-bla-ma) 시스템을 정착했고 1409년에 간덴사(甘丹寺)라는 겔룩파(格魯派)의 거점을 마련한다. 이후 이 사원은 황색교단(黃敎)의 출발지이자 티베트 불교의 정점이 되었다.

티베트 불교에서는 생명체의 삶과 죽음의 순환과정을 다음과 같이 설명한다. "거친 형태의 에너지가 소멸하고 미세한 에너지가 남아 있는 단계가 죽음이며, 이들 미세한 에너지가 보다 분명한 형태로 전개되는 것이 중유(中有)이고, 이들 에너지가 결과적으로 실체적인 어떤 것으로서 구현되는 것이 재생이다." 티베트에서 수행자들은 한평생 이 과정을 수행하는 것이며 훈련이 잘된 고승은 죽음의 상태와 거의 비슷한 상태를 명상을 통해 유도해 내는 것이 가능하다. 이런 단계를 성취했을 때 화신(化神)으로 현현할 수 있는 능력을 얻는 것이다. 하지만 이런 훈련 과정에서 죽음과 중유의 상태 등은 현실적으로 수행자가 경험할 수 있는 것이 아니기 때문에 이를 명상 속에서 이미지화하는 것, 관상하는 작업이 필수적이다. 그리고 이 점에서 밀교의 관상수행이 가장 효력을 발휘한다. 위에서 상술한 티베트 4대 종파는 이것을 각각 핵심적인 수행법으로 설명한다.

티베트 불교는 티베트 사회가 가지는 외부와 엄격히 단절된 사회라는 특성과 맞물려서 외부 세계의 사고 범위를 초월한 독특한 사상과 조직을 가지고 있다는 특색이 있다. 그중 가장 핵심적인 사유 체계가 바로 윤회와 환생의 원리이다. 즉 불교도의 구극의 경지인 열반을 자신을 위해 추구하지 않고, 자신은 이 윤회의 세계에 무한히 환생하여 다른 사람들의 고뇌를 해방시킨다는 것이다. 이는 티베트 활불(活佛)제도의 사상적 배경이기도 하지만 티베트인들 생사관 형성의 근원적인 뿌리이다. 활불은 자신의 영혼을 육체에서 이탈하여 자유로이 다른 인간의 몸으로 옮길 수 있다는 존재이다. 영혼과 정신의 분리, 그리고 그로 말미암은 전생이 활불 사상의 사상적 배경이 된다. 티베트에서 영혼을 숭배하는 이유는 크게 몇 가지로 설명할 수 있다. 그 첫 번째로 사람의 육체에는 영혼이 있고, 이 영혼은 육체를 이탈할 수 있으며, 육체보다 더 큰 영향력을 지녔다고 믿는다. 동시에 일부분 영혼들은 육체를 이탈하여 다른 동물과 무생물 등으로 기탁하여 부유(浮遊)할 수 있는데, 경우에 따라서 초자연적인 신력을 발휘할 수도 있다고 한다. 이러한 '영혼부유설'은 티베트 원시종교인 본교에서도 확인할 수 있다. 또한 이

러한 사상은 티베트에서 활불의 전생 사상이 대두하는 주요한 배경 중의 하나이다.[17]

티베트인들이 윤회와 환생의 원리를 신뢰하는 이유는 당시 인도에서 전입된 불교에서 영향을 받은 바도 컸겠지만, 동시에 티베트인들 자신이 종교적인 주술에 관심이 많다는 점도 간과할 수 없다. 즉 주술 등을 좋아하고 샤먼을 믿으며 때로는 마술적인 것까지도 좋아하는 민족성이 내재한 것이다. 그리고 이러한 티베트 민족의 특질은 티베트의 토착 종교인 본교를 중심으로 한 종교적 토양에서 배양된 것이며 환경적 요인에서 배양된 것이라고 볼 수 있다. 이렇듯 현실에서 인간으로서의 삶을 누린 자의 영혼이 다른 육체로 환생할 수 있다고 믿는 사고방식은 티베트 불교만이 가진 독특한 특색이라 할 수 있다.

결론적으로 티베트의 공간과 지리적 특성은 물질적 풍요를 만들지는 못했지만 상대적으로 정신적 풍요로움을 추구하게 만들었다. 그리고 이러한 사회적 풍격은 결국 물질적 곤궁에서 벗어나는 길로 종교를 택할 수밖에 없는 풍토를 제공했다. 이러한 현실 속에서 티베트 불교는 성립되었으며 또한 이것이 티베트 사회와 정신의 근간을 형성하는 주관 요소이기도 하다.

4. 상장례와 생사관

티베트의 장례 방식은 대표적으로 토장, 화장, 수장, 천장, 탑장 등을 들 수 있다. 본문에서는 지면의 한계와 내용의 밀도를 위하여 천장의 기원과 그로부터 파생된 삶과 죽음의 인식만을 이해하고자 한다. 티베트 천장 기원에 대한 학술적 탐구는 지금까지 네 가지로 거론되고 있는데 다음과 같이 정리할 수 있다. ① 인도전래설(印度來源說), ② 본토기원설(本土起源說), ③ 원시천장(原始天葬)에서 인위천장(人爲天葬)으로의 전환, ④ 중앙아시아 고대 습속의 영향이라는 주장 등이다. 전영란은 위의 4가지 중 ②와 ③은 본토의 생태적 및 종교적 배경에 의해 생성된 것이라고 보았고 ①과 ④는 외부의 영향에 의해 생성된 것이라고 보았다.[18] 이 중 필자는 티베트 천장 의식의 고유성을 자연발전설 즉, 원시 천장의 방식에서 인간의 천장 방식으로 진화하는 과정 속에서의 전래와 그 성질을 중요시한다. 그 이유는 토착 종교인 본교는 원시적 천장에서 오늘날의 인간의 천장으로 전환하는 과정에서 결정적 동기와 역할을 제공했던 것으로 파악되기 때문이다. 이와 관련하여 학계에서는 대부분의 언급이 불교 텍스트에서 그 실마리를 찾고 있다. 따라서 본문은 다음과 같은 본교의 텍스트와 내용을 추가 검토하며 본교의 상장의식이 원시적 천장에서 인간의 천장으로 전환하는 데 결정적 역할을 담당했을 가능성에 신빙성을 더하고자 한다.

살펴보면, 오늘날 천장 의식의 형태와 내용은 그들의 토착 종교인 본교에서 그 흔적을 찾아 볼 수 있다. 고대 티베트인들의 시체 처리 방식은 자연스러운 자연천장(自然天葬)이었다, 말 그대로 어떠한 의식과 절차 없이 시체를 산과 들에 그냥 버리는 것이다. 이러한 방식은 시간이 지남에 따라 당시 티베트 사회의 주도 세력인 본교의 영향을 받기 시작했다. 본교의 핵심 교의는 삼계설(三界說)이다. 즉 하늘, 땅, 지옥이 존재한다고 인식하는 것이다. 이 세 가지 이론 중에 천(天)에 대한 관념은 시간이 지남에 따라 인간의 영혼에 대한 믿음으로 승화된다. 즉 '인간의 영혼은 하늘로 올라가야 한다(靈魂上天).'는 관념이 지배하게 된 것이다. 당시 이러한 사회적 환경을 조성하는 데 큰 역할을 담당한 것은 무사(巫師)의 출현이다. 그의 역할은 기본적으로 인

간의 영혼을 신이 존재하는 곳으로 안전하게 인도(通鬼神之路)하는 것이다.[19]

티베트 사회에서 본교의 무사는 제사장의 역할과 신분을 맡았다. 그는 신권(神權)을 부여받았으며 부족사회의 중요한 안건을 장악하고 통제할 수 있는 능력을 인정받았다. 즉 무사는 하늘에 제사를 지내고 아래로는 민의(民意)을 감지하여 길흉화복을 예지하고 악귀를 몰아내고 고약한 질병으로부터 구제할 수 있는 주술을 겸비한 신의 대리인 역할을 하였다. 당시 이러한 사회적 환경을 조성하는 데 큰 역할을 담당한 것은 본교 '무사'의 종교적 의례 때문이었다. 즉 제사와 상장의례이다. 그런데 본교의 교리와 의식이 체계적으로 발전하고 변화면서 이 무사의 역할도 티베트 사회 곳곳에 걸쳐 발휘된다.

본교의 정치와 종교 활동은 주로 무사를 통해서 이루어졌고 무사는 사회적으로 높은 지위와 영향력을 가졌다. 국정을 보좌하는 무사의 경우에는 관례에 따라 주로 대귀족의 자제들에 의해 세습되었다. 이들은 신의 의지를 가장하여 귀족세력을 지지하고 왕실을 공격하기도 했다. 이로 인해 토번 왕실과 본교 사이의 갈등은 날로 깊어졌고 불교가 티베트에 전래된 이후 본교는 점점 왕실의 탄압을 받아 조금씩 불교를 모방하는 방향으로 나아갈 수밖에 없었다.[20]

본교 무사의 가장 큰 역할과 신뢰는 그가 진행하는 제사 의식인 혈제로부터 기인한다. 혈제는 티베트인들의 제사 활동 중의 중요한 의례 중 하나이다. 대상은 자연계의 신이고 경외와 두려움을 가지고 춤을 추는 것으로 시작된다. 춤은 악귀, 악령, 신에게 보내는 구애의 표현 양식이다. 혈제는 홍제(紅祭) 또는 활제(活祭)라고도 불린다. 일반적으로 소, 양, 말 등을 잡아서 피를 신령에게 바치는 의식이다. 혹은 동물들을 신에게 먼저 제사 지내고 나중에 도살하기도 한다. 또한 사람을 신에게 바치는 의례도 존재했는데 이를 대홍제(大紅祭)라 했다. 본교의 문헌에서는 대홍제의 사례도 소개하고 있으나 대부분이 소나 양을 바치는 의례를 추구했던 것으로 보인다. 이런 의례와 관련하여 티베트 문헌인 『미랍일파도가(米拉日巴道歌)』에서는 다음과 같은 일화를 소개한다.

> 라싸 지역에 갑부인 추키쳉마(chu-ki-cheng-ma)가 살았는데 그에게는 눈에 넣어도 아프지 않은 딸들이 5명이나 있었다. 그런데 어느 날 그 금쪽같은 딸들이 전염병에 걸려 죽을 지경에 이르렀다. 추키쳉마는 생각 끝에 본교의 무사를 찾아갔다. 그리고 점을 보니 병이 나으려면 반드시 100마리의 야크, 100마리의 양, 100마리의 말 등을 잡아서 신에게 제사를 지내야 한다는 것이었다. 결국 추키쳉마는 혈제를 지냈고 딸들은 말끔히 나았다.

티베트의 천장 의식은 인도 문화에 연원을 두고 있으면서 티베트의 자연조건과 맞물려 티베트 특유의 장례의식으로 발전하였다고 보는 시각이 일반적이다. 그러나 티베트의 토착 종교인 본교의 교의와 제사 형식의 영향 또한 간과할 수는 없다. 본교의 삼계설과 당시 무사의 종교적 역할은 원시 천장에서 오늘날 인간의 천장으로 전환하는 데 결정적 공헌을 하였기 때문이다.

고대 티베트 사회에서 생명체의 죽음은 매우 이해하기 힘든 현실이었다. 따라서 본교는 상장의식을 매우 중요시했고 능동적으로 주관했다. 살펴보면, 원시종교 사회에서는 주로 석관장(石棺葬)이 성행했다. 이는 티베트의 자연 지리 조건이 산과 돌이 많은 반면 나무가 상대적으로 부족했던 이유로 파악된다. 석관장은 일종의 토장 형식으로 볼 수 있다. 그런데 이러한 장법은 본교의 개입으로 종교 색채가 농후한 인간의 장례의식으로 거듭난다. 예를 들면 관은 석재이고 시체는 남색의 끈으로 둘러싸고 '옹중(雍仲, 卍)'형의 위치로 안치한다. 그리고 일련의 본교식의 상장의식을 진행한다. 본교의 장법은 생과 사를 모두 중시하며 사자(死者)의 영혼이 안락한 세계로 이동할 수 있도록 교법에 의거해 진행한다. 훗날 본교의 후장(厚葬)은 인간의 영혼 관념을 매우 중시하고 있음을 보여준다. 본교도의 상장의식 지침서인『서장 본교도들의 상장의식(西藏本敎徒的喪葬儀式)』에서는 후장의 풍경을 다음과 같이 보여준다. 고대 티베트인들은 죽은 사람이 갈 수 있는 세계가 두 곳이 있다고 믿었다. 첫 번째가 동물(양, 말, 소 등)의 순장(殉葬)을 통하여 갈 수 있는 안락의 세계, 두 번째는 암흑, 고난의 세계이다. 따라서 두 번째의 세계에 빠지지 않으려면 헌제(獻祭) 혹은 인제(人祭)의 상장의식을 통해서만 벗어날 수 있다고 믿었다.

본교의 경전인『구승경론(九乘經論)』에서는 당시 본교도의 생사관과 장례의식에 관하여 세밀하게 논한다. 이 경전에서는 무려 360종의 죽음의 관하여, 그리고 4종류의 장례 방법, 마지막으로 81종에 해당하는 인제와 헌제에 관하여 상세히 설명한다. 특히나 구승경론 중의 하나인 사행(斯幸)편은 제사와 주술, 상장 방법에 관한 전문 지침서로 볼 수 있다. 티베트의 고대 문헌인『오부유교등대신유교(五部遺敎燈大臣遺敎)』에서도 360종의 죽음의 방법과 4종류의 주류 장법이 있음을 기재하고 있다. 또한 본교의 전통적인 경전인『색이미(色爾米)』에서도, 당시 제사 의식에 관한 각종 행위와 의례 절차 등을 예를 들어 설명하고 있는데 특히나 오늘날 천장터에서 행해지는 생동적인 해부의 내용을 담고 있어 그 신빙성을 더해 주고 있다. 예를 들면 본교의 상장의식은 시체를 들판에 버리기 전에 혈육제 의식을 거행한다. 이는 주술력이 탁월한 무사가 주도하는 영혼제이다. 이 의식의 주된 내용은 시체의 해부와 영혼 이탈이다. 원시적인 시체 해부가 끝나면 곧바로 영혼의 전송식이 진행된다. 그리고 주술사가 시체의 정수리에 손을 가져다 대고, 정수리를 통해 '영혼'을 배출시킨다. 그런데 이 의식은 오늘날 천장 의식의 '포와(頗瓦)'라는 밀교 의식과 매우 흡사하다. 이는 티베트의 천장 의식이 인도 문화에 연원을 두고 있다는 일부 견해에 또 다른 관점을 던져 주기에 충분하다. 즉 본교의 삼계설과 당시 무사의 종교적 역할은 원시 천장에서 오늘날 인간의 천장으로 전환하는 데 결정적 계기를 제공했다는 점에서 인정받을 수 있는 것이다.

이처럼 천장의 생성 배경의 역사와 기원은 보는 관점에 따라 다양한 주장이 제기 될 수 있지만, 그 장례 풍속이 갖는 실제적이고 깊이 있는 함의는 티베트 민족의 생존 환경과 종교에서 그 근원을 찾을 수 있다. 결국 티베트의 장법과 생사관은 자연환경의 조건과 그 환경 속에서 태생한 종교와의 밀접한 관련성 속에서 형성된 것이라고 볼 수 있다.

5. 결론

티베트의 지리적 공간과 자연환경은 물적 조건을 극복할 수 있는 이성적 역량을 배양하지 못했으며, 따라서 생산의 조건이 존재의 형식을 결정한다는 유물적인 논리가 티베트 사회에서 상당한 설득력을 가지고 있었다. 그러나 이러한 사회의 특수한 여건은 이들에게 현상에 적응하고 환경과 나름 소통하는 개방적인 사고를 이입하여, 자연환경에 대한 유연한 대응 능력을 유도하기도 하였다. 특히 유목을 중심으로 생계를 유지하는 목업 중심 지역에서는 유목이라는 환경 역시 티베트 사회에 소통과 개방의 사고를 형성하는 데 일조 하였다. 이러한 환경 속에서 티베트인들은 스스로 삶과 공간을 창출해 냈고 그러한 환경으로부터 삶과 죽음에 대한 본원적 정신 상태, 즉 '생사관'이 배양됐다고 볼 수 있다. 따라서 티베트에서 환경과 종교는 티베트인들의 죽음의 의미와 그 실존적 물음에 어떠한 반응과 삶을 지향하는지에 대한 답을 제시하는 중요한 지표가 될 수 있다.

오랜 세월 동안 티베트 기층의 신뢰를 받아 온 종교(본교와 불교)는 티베트인들의 내세관에 커다란 영향을 미치면서 죽음과 관련된 의례의 일정 부분을 담당해 왔다. 티베트 종교에서 죽음 인식의 핵심을 이루는 윤회전생 사상은 불교 신자뿐만 아니라 민간에 널리 파급된 것으로, 죽음은 곧 새로운 탄생과 연결된다는 불교적 내세관이 광범위하게 형성되었음을 알 수 있다. 이때의 내세는 전생의 삶에서 행한 업보(業報)에 따라 여러 단계로 나누어지며, 윤회가 이루어지는 과정 속에서 죽은 자를 천도(遷度)시키는 의례가 중요한 영향을 미치는 등 불교적 생사관은 특수한 인식 구조를 지니고 있다. 본교의 상장의례는 본교에서 받드는 신성존재의 위력을 제시하고, 신자로서 행해야 할 종교적 귀의를 촉발시키는 특성을 지니고 있었다. 그뿐만 아니라 본교에서 인식하는 내세관은 죽음과 삶의 관계, 살아 있는 자들이 지향해야 할 삶의 방식까지도 뚜렷이 내포되어 있음을 확인할 수 있다.

본교의 상장의례와 경전을 면밀히 살펴보면, 원시 신앙을 통해 삶과 죽음을 이해하는 방식, 그들의 실제적인 바람을 원시적인 의례를 통하여 해결하기 위한 다양한 방편들을 생생히 접할 수 있다. 곧 본교의 상장의례는 죽음을 맞는 유족들의 간절한 의례 욕구와 직접적으로 연결되어 있고, 그러한 현실적인 필요성을 충족시켜 주는 이념적 장치로 작용해 온 것이다. 또한 본교의 무사 집단에서도 상장의례는 민간 신도들과 적극적으로 만나는 장(場)의 핵심에 놓여 있어 유족들과의 상호 교류를 통해 형성된 다양한 방편적 해석이 존재하며, 이러한 점들이 당시 상장의례에 적극 반영되기도 하였다.

티베트의 상장의식 속에서 영혼이 육신의 소멸과 분해 이후에도 존재하는 어떤 것이라는 사실을 확인할 수 있다. 그리고 이런 존재는 죽음과 더불어 소멸하는 것이 아니라 윤회가 끝날 때까지 인과적으로 지속하는 흐름으로서 존재하는 것이다. 티베트에서는 이를 인정하고 신뢰하기 때문에 윤리적 행위는 물론 정신적 수행의 필요성이 당위성을 갖는 것이다. 그런데 티베트의 생사관 형성을 오로지 자연환경의 조건 속에서 이루어진 것이라 생각하면 자연에 대응하는 티베트인들의 능동성 가치관을 소거해 버리는 결과에 이를지도 모른다. 따라서 그들의 상장의식 풍속을 자세히 들여다보면 환경에 일방적으로 조건 지워지지 않고 능동적으로 적응하며, 그 적응 방식에 따라 티베트 사람들은 그들 고유의 장례 문화를 형성하고 있음을 알 수 있다. 인간의 삶은 자연에 의해 일방적으로 결정된 것이 아님을 보여주고 있는 것이다.

티베트에서 자연과 인간의 상호 규정적 관계는 결국 물질문명과 정신문화의 역설적 관계로까지 설명된다. 즉 자연환경이 척박하고 물적 토대가 빈약하며, 문명의 발전 단계가 낮을수록 정신문화에 대한 고도의 집착과 종교적 순수성이 한층 높은 수준으로 나아감을 발견할 수 있는데 이는 티베트에서 명확하게 확인할 수 있다. 티베트에서 매장과 화장의 장례 방법이 현실적으로 불가능하자, 삶과 죽음 또는 영혼과 육체에 대한 세계관적 인식을 창조적으로 하면서 그들 나름대로 체계적인 장례법을 마련한 것도 같은 맥락에서 이해할 수 있다. 천장이 대표적인 사례라고 볼 수 있다. 티베트 천장의 형성에는 여러 가지 기원의 설과 배경을 가지고 있지만 가장 강력한 뿌리는 역시 종교다. 티베트의 종교는 불교이고 그 사상적 배경은 윤회와 환생이다. 이 개념 속에는 죽음과 생명은 반대되는 개념이 아닌 순환되는 개념이다. 우리에게는 저항할 수 없는 죽음의 압도적인 힘이 티베트인들에게는 아무런 저항감이 없는 이유이기도 하다. 종교가 티베트의 상장의식과 그 정신적 뿌리인 생사관에 미친 영향은 절대적이다. 여기에는 티베트 원시종교인 본교도 직간접적으로 영향을 미친 것으로 확인된다.

결론적으로 본문에서는 티베트 생사관의 형성 이유와 배경을 자연환경과 종교라는 주제에서 살펴보았다. 그리고 본교와 불교에서 주관한 상장의례와 사상을 통하여 티베트인들의 우주관과 생사관을 이해하고 죽음에 관한 인식을 이해하였다. 이러한 이유는 고대 티베트 사회의 전체적인 틀과 질서 그리고 당시 티베트인들의 정신세계와 가치관을 탐색하는 방법 중에 종교속의 상장의식을 추적하는 작업은 매우 유용한 접근 방법이 될 수 있기 때문이며 이를 통하여 고대 티베트인들의 정신세계를 감지할 수 있기 때문이다.

초기 불교 경전에 나타난 선종의 의미와 내용

/ 양정연

1. 논의 제기

2009년 김수환 추기경이 돌아가셨을 때, 불교계는 물론 많은 언론에서도 '선종(善終)'이라는 용어를 사용하여 그 죽음을 애도한 적이 있었다. 『한어대사전』에서 '선종'은 '사람의 정상적인 죽음, 형벌이나 의외의 재난으로 죽지 않은 것'[1]을 의미하는 일반적인 의미로 사용하지만, 국어사전에는 선종을 '임종 때에 성사를 받아 큰 죄가 없는 상태에서 죽는 일'[2]이란 의미로 천주교에서 사용하는 용어로 정의한다. 1957년 천주교 신자인 최남선(1890~1957)이 생을 마감했을 때, 일반 언론에서 '선종'했다는 표현을 사용한 것을 보면[3] 천주교의 고유 용어로 사용된 것이 최근의 일은 아닌 것으로 보인다.

그런데 불교 한역 경전을 보면, 임종 과정이나 중병에 걸린 불자에게 '선종'이라는 말을 사용한 예를 찾아볼 수 있다. 그 내용이 일반적으로 인식하는 '좋은 죽음'의 의미와는 다르게 종교적 수행과 연관되어 언급된다는 점에서 선종의 의미는 불교 가르침의 전체적인 맥락 속에서 이해할 필요가 있을 것이다. 이 글에서는 호스피스를 중심으로 일반인들이 인식하는 '좋은 죽음'의 의미와 초기 불교 경전 가운데 임종 사례와 가르침을 풍부하게 소개하는 『잡아함경(雜阿含經)』을 중심으로 불교의 '선종' 의미를 살펴봄으로써 불교 임종 교육의 방향을 검토해 보고자 한다.

2. 좋은 죽음에 대한 인식

인간의 죽음을 심폐사나 뇌사, 생리 기능의 정지 등 인간의 신체 기능의 작동 여부에 따라 정의한다면 물리적인 조건과 환경을 중심으로 좋은 죽음이 논의될 것이다. 그러나 현대생사학을 이끌었던 퀴블러로스(Elizabeth Kübler-Ross)는 죽음의 정의를 논하면서 물리적이고 육체적인 것을 넘어 영혼, 정신, 삶의 의미, 감정 세계[4]가 함께 고려되어야 한다는 점을 지적하였다. 죽음을 올바로 이해하기 위해서는 육체라는 한계 영역에서 벗어나 의식의 경계를 확장시켜야 한다[5]는 점에서 죽음의 문제는 삶과 죽음 이후까지 함께 검토되어야 한다.

호스피스의 정의가 단지 말기 환자를 돌보는 단계에서 보다 포괄적으로 인간 존엄의 유지까지도 고려한다는 점[6]에서 좋은 죽음의 내용 또한 확장된 관점에서 논의되고 있다.

호스피스는 죽음을 앞둔 말기 환자와 그 가족을 사랑으로 돌보는 행위로서 환자가 남은 여생 동안 인간으로서의 존엄성과 높은 삶의 질을 유지하면서 삶의 마지막 순간을 평안하게 맞이하도록 신체적, 정서적, 사회적, 영적으로

도우며, 사별 가족의 고통과 슬픔을 경감시키기 위한 총체적인 돌봄이다.[7]

이 정의 내용을 좋은 죽음과 연관지어 보면, 좋은 죽음은 물리적인 환경과 함께 정서적이고 영적인 내용까지도 포괄되는 전반적인 것으로 이해될 수 있다.

의료 현장에서 인식하는 품위 있는 죽음의 특성은 '기계적 장치에 매달리지 않는 죽음', '자연에 순응하는 죽음', '가족과 함께 하는 죽음', '의미 있는 죽음', '자기 파괴적이 아닌 죽음', '의료 전문가의 공감적 도움을 받는 죽음'의 6가지 주제로 나타났다.[8] '의미 있는 죽음'은 '주변 사람들에게 실제적인 나눔을 실천함'과 '현재 삶을 반성하며 수정함', '죽음을 학습하고 준비함'이라는 구체적인 내용을 포괄하였다. '자기 파괴적이 아닌 죽음'은 고통에서 벗어나기 위하여 자살을 선택하지는 않는 삶으로서 '보다 나은 삶을 살려고 노력하는 과정이 참된 삶'이라는 태도를 지닌 경우로 설명된다.[9]

좋은 죽음의 개념 연구에서는, '존엄성(개인 존중과 사생활 보장)', '자기 조절감(선택의 자유, 독립성, 명료한 의식)', '편안함(신체적, 정서적, 영적 영역)', '최적의 관계(지지적 환경, 적절한 돌봄, 관계 회복)', '적절성의 범주(죽음의 순서, 적절한 수명)', '죽음 준비 범주(과업 완성, 긍정적 삶의 태도, 죽음 인식과 수용, 유산 남기기)', '부담 감소의 범주'라는 7개의 범주로 좋은 죽음의 특성을 제시한다.[10] 상위 범주와 하위 범주의 내용을 종합해 보면, 좋은 죽음을 위해서는 죽음을 수용하는 마음의 여유, 긍정적인 삶의 마무리를 위한 태도와 함께 인간으로서의 전인적인 욕구가 이뤄져야 하는 것을 알 수 있다.

「노인 보건의 미래」란 보고서에서는 좋은 죽음과 관련해서 고통이 없는 것을 포함해서 자신의 조절, 자율, 독립성을 중심으로 다음과 같이 12가지

내용을 구체적으로 제시한다.[11]

① 언제 죽을 지 아는 것과 예상할 수 있는 일을 아는 것

② 일어나는 일들에 대해 조절할 수 있는 것

③ 존엄성과 사생활이 인정될 것

④ 고통완화와 다른 증상에 대한 조절을 할 수 있는 것

⑤ 죽음이 일어나는 곳(집이나 다른 곳)에 대한 선택과 조절이 가능한 것

⑥ 필요한 정보와 전문지식을 얻을 수 있는 것

⑦ 영적이거나 정서적인 지원이 필요한 때 충족되는 것

⑧ 병원뿐만 아니라 어떤 곳에서든지 호스피스케어가 가능한 것

⑨ 임종할 때 같이 있어줄 사람을 선택할 수 있는 것

⑩ 희망했던 것이 존중받을 수 있는 사전고지가 이뤄지는 것

⑪ 작별인사를 할 여유가 있고 적절한 시기를 조절할 수 있는 것

⑫ 떠날 때 떠날 수 있고 무의미한 생명연장은 하지 않는 것

위의 내용을 구분해 보면, 임종 과정에서 자신의 의지로 결정할 수 있는 여유, 필요한 정보의 습득, 정신적이고 정서적인 안정, 육체적 고통 완화의 내용으로 나눠 볼 수 있을 것이다. 그런데 이러한 좋은 죽음의 내용은 당하는 죽음, 고독한 죽음, 적절한 보호가 이뤄지지 않은 죽음 등 '나쁜 죽음'과 대조적인 면에서 논의된다는 점에 주목할 필요가 있다. 더구나 죽음은 이성적으로 판단하거나 경험할 수 없다는 점에서 '죽음'을 마주칠 때의 '나쁜 삶'의 이미지를 네거티브화한 듯한 것으로밖에 표상할 수 없다[12]는 점에서 '좋은 죽음'의 정의에 대한 태도를 재검토할 필요가 있다. 죽음은 이성적 판단

이 가능하지 않은 영역으로서 논리적 체계에 따라 정의를 내린다는 것은 한계가 있다. 죽음을 생명이라는 하나의 과정에서 다루는 종교적 관점이 '좋은 죽음'을 논의하는 데 필요한 이유가 여기에 있다.

3. 삶의 의미와 종교

호스피스의 핵심은 말기 환자들이 죽음에 대한 두려움을 극복하고 남은 기간 동안 삶의 의미를 실현할 수 있도록 도와주는 것[13]이란 점에서 그들에게 삶의 의미는 긍정적인 삶의 태도와 직접적인 관계가 있다. 호스피스에서는 '로고테라피'(Logotherapy)에서 말하는 의미 추구의 의지를 환자에게 적용시켜, 일상적인 생활 속에서 삶의 의미와 목적을 찾도록 도와줌으로써 인간 본질의 특성을 인식, 수용하고 현재의 자기로부터 마땅히 되어야할 자기 즉, 참된 인간 본질의 완성으로 나아갈 수 있도록 하고 있다.[14] 인간 삶의 의미와 관련해서 빅터 프랭클(Viktor E. Frankle)은 영적 차원(spiritual dimension)이라는 인간 특유의 현상 차원에서 접근할 것을 주장하였다. '영적(spiritual)'이라는 의미가 보통 종교적인 의미로 사용되기 때문에 혼동을 피하기 위해서 그는 심리 현상에 대해서는 정신적(noetic)이라는 말을 쓴다.[15] 그는 생물학적, 심리학적 기초를 초월하고, 그렇게 함으로써 자기 자신을 초월하는 것은 바로 실존행위를 표시하는 것이라고 보고, 이 존재 양식은 심리학적인 것이 아니라 실존적인 것이라고 하였다.[16] 그는 '로고테라피' 이론을 통하여 인간이 자신의 삶에서 어떤 의미를 찾고자 하는 노력을 인간의 원초적 동력으로 보고,[17] 삶의 의미는 어떤 주어진 상황 속에서 한 개인의 삶이 갖는 고유한 의미[18]로 표현하였다. 로고테라피는 사람에 의해서 충족되기를 기다리는 의미와 그 사람에게 부여된 과업, 아니 그보다 사명을 기다리는 의미에의 의지를 의식시킴으로써 인간적인 것을 의식시키고자 한다.[19] 이러한 점에서 삶의 의미를 추구한다는 것은 인간 존재에 대한 근본적인 물음과 존재 가치에 대해 하나의 답을 제시해 주는 것으로 이해할 수 있겠다.

로고테라피의 방법을 적극적으로 수용하여 활용하는 분야가 최근에 다양한 연구 성과를 제시하는 철학 상담이다. 심리학계에서는 로고테라피를 삶의 의미 결여로 야기되는 정신적 신경증을 치료하기 위해 제안된 실존분석적 정신 치료로서 철학 상담의 전형[20]으로 평가하기도 하지만, 여전히 심리 상담의 영역에 있다는 점[21]에서 로고테라피는 상담 현장에서 부정적인 상황을 긍정적으로 전환시킬 수 있는 실제적인 방법으로 이용되어 왔음을 알 수 있다.

환자가 경험하는 어려움을 조사한 결과에 따르면, 정서적 어려움(55%), 신체적 증상 호소(49.5%), 통증(28%), 종교적/영적 지지 원함(12.8%)[22]으로 나타났다. 상담 영역에서 보다 구체적으로 영성과 자아 존중, 종교 간의 관계를 연구한 결과에 따르면, 영성의 하부 척도로 조사된 '삶의 의미와 목적' 영역과 자아 존중감은 가장 높은 상관관계를 보였다. 종교는 삶의 의미, 목적 또는 신념과 같은 영성적인 측면을 강화시키고 심리적인 차원에서 자아 존중감에도 영향을 미칠 수 있다는 점,[23] 임상에서의 영적인 고통이 개인의 종교적이고 문화적인 기반으로부터의 소외, 개인의 믿음과 가치 체계에 대한 도전이라는 요인들과 관련된다는 점[24]에서 종교가 호스피스 현장에서 중요한 역할을 담당하고 있음을 알 수 있다.

기독교에서는 인간 생명 창조가 하나님에 의해 이뤄졌기 때문에 그 삶과 죽음 또한 하나님과의 관련 속에서 이해될 수 있는 것이며, 궁극적인 의미를 지니게 된다.

여호와 하나님이 땅의 흙으로 사람을 지으시고 생기를 그 코에 불어넣으시니 사람이 생령이 되니라.[25]

내가 진실로 진실로 너희에게 이르노니 내 말을 듣고 또 나 보내신 이를 믿는 자는 영생을 얻었고 심판에 이르지 아니하나니 사망에서 생명으로 옮겼느니라.[26]

기독교에서 궁극적인 의미는 하나님과의 관계를 회복하는 데 있다. 따라서 기독교에서 영적인 돌봄은 부정적인 환경을 기독교 신앙 안에서 극복하도록 돕는 영적 돌봄을 중심으로 이뤄진다.[27]

로고테라피에서는 실존과 관련해서 상황이나 현상의 단계에서 실현의 가능성으로 대치되어 왔다는 점, 그리고 이러한 단계를 넘어선 가능성의 차원이 요구된다는 점을 말한다. 즉, 나는 어떤 상황과 결정 요소, 충동과 본능, 유전적·환경적 인자와 영향에 의해서 강제되고 있다는 입장에서 나 자신의 이러저러한 면을 다 실현할 수 있다는 입장, 그리고 더 나아가 필연성과 가능성을 넘어서서 "나는 ……이어야 한다."는 당위성의 차원에서 파악되어야 한다는 점을 말한다. 이렇게 될 때 실존의 주관적인 면인 '존재'를 '의미'라는 객관적인 대응면으로 보완한다는 것이다.[28] 이러한 점은 현상세계와 '나'의 존재를 본질적으로 설명하려는 불교와 연결지어 볼 때 흥미를 끈다.

불교에서 궁극적인 목적은 윤회세계에서 벗어나 열반에 이르는 것이다.

윤회세계에서 인간으로 태어난다는 것은 열반을 이루기 위한 거의 유일한 기회를 얻었다는 것을 의미한다.[29] 아무리 선한 행위를 한다고 하더라도 '나'와 현상세계에 대한 여실한 관찰을 통하여 집착을 버리지 못한다면 윤회에서 벗어날 수 없다. 따라서 임종 과정이나 중병에 든 출가자와 재가자들에게 이뤄지는 가르침도 그 실상을 파악함으로써 종교적인 완성을 이루도록 하는 데 핵심을 두고 있다.

4. 불교의 선종 사례

1) 출가자의 사례

붓다가 임종 과정에 있거나 중병에 걸린 제자들을 병문안했을 때의 모습은 『잡아함경』의 몇 가지 사례에서 나타난다. 중병에 걸린 앗사지를 방문했을 때 붓다는 먼저 번민하는가를 묻고 계를 범한 적이 있는가를 묻는다.

> "너는 후회하며 걱정하는 일이 있는가?"
> "세존이시여, 저에게는 사실 후회하며 걱정하는 일이 있습니다."
> "파계한 적이 있는가?"
> "세존이시여! 저는 결코 파계한 적이 없습니다."
> "계를 깨뜨리지 않았는데, 무슨 일로 걱정하는가?"[30]

『잡아함경』에서 '변회(變悔)'로 표현되는 부분은 니카야에서 '앗사지여! 그러면 그대는 후회할 일(kukkuccaṃ)이 있는가? 그대는 자책할 일(vippaṭisāra)이 있는가?'로 병기되어 표현된다.[31] 'kukkucca'는 '선한 일을 하지 않고 나쁜 일을 행했다고 후회하는 생각, 악행',[32] '악한 행동이나 잘못된 행동'을 의미하며 '거리끼거나(scruple) 걱정(worry)'의 의미로 쓰일 때는 'vippaṭisāra'와 함께 사용되며,[33] 'vippaṭisāra'는 '후회'[34]를 의미한다.[35]

세존은 제자가 후회하고 걱정한다는 점을 먼저 파계와 연결 지어 묻는다. 불교에서 계는 깨달음이라는 종교적 완성을 위한 절대적인 전제 조건이기 때문에,[36] 수행자에게 먼저 올바로 계를 수지하고 있는지를 묻고 있는 것이다.

세존은 제자가 계를 올바로 수지하고 있다면 달리 후회하거나 걱정하는 일이 무엇인가를 묻는다. 앗사지는 붓다에게 이전에 병이 들었을 때는 삼매에 들 수 있었지만, 병이 심해진 지금은 삼매에 들 수 없어, 삼매에서 쇠퇴하는 것이 아닌가 사유하게 되었다고 말한다. 이에 대해 붓다는 문답의 형식을 통하여 걱정하는 일이 무엇인지를 스스로 깨닫게 한다.[37]

> "색이 바로 아(我)인가, 아(我)와 다른 것(異我)인가, 이것도 저것도 아닌가?"
>
> "아닙니다. 세존이시여!"
>
> "수, 상, 행, 식이 아(我)인가, 아(我)와 다른 것인가, 이것도 저것도 아닌가?"
>
> "아닙니다. 세존이시여!"
>
> "그대는 이미 색이 아(我)가 아닌 것을, 아(我)와 다른 것이 아닌 것을, 이것도 저것도 아닌 것을 보았고, 수, 상, 행, 식이 아(我)가 아닌 것을, 아(我)와 다른 것이 아닌 것을, 이것도 저것도 아닌 것을 보았는데, 어떤 이유로 걱정하는가?"
>
> "세존이시여! 올바르지 않은 사유 때문입니다."

올바로 계를 수지하는 일은 삼매수행을 위한 전 단계이다. 그런데 계를 철저히 수지하고 있음에도 올바로 삼매에 들 수 없는 이유가 신체가 쇠약해지면서 정진할 수 없기 때문이겠지만, 붓다는 여기에서 '삼매에서 쇠퇴하는 것이 아닌가?'라는 사유 자체를 지적한다. 사문이나 바라문이 삼매를 핵심으로 하고 삼매를 사문 그 자체와 동일하다[38]고 앗사지는 생각했다. 붓다는 앗사지의 잘못된 사유를 깨닫도록 하기 위하여 오온을 올바로 바라볼 것을 말하고, 삼매에서 쇠퇴한다는 것이 교법에서 쇠퇴하는 것은 아니라는 점을 지적한다.[39]

임종이 다가온 젊은 새내기 비구를 병문안 했을 때도 붓다는 먼저 후회하고 걱정하는 일이 있는지를 묻고 계를 어겼는지를 묻는다. 이러한 형태는 붓다가 중병이 들거나 임종이 가까운 제자들을 방문했을 때 표현하는 정형적인 방식이다.

새내기 비구는 파계를 하지 않았음에도 걱정하는 이유를 다음과 같이 말한다.

> "세존이시여! 저는 어리고 출가한 지 오래지 않았기에 인법(人法)을 뛰어넘는 수승한 지견에 대해 아직 얻지를 못했습니다. 그래서 '생명이 끝나면 어느 곳에 태어날 것인지 알 수 있을까?'라는 생각이 들어 걱정이 생겼습니다."
>
> "내가 이제 그대에게 묻는다. 생각대로 답하거라. 어떠한가? 비구여! 눈이 있기 때문에 안식이 있는 것인가?"
>
> "그렇습니다. 세존이시여!"
>
> "안식이 있기 때문에 눈의 접촉이 있는 것이며, 눈의 접촉에 따른 인연으로 안으로 감수가 생겨나니, 고(苦)이거나 낙(樂)이거나 불고불락(不苦不樂)인가?"

"그렇습니다. 세존이시여!"

"어떠한가? 비구여! 만약 눈이 없다면 안식은 없을 것인가?"

"그렇습니다. 세존이시여!"

"비구여! 안식이 없다면 눈의 접촉은 없을 것인가? 눈의 접촉이 없다면 눈의 접촉에 따른 인연으로 고(苦)이거나 낙(樂)이거나 불고불락(不苦不樂)인 안으로 감수가 생겨나지 않을 것인가?"

"그렇습니다. 세존이시여!"

"따라서 비구여! 당연히 이와 같은 법을 잘 사유해야만 좋은 죽음을 이룰 수 있을 것이며 후세 또한 좋을 것이다."[40]

새내기 비구는 계를 어기지 않았음에도 아직 뛰어난 법을 얻지 못하였기 때문에 죽었을 때 어느 곳에 윤회하여 태어나게 될지 모른다는 생각이 들어 걱정하게 되었다고 말한다. 붓다는 육근의 작용으로 접촉과 감수 작용으로 이어지는 관계가 조건으로 일어나는 것일 뿐이라는 점을 올바로 사유할 것을 말한다. "본래의 업이 청정하고서 몸을 몸이라는 보는 생각을 유지할 수 있다면 모든 마귀들을 초월할 수 있다."[41]고 하듯이, 있는 그대로 바라볼 수 있을 때 연상되거나 왜곡됨이 없이 대상을 올바로 인식하게 된다.

새내기 비구와 앗사지 존자의 사례에서 공통적으로 나오듯이 변회가 파계에서 나온 것이 아니라면 오온이나 육입를 '아', '아와 다른 것', '이것도 저것도 아닌 것'으로 올바로 바라보지 못하고 있다는 점에 문제가 있음을 지적하고 있다.

만일 항상하지 않고 괴로운 것이면 그것은 변하고 바뀌는 법이다. 그 속에

과연 탐하고 욕심낼 만한 것이 있겠는가?[42]

오온과 육입을 통하여 강조되는 점은 올바른 관찰이며 인식이다. 항상하지 않는 것에 대한 탐착은 윤회를 일으키는 번뇌로 작용한다. 따라서 오온을 비롯한 대상에 대해 있는 그대로 수용하고 바라봄으로써 선종[43]을 맞이할 수 있다고 설명하는 것이다.

2) 재가자의 사례

재가자에 대한 임종 때의 내용은 『잡아함경』「장수경(長壽經)」에 나온다. 중병이 든 장수동자(長壽童子, Dīghāvu)에게 고통의 정도를 묻고 나서 붓다는 장수동자와 다음과 같은 문답을 한다.

"동자여! 다음과 같이 수학해야 한다. 부처에 대한 믿음이 무너지지 않고 청정해야 하며, 법, 승에 대한 믿음이 무너지지 않고 청정해야 하며 성스런 계에 대해서도 성취해야 한다. 마땅이 이와 같이 수학해야 한다."

"세존이시여! 세존께서 말씀하시는 네 가지에 대한 무너지지 않는 청정한 믿음을 저는 지금 모두 지니고 있습니다. ……"

"그대는 네 가지에 대한 무너지지 않는 청정한 믿음에 의거하여 여섯 가지 명지(明知)의 부분에 대한 생각을 수습해야 한다. 어떠한 것이 여섯 가지인가? 일체행이 무상하다는 생각, 무상은 苦라는 생각, 고(苦)는 무아(無我)라는 생각, 음식을 바라보는 생각, 일체 세간은 즐거워할 수 없다는 생각, 죽는다는 생각이다."

"세존께서 말씀하시는 네 가지에 대한 무너지지 않는 청정한 믿음에 의거하여 여섯 가지 명지의 부분에 대한 생각을 수습하는 것을 저는 지금 모두 지니고 있습니다. 그런데 저는 이러한 생각을 하고 있습니다. '내 목숨이 끝난 뒤에, 내 조부인 조티가 장자는 어떻게 될 것인가?"[44]

장수동자의 사례를 보면 먼저 사불괴정에 대한 내용이 나오는데, 이에 대한 내용은 중병에 들거나 임종을 앞둔 재가자를 병문안하는 경우 자주 나타난다. 붓다가 먼저 언급하는 사불괴정(四不壞淨)은 불법승(佛法僧) 삼보에 대한 믿음과 계에 대한 견고한 믿음을 말한다.

어리석고 들은 적이 없는 범부인 경우는, 불·법·승과 성스러운 계에 대한 믿음을 지니지 못하기에 공포를 지니고 또한 목숨이 끝나는 것과 후세의 고통을 두려워한다.[45]

이처럼 사불괴정은 불자에게 전제되는 요소이다. 사불괴정을 성취했을 때 불자는 현생에서의 안락은 물론 다음 생에서도 좋은 결과를 얻게 된다.

1) 수명, 좋은 모습, 힘, 즐거움, 말솜씨, 자재로움을 구하면 얻을 수 있다. 성스러운 제자가 목숨을 마친 뒤에 천상에 태어난다면 천상에서 열 가지 법(天壽, 天色, 天名稱, 天樂, 天自在, 天色, 聲, 香, 味, 觸)을 얻는다.[46]
성스러운 제자가 천상세계에서 목숨을 마친 뒤에 인간계에 태어난다고 하면 열 가지 법(人間壽命, 人好色, 名稱, 樂, 自在, 色, 聲, 香, 味, 觸)을 얻는다.
2) 인간계에 살아도 가난한 생활을 하지 않으며, 고생하며 구하지 않으며, 자연스럽게 풍족해진다.[47]

3) 지옥, 축생, 아귀의 삼악도에 드는 괴로움에서 벗어난다.[48]

4) 중생을 장양시키고 사대를 증장시켜 섭수시키는 음식처럼 복덕이 윤택해지고 안락의 음식이 된다.[49]

사불괴정을 성취했을 때 얻는 공덕을 보면 궁극적으로 윤회에서 벗어나는 가르침이 직접 언급되지 않는다는 점[50]에서 근기가 낮은 단계의 가르침이라고 볼 수도 있다. 그러나 무상, 고, 무아의 가르침과 연결되어 설명된다는 점에서 사불괴정은 불교 수행의 전체적인 관점에서 이해될 수 있다. 한역에서는 보이지 않지만 니까야에서는 장수동자가 불환과를 얻었다고 말하고 있다.[51] 사불괴정의 성취를 통해 성인의 경지를 얻게 된다는 근거는 『잡아함경』의 다른 부분에서도 찾아볼 수 있다.

> 네 가지 법을 끊고 네 가지 법을 성취하면, 여래요 응공이요 등정각께서는 "그 사람은 수다원을 얻을 것이며, 악취에 떨어지지 않는 법을 얻으며, 완전한 깨달음으로 결정코 향하게 되며, 일곱 번 인간과 천상세계에 왕생하여 궁극적으로 고통에서 벗어난다."고 수기하여 말씀하셨다.[52]

사불괴정에 대한 굳건한 믿음은 세간에서의 안락과 다음 생에서 좋은 환경을 얻을 수 있도록 하고 보다 궁극적으로는 불환과인 성인의 경지에 도달할 수 있다는 점에서 죽음과 다음 생에 대한 공포나 두려움은 극복된다.

세존은 지혜 있는 재가자가 질병으로 고통 받는 재가자를 어떻게 교화할 수 있는가라는 물음에 대해 불법승 삼보에 대한 청정한 믿음을 먼저 말하고 다음과 같은 순서로 가르침의 내용을 말한다.[53]

① 부모를 걱정하여 그리워하는가?

② 그리워하여 살 수 있다면 그리워해도 된다.

③ (그러나) 그리워해도 살아갈 수 없는데, 그리워해서 무엇하는가?

④ 그리워하지 않는다고 말하면, 훌륭함을 칭찬하고 따라 기뻐해야 한다.

동일한 방식으로 처자와 노복, 재물들에 대해 말하고, 인간 오욕에 대해서 다음과 같이 말한다.

① 그대는 인간 오욕에 대해 생각하는가?

② 인간의 오욕은 천상의 수승한 오욕만 못하다.

③ 천상의 오묘한 욕락은 무상, 고, 공, 변해 무너지는 법이다.

④ 몸이 있는 욕락은 무상하고 변해가며 무너지는 법이다.

⑤ 몸이 있는 그리움을 버릴 수 있다면, 열반을 즐거워하는 자이므로 훌륭하다고 감탄하고 기뻐하라.

지혜 있는 재가자가 중병이 든 재가자를 어떻게 교화해야 하는가에 대한 가르침에서 세존은 정형적으로 삼보에 대한 굳건한 믿음을 먼저 말한다. 그런 뒤에 부모와 처자, 재산 등 세간에서 그리워하거나 걱정할 대상들에 대한 욕락을 버릴 수 있도록 가르쳐야 한다고 말한다. 세간의 욕락은 천상의 욕락과 비교했을 때 부정적인 것이다. 먼저 인간의 애정과 오욕락에 대한 집착을 버리게 하고 생천을 희구하도록 한다. 그런 뒤에 천상세계에서의 삶 역시 윤회세계에서 본다면 무상한 것이기 때문에 궁극적으로 무상, 고, 공인 것을 알아서 열반적멸을 희구하게 한다. 이러한 차제적인 가르침을 통하여 범부는 세속의 안락을 추구하는 삶에서 종교적인 삶을 추구하는 것으로 전환하게 된다.

5. 여실한 관찰

임종 과정에 있거나 중병에 든 출가자와 재가자에게 근심을 근본적으로 해소시켜 주는 핵심 내용은 오온과 육입에 대한 올바른 인식이다. 이러한 인식은 오온과 육입이 '아가 아닌 것', '아와 다른 것이 아닌 것', '이것도 저것도 아닌 것'을 올바로 본다는 것으로서 무상하고 괴로움이고 변하기 마련인 것에 대한 그릇된 사유를 제거하는 것이다.

> 일체행이 무상이고 항상하지 않고 불안하고 변역하는 법으로서, 비구들이여! 일체행에 대해 염리를 일으키고 안락을 구하여 해탈하고…….[54]

> 비구가 색에 대해 염리하고 이욕하고 멸진하고 동기하지 않고 해탈하는 경우 이것을 아뇩다라삼먁삼보리라고 한다.[55]

세간에서 연기에 의해 이뤄진 모든 현상들은 항상하지 않는 것이고 이에 대한 올바른 인식을 통하여 해탈이라는 종교적인 완성으로 나아가게 된다. 항상하지 않는 것에 대해서는 탐하고 욕심낼 만한 것이 없게 되는 마음이 바로 염리로서 세간에 대한 애착은 종교적 완성을 위한 추동 작용을 한다.

> 어리석어 듣지 못한 범부는 색을 아(我)로 보고, 색은 이아(異我)로 보고……

수상행식을 아(我)라고 보고…… 장자여, 이것을 신견이라 한다.[56]

> 눈이 무상하다고 올바로 관찰해야 하고 이렇게 관찰하는 것을 정견이라고 한다. 올바로 관찰하기에 염리가 생기고, 염리가 생겨나기에 기쁨과 탐욕을 여의며 기쁨과 탐욕을 여의기에 나는 마음이 해탈하였다고 말한다.[57]

올바른 관찰은 자신을 포함한 외적 대상의 진실을 파악함으로써 그에 대한 관심이 무의미한 것임을 체득하도록 한다. 염리심을 통하여 외적 대상을 구하려는 세간에서의 마음가짐은 있는 그대로 파악하는 과정에서 새로운 인식 태도를 가져오게 된다. 유신견은 성자의 흐름에 들어가기 위해서는 끊어야 하는 세 가지 번뇌, 즉 유신견, 계금취견, 의심 가운데 하나로서 자신의 몸에 대한 집착을 말한다.

붓다는 존경과 공양을 받을 만한 수행자인지 판단하는 근거를 육근과 대상의 접촉으로 생겨나는 마음 작용에 두고 다음과 같이 말한다.

> 사문이나 바라문이 안근으로 색을 보았을 때 탐심에서 벗어나지 못하고 욕심에서 벗어나지 못하고 애욕에서 벗어나지 못하고 갈망에서 벗어나지 못하고 생각에서 벗어나지 못하면 내심은 적정하지 못하고 행하는 것은 법에 맞지 않으며 행하는 것은 거칠고 원활하지 못하다.[58]

> 너희들은 이 사문과 바라문이 탐욕에서 벗어나고 탐욕을 조복하는 방향으로 향하고, 진에에서 벗어나 진에를 조복하는 방향으로 향하고, 어리석음에서 벗어나 어리석음을 조복하는 방향으로 향하는 것을 아는가?[59]

일체현상에 대한 존재론적 설명은 오온과 육입처를 통하여 구체적으로 설명된다. 그 절대성이 부정되기 때문에 그에 대한 탐착도 무의미한 것이 되며 염리하게 되는 것이다. 외적 대상을 접하면서 마음 작용이 일어나는 관계는 '육입→촉→수→애'라는 일련의 과정을 통하여 나타난다. 그리고 감수 과정에서 외적 대상에 대한 좋고 나쁨 등의 분별을 일으키기 때문에 왜곡된 반응이 일어난다.

나는 한 법을 알지 못하고 끊지 못하고서 괴로움의 구경을 얻었다고 말하지 않는다. 왜 하나의 법을 알지 못하고 끊지 못하고서 괴로움의 구경을 얻었다고 말하지 않는가? 눈을 [여실하게] 알지 못하고 끊지 못하고서 괴로움의 구경을 얻었다고 말할 수 없다는 것을 말한다. 색과 안식으로 눈의 부딪침이 있고 눈의 부딪침을 인연으로 감수 작용이 생겨나고, 안으로 괴로움을 느끼거나 즐거움을 느끼거나 괴롭지도 즐겁지도 않은 느낌을 지닌다.[60]

헤아리지 않는다는 것은 무엇을 말하는가? 나는 색을 본다고 헤아리지 않고, 눈을 나에게 속한 것이라고 헤아리지 않고, 서로 속하는 것이라고 헤아리지 않는 것을 말한다…… [괴로움, 즐거움, 즐겁지도 괴롭지도 않은 감수] 역시 즐거운 것이 나, 나의 것이라고 헤아리지 않고, 즐거움을 헤아리지 않고, 서로 즐거움이라고 헤아리지 않는다…… 이렇게 헤아리지 않는 자는 모든 세간에 대해 항상 취할 것이 없으며 취할 것이 없기 때문에, 집착할 것이 없고, 집착할 것이 없기 때문에 스스로 열반했다고 깨닫는다. "나의 생은 이미 다하였고, 범행은 이미 이루었고 해야할 것은 이미 하였기에 스스로 다음 생을 받지 않을 것을 안다."[61]

감수 과정에서의 느낌은 윤회하게 되는 탐·진·치 삼독심(三毒心)과 연계되고 삼독심을 끊지 못하기 때문에 중생은 늙음과 병, 죽음을 떠나지 못하게 되는 것이다.[62]

여실하게 알지 못하는 것이 무명(無明)[63]이고 중생은 무명에 덮여 생사윤회를 하며 삼계의 꿈에서 벗어나지 못한다. 여실하게 대상을 파악함으로써 외적 대상에 대한 '아', '상'이란 존재는 '무아', '무상'의 존재임을 알게 되고, 세속에서의 향수를 추구하는 애탐의 마음은 염리심의 마음으로 전환되어 종교적 수행을 추구하게 된다. 이러한 논리는 존재 자체에 대한 집착을 타파하고 인식적인 측면에서 진리를 확신하도록 하는 것이다.

6. 결론

오늘날 호스피스의 정의는 신체적인 면을 포함하여 정서적, 사회적, 영적인 측면까지 함께 돌봄이 이뤄지는 전인적인 관점에서 설명된다. 이러한 점은 인간의 죽음에 대해 삶의 관점에서 의식의 경계를 보다 확장하여 이해하려는 생사학의 태도와도 연결된다. 따라서 '좋은 죽음'을 규정하기 위해서는 육체뿐만 아니라 정서적이고 영적인 측면까지 함께 고려하여 전반적으로 이뤄져야 한다.

좋은 죽음에 대한 연구 자료들을 보면, 규정하는 범주의 차이가 있지만 삶의 유지적인 측면, 죽음을 맞이하는 측면, 주위 사람들과의 관계적인 측면, 영적인 측면을 포함하는 의미의 측면이 있다. 삶의 유지는 개인이 자율적으로 선택할 수 있고 조절함으로써 존중감을 받는 삶을 말한다. 죽음을 맞이하는 측면은 죽음을 어떻게 맞이할 것인가라는 문제와 연관된다. 예를 들면, 죽음이 일어나는 장소를 선택하는 것과 불필요한 생명 연장은 하지 않는 것 등을 말한다. 주위 사람들과의 관계적인 측면은 가족을 비롯한 지인들과의 관계를 회복하는 것이고 같이 있기를 바라는 사람들과 함께 하는 죽음을 말한다. 이는 정서적인 갈등이 완화되고 편안한 죽음을 맞이하기 위한 것이다. 의미의 측면은 영적인 측면을 포함하여 삶의 의미를 추구하는 것이다.

로고테라피는 어떤 상황에서도 의미를 찾는 삶을 추구함으로써 삶의 의미를 통한 인간 존재의 가치에 답을 제시한다. 프랭클이 '영적'이라고 하는 용어를 종교적인 의미와 혼동을 피하기 위하여 '정신적'인 의미로 사용하였지만, 종교는 삶의 의미와 자아 존중감과도 관련을 맺고 있다는 점에서 호스피스 현장에서 중요한 역할을 담당한다. 불교는 인간 존재와 현상세계에 대한 본질적인 물음을 통하여 삶의 의미를 종교적 완성의 길로 제시한다. 존재적인 측면과 인식적인 측면에서 여실하게 관찰하고 여실한 마음을 지님으로써 있는 그대로 수용할 수 태도를 갖도록 한다. 불교의 선종 사례를 보면 구체적으로 오온과 육입을 통하여 존재론적인 면에서 실상을 파악하도록 하고 무상하기 때문에 탐착할 것이 없다는 점을 인식하게 한다. 재가자의 선종 사례에서 설명되는 사불괴정은 삼보와 계에 대한 믿음으로서 삶에서의 안락을 얻도록 하고 죽음과 후세에 대한 두려움을 없애 준다. 열반에 대한 직접적인 가르침이 아니라는 점에서 낮은 단계의 교설이라고 볼 수도 있으나 굳건한 믿음을 성취하면 성인의 단계에 이를 수 있다는 점과 세간에서의 안락, 천상에서의 안락, 그리고 궁극적으로 무상, 고, 공인 것을 알아서 열반을 희구하는 가르침을 차제적으로 설명한다는 점에서 불교 전체의 수행체계에서 이해되어야 할 것이다.

초기 경전에서는 선종을 맞이하기 위하여 후회하거나 걱정하는 마음이 잘못된 사유에서 오는 것임을 스스로 깨닫도록 한다. 이러한 점에서 불교의 임종 사례를 호스피스 현장에 적용해 본다면, 주어진 환경과 현상세계에 대한 각성의 돌봄이 필요하다고 할 수 있겠다.

예수 그리스도의 죽음
—오늘의 죽음 문화와 생명 살림을 위한 성찰

/ 박 형 국

1. 들어가는 글

> 죽음아, 너의 쏘는 것과 아픈 것이 어디 있느냐?
> —고린도전서 15:55

21세기로 접어든 한국 사회에 자살의 어두운 그림자가 더욱 짙게 드리우고 있다. 하루가 멀다 하고 자살에 자살이 꼬리를 물고 있다. 2003년 이후 한국이 십여 년 넘게 경제협력개발기구(OECD) 국가들 가운데 한 번도 빠짐없이 자살률 1위를 기록하고 있다는 통계를 또 한 번 언급해야 하는 것은 가슴 아픈 일이다. 2011년 기준으로 한국의 자살률은 인구 10만 명당 28.1명인데, 이 수치는 경제협력개발기구 회원국 34국의 평균 11.3명보다 거의 2.5배 높다.[1] 그야말로 21세기 초를 살아가는 한국 사람들은, 이사야가 본 이스라엘의 현실처럼, "죽음의 그림자가 드리운 땅에 사는 사람들"(이사야

9:2; 누가복음 1:79 참조)이다. 이 땅에 펼쳐지는 참으로 안타깝고 가슴 아픈 폭력적인 죽음(자살)의 현실을 멈추게 할 길을 찾을 수 있을까. 이 순간에도 삶이 주는 무게가 버거워서 그것을 훌훌 털어 버릴까 하여 자살을 생각하고 실천하는 이들이 있을 것이다.

기독교는 저들이 생명의 소중함을 깨닫고 참된 삶으로 돌이키도록 도울 수 있는 삶과 죽음에 대한 이해를 지니고 있지 않은가? 해마다 겨우내 꽁꽁 얼어붙은 얼음이 녹아내리고 생명의 싹이 트일 즈음이 되면 어김없이 시작되는 사순절과 고난주간, 그리고 부활절에 기독교 공동체들은 예수 그리스도의 삶과 죽음과 부활을 성찰하면서 그 분의 삶과 죽음과 부활의 뜻을 되새기고 자신들의 삶과 죽음을 생각하면서 보다 나은 삶과 죽음을 살고자 다짐하고 실천한다. 예수 그리스도의 삶과 죽음과 부활이 자살에 내던져지는 우리의 이웃들을 위해 주는 뜻은 무엇일까? 예수 그리스도의 삶과 죽음과 부활은 모든 그리스도인들이 숙고하면서 삶으로 본받아야 할 생명 이해의 모범일 뿐 아니라 이 세상 모든 이들의 삶과 죽음을 위해서도 결코 마르지 않는 생명의 원천이다.

그러나 신약성서가 전해 주는 예수 그리스도의 삶과 죽음, 그리고 부활의 기록은 끊임없는 창조적이고 의미 있는 해석에 그 문을 열어 주는 신비한 실재이다. 그래서 여러 다양한 해석이 있고, 또 심지어는 상반된 해석도 있다. 교파마다, 신학자마다, 시대마다 다양하고 다른 해석이 제시되어 왔다. 이러한 다양한 해석의 공존은 역설적으로 그 해석의 실재 혹은 대상이 지닌 풍요로움을 웅변하는 것이다. 이 글에서는 예수 그리스도의 죽음을 이해하는 방식에서 가장 두드러진 특징 가운데 하나인 '생명의 부정'으로서의 죽음 이해를 밝혀 봄으로써 한국 사회에서 삶과 죽음에 대한 이해를 풍성하게 하고 또 실제로 자살로 내몰리는 이들을 생명의 길로 이끄는 길을 밝혀 보려고 한다. 타 전통과 견주어 볼 때, 유대·기독교 전통의 죽음 이해의 가장 현저한 특징 가운데 하나는 죽음을 삶의 부정으로 보는 두드러진 관점이 아닐까 한다. 기독교는 근본적으로 죽음의 실재를 죄와 악의 문제와 밀접하게 결부시켜 이해했고, 예수 그리스도의 죽음을 죄와 악과 죽음으로부터의 구원과 해방과 연관시킨다.

이러한 현저한 죽음의 부정성 이해가 오늘 이 시대 한국 사회에서 삶과 죽음을 이해하는 데 던져 주는 중요한 의미가 있을 것이다. 이 글에서는 예수 그리스도의 죽음 이해에 나타나는 죽음에 대한 부정의 사고가 지닌 가능한 함의들을 살피고, 죽음에 대한 부정의 개념이 삶과 죽음의 보다 온전한 이해를 위해 기여할 수 있는 방향을 탐색한다. 그래서 "죽음의 그림자가 드리운" 이 땅에서 죽음에 내몰리는 모든 이들에게 생명의 길을 가리켜 보려고 한다. 특히 초기의 기독교 공동체들을 따라 예수 그리스도의 죽음이 단지 그의 죽음이 아니라 우리를 위한 공적인 죽음이라는 점을 주목할 것이다. 기독교 공동체와 신학은 예수 그리스도의 삶과 죽음과 부활을 단순히 기독교를 위한 것뿐 아니라 모든 생명을 위한 보편적인 삶과 죽음, 그리고 되삶의 이야기로 부단히 승화시켜 왔다.

2. 전통적인 대속 교리에 담겨진 예수 그리스도의 죽음

기독교회는 전통적으로 예수 그리스도의 죽음을 인류를 위한 대리적인 속죄의 죽음으로 이해하는 구원의 교리를 발전시켜 왔다. 대리적인 속죄론의 맥락에서 예수 그리스도의 죽음은 창세기의 아담과 하와의 타락의 내러

티브에 연결되었다. 곧 인류는 아담의 불순종으로 인해 죄와 죽음과 사탄의 지배 아래 들어가게 되었고, 예수 그리스도의 대리적인 희생의 죽음과 순종을 통해 죄와 죽음과 사탄의 지배에서 구원을 얻게 되었다는 것이다. 이러한 전통적인 대속 교리에 담겨 있는 예수 그리스도의 죽음의 성격을 어떻게 이해할 수 있을까? 전통적인 구원의 교리는 몇 가지의 흐름을 보이는데, 아울렌(Gustaf Aulén)의 유형화는 후대의 속죄론의 연구에 하나의 이정표를 마련해 주었다. 아울렌은 라틴 전통의 전형에 속하는 안셀무스(Anselm)의 객관주의 구원론과 현대의 이해를 선취하는 아벨라르두스(Peter Abelard)의 주관주의 구원론을 넘어 신약성서와 고대 이레네우스(Irenaeus)에서 발원해서 오랫동안 지속된 고전적인 승리자 그리스도의 구원론을 재건할 것을 주장하는 맥락에서 구원론의 세 가지 유형을 제시해 주었다. 즉 속전설, 만족설, 그리고 도덕감화설[2]이다. 우리는 속전설과 만족설에 나타나는 예수 그리스도의 죽음의 속죄의 이해를 주로 다룰 것이다. 아벨라르두스의 도덕감화설은 예수 그리스도의 죽음을 대리라기보다는 오히려 모범으로 생각하는데, 이러한 생각은 현대의 이해에서 많이 반영된다.

한편, 속전(贖錢, pretium)으로서의 예수 그리스도의 죽음 이해는 고대에 이레네우스와 오리게네스(Origen)에 의해 발전되었고, 아울렌에 따르면, 종교 개혁기에 특별히 루터(Martin Luther)에 의해 계승된 것으로 해석되기도 한다.[3] 이 해석에 따르면, 인간은 아담의 불순종에서 비롯된 원죄로 말미암아 하나님의을 형상 상실하였고 죄와 죽음과 악마의 지배 아래 놓이게 되었다. 죄와 죽음의 지배자는 악마로 형상화되고, 죄와 죽음과 악마는 인간을 노예로 삼는 원수로 규정된다. 인간은 죄 때문에 마귀와 죽음의 세력에 예속되고, 마귀와 죽음의 세력이 인간을 지배한다. 따라서 마귀와 죽음은 철저하게 생명을 부정하는 실재로서 극복의 대상이다. 예수 그리스도는 마귀와 죽음의 세력과 싸워 이기신 승리자(Christus Victor)이다. "하나님의 말씀이 육신이 된 것은 그가 죽음을 진멸하고 사람을 생명으로 이끌어 가기 위함이었다. 이는 우리가 죄 속에 갇혀서 속박 받고 있으며 죄 안에서 나서 죽음의 지배 아래서 살고 있기 때문이다."[4] 특별히 예수 그리스도의 십자가의 죽음을 통해 하나님의 진노의 심판으로부터의 해방이 일어났다. 예수 그리스도의 죽음은 어둠의 권세들과 죽음, 곧 하나님의 적대 세력들에 대한 우주적인 승리로 묘사된다. 예수의 죽음으로 죄의 통치가 종식되었고 죽음 자체가 극복되었다. 여기서 예수 그리스도의 죽음의 대리는 속전으로 이해된다. 즉 예수는 자신의 생명을 죄인을 위한 대리적 속전으로 내어 주어 인간을 마귀와 죽음의 세력에서 구해 내었다는 것이다. 물론 마귀는 속전을 받을 권리가 없기 때문에 속전은 마귀에게 지불된 것이 아니라 하나님에게 지불된 것으로 생각된다. 이렇게 속전설에서 죽음은 생명의 부정으로 이해되고, 예수 그리스도의 죽음은 속전의 방식의 대리를 통해 생명의 부정으로서의 죽음의 극복으로 이해되고 있다.

다른 한편, 중세 캔터베리의 주교인 안셀무스는 만족(滿足, satisfactio)으로서의 예수 그리스도의 죽음 이해를 체계화하였다. 구약성서의 영향을 받고 신약성서에서 발원하는 이 해석은 초대교회에서부터 안셀무스를 거쳐 종교개혁 이후의 개신교 신학의 구원론에서 가장 중요한 자리를 차지해 왔다. 이 해석은 라틴 전통에서 예수 그리스도의 죽음에 대한 중심적인 해석이라고 말할 수 있을 것이다. 그 내용의 핵심을 살펴보면, 하나님은 인간을 노예로 만든 원수를 극복하도록 이 죄와 죽음의 세계에 들어오셨다. 죄와 죽음이 인간을 노예로 만든 부정과 지양의 대상으로 이해되고 있다. 예수 그리스도의 죽음은 모든 인간이 당해야 할 죽음을 극복하는 대리적인 죽음으로 이해된다. 여기서 예수 그리스도의 죽음의 대리적 방식이 하나님의 공의의 요구의 '보상' 혹은 '만족'으로 이해되는 것이다. 예수 그리스도의 죽음이 하나님의 공의와 인간의 죄의 삶의 차이를 메우는 일종의 계산적인 보상 행위라는 인상을 준다. 이러한 만족과 공로라는 신학 용어를 창출하는 데 크게 기여한 고대의 신학자는 바로 테르툴리아누스(Tertullian)로 알려져 있다.[5] 키프리아누스(Cyprian)도 예수 그리스도의 고난과 죽음을 여분의 공로의 획득과 만족과 보상으로 하나님께 지불한 것으로 이해했다. 이러한 만족설이 담고 있는 어떤 기본 생각은 루터나 칼뱅(J. Calvin)과 같은 종교개혁자들에게도 이어졌다. 현대에도 전통적인 대속 이해가 담고 있는 어떤 본질적인 내용은 특별히 바르트(K. Barth)나 판넨베르크(W. Pannenberg)와 같은 신학자들을 통해서 계승되었다.[6]

속전설과 만족설에서 모두 예수 그리스도의 죽음은 속전 혹은 만족으로 표상되지만 모든 죄인을 위한 대리적 죽음이라는 생각이 중추적인 것으로 보인다. 예수 그리스도의 죽음에 대한 대속의 이해는 신약성서에 그 기원을 두고 있다. 예수 그리스도의 죽음의 기원에 대한 이해를 담은 초기의 증언들 일부는 예수 그리스도의 십자가의 죽음을 모두를 위한 대리의 죽음이요 희생의 죽음으로 선포하고 이해했다. 예수 그리스도의 죽음은 모든 인간의 죄를 용서하기 위한 속죄 제물의 죽음이다. 이러한 속죄 제물로서의 죽음 이해는 구약에 나타나는 유대교의 희생 제물 사상(레위기 1:1-5, 17:11)에 뿌리를 두고 있고, 신약에 와서는 특별히 바울과 히브리서에서 다양한 개념과 표상을 통해 나타난다. 이러한 대속의 이해는 "속죄소"(로마서3:25), "새언약"(고린도전서 11:23-26; 마가복음 14:22-24 평행), 그리고 "유월절 어린양"(고린도전서 5:7)

등으로 제의적으로 표상되기도 하고, "속전"(마가복음 10:45)과 "속량"(갈라디아서 3:13) 등으로 법적으로 표상되기도 한다. 이외에도 대속의 이해를 담고 있는 구절들이 많이 나타난다(마태복음 20:28, 요한복음 1:29, 로마서 5:6-11, 11:15, 고린도후서 5:18-21, 골로새서 1:19-22, 에베소서 2:14-16, 히브리서 2:17-18, 9:12-15, 18, 요한일서 2:2, 4:10 등 참조).[7] 후대 교부 시대에 이르러 성육신 교리의 발전에 따라 예수 그리스도의 십자가의 죽음의 속죄 교리는 육화하신 하나님의 아들이 온 인류를 위해 대속적인 죽음을 기꺼이 당한 교리로 발전하였다.

그러나 전통적인 대속 이해에서 강조된 예수 그리스도의 죽음에 대한 제사적이고 법적인 방식의 의미 부여는 예수 그리스도의 죽음의 온전한 뜻을 다 담아내기에는 충분하지 못한 축소적인 해석이라는 비판을 받는다. 전통적인 대속 이해들에 대한 현대의 도전과 비판은 바로 이 점을 드러내 준다. 특별히 현대의 신약성서 연구들은 교리적 해석이 많이 덧입혀진 전통적인 대리적 속죄론에 비판적인 입장을 취하면서, 성서에 대한 보다 역사적인 접근을 통해서 예수 그리스도의 삶과의 관련 속에서 그의 죽음의 실재를 밝히려고 한다. 특별히 현대의 신약성서 연구들은 많은 경우에 전통적인 대속 이해를 비판적으로 평가한다.[8] 현대의 성서학과 신학의 이해들은 예수 그리스도의 죽음에 대한 전통적인 이해에서 나타나는 단층적인 대리와 희생의 이해의 약점을 공통적으로 비판하는데, 이 글에서는 주로 신학 쪽에서의 비판의 요점을 살펴볼 것이다.

그 도전과 비판의 초점은 크게 두 가지로 구분해 볼 수 있다. 한편, 희생과 대리라는 구원론적인 개념에 기초한 대속 이해는 비이성적이고 신화적인 맹목적 신앙을 고무할 뿐 아니라 나아가 예수 그리스도에 대한 그릇된 이해와 왜곡된 하나님 표상을 만들어 낼 수 있다는 비판이다. 곧 그것은 죄에 대해 벌이 뒤따른다는 응보의 원리를 조장할 수 있고, 예수 그리스도의 고난과 죽음을 화해의 조건으로서의 희생 제물로 이해함으로써 잔인한 독재자 하나님 표상을 만들어 낼 수도 있다. 이러한 하나님과 예수 그리스도에 대한 그릇된 이해는 심지어는 성스러움의 이름으로 폭력을 정당화하는 경향을 부채질할 수도 있다는 비판을 받기도 한다. 그래서 혹자는 심지어는 대속 이해에 담긴 어떤 본질적인 복음적 내용 자체를 부정하면서, 예수(의 인)의 죽음은 불의한 세상의 죄를 보상하고 만족시키기 위한 자원적인 죽음이 아니고 종교적이고 정치적인 폭력에 의한 애꿎은 희생이라고 비판하는 방식으로 신학적 이해들을 해체하면서, 보상과 만족이라는 제의적이고 법적인 인식은 계속적인 폭력을 낳을 뿐임을 지적한다.

예컨대 지라르는 종교적인 '거룩한 희생'의 교리가 '순수한 폭력' 혹은 '좋은 폭력'이라는 이름으로 '폭력을 속이는 폭력', 곧 '희생적 폭력'의 논리로 작용하는 점을 비판적으로 분석한다.[9] 아울러 데리다는 키에르케고어(S. Kierkegaard)의 『두려움과 떨림』의 아브라함의 이삭의 희생 사화에 대한 해체 독법을 통해 종교의 명분으로 반복적으로 행해지는 희생과 폭력에 대해 근본적인 의문을 제기한다. 어찌하여 메시아 사상과 이삭의 희생에 대한 본래적인 역사적이고 정치적인 해석을 주장하는 이른바 아브라함의 종교(Abrahamic religion)로 알려진 세 유일신 종교, 즉 유대교, 기독교, 그리고 이슬람교의 전통이 피로 물든 폭력의 자리가 되는가? 왜 이삭의 희생은 날마다 계속되는가? 도대체 전적 타자(the One)에 대한 책임성이 내가 만나는 타자(the other)의 희생으로 귀결되는 이 모순적인 현상을 어떻게 설명해야 하는가? 모든 타자(every other)에 대한 보편적인 책임성이란 무엇일까?[10] 데리다의 해체적 성찰은 매우 신중하고 섬세하다. 기독교 신학자들도 경청할 만하다.

아울러 보상과 만족 개념은 예수 그리스도가 믿고 가르친 하나님이 죄 없는 자기 아들로 하여금 우리 죄의 값을 대신 치르도록 한 연후에야 비로소 인간의 죄를 용서해 주는 계산적이고 잔인한 하나님으로 만든다는 점을 강조한다. 만일 전통적인 대속 이해가 이러한 왜곡으로 흐른다면, 그것이 담아내는 예수 그리스도의 대리와 희생의 죽음은 역설적이게도 복음적인 하나님 이해를 차단하는 결과를 낳을 것이다.[11] 그러나 전통적인 대속 이해에 대한 비판이 대속 이해의 너무 어둡고 부정적인 측면만을 부각해서도 안 될 것이다. 역사적인 예수의 죽음 이해와 교리적인 그리스도의 죽음 이해를 철저하게 모와 순의 관계로 상충시키는 현대적인 해석의 또 다른 편향에도 주의를 기울일 필요가 있다. 성서와 전통이 전해 주는 대속 이해에는 폐기될 수 없는 어떤 본질적인 복음적 의미가 있으니 신학적으로 또 역사적으로 좀 더 균형 잡힌 신중한 재해석을 추구하는 것이 바람직하다 할 것이다.[12]

다른 한편, 보다 적극적인 의미에서 전통적인 그리스도의 죽음에 대한 대리와 희생의 이해가 하나님나라에 대한 예수의 선포와 활동의 적극적 의미를 드러내지 못한다는 비판을 받기도 한다. 곧 전통적인 대속 이해에서 구원의 의미가 예수의 희생 제물의 죽음을 통한 죄 용서와 하나님과 인간 사이의 관계 회복으로 축소되는 경향이 강해서 새로운 생명의 세계에 대한 메시아의 비전은 사라지고 만다는 지적이다. 이는 특별히 대속의 제의적 해석과 밀접한 관련이 있다고 볼 수 있을 것이다. 이러한 전통적인 제의적 대속 사상은 하나님의 구원을 개인의 죄와 용서와 이를 통한 개인의 영혼 구원으로 축소하고 하나님의 구원의 사회적·세계적·우주적 차원을 배제해 버린다. 죄의 용서를 받고 하나님과 화해되어야 할 인간의 영혼 내지 내면성이 하나님의 구원의 주요 대상으로 부각되고, 하나님나라와 그의 의가 실

현되어야 할 정치·경제·사회의 현실은 하나님의 구원에서 간과되고 만다.[13]

그러나 성서와 전통이 실어 나르는 대속 이해에 담긴 희생과 대리 개념을 전적으로 부정하는 접근은 바람직하지 않을 것이다. 희생과 대리 개념을 시대정신에 비추어 창조적으로 재해석하고 보완할 필요가 있을 것이다. 위의 현대의 비판점들이 지닌 타당성을 인정하더라도, 초기 기독교 공동체의 신앙고백과 전통적인 대속 이해에 나타나는 예수 그리스도의 죽음에 대한 이해와 선포는 또 다른 방향에서 매우 중요한 뜻을 담고 있다고 여겨진다. 그것은 바로 예수 그리스도의 십자가의 죽음을 모든 인간이 당해야 할 죄와 악의 부정적 현실과 운명을 대리하는 사역으로 이해했다는 점에서 찾을 수 있을 것이다. 초기 기독교 공동체는 예수 그리스도의 십자가의 죽음을 한 불행한 인간의 죽음으로 보지 않고, 모든 인간의 죽음에 깊이 참여하는 죽음으로 이해하고 선포했다. 당시의 일반적인 속죄 이해에 따르면, 희생의 죽음은 개인의 죄를 소멸시키고 신의 진노를 푼다고 보았다. 이러한 통념적인 죽음 이해의 세계에서 초기 기독교 공동체가 불명예스러운 한 개인의 십자가의 죽음을 모든 인간의 죄를 보편적으로 속량하는 하나님의 계시와 구원의 신비로 이해하고 증언했다는 점은 놀라운 일이다.

바울서신에 등장하는 이른바 "죽음의 공식구" 혹은 "속죄론의 공식구"(고린도전서 15:3-5)에서 예수 그리스도의 속량의 죽으심에 대한 뜻을 다시 새겨보는 것은 중요한 것으로 보인다.[14] 이 공식구에서 "그리스도께서 우리 죄를 위하여 죽으시고"(고린도전서 15:3 하반절)라는 표현이 나타나는데, 이 표현은 '메시아의 죽음'의 근원적인 본질을 담고 있다. 예수 그리스도의 죽음을 죄와 악의 보편적인 현실과 관계시키면서, 바울이 예수 그리스도의 죽음에서 죄를 강조한 것은 죄와 악의 부정의 현실을 지극히 강조하는 뜻이 있을 것이다. 나아가 그것은 예수 그리스도의 죽음이 보편적인 죄와 악과 죽음의 부정의 현실에 참여적인 죽음임을 담고 있음을 강조하는 것이다. 그러나 전통적인 대속 이해들은 이 구절에서 대체로 구원론적인 대리와 희생의 역할의 의미만을 강조하는 경향이 있다. 말하자면, '우리를 위하여'가 '우리의 죄를 사하기 위하여'를 뜻하는 것으로 축소적으로 이해되었던 것이다.[15] 그러나 이 구절은 구원론적인 대리와 희생 이전에 삼위일체와 그리스도의 존재의 측면에서 훨씬 더 깊고 넓은 함의를 지닌 것으로 보인다. 다시 말하면, 그것은 삼위일체이신 하나님과 화육하신 예수 그리스도가 이 세계의 죄와 악과 죽음의 보편적인 폭력적 현실에 존재적으로 참여했다는 "연대성"을 담아낸 선포가 아닌가? 이러한 부정의 현실에의 존재적인 연대성은 예수 그리스도의 죽음이 담아내고 있는 사회성 혹은 공공성을 드러내 준다. 이럴 때 예수 그리스도께서 우리 구원을 위하여 자신을 내어 주셨다는 공식구는 제의적이고 법적인 단층적 이해를 피할 수 있을 것이다.

초기 기독교 공동체의 증언에 담긴 예수 그리스도의 죽음을 이해하는 데 있어서 그의 죽음이 아니라 우리의 죽음이라는 면이 강조되어야 한다. 초기 기독교 공동체는 예수 그리스도의 죽음에서 우리 모두의 공동의 책임을 통감했다. 죄와 악과 죽음이라는 부정의 현실에 대한 공동의 책임에 대한 통감을 생략한 채 너무 서둘러 예수의 속죄의 죽음으로 건너뛰어서는 안 될 것이다. 이러한 의미에서 예수 그리스도의 죽음에 대한 대속 이해는 인간의 보편적인 폭력적 죽음 이해를 위해 중요한 함의를 제공해 준다고 볼 수 있을 것이다. 그러나 전통적인 대속 이해에서 죄와 악과 죽음의 현실의 부정성은 개인적이고 영적인 측면만을 강조하고 나아가 단지 예수 그리스도의 속죄의 대리와 희생의 어떤 기능적인 전제라는 인상을 주고 만다. 다시 말해서, 십자가에서 예수 그리스도의 죽음에 가해진 폭력성을 단순히 속죄를 위한 부록 정도로 다루는 경향이 있다. 그 결과 죄와 악과 죽음이라는 보편적인 부정적 현실에 속해 있는 생명과의 일치와 연대라는 생각이 그다지 부각되지 못하고 만다. 현대신학의 어떤 이해들은 바로 이 점을 재해석하고 보완해 준다고 볼 수 있다.

3. 현대신학의 이해들에 담겨진 예수 그리스도의 죽음

현대신학의 이해들은 예수 그리스도의 죽음의 사건을 담은 신약성서로 다시 돌아가서 전통적인 대속 이해가 제대로 퍼 올리지 못한 예수의 죽음의 의미를 회복해 내려고 한다. 따라서 현대신학의 이해들이 전통적인 제의적이고 법적인 만족설이나 보상설이 온전하게 담아내지 못하고 심지어 왜곡하고 있는 예수 그리스도의 죽음의 뜻을 발굴해 내는 내용을 살펴보는 것은 중요하다. 예수 그리스도의 십자가의 죽음에 대한 초기 기독교 공동체의 고백과 선포는 보다 다층적이고 통전적인 이해를 기다린다. 실제로 신약성서는 예수 그리스도의 죽음에 대한 초기 기독교 공동체의 다양한 이해들을 전해 준다. 위에서 살핀 대로 예수 그리스도의 죽음을 대리적인 속죄(히브리서 2:17; 로마서 5:8, 8:32; 에베소서 1:7 등)와 속전과 속량(마가복음 10:45; 갈라디아서 3:13 등)으로 이해한 것 외에, 어록 자료들과 마가 이전의 전승(마가복음 12:1-9)은 예수 그리스도의 죽음을 구약성서와 연속적으로 이해하면서 처참한 예언자의 운명으로 파악한다. 또 수난사의 초기 전승은 시편 22편과 69편 등을 인용하여 예수 그리스도의 죽음을 의인의 고난으로 묘사한다(마가

복음 15:23 이하, 29, 34 등). 예수 그리스도의 죽음을 그리스도와 함께 죽고 함께 부활에의 참여(로마서 6:1-11; 갈라디아서 2:19 등), 죽음의 권세에 대한 승리(마태복음 27:51 하반절-53; 요한계시록 1:18 등), 그리고 하나님의 사랑의 계시(로마서 5:8; 에베소서 5:2 등) 등으로도 이해하였다. 이러한 다양한 이해들은 모두 예수 그리스도의 죽음의 실재의 풍성한 의미를 증언해 주는 것이다. 전통적인 대속 이해에서 보여주는 대리와 희생 개념 자체를 전적으로 폐기할 필요는 없을 것이다. 오히려 오늘의 시대정신이 요청하는 예수 그리스도의 대리적 죽음의 재해석과 보완이 필요할 것이다. 그렇다면 현대신학의 이해들이 제시해 주는 중요한 재해석과 보충은 무엇인가?[16]

현대신학이 제시하는 재해석과 보충도 다층적이지만, 이 글에서는 그것을 크게 두 가지의 흐름으로 정리해 보려고 한다. 먼저 현대의 여러 역사적·신학적인 해석들은 예수 그리스도의 죽음에 깊게 드리워진 폭력성을 주목하면서, 예수 그리스도의 십자가의 죽음에 담긴 죄와 악과 죽음의 부정적인 실재의 깊이를 드러내 준다.[17] 예수 그리스도의 죽음에 담긴 이러한 폭력성은 앞서 살핀 대로 현대신학의 이해들에서 두루 비판적으로 재조명되고 있다.[18] 전통적인 대속 이해가 실어 나르는 희생 제물 사상이 실제 현실에서 야기하는 어떤 이데올로기적인 왜곡에 대한 정치신학, 해방신학, 여성신학, 흑인신학 등의 비판을 경청해야 한다. 그리고 예수 그리스도의 죽음을 정치 사회적인 상황과 유리된 희생 제물, 보상, 속전 등의 표상으로 해석하는 전통적인 대속 이해에 대한 의심과 문제 제기도 부분적으로 타당한 것으로 보인다.

실제 복음서가 전해 주는 예수 그리스도 자신의 이해에서도 죽음, 특별히 정의롭지 못한 현실에서 야기된 폭력적인 죽음 자체는 부정적인 실재로 이해되었다. 예수 그리스도가 보여준 폭력적인 죽음에 대한 지극히 인간적인 두려움과 공포가 이를 뒷받침해 준다(마가복음 15:34). 유대 전통의 배경을 지닌 예수가 맞이한 죽음의 실재와 죽음에 대한 태도는 그리스-로마 전통의 배경을 지닌 소크라테스 또는 세네카와 같은 스토아 사상가들의 그것과 커다란 차이가 난다고 하겠다.[19] 예수 그리스도는 실제 "저주 받은 자"의 죽음(갈라디아서 3:13)을 죽었고, 십자가의 죽음은 폭력성의 극치이다. 또 예수 그리스도의 십자가의 죽음은 인간을 포함하는 모든 생명체의 비참한 현실을 비극적으로 표현해 주는 것이다. 예수 그리스도의 고난과 죽음의 실재는 온통 모순과 부정의 현실로 나타난다. 그것은 자연스럽고 아름다운 죽음이 아니다. 모두가 원하는 평화로운 죽음이 아니라 폭력적인 죽음이었다. 예수 그리스도의 죽음은 전통적인 대속 교리의 이해가 보여주듯이 단순히 종교적 의미의 죽음일 뿐만 아니라 현대의 역사 연구들이 보여주듯이 정치적인 십자가의 죽음이기도 했다.

그렇다면 대리와 희생의 제물로서의 예수 그리스도의 폭력적인 죽음에 대한 개념을 폐기시켜야 한다는 신학적인 비판들만으로 예수 그리스도의 죽음이 담아내는 폭력적인 죽음의 의미를 온전히 드러나게 할 수 있을까. 예수 그리스도의 희생의 죽음에 드러난 폭력성을 단순히 부정의 계기로 다루면서 폐기하는 것은 죄와 악과 죽음의 부정적인 현실을 너무 가볍게 여기는 것은 아닐까. 예수 그리스도의 대리와 희생의 죽음에는 이데올로기적인 왜곡에 대한 비판 혹은 해체만으로 소진될 수 없는 이 세계의 어떤 근본적인 부정적 현실이 담겨 있다. 이 점에 비추어 예수의 십자가 죽음에 드리워진 부정적인 폭력성의 두 가지의 매우 중요한 의미를 밝히는 것이 중요하다.

먼저 예수 그리스도의 폭력적인 죽음은 모든 생명이 직면하고 있는 이 세계의 벌거벗은 보편적인 폭력성의 실체 혹은 심연을 비추는 거울이다.[20] 예수 그리스도의 삶과 죽음의 역사적인 이해에 바탕을 둔 비판적 이해들이 밝혀주듯이, 예수 그리스도의 죽음은 폭력적인 죽음이라는 의미에서 정의의 문제를 제기한다. 예수 그리스도의 십자가의 죽음은 삶과 생명의 부당한 강제적 단절의 면이 있다. 이러한 의미에서 예수 그리스도의 폭력적인 죽음은 더 이상 반복되어서는 안 될 것이다. 폭력적인 희생이 은밀하게 강요되어서는 안 된다. 이렇게 예수 그리스도의 죽음의 사회적, 정치적, 경제적 요인들을 주목하고 강조한 것은 예수 그리스도의 폭력적인 죽음을 통전의 방식으로 이해하는 데 커다란 기여를 한다. 예수 그리스도의 죽음은 부정의하고 사랑 없는 사회 · 정치 · 경제 · 종교 질서가 함께 만들어 낸 것으로 보아야 한다. 이런 의미에서 전통적인 대속 교리 안에 표상된 예수 그리스도의 죽음은 실제 인간들을 포함해 온 생명의 죽음의 생생한 부정적인 실재를 제대로 담아내지 못한 면이 있다. 곧 그것은 이 세상에서의 불의하고 모순적인 죽음에 대한 적절한 이해를 제공해 주는 데 어려움을 야기한다. 예수의 죽음에 대한 온전한 이해는 예수 그리스도를 폭력적인 죽음으로 이끈 갈등과 불의한 상황에 대한 이해를 담아내야 한다. 그래야 복음이 오늘도 모순적이고 불의한 현실에서 폭력적인 죽음에 직면한 생명들에게 설득력을 줄 수 있을 것이다.

그러나 예수의 폭력적인 죽음의 의미를 이데올로기 비판적인 해석들에 가두어 그 온전한 뜻을 축소해서는 안 될 것이다. 이데올로기 비판을 통과해서 예수 그리스도의 폭력적인 죽음을 온 생명이 직면하는 보편적인 부정의 현실을 대표하는 것으로 이해할 필요가 있다. 달리 말하면, 예수 그리스도의 폭력적인 죽음에 대한 가장 보편적인 공적 이해를 추구해야 한다. 생명을 파괴하는 폭력적인 죽음은 인간을 포함해서 온 생명의 차원에서 풀어야 할 가장 보편적인 부정적인 현실인 것이다. 그 부정적인 현실을 모든 생명체의 연대를 추동하도록 하는 이정표로 삼아야 할 것이다.

다른 하나는 예수 그리스도의 폭력적인 죽음에서 생명이 겪는 부정의 현실 속으로의 하나님의 참여와 연대를 좀 더 강조하는 이해가 요청된다는 점이다. 예수 그리스도의 십자가의 죽음에서 나타난 죄와 악과 죽음의 부정적인 현실은 특정 계급이나 계층이나 젠더나 인종이나 심지어는 종의 편파성을 넘어서 모든 생명이 직면하고 있는 부정의 현실에 하나님이 존재의 방식으로 참여하고 연대했다는 공적이고 존재론적인 해석이 필요하다. 예수 그리스도의 십자가의 죽음을 가난한 사람들과 버림받은 사람들뿐만 아니라, 결국 자연적으로 죽을 수밖에 없는 유한한 온 생명들과의 적극적인 일치와 연대로 이해할 필요가 있다.

현대신학에서 이러한 방향으로의 다양한 이해들이 추구되었다.[21] 예수 그리스도의 폭력적인 죽음에서 나타나는 대리의 개념을 모든 인간의 죽음을 대표(representative)하는 것으로 이해하는 노력들[22]은 전통적인 대속 이해의 대리와 희생 개념을 시대정신에 비추어 창조적으로 재해석하고 보충한다고 평가할 수 있을 것이다. 또한 예수 그리스도의 십자가의 폭력적인 죽음에서 삼위일체 하나님 자신의 고난과 죽음에로의 존재적인 연대를 발견하는 현대신학의 이해들[23]은 전통적인 대속 이해의 창조적인 재해석과 보충으로 적극적으로 수용될 필요가 있다.[24] 예수의 폭력적인 죽음에서 부정적 실재인 죽음에 하나님 자신이 존재의 방식으로 참여하고 연대했다는 점을 강조하는 현대신학의 이러한 이해들은 복음 자체가 죽음보다 더 큰 생명

혹은 죽음을 넘어서는 삶의 역사를 설득하도록 돕는다. 이러한 이해들을 죽음과 생명을 서로 적대적인 이분법의 틀로 풀어내는 데 머무르지 않고, 온 생명은 죽음의 망각이나 회피가 아닌 죽음의 한 복판에서 체험될 수 있음을 보다 깊이 있게 담아낸다. 아울러 그것들은 삶과 생명의 기쁨은 죽음의 깊이(심연)와 고통을 깨닫는 과정을 통해 오는 것임을 보다 뚜렷하게 드러내 줄 것이다. 죽음의 어둠을 깊이 체험하고 알고 있는 자만이 진정으로 생명의 변화를 누릴 수 있고 그의 삶 속에서 이웃과 더불어 생명의 고귀함을 나눌 수 있을 것이다.

마지막으로 오늘의 시대정신에 비추어 예수 그리스도의 죽음을 적극적인 의미에서 하나님나라의 비전에 비추어 이해하는 것이 중요하다.[25] 예수 그리스도의 죽음은 하나님나라 선포와 분리될 수 없다. 예수 그리스도의 삶과 죽음이 보여준 하나님나라는 단순히 종교적인 현실로 축소되는 것이 아니라, 정치, 경제, 사회의 총체적인 차원에서의 일대 변혁을 요구하는 새로운 현실이다. 인간을 포함하는 모든 생명체의 죽음을 죄의 결과로 보고 생명의 구원을 단순히 죄로부터의 해방으로 보는 것은 복음을 지극히 환원하고 축소해서 이해하는 것이다. 생명 파괴가 온 영역에서 일어나고 있는 이 시대에 예수 그리스도의 죽음을 영적이고 개인적인 구원의 차원으로 축소해서 이해하는 것으로는 생명 파괴의 흐름을 막을 수 없을 것이다. 예수 그리스도의 죽음의 의미를 개인적이고 영적인 차원뿐만 아니라 사회적이고 역사적이며, 더 나아가 자연적이고 우주적인 차원에서 담아내는 것이 중요하다. 예수 그리스도의 죽음은 폭력적인 세상 한가운데서 온 생명의 화해와 평화의 미래를 여는 하나님의 사랑이 계시된 사건이다. 예수 그리스도의 죽음의 구원의 의미는 전통적인 대속 이해가 강조한 대로 제사적이고 법적인 방식으로 환원되는 것이 아니라 하나님나라 혹은 하나님의 다스리심으로서의 새 창조에 있다. 예수 그리스도의 죽음이 "다시는 죽음이 없고, 슬픔도 울부짖음도 고통도 없을"(요한계시록 21:4) 새 창조, 새 하늘과 새 땅을 열어 내는 하나님나라의 궁극적인 실현을 지시하는 문으로 이해되어야 할 것이다.

4. 한국적 죽음 이해와 자살 예방을 위한 신학적 시론

예수 그리스도의 죽음에 드러나는 죽음의 부정적인 폭력성에 주의를 기울이면서 전통적인 대속 이해를 비판하고 재해석하고 보완하는 현대신학의 이해를 살펴보았다. 현대신학의 어떤 이해들이 강조하는 예수 그리스도의 죽음에 담긴 폭력성의 사회적 해석과 그 폭력적 현실에 하나님이 존재의 방식으로 참여하고 연대했다는 생각은 이 시대의 죽음 문화를 지양하는 데 매우 중요한 것으로 보인다. 이러한 재해석과 보완이 추구하는 것은 바로, 초기 기독교 공동체가 고백하고 증언한 대로, 예수 그리스도의 죽음이 담아내는 보편적이고 공적인 성격을 조명하는 것이다. 삶이 보편적이듯이, 죽음도 보편적이다. 온 생명체는 근본적으로 죽음 앞에서 평등하다. 즉 죽음을 비켜갈 수 있는 존재는 없다. 그래서 삶과 죽음에 대한 담론이 가장 공적인 성격을 지닌다고 말할 수 있다. 따라서 초기 기독교 공동체는 팔레스타인 지역에서 기껏해야 한 예언자 정도의 죽음으로 기억될 수도 있던 예수의 죽음을 온 인류를 위한 고귀한 그리스도의 죽음으로 승화시켰다. 이제 과제는 오늘의 시대정신에 비추어 예수 그리스도의 죽음을 인간을 포함한 온 생명을 위한 가장 보편적이고 공적인 죽음으로 이해를 확장하고 승화시키는 것이다. 그 예비적 과제의 하나로서, 예수 그리스도의 죽음이 담고 있는 생명의 부정으로서의 죽음에 대한 이해가 한국적 삶과 죽음 이해와 오늘 한국 사회에서 특별히 자살 예방을 위해 기여할 수 있는 의미가 무엇일까를 생각해 보자.

한국 사회는 역사적으로 여러 다양한 전승의 층을 통해 삶과 죽음에 대한 나름 고유의 이해를 전개해 왔다. 한국 사회의 죽음 이해는 몇 가지의 주된 유형으로 구별된다. 영혼이 다른 세계로 간다는 범신론적 세계관에 기초한 생사관, 천국 혹은 지옥으로 간다는 기독교의 생사관, 윤회를 통해 새로운 생명으로 계속 환생한다는 불교의 생사관, 삶 속에 죽은 이의 자리를 마련해 놓아 제사를 통해 죽은 이가 산 이들의 자리로 돌아와 만난다는 유교의 생사관, 그리고 자연적인 죽음으로 모든 것이 무(無)로 변한다는 근대과학적 세계관에 기초한 생사관 등이 공존한다.[26] 여러 다양한 사유와 실천의 전승들이 층층으로 겹을 이루고 있지만, 전체적으로 한국인의 삶에 대한 인식은 지극히 현세(이승) 지향적일 뿐 아니라 낙천적인 것으로 보인다. 이에 반해 죽음에 대한 인식은 매우 부정적인 것으로 보인다. 그래서 한국인에게는 삶이 죽음을 위해서 존재하는 것이 아니라, 오히려 죽음이 삶을 위해 존재하는 것으로 보인다.[27] 필자는 한국인의 삶에 대한 현세 지향적이고 낙관적인 이해와 죽음에 대한 부정적인 이해 자체를 바탕부터 문제 삼을 필요를 느끼지 못한다. 오히려 한국인의 현세의 삶에 대한 긍정과 죽음에 대한 부정의 자세에서 보다 나은 방향성을 향한 단서를 발견한다. 왜냐하면 현세의 삶을 더욱 소중하고 가치 있게 여긴다면, 현세의 삶을 더욱 살 만한, 곧 생명으로 가득한 삶으로 만드는 길의 바탕이 될 수 있기 때문이다. 만일 어떤 사람들이 내세를 지극히 가치 있게 여기면서 현세의 삶을 부정한다면, 그들에게 현세의 삶에 대한 관심과 열정을 북돋는 일은 지극히 어려운 일이 될 것이다.

이런 의미에서 한국인의 현세 지향성을 폐기하기보다는 지양할 수 있는 다른 방향성을 추구하는 것이 보다 나은 길일 것이다.

그러나 문제는 이것이다. 그렇다면 왜 삶에 지극히 현세 지향적이고 낙관적인 이해와 죽음에 부정적인 이해를 지닌 한국인들이 현재 지구상에서 가장 높은 자살률을 보이는 것일까? 왜 이 지구상에서 가장 현세 지향적이고 낙천적인 사람들이 가장 높은 비율로 폭력적인 죽음을 선택하는 것일까? 오히려 삶을 사랑하고 죽음을 부정한다면, 폭력적인 죽음이 아니라 약동하는 생명을 선택해야 옳은 것이 아닌가? 바로 이 현실적인 물음은 한국인의 현세적인 삶에 대한 긍정과 저승의 죽음의 세계에 대한 부정의 이분법에 어떤 문제가 있는 것이 아닐까를 묻게 된다. 바로 이 물음이 이 글에서 제시한 테제인 생명의 부정으로서의 죽음 이해의 중요성으로 초대한다. 필자의 가정은 이것이다. 한국인들의 생명 긍정과 죽음 부정의 인식과 태도에는 변증법적인 사유가 결여되어 있는 것이 아닐까? 말하자면, 죽음의 부정으로서의 생명, 생명의 부정으로서의 죽음에 대한 변증법적인 치열한 인식과 태도 말이다. 생명이 부정된 현실로서의 죽음에 대한 치열한 극복의 의지가 생명을 향한 약동을 낳지 않는가? 기독교의 생명의 부정으로서의 죽음 이해에 비추어 한국인의 삶과 죽음에 대한 변증법적인 치열한 인식과 태도의 부재의 문제를 짚어 보는 것이 한국적 생사관과 자살 예방을 위해 기여할 수 있을 것으로 본다. 물론 죽음에 대한 부정의 사유는 여러 가지 상반된 함축을 지닐 수 있고 또 그로 인해 삶에 대한 상반된 해석을 이끌어낼 수도 있다. 그러나 필자가 보기에, 죽음의 부정성에 대한 기독교의 강조는 삶과 죽음에 대한 한국인들의 온전한 이해를 이끌어내는 데 매우 중요한 도움이 될 수 있다.

왜 생명의 부정으로서의 기독교의 죽음 이해가 중요할까? 기독교는 예수 그리스도의 죽음에서 전형적으로 드러난 생명이 부정된 현실로서의 죽음의 부정성을 끊임없이 숙고해 왔다. 이러한 끊임없는 숙고는 죽음을 이 세상에서 전혀 낯선 것으로 배제하거나 성급하게 망각하도록 부채질하지 않는다. 죽음을 생명의 부정으로서 성찰하는 길은 삶과 죽음에 대한 이원론이나 비관론과는 거리가 멀다. 다시 말하면, 그것은 삶과 죽음을 단순히 대립이나 배타시키는 길이 아니라, 더 나은 삶(생명)과 죽음의 이해로 초대하는 길이다. 예수 그리스도의 죽음에 계시된 폭력성에 대한 끊임없는 숙고는 생명이 부정된 현세에서의 정의롭지 못한 폭력적인 죽음에 대한 하나님의 참여와 연대를 통한 지양의 복음으로 모든 생명들을 초대하는 길이다. 예수 그리스도의 폭력적인 죽음은 죽음의 두려움과 공포를 드러내 준다. 생명이 부정된 폭력적인 죽음은 누구에게나 두려움과 공포를 야기하는 것이다. 예수 그리스도의 죽음은 좋은 죽음, 평화로운 죽음이 아니었다. 그러나 예수 그리스도의 죽음에 대한 기독교의 숙고가 부정하고 지양하고자 하는 죽음은 이러한 좋은 죽음, 평화로운 죽음이 아니라, 바로 어둡고 정의롭지 못한 두려움과 공포를 야기하는 죽음이다.

예수 그리스도의 죽음은 죽음의 정의(正義) 문제를 제기한다. 죽음의 폭력성을 경험하는 데 분명한 격차가 존재하는 현실이다. 이 세상에는 이 순간에도 정의롭지 못한 두려움과 공포의 죽음(죽임)이 너무 많이 일어나고 있다. 예수 그리스도의 죽음에 담긴 생명의 부정으로서의 죽음에 대한 이해는 온 생명들이 정의로운 죽음을 맞이하는 길을 지향하고 추구해야 함을 가리키는 이정표가 될 것이다. 예수 그리스도의 죽음은 보다 정의롭고 사랑이 넘치는 하나님나라가 온전히 이루어질 그날(종말)을 기대하는 가운데 그 나라의 실재를 비록 온전하지는 않을지라도 지금 이곳에서 실현해 보려는 생명의 약동을 추동하는 죽음이다. 예수 그리스도의 죽음은 결코 이 세상에서의 정의롭지 못한 폭력적인 희생의 죽음을 정당화하는 죽음이 아니다. 그것은 더 이상의 정의롭지 못한 폭력적인 죽음, 곧 부정적인 죽음의 현실을 지양하기 위한 죽음이다. 예수 그리스도의 죽음은 정의롭지 못한 죽음을 지양하지 않고는 그 어떤 좋은 죽음, 평화로운 죽음도 기대할 수 없다는 사실을 웅변하는 것이다.

죽음의 벌거벗은 폭력성을 경험하는 데에서는 모든 생명체들 사이에 근본적인 차이가 있을 수 없다. 오늘 한국 사회에서 생명이 부정되는 폭력적인 죽음의 행렬이 끊이지 않는다는 사실은 생명의 부정으로서의 죽음을 지양하고자 하는 치열한 인식과 노력의 부재를 알리는 신호일 수 있다. 이런 의미에서 죽음의 사회적 의미를 밝히고 해석하는 접근이 중요하다. 이러한 접근은 21세기 한국 사회에서 각별히 더 중요하다.[28] 생명을 단순히 긍정한다고 해서 생명을 누리는 선물이 주어지는 것이 아니고, 죽음을 단순히 부정한다고 해서 죽음의 두려움과 공포를 피할 수 있는 것도 아니다. 참된 생명은 그 생명이 부정된 죽음을 지양할 때 주어지는 선물일 것이다. 그것이 평화로운 죽음이든지 좋은 죽음이든지 간에, 참된 죽음은 생명이 부정된 죽음이 지양될 때 주어지는 선물일 것이다. 생명이 부정된 죽음을 지양하려는 치열한 숙고와 실천이 일어날 때 한국 사회에서 폭력적인 죽음의 행렬을 멈출 수 있을 것이다.

마지막으로 생명이 부정된 죽음을 지양하려는 노력 속에서 예수 그리스도의 죽음에서 나타나는 생명의 부정으로서의 죽음 이해가 주는 뜻은 누구의 죽음이든지 그 죽음을 단순히 고립된 개인 혹은 개체의 죽음으로 이해할 것이 아니라 사회 나아가 온 생명 공동체의 죽음과 관련된 것으로 이해하는 노력이 필요하다. 초기 기독교 공동체는 예수 그리스도의 죽음에 대한 기억을 사적 담론, 곧 한 개인의 이야기로 받은 것이 아니라 공적 담론, 곧 우리의 이야기로 받았다. 예수 그리스도의 죽음을 단순히 대리를 위한 희생으로 이해한 것이 아니라, 그 죽음에서 공동의 책임을 통감했다. 비록 생명이 부정된 죽음조차도 모든 죽음은 그 자체로 소중하게 여겨져야 한다.

이 세상에 무의미한 죽음은 없다. 이는 자신에게 폭력적인 죽음을 가한 자살자들의 모든 동기와 행위를 정당화하자는 뜻이 아니다. 혹은 무고하게 죽은 이들의 죽음에 제의적인 의미를 부여하자는 뜻도 아니다. 오히려 모든 타자들의 죽음에서 온 사회의, 나아가 온 생명 공동체의 지체의 죽음, 곧 우리의 죽음으로 반추할 수 있어야 한다는 뜻이다. 특별히 생명이 부정된 죽음의 폭력성은 죽음을 개인의 문제만으로 축소하는 이해를 불가능하게 한다. 예수 그리스도의 죽음에 초기 기독교 공동체가 보여준 죽음 이해는 바로 이러한 죽음의 공동체성이 아닐까? 죽음의 벌거벗은 폭력성의 인식이야말로 온 생명의 가장 보편적인 일치와 연대를 가능하게 한다. 죽음의 폭력성에 대한 담론이야말로 온 생명의 일치와 연대를 이끌어 낼 수 있는 길을 보여준다. 이러한 죽음의 폭력성과 공동체성(참여와 연대)에 대한 이해가 이루어질 때 한국 사회는 생명이 부정당하는 폭력적인 죽음의 사회가 아니라 보다 나은 생명의 사회가 될 것이고, 나아가 온 생명계에 참다운 생명과 죽음의 어울림이 회복될 것이다.

5. 나오는 글

기독교의 죽음 이해를 어느 한 가지로 규정하기는 어렵다. 다층적인 이해의 층들이 있음에도 불구하고 그 가운데 하나의 독특하고 현저한 죽음 이해를 들라면 죽음을 '생명의 부정'으로 이해하는 것이다. 자살의 어두운 그림자가 더욱 짙게 드리운 21세기 한국 사회에서 특별히 예수 그리스도의 죽음에서 드러난 죽음의 폭력성과 그 부정의 현실에의 하나님의 연대에 대한 기독교의 끊임없는 성찰에 비추어 한국적 죽음 이해와 자살을 예방하기 위한 길을 모색하는 것이 요구된다. 현대신학의 이해들이 제기하듯이, 전통적인 대속 교리에 담긴 예수 그리스도의 대리와 희생의 죽음에 대한 단선적인 이해는 비판과 재해석과 보완이 필요하다. 현대신학의 이해들에 담긴 예수 그리스도의 죽음에 대한 재해석과 보완 가운데 생명의 부정으로서의 죽음의 폭력성에 대한 성찰과 그 부정적인 죽음의 폭력성에의 하나님의 참여와 연대를 강조하는 이해가 특별히 한국적 죽음 이해와 자살 예방을 위한 신학적 담론을 형성하는 데 매우 중요하다. 나아가 예수 그리스도의 죽음은 이 시대의 생명 파괴의 현실 속에서 하나님나라에 비추어 이해될 필요가 있다. 이러한 방향으로의 이해에서 두드러지게 드러나는 점은 예수 그리스도의 죽음의 보편적이고 공적인 성격이다.

이러한 기독교의 죽음의 부정성에 대한 이해는 한국적 죽음 이해와 자살 예방을 위해 깊은 함의를 준다. 역사적으로 여러 다양한 전승의 층을 통해 삶과 죽음에 대한 나름 고유의 이해를 전개해 왔지만, 전체적으로 한국인의 삶에 대한 인식은 지극히 현세(이승) 지향적일 뿐 아니라 낙관적인 것으로 보인다. 이에 반해 죽음에 대한 인식은 매우 부정적이다. 그렇다면 삶에 대해 지극히 낙관적이고 죽음에 대해 지극히 부정적인 한국인들이 높은 자살률을 보이는 사실을 어떻게 설명할 수 있을까?

그 이유는 한국인의 생명 긍정과 죽음 부정의 인식과 태도에 나타나는 변증법적인 사유의 결여에서 찾을 수 있다. 말하자면, 죽음의 부정으로서의 생명, 생명의 부정으로서의 죽음에 대한 변증법적인 치열한 인식과 태도의 부재는 현세를 긍정하고 죽음을 부정하는 한국인의 전반적인 생사관에도 불구하고 그렇게도 많은 사람들이 폭력적인 죽음을 선택하는 것과 관계가 있다. 생명이 부정된 현실로서의 죽음에 대한 치열한 극복의 의지가 생명을 향한 약동을 낳을 것이다. 이런 의미에서 예수 그리스도의 죽음에서 전형적으로 드러난 생명의 부정으로서의 죽음 이해는 바로 한국인의 삶과 죽음에 대한 변증법적인 치열한 인식과 태도의 부재를 보완해서 한국적 생사관과 자살 예방을 위해 기여할 수 있을 것으로 본다.

참고문헌

자기결정권의 한계와 연명의료 중단 | 진교훈

Bloch, O.-R., "Gassendi critique de Descartes," *Revue Philosophique de la France et de L'Étranger* 156, 1966.

Deutscher Ethikrat, *Demenz—Ende der Selbstbestimmmung?,* Tagungsdokumentation, Vorträge der Tagung des Deutschen Ethikrates, 2010.

_____, *Demenz und Selbstbestimmmung, Stellungnahme*, Berlin, 2012.

Kant, Immanuel, *Kritik der praktischen Vernunft*.

_____, *Grundlegung zur Metaphysik der Sitten*.

MacIntyre, Alasdair, *After Virtue*, 2nd ed., Notre Dame: University of Notre Dame Press, 1984.

Pascal, Blaise, *Pascal's Pensées,* tr. Martin Turnell, New York: Harper& Row, 1962.

Sandkühler, H. I., ed., *Enzyklopädie Philosophie,* Vol. 3, Hamburg, 2010.

진교훈, 『의학적 인간학』, 서울대학교출판부, 2002.

_____, 『현대사회윤리연구』, 울력, 2003.

_____, 「왜 서양근세에서 자연법사상은 쇠퇴하였는가?」, 『이성과 신앙』 55호, 2013.

천주교 서울대교구 생명위원회, 위원장 염수정 추기경, 『연명의료결정에 관하여 교우 여러분께 드리는 글』, 2014.2.23.

한국기독교생명윤리협회, 『연명의료결정법에 대하여』, 2013.12.5.

생명 개념에 대한 인지적 실험으로서의 종교 | 이창익

그리말, 피에르, 『그리스 로마 신화사전』, 최애리 외 옮김, 열린책들, 2003.

파브르, J. H., 『파브르 식물기』, 정석형 옮김, 두레, 1992.

National Geographic, *The Shape of Life: Explosion of Life/Annelids,* 미디아트, 2003.

Agamben, Giorgio, *Homo Sacer: Sovereign Power and Bare Life,* tr. Daniel Heller-Roazen, Stanford: Stanford University Press, 1998.

_____, *The Open: Man and Animal,* tr. Kevin Attell, Stanford: Stanford University Press, 2004.

Ameisenowa, Zofia, "Animal-Headed Gods, Evangelists, Saints and Righteous Men", *Journal of the Warburg and Courtauld Institute,* vol. 12, 1949.

Atran, Scott & Douglas Medin, *The Native Mind and the Cultural Construction of Nature,* Cambridge: The MIT Press, 2008.

Atran, Scott, *Cognitive Foundations of Natural History: Towards an Anthropology of Science,* New York: Cambridge University Press, 1990.

Bataille, Georges, *Theory of Religion,* tr. Robert Hurley, New York: Zone Books, 1989.

Bloch, Maurice, "Domain-Specificity, Living Kinds and Symbolism", in Pascal Boyer, ed., *Cognitive Aspects of Religious Symbolism,* Cambridge: Cambridge University Press, 1993.

_____, "Why Trees, Too, Are Good to Think with: Toward an Anthropology of the Meaning of Life", *Essays on Cultural Transmission,* Oxford: Berg, 2005.

Boyer, Pascal, *The Naturalness of Religious Ideas,* Cambridge: Cambridge University, 1994.

Brown, Norman O., *Life Against Death: The Psychoanalytical Meaning of History,* 2nd ed., Middletown: Wesleyan University Press, 1985.

Bulmer, Ralph, "Why is the Cassowary not a Bird? A Problem of Zoological Taxonomy Among the Karam of The New-Guinea Highlands", *Man,* vol. 2 no. 1, 1967.

Burkert, Walter, *Homo Necans: The Anthropology of Ancient Greek Sacrificial Ritual and Myth,* tr. Peter Bing, Berkeley: University of California Press, 1983.

_____, *Creation of the Sacred: Tracks of Biology in Early Religions,* Cambridge: Harvard University Press, 1996.

Calarco, Matthew, *Zoographies: The Question of the Animal from Heidegger to Derrida,* New York: Columbia University Press, 2008.

Carey, Susan, "On the Origin of Causal Understanding", in Dan Sperber, David Premack, and Ann James Premack, eds., *Causal Cognition: A Multi-disciplinary Debate,* New York: Oxford University Press, 1995.

_____, *Conceptual Changes in Childhood,* Cambridge: MIT Press, 1985.

Clark, Stephen R. L., "Is Human A Natural Kind?", in Tim Ingold, ed., *What Is An Animal?,* London: Unwin Hyman, 1988.

Derrida, Jacques, *The Animal That Therefore I Am,* New York: Fordham University Press, 2008.

_____, *The Beast and the Sovereign,* Vol.1, tr. Geoffrey Bennington, Chicago & London: The University of Chicago Press, 2009.

Douglas, Mary, "Self-evidence", *Implicit Meaning: Selected Essays in Anthropology,* 2nd ed., London: Routledge, 1999.

_____, "Animals in Lele Religious Symbolism", *Implicit Meaning: Selected Essays in Anthropology,* 2nd ed., London: Routledge, 1999.

_____, *Purity and Danger: An Analysis of Concept of Pollution and Taboo,* London: Routledge, 2002.

Fodor, Jerry, *The Modularity of Mind*, Cambridge: MIT Press, 1983.

Girard, René, *Violence and the Sacred*, New York: Continuum, 2005.

Griffin, Donald R., *Animal Thinking*, Cambridge: Harvard University Press, 1984.

Guthrie, Stewart, *Faces in the Clouds: A New Theory of Religion*, Oxford: Oxford University Press, 1993.

Haraway, Donna J., *How Like a Leaf: An Interview with Thyrza Nichols Goodeve*, New York: Routledge, 2000.

_____, *The Companion Species Manifesto: Dogs, People, and Significant Otherness*, Chicago: Prickly Paradigm Press, 2003.

_____, *When Species Meet*, Minneapolis: The University of Minnesota Press, 2008.

Hubert, Henri & Marcel Mauss, *Sacrifice: Its Nature and Function*, tr. W.D. Halls, Chicago: The University of Chicago Press, 1964.

Ingold, Tim, "Introduction" to *What Is An Animal?*, London: Unwin Hyman, 1988.

Kojève, Alexandre, *Introduction to the Reading of Hegel: Lectures on the Phenomenology of Spirit*, tr. James H. Nichols, Jr., Ithaca & London: Cornell University Press, 1980.

Leach, Edmund, "Animal Categories and Verbal Abuse", Stephen Hugh-Jones & James Laidlaw, eds., *The Essential Edmund Leach, vol. 1: Anthropology and Society*, New Haven & London: Yale University Press, 2000.

Lévi-Strauss, Claude, *Totemism*, tr. Rodney Beedham, Boston: Beacon Press, 1963.

_____, *Savage Mind*, Chicago: The University of Chicago Press, 1966.

Simpson, George Gaylord, *Principal of Animal Taxonomy*, New York & London: Columbia Univesity Press, 1961.

Smith, Joanathan Z., "Religion, Religions, Religious", *Relating Religion: Essays in the Study of Religion*, Chicago: The University of Chicago Press, 2004.

Sperber, Dan & Deirdre Wilson, *Relevance: Communication & Cognition*, 2nd ed., Oxford: Balckwell Publishing, 1995.

Sperber, Dan, "Why Are Perfect Animals, Hybrids, and Monsters Food for Symbolic Thought?", *Method & Theory in the Study of Religion*, vol.8 no.2, 1996.

Tambiah, Stanley J., "Animals are Good to Think and Good to Prohibit", *Ethnology*, vol. 8 no. 4, 1969.

Willis, Roy, ed., *Signifying Animals: Human Meaning in the Natural World*, London and New York: Routledge, 1990.

Wolfe, Cary, *What Is Posthumanism?*, Minneapolis: University Of Minnesota Press, 2010.

일본인의 생명관 | 박규태

박규태, 『아마테라스에서 모노노케히메까지: 종교로 읽는 일본인의 마음』, 책세상,
  2001(초판3쇄 수정본, 2005).
_____, 『상대와 절대로서의 일본: 종교와 사상의 깊이에서 본 일본문화론』, 제이앤씨,
  2005.
_____, 「근대일본의 탈중화·탈아·아시아주의」, 『오늘의 동양사상』 15, 예문동양사
  상연구원, 2006.
_____, 「한류담론과 일본문화」, 『일본학연구』 24, 단국대학교 일본연구소, 2008.
_____, 『일본정신의 풍경』, 한길사, 2009.
_____, 「모노노아와레·일본문화론·애니메이션: 덧없음과 체념의 주체성」, 『일본사
  상』 17, 2009.
사토 히로오 외, 『일본사상사』, 성해준 외 옮김, 논형, 2009.
山口和男, 「本居宣長の死生觀 硏究」, 경기대학교 대학원 일어일문학과 박사논문, 2009.
礒部忠正, 『無常の構造: 幽の世界』, 講談社現代新書, 1976.
伊藤雅之, 『現代社會とスピリチュアリティ』, 溪水社, 2003.
梅原猛, 『地獄の思想: 日本精神の一系譜』, 中公新書, 1967.
小澤弘, 「多色摺り文化の時代」, 竹内誠 編, 『日本の近世14 文化の大衆化』, 中央公論社,
  1993.
加藤周一 他, 『日本人の死生觀』上·下, 岩波新書, 1977.
門屋溫, 「日本人の死の觀念」, 吉原浩人 編, 『東洋における死の思想』, 春秋社, 2006.
佐伯雅子, 『平家物語の死生學』上·下, 新典社新書, 2008.
相良亨, 『日本人の死生觀』, ぺりかん社, 1984.
島薗進, 『スピリチュアリティの興隆』, 岩波書店, 2007.
鈴木貞美, 『日本人の生命觀』, 中公新書, 2008.
高橋義孝, 「死と日本人: 日本文化試論」, 『日本文化硏究』 3, 新潮社, 1959.
田丸德善, 「生命觀の問題」, 『新しい生命倫理を求めて』, 北樹出版, 1989.
對馬路人 他, 「新宗敎における生命主義的救濟觀」, 『思想』 665, 1979.
橋本峰雄, 『うき世の思想』, 講談社現代新書, 1975.
本田義憲, 『日本人の無常觀』, NHKブックス, 1968.
宮澤誠一, 「町人文化の形成」, 『岩波講座 日本通史12 近世2』, 岩波書店, 1994.
村松剛, 『死の日本文學史』, 角川文庫, 1981.

일본인의 죽음관과 재해 | 배관문

박형준, 『일본을 바꾼 동일본대지진』, 논형, 2012.

박병도,「나마즈에에 나타난 일본의 지진신앙과 그 변모」,『역사민속학』40호, 한국역사 민속학회, 2012.

스에키 후미히코,「재해와 일본의 사상」,『일본비평』7호, 서울대학교 일본연구소, 2012.

정효운,「한국 사생학의 현황과 과제: '호모후마니타스사생학' 구축을 위한 제언을 중심 으로」,『동북아문화연구』21호, 동북아시아문화학회, 2009.

_____,「知的 융합담론으로서의 '사생학' 연구」,『韓日國際硏究會議 東아시아의 死生學 으로』, 동경대학대학원 인문사회계연구과, 2011.

秋田光彦,『葬式をしない寺』, 新潮社, 2011.

石井光太,『遺体: 震災、津波の果てに』, 新潮社, 2011.

磯村健太郎,『ルポ仏教、貧困・自殺に挑む』, 岩波書店, 2011.

一条真也,『葬式は必要!』, 双葉新書, 双葉社, 2010.

稲場圭信,『利他主義と宗教』, 弘文堂, 2011.

稲場圭信・黒崎浩行 編,『震災復興と宗教』, 明石書店, 2013.

今西乃子,『心のおくりびと: 東日本大震災 復元納棺師』, 金の星社, 2011.

岩崎信彦 他 編,『災害と共に生きる文化と教育: 大震災からの伝言』, 昭和堂, 2008.

小野秀雄,『かわら版物語: 江戸時代マスコミの歴史』, 雄山閣出版, 1967.

勝田至,『日本葬制史』, 吉川弘文館, 2012.

河出書房新社編集部 編,『歴史としての3・11』, 河出書房新社, 2012.

北原糸子 編,『日本災害史』, 吉川弘文館, 2006.

北原糸子,『関東大震災の社会史』, 朝日新聞出版, 2011.

_____,『地震の社会史: 安政大地震と民衆』, 吉川弘文館, 2013(講談社, 2000).

国際宗教研究所 編,『阪神大震災と宗教』, 東方出版, 1996.

鯖田豊之,『火葬の文化』, 新潮社, 1990.

C.アウエハント,『鯰絵: 民俗的想像力の世界』, 小松和彦 他 訳, 岩波文庫, 岩波書店, 2013(せりか書房, 1979).

島薗進,『現代宗教とスピリチュアリティ』, 弘文堂, 2012.

_____,『日本人の死生観を読む: 明治武士道から〈おくりびと〉へ』, 朝日新聞出版, 2012.

島田裕巳,『葬式は、要らない』, 幻冬舎新書, 幻冬舎, 2010.

_____,『0葬: あっさり死ぬ』, 集英社, 2014.

清水哲郎・島薗進 編,『ケア従事者のための死生学』, ヌーヴェルヒロカワ, 2010.

末木文美士,『他者/死者/私: 哲学と宗教のレッスン』, 岩波書店, 2007.

_____,『他者・死者たちの近代』, トランスビュー, 2010.

菅原裕典,『東日本大震災〈葬送の記〉』, PHP研究所, 2013.

副田義也 編,『死の社会学』, 岩波書店, 2001.

樽川典子 編,『喪失と生存の社会学: 大震災のライフ・ヒストリ』, 有信堂高文社, 2007.

野口武彦,『安政江戸地震: 災害と政治権力』, 筑摩書房, 1997.

広井脩,『新版 災害と日本人: 巨大地震の社会心理』, 時事通信社, 1995.

保立道久・成田龍一 監修,『日本列島 地震の2000年史』, 朝日新聞出版, 2013.

三木英 編,『復興と宗教』, 東方出版, 2001.

宮田登・高田衛 監修,『鯰絵: 震災と日本文化』, 里文出版, 1995.

宮台真司,『終わりなき日常を生きろ』, ちくま文庫, 筑摩書房, 1998

森茂,『日本の葬送・墓地: 法と慣習』, 法律文化社, 2013.

森岡正博,『生者と死者をつなぐ: 鎮魂と再生のための哲学』, 春秋社, 2012.

安田政彦,『災害復興の日本史』, 吉川弘文館, 2013.

吉田典史,『震災死: 生き証人たちの真実の告白』, ダイヤモンド社, 2012.

_____,『封印された震災死 その〈真相〉』, 世界文化社, 2013.

吉村昭,『関東大震災』, 文藝春秋, 2004.

若松英輔,『魂にふれる: 大震災と、生きている死者』, トランスビュー, 2012.

조선 후기의 자살, 젠더, 계급 | 정일영

브로니쉬, 토마스,『자살』, 이재원 옮김, 이끌리오, 2002.

모네스티에, 마르탱,『자살』, 이시진・한명희 옮김, 새움, 2002.

권연웅,「심리록의 기초적 검토: 정조대의 사죄판결」,『이기백선생 고희기념 한국사학논총』下, 일조각, 1994.

김선경,「조선 후기 여성의 성, 감시와 처벌」,『역사연구』8, 2000.

김현진,「『심리록(審理錄)』을 통해 본 18세기 여성의 자살실태와 그 사회적 함의」,『조선시대사학보』52, 조선시대사학회, 2010.

김호,「해제:『신주무원록』과 조선 전기의 검시」,『신주무원록』, 사계절, 2003.

박병호,「심리록 해제」,『국역 審理錄』, 민족문화추진회, 2000.

심재우,「『審理錄』을 통해 본 18세기 후반 서울의 범죄상」,『서울학연구』17, 서울학연구소, 2001.

오진경・조영태・김창엽,「2000년 우리나라 성인 자살자의 인구사회적 특성」,『보건과 사회과학』18, 2005.

이수옥,「조선 후기 여성과 범죄: 18세기『審理錄』의 사례 분석을 중심으로」, 고려대학교 교육대학원 석사학위논문, 2002.

이혜순,「열녀전의 立傳意識과 그 사상적 의의」, 한국고전여성문학회 엮음,『조선시대의 열녀담론』, 월인, 2002.

임유경,「이옥의 열녀전 서술방식과 열 관념」, 한국고전여성문학회 엮음,『조선시대의 열녀담론』, 월인, 2002.

장윤희, 「『增修無冤錄諺解』의 자료적 특성과 언어」, 『역주 증수무원록언해』, 서울대학교출판부, 2004.

정일영, 「임진왜란 이후 '敎化'의 양상-광해군대 『東國新續三綱行實圖』를 중심으로」, 『한국사상사학』 34집, 한국사상사학회, 2010.

조순희, 「『審理錄』을 통해 본 死罪事件의 審理와 正祖의 刑政觀」, 국민대학교 석사학위 논문, 2005.

조윤선, 「조선후기 법사학 연구의 현황」, 『조선후기사 연구의 현황과 과제』, 창작과비평사, 2000.

천선영, 「자살의 이유를 알아야 하는 이유: 근대적 자살 이해에 대한 사회이론적 논의」, 『사회와 이론』 12, 2008.

웃음과 죽음의 관계를 바라보는 두 가지 시선 | 임현수

김병준, 「神의 웃음, 聖人의 낙: 중국 고대 신성 개념의 재검토」, 『동양사학연구』 제86집, 2004.

김효, 「보들레르의 웃음 담론과 판소리의 희극성」, 『비교문학』 제52집, 2010.

유석호, 「라블레 소설의 그로테스크한 사실주의」, 『불어불문학연구』 제31집, 1995.

_____, 「프랑스 르네상스의 거인 프랑수아 라블레」; 프랑수아 라블레, 『가르강튀아·팡타그뤼엘』, 유석호 옮김, 문학과 지성사, 2004.

윤혜준, 「웃음, 주체, 시니시즘: 보들레르의 「웃음의 본질」을 중심으로」, 『문학동네』 제5권 제2호, 1998.

이경엽·박원모, 『중요무형문화재 제81호 진도다시래기』, 국립문화재연구소, 2004.

라블레, 프랑수아, 『가르강튀아·팡타그뤼엘』, 유석호 옮김, 문학과 지성사, 2004.

바흐찐, 미하일, 『프랑수아 라블레의 작품과 중세 및 르네상스의 민중문화』, 이덕형·최건영 옮김, 아카넷, 2001.

베르그손, 앙리, 『웃음: 희극의 의미에 관한 시론』, 김진성 옮김, 종로서적, 1983.

쁘로쁘, 블라지미르, 『희극성과 웃음』, 정막래 옮김, 나남, 2010.

키스터, 다니엘, 「해학과 희극론: 한국 무속극에 나타난 유우머」, 『비교문학』 제9집, 1985.

프로이트, 지그문트, 『농담과 무의식의 관계』, 임인주 옮김, 열린책들, 1999.

한양명, 「일생의례의 축제성: 장례의 경우」, 『비교민속학』 제39집, 2009.

Bateson, Gregory, "The Position of Humor in Human Communication", in Heinz von Foerster, ed., *Cybernectics,* New York: Macy Foundation, 1953.

Baudelaire, Charles, "The Essence of Laughter and more Especially of the Comic in Plastic Arts", in Peter Quennell, ed., *The Essence of Laughter and Other Essays, Journals and Letters,* New York: Meridian Books, 1956.

Douglas, Mary, "Do Dogs Laugh?", *Implicit Meanings: Selected Essays in Anthropology,* London: Taylor & Francis Routledge, 1999.

_____, "Jokes", *Implicit Meanings: Selected Essays in Anthropology,* London: Taylor & Francis Routledge, 1999.

Gilhus, Ingvild Sælid, *Laughing Gods, Weeping Virgins: Laughter in the History of Religion,* New York: Routledge, 1997.

한국 무속의 죽음 이해 시론 | 이용범

권태효, 「무속신화에 나타난 이계여행의 양상과 의미」, 『한국구전신화의 세계』, 지식산업사, 2005.

_____, 「인간의 죽음기원, 그 신화적 전개양상」, 『한국민속학』 43, 한국민속학회, 2006.

김금화, 『김금화의 무가집』, 문음사, 1995.

김인회, 「수용포 수망굿과 무속에서의 죽음의 의미」, 『수용포수망굿』, 열화당, 1985.

_____, 「굿에서의 죽음의 교육적 의미: 황해도 진지노귀굿을 중심으로」, 『황해도지노귀굿』, 열화당, 1993.

김태곤, 『한국무가집1』, 집문당, 1971.

_____, 『한국무가집4』, 집문당, 1980.

김헌선, 『서울 진진오기굿 무가자료집』, 보고사, 2007.

나경수, 「진도 씻김굿의 연구: 제의적 구조」, 『호남문화연구』 18, 전남대 호남학연구원, 1988.

나경수 외, 『호남의 망자환갑굿』, 민속원, 2007.

서울새남굿보존회 편, 『서울새남굿신가집』, 문덕사, 1996.

이경엽, 『굿의 현장에서 본 씻김굿 무가: 순천 씻김굿을 중심으로』, 박이정, 2000.

_____, 「순천씻김굿 연구」, 『한국무속학』 5, 한국무속학회, 2002.

_____, 『씻김굿: 삶의 끝자락에서 펼치는 축제』, 한얼미디어, 2004.

_____, 「씻김굿 성주굿의 현장과 두 굿의 비교」, 『한국무속학』 13, 한국무속학회, 2006.

이용범, 「한국무속에 나타난 신의 유형과 성격」, 『민속학연구』 13, 국립민속박물관, 2003.

_____, 「동해안 오구굿의 종교적 성격」, 『한국학연구』 25, 고려대한국학연구소, 2006.

_____, 「서울 진오기굿의 종교적 성격과 문화적 위상」, 『한국학연구』 27, 고려대 한국학연구소, 2007.

_____, 「한국 전통 죽음의례의 변화: 유교 상장례와 무속의 죽음의례를 중심으로」, 『종교문화비평』 16, 한국종교문화연구소, 2009.

장덕순, 「저승과 영혼」, 『한국사상의 원천』, 박영사, 1976.

정병호, 「굿에 표현된 한과 신명: 통영 오귀새남굿의 구성과 춤의 기능」, 『통영오귀새남굿』, 열화당, 1989.

조경만, 「무의식」, 『진도무속 현지조사: 채씨 자매를 중심으로』, 국립민속박물관·전라
    남도, 1988.

최길성, 『한국의 조상숭배』, 예전사, 1986.

황루시, 「재체험을 통한 죽음에의 이해: 다리굿의 구조와 그 기능」, 『평안도다리굿』, 열
    화당, 1985.

현용준, 『제주도 신화』, 서문당, 1977.

_____, 「제주도의 바다: 삶의 터전, 죽음의 자리 그리고 굿 한마당」, 『제주도 무혼굿』,
    열화당, 1985.

_____, 『제주도 무속연구』, 집문당, 1986.

고대 인도의 죽음 개념 | 김진영

라다크리슈난, 『인도철학사 1』, 이거룡 옮김, 한길사, 1996.

바우커, 존, 『세계종교로 보는 죽음의 의미』, 박규태·유기쁨 옮김, 청년사, 2007.

서종순, 「힌두이즘에서 본 죽음의 철학」, 『남아시아연구』 4권, 남아시아연구소, 1999.

이옥순, 「인도, 힌두의 죽음」, 『아시아의 죽음 문화: 인도에서 몽골까지』, 소나무, 2010.

이지수, 「힌두교: 윤회와 불사의 길」, 한국종교학회 편, 『죽음이란 무엇인가』, 창, 2009.

콜러, 존 M., 『인도인의 길』, 허우성 옮김, 소명출판, 2003.

Bloomfield, Maurice, *Hymns of the Atharva-Veda*, The Sacred Books of the East V, Oxford: Clarendon Press, 1981.

Bodewitz, H. W., *Jaiminīya Brāhmaṇa*, I & II, Leiden: E. J. Brill, 1973.

_____, "The Pancagnividya and the Pitryana/Devayana," A. A. Goswami et. al., eds., *Studies in Indology*, 1996.

_____, "The Hindu Doctrine of Transmigration: Its Origin and Background," *Indologica Taurinensia*, vol. 23-24, 1997.

_____, "Yonder World in the Atharva Veda," *Indo-Iranian Journal*, vol. 42, no. 2, 1999.

_____, "Pits, Pitfalls and the Underworld in the Vedas," *Indo-Iranian Journal*, vol. 42 no.3, 1999.

_____, "The Dark and Deep Underworld of the Vedas," *Journal of the American Oriental Society*, vol. 22 no. 2, 2002.

_____, *Death, War, and Sacrifice: Studies in Ideology & Practice*, Chicago: University of Chicago Press, 1991.

_____, *The Rig Veda : An Anthology, One Hundred and Eight Hymns, Selected, Translated and Annotated*, London: Penguin Books, 1994.

Butzenberger, Klaus, "Ancient Indian Conceptions on Man's Destiny after Death",

Berliner Indologische Studien, vol. 9, 1996.

Eggeling, Julius, *The Śatapatha Brāhmaṇa*, 5 vols, SBE 12, 26, 41, 43, 44, Oxford: Clarendon Press, 1882-1900.

Filippi, Gian Giusep, *Mṛtyu: Concept of Death in Indian Traditions*, New Delhi: D. K. Printworld, 1996.

Griffith, Ralph T., *The Hymns of the Rig Veda*, 2 vols., Banaras: E.J. Lazarus, 1889-1892.

Haug, Martin, *The Aitareya Brahmanam of the Rigveda*, Allahabad: Sudhindra Nath Vasu, 1922.

Holck, F. H., *Death and Eastern Thought*, Nashville: Abingdon Press, 1974.

Hopkins, T. I., "Hindu Views of Death and Afterlife," In H. Obayashi, ed., *Death and Afterlife :Perspectives of World Religions*, Westport: Praeger, 1992.

Kane, P. V., *History of Dharmasastra*, vol. 2. Poona: Bhandarkar Oriental Research Institute, 1977.

Keith, A. B., *The Religion and Philosophy of The Veda and Upanishads*, vol. 2, London: Oxford University Press, 1925.

Knipe, D. M., "Sapindikarana: The Hindu Rite of Entry into Heaven," in F. E. Reynolds et. al., eds., *Religious Encounters with Death*, London: Pennsylvania State University, 1977.

Krishan, Yuvraj, *The Doctrine of Karma*, Delhi: Motilal Banarsidass Publisher Limited, 1992.

Lincoln, Bruce, "The Lord of the Dead", *History of Religions*, vol. 20 No. 3, 1981.

Lopez, Carlos, "Food and Immortality in the Veda," *Electronic Journal of Vedic Studies*, vol.3 no.3, 1997.

Macdonell, A. A. & A. B. Keith, *Vedic Index of Names and Subjects*, Delhi: Oxford University Press, 1958.

Majumdar, R. C., *The Vedic Age*, London: Allen and Unwin, 1951.

Mylius, Klaus, "Zur absolute Datierung der mittelvedischen Literatur. Neue. Indienkunde," In H. Kruger, ed., *Festschrift W. Ruben zum 70*, Berlin: Akademie Verlag, 1970.

O'Flaherty, Wendy Doniger., *Karma and Rebirth in Classical Indian Traditions*, Berkeley: University of California, 1980.

Olivelle, Patrick, "Amṛta: Women and Immorality Technologies," *Journal of Indian Philosophy*, vol. 25, 1977

Shushan, Gregory, "Afterlife Conceptions in the Vedas," *Religion Compass*, vol. 5-6, 2011.

Sreekrishna, S., *Kauṣītaky-Brāhmaṇa*, 3 vols., Wiesbaden: Franz Steiner Verlag GMBH,

1968.

Staal, Frits, *Discovering the Vedas*, New Delhi: Penguin Books, 2008.

Stutley, Margaret, *A Dictionary of Hinduism*: Its Mythology, Folklore, London: Routledge, 1977.

Tilak, Shrinivas, *Religion and Aging in the Indian Tradition*, New Delhi: Manohar, 1977.

Werner, Karel, "The Vedic Concept of Human Personality and its Destiny," *Journal of Indian Philosophy*, vol. 5 no. 3, 1978.

Witzel, Michael, "Rg-Vedic History: Poets, Chieftains and Politics," In G. Erdosy, ed., *The Indo-Aryans of Ancient South Asia*, Berlin & New York: Walter de Gruyter, 1995.

佐保田鶴治, 『インド正統派哲學思想の始源』, 創文社, 1963.

티베트 생사관의 형성 배경 | 심혁주

슈타인, R. A, 『티벳의 문화』, 안성두 옮김, 무우수, 2004.

마츠모토 시로, 『티베트 불교철학』, 이태승 옮김, 불교시대사, 2008.

문순철, 「티베트 자연, 인문 환경의 지리적 특성」, 『동아연구』 제36집, 1996.

야마구치 즈이호·야자키 쇼캔, 『티베트 불교사』, 이호근 옮김, 민족사, 1990.

임재해, 「티베트 유목문화의 생태학적 해석」, 『비교민속학』 제8집, 1992.

전영란, 「중국소수민족의 장례 문화」, 『대구대학교 인문과학총서』 29, 2011.

정준영 외, 『죽음, 삶의 끝인가 새로운 시작인가』, 운주사, 2012.

조재송, 「티베트와 몽고의 문화친연성 연구」, 『중국학연구』 제28집, 중국학연구회, 2004.

홍병혜, 「티베트 전통의 혼인유형 분석과 군혼문화의 형성배경」, 『중국학연구』 제28집, 2004.

谢继胜, 「藏族萨满教的三界宇宙结构与灵魂观念的发展」, 『中國藏學』 季刊 第4期, 1998.

焦治平, 「論藏族的喪葬風俗」, 『康定民族師範高等專科學校學報』 第12卷 제 3期, 2003.

熊坤新, 「天葬起源之探索」, 『西藏研究』 第27期, 1988.

邊巴璟達, 「淺析西藏天葬習俗的成因及文化含意」, 『西藏研究』 第1期, 2005.

霍 魏, 『西藏古代葬墓制度史』, 四川: 人民出版社, 1995.

彭英全, 『西藏宗教概況』, 西藏民族學院民族理論研究室: 西藏人民出版社, 1983.

周銀銀, 『藏族原始宗教』, 四川: 人民出版社, 1999.

南文燕, 『高原藏族生態文化』, 甘肅: 民族出版社, 2002.

格桑本, 『青藏高原遊牧文化』, 甘肅: 民族出版社, 2000.

『상윳따니까야 6』, 각묵 옮김, 초기불전연구원, 2009.

『성경』 개역개정4판.

『雜阿含經』, 大正藏 2.

『경향신문』

『동아일보』

Saṃyutta-Nikāya(SN)III(PTS)

국립국어연구원, 『표준국어대사전(중)』, 두산동아, 1999.

김옥진, 「철학상담의 정체성과 그 한계: 심리상담의 관점에서」, 『한국기독교상담학회지』 제18호, 한국기독교상담심리치료학회, 2009.

노경이, 「영성과 자아존중감 및 종교 간의 관계 연구」, 『상담학연구』 제10권 4호, 한국상담학회, 2009.

노유자 외, 『호스피스와 죽음』, 현문사, 1998.

백승균, 『호스피스철학』, 정경란 옮김, 계명대학교출판부, 2004.

시마조노 스스무·다케우치 세이이치 엮음, 『사생학이란 무엇인가』, 정효운 옮김, 한울, 2010.

신연순·송정아, 「호스피스 상담과 기독교적 영적 돌봄」, 『한국기독교상담학회지』 제22호, 한국기독교상담심리치료학회, 2011.

이경주 외, 「좋은 죽음의 개념 분석」, 『호스피스논집』 제10권, 호스피스교육연구소지, 2006.

이진남, 「철학상담의 정체성과 심리상담」, 『동서사상』 제10집, 동서사상연구소, 2011.

정무근, 「가톨릭 영성에서 바라본 영적 돌봄」, 『호스피스논집』 제7권, 가톨릭대학교 간호대학 호스피스 교육연구소, 2003.

조계화, 「간호대학생이 인식하는 품위 있는 죽음」, 『한국간호교육학회지』 제16권 1호, 한국간호교육학회, 2010.

초프라, 디팩, 『죽음 이후의 삶』, 행복우물, 2008.

최은숙·김금순, 「일 호스피스실 이용 환자와 가족의 상담내용 분석」, 『재활간호학회지』 제8권 1호, 한국재활간호학회, 2005.

큐블러 로스, 엘리자베스, 『The Wheel of Life: 삶과 죽음에 대한 기억』, 박충구 옮김, 가치창조, 2001.

프랭클, 빅터 E., 『심리요법과 현대인』, 이봉우 옮김, 분도출판사, 1979.

_____, 『죽음의 수용소에서』, 이시형 옮김, 청아출판사, 2005.

한글학회, 『우리말 큰 사전 2』, 어문각: 1992.

Davids, T. W. Rhys and William Stede, *The Pali Text Society's Pali-English Dictionary*, London: Pali Text Society, 1979.

Smith, Richard, "A Good Death," BMJ, 2000.

佐々木閑,「佛教における戒と律の意味」,『韓國佛教學』第45輯, 韓國佛教學會, 2006.

釋天眞,「從『雜阿含』第1013經經群看善終補導'」,『中華佛學研究』第四期, 中華佛學研究所, 2000.

村上眞完・及川眞介,『パーリ仏教辞典』, 東京: 春秋社, 2009.

『漢語大詞典』3, 上海: 漢語大詞典出版社, 1989.

예수 그리스도의 죽음 | 박형국

금장태,『한국유교의 재조명』, 전망사, 1972.

김균진,「예수의 십자가의 죽음에 대한 구원론적 해석(Ⅰ)」,『신학논단』제24집, 1996.

_____,「예수의 십자가의 죽음에 대한 구원론적 해석(Ⅱ)」,『신학논단』제25집, 1997.

_____,「화해론의 문제점과 타당성에 대한 신학적 성찰」,『신학논단』제51집, 2008.

김명숙,「한국인의 죽음에 대한 인식과 태도에 대한 철학적 고찰 Ⅱ」,『철학논총』제64집, 2011.

뢰비트, 칼,『헤겔에서 니체에로』, 강학철 옮김, 민음사, 1985.

몰트만, 위르겐,『십자가에 달리신 하나님: 기독교 신학의 근거와 비판으로서의 예수의 십자가』, 김균진 옮김, 한국신학연구소, 1979.

_____,『생명의 영: 총체적 성령론』, 김균진 옮김, 대한기독교서회, 1992.

문병호,「그리스도의 무름(satisfactio Christi) I: 개혁주의 속죄론의 형성」,『신학지남』제73권 4호, 2006.

_____,「Expiatio, Propitiatio, Reconciliatio(속죄, 용서, 화목): 바빙크의 그리스도의 무름 이해」,『신학지남』제75권 2호. 2008.

박만,「예수의 십자가: 하나님의 자녀 학대인가? 대속 사건인가?」,『장신논단』제21집, 2004.

샌더스, 에드워드,『예수운동과 하나님나라: 유대교와의 갈등과 예수의 죽음』, 이정희 옮김, 한국신학연구소, 1997.

서창원,「속죄론의 신학적 지평」,『신학과 세계』제58호, 2007.

손은실,「하나님은 왜 그리스도의 죽음을 통해 인류를 구원하기를 원하셨는가?-토마스 아퀴나스의 구원론:『신학대전』제 3부를 중심으로」,『중세철학』제13호, 2007.

신현수,「판넨베르그에 있어서 예수의 십자가의 죽음」,『신학정론』제18권 2호, 2000.

심광섭,「속죄론을 위한 변명」,『세계의 신학』제53집. 2001.

아울렌, 구스타프,『속죄론 연구』, 전경연 편역, 향린사, 1965.

윤철호,「구속교리에 대한 해석학적 고찰: '승리자 그리스도' 모델을 중심으로」,『장신논단』제44호, 2012.

이상원,「J. 몰트만의 십자가 신학에 대한 비판적 탐구」,『신학지남』제75권 2호, 2008.

정기철, 「종말론과 죽음과 부활의 신학: 융엘, 몰트만, 판넨베르크를 중심으로」, 『한국개혁신학』 제3권, 1998.

정진홍, 『한국종교문화의 전개』, 집문당, 1986.

조순, 「예수 십자가 죽음에 관한 연구: 그리스도론적 관점에서」, 『신학연구』 제41집, 2000.

_____, 「예수 죽음의 본질」, 『신학연구』 제46집, 2004.

지라르, 르네, 『폭력과 성스러움』, 김진식 · 박무호 옮김, 민음사, 2003.

차정식, 『예수는 어떻게 죽었는가: 예수의 수난 전승 탐구』, 한들출판사, 2006.

최태영, 「죽음에 대한 신학적 고찰」, 『신학과 목회』 32집, 2009.

쿨만, 오스카, 『영혼불멸과 죽은 자의 부활』, 전경연 편역, 대한기독교서회, 1965.

판넨베르크, 볼파르트, 『사도신경해설』, 정용섭 옮김, 한들출판사, 2000.

프리드리히, 게하르트, 『예수의 죽음: 신약성서의 이해』, 박영옥 옮김, 한국신학연구소, 1988.

한국종교학회 편, 『죽음이란 무엇인가』, 창, 2004.

헹엘, 마틴, 『신약성서의 속죄론』, 전경연 옮김, 대한기독교서회, 2003.

호남신학대학교 해석학연구소 엮음, 『죽음의 사회적 폭력성과 해석학』, 한들출판사, 2007.

황필호, 「죽음에 대한 현대 서양철학의 네 가지 접근과 한국인의 접근」, 한국종교학회 편, 『죽음이란 무엇인가』, 창, 2004.

허호익, 「구원론의 통전적 이해」, 『신학논단』 제21집, 1993.

Dalferth, Ingolf U. *Der auferweckte Gekreuzigte: Zur Grammatik Der Christologie.* Tübingen: Mohr Siebeck, 1994.

Derrida, Jacques, *The Gift of Death,* tr. David Willis. Chicago: The University of Chicago Press, 1995.

Jüngel, Eberhard, *Death: The Riddle and the Mystery,* tr. Iain and Ute Nicol, Edinburgh: The Saint Andrew Press, 1975.

_____, *God as the Mystery of the World: On the Foundation of the Theology of the Crucified One in the Dispute Between Theism and Atheism,* tr. Darrell Guder, Eugene, OR: Wipf & Stock Publishers, 2009.

Sölle, Dorothee. *Christ the Representative.* tr. D. Lewis, Philadelphia: Fortress Press, 1967.

주석

자기결정권의 한계와 연명의료 중단 | 진교훈

1 Deutscher Ethikrat, *Demenz und Selbstbestimmmung, Stellungnahme,* Berlin, 2012, S. 53 참조. '치매와 자기결정'은 독일국가윤리위원회에서 2012년 치매와 자기결정을 주제로 학술대회를 열고 거기서 논해진 것을 정리하여 V. Gerhardt 교수가 독일국가 윤리위원회의 입장표명으로 발표한 것이다. 치매환자에게 자기결정권이 어떤 의미 를 가지고 있는 가를 논하고 있다.

2 V. Gerhardt, "Selbstbestimmung" in: H. I. Sandkühler, (ed), *Enzyklopädie Philosophie,* Vol. 3, Hamburg, 2010, S. 2408-2409. 이 책 외에도 그는 자기결정론에 관하여 저서와 논문을 이미 발표한 바 있다.

3 Deutscher Ethikrat, *Demenz und Selbstbestimmmung, Stellungnahme,* Berlin, 2012, S. 47.

4 I. Kant, *Kritik der praktischen Vernunft,* S. 50 참조.

5 Deutscher Ethikrat, *Demenz und Selbstbestimmmung, Stellungnahme,* Berlin, 2012, S. 48.

6 위의 책, S. 48.

7 I. Kant, *Grundlegung zur Metaphysik der Sitten,* S. 56.

8 진교훈, 『현대사회윤리연구』, 울력, 2003, 226-227쪽, 405-406쪽.

9 Deutscher Ethikrat, *Demenz—Ende der Selbstbestimmmung?,* Tagungsdoku-mentation, Vorträge der Tagung des Deutschen Ethikrates, 2010, S. 9; Deutscher Ethikrat, *Demenz und Selbstbestimmmung, Stellungnahme,* Berlin, S. 48.

10 Pierre Bayle, *Dictionnaire historique et critique,* p. 1697. 벨은 형이상학을 거부하 고 'encyclopédistes'(d'Alembert, Diderot)의 모범이 되었다. W. Kraus u. H. Mayer, *Grundpositionen der französischen Aufklärung,* 1955를 참조하라.

11 진교훈, 「왜 서양근세에서 자연법사상은 쇠퇴하였는가?」, 『이성과 신앙』 55호, 2013, 168-170쪽.

12 Blaise Pascal, "Pensées #141", *Pascal's Pensées,* tr. Martin Turnell, New York: Harper& Row, 1962, p. 78.

13 O.-R. Bloch, "Gassendi critique de Descartes", *Revue Philosophique de la France Et de L'Étranger* 156, 1966, pp. 217-236.

14 진교훈, 『의학적 인간학』, 서울대학교출판부, 2002, 47-52쪽 참조.

15 Alasdair MacIntyre, *After Virtue,* 2nd ed., Notre Dame: University of Notre Dame

Press, 1984, pp. 51-61.

16 Deutscher Ethikrat, *Demenz — Ende der Selbstbestimmmung?*, Tagungsdoku-mentation, Vorträge der Tagung des Deutschen Ethikrates, 2010, S. 8-9 서문 참조.

17 천주교 서울대교구 생명위원회, 위원장 염수정 추기경, 「연명의료결정에 관하여 교우 여러분들께 드리는 글」, 2014.12.23; 한국기독교생명윤리협회, 「연명의료결정법에 대하여」, 2013.12.5.

생명 개념에 대한 인지적 실험으로서의 종교 | 이창익

1 J. H. 파브르, 『파브르 식물기』, 정석형 옮김, 두레, 1992, 11-20쪽.

2 피에르 그리말, 『그리스 로마 신화 사전』, 최애리 외 옮김, 열린책들, 2003, 658-659쪽.

3 J. H. 파브르, 앞의 책, 23-29쪽. 이러한 논의를 통해서 파브르는 식물을 '히드라 형'과 '산호 형'으로 구분한다.

4 Dan Sperber, "Why Are Perfect Animals, Hybrids, and Monsters Food for Symbolic Thought?", *Method & Theory in the Study of Religion*, vol.8 no.2, 1996, pp. 143-169.

5 Roy Willis, ed., *Signifying Animals: Human Meaning in the Natural World*, London: Routledge, 1990. 현재 인간과 자연의 재통합에 대한 생태학적 대안으로 애니미즘 (animism)이나 토테미즘(totemism)이라는 고전적인 개념이 부활하고 있는 것을 자주 보게 된다. 그러나 고전적인 개념을 비평적인 도구로서 사용하지 않고, 생명운동을 뒷받침하는 종교적인 개념 자체로 사용하는 것은 바람직하지 않다. 이러한 개념 사용 방식에는 문화적이고 이론적인 환영이 내재해 있기 때문이다.

6 Dan Sperber, "Selection and Attraction in Cultural Evolution" in *Explaining Culture: A Naturalistic Approach*, Oxford: Blackwell, 1996, p. 114.

7 National Geographic, *The Shape of Life: Explosion of Life/Annelids*, 미디아트, 2003. The Shape of Life 시리즈는 총 8편으로 구성되어 있다.

8 Donna J. Haraway, *How Like a Leaf: An Interview with Thyrza Nichols Goodeve*, New York: Routledge, 2000, pp. 89-96. 이 대담집에서 해러웨이는 유전자는 실재하는 사물이 아니라 생물학이 만들어 낸 상상적 경계선의 산물일 뿐이라고 주장한다.

9 동물이 사유와 감정을 지니고 있는 의식적인 존재라는 주장에 대해서는 그리핀의 다음 책을 참조할 수 있다. 이것은 사유 능력이 더 이상 인간만이 지닌 속성이 아닐 수도 있다는 것을 보여준다. Donald R. Griffin, *Animal Thinking*, Cambridge: Harvard University Press, 1984.

10 Tim Ingold, "Introduction" to *What Is An Animal?*, London: Unwin Hyman, 1988, p. 3.

11 Scott Atran, *Cognitive Foundations of Natural History: Towards an Anthropology of*

Science, New York: Cambridge University Press, 1990, p. 105. 스콧 에트런의 논의는 최근에 다음 책으로 확장된다. Scott Atran & Douglas Medin, *The Native Mind and the Cultural Construction of Nature*, Cambridge: The MIT Press, 2008.

12 Atran, *Cognitive Foundations of Natural History*, pp. 104-105.

13 *Ibid.*, p. 106.

14 *Ibid.*, p. 293, note. 9.

15 *Ibid.*, p. 106.

16 *Ibid.*, p. 96.

17 *Ibid.*, p. 85.

18 *Ibid.*, p. 6.

19 *Ibid.*, pp. 47-80.

20 *Ibid.*, p. 97에서 재인용.

21 여기에서 우리는 노먼 브라운이 말한 바 있는 '대리적 불멸성(vicarious immortality)' 이라는 개념을 떠올려 볼 수 있다. 노먼 브라운에 따르면 인간은 본래적으로 '죽음을 수용할 수 있는 능력'을 결여하고 있으며, 바로 이 '죽음의 수용 불가능성'이 인간의 문화를 창조하는 동력이 된다. 문화를 통해서 인간은 '대리적 불멸성'을 성취하고자 하기 때문이다. 그러므로 브라운에 따르면 불멸성은 죽음의 동의어일 뿐이다. 이러한 내용에 대해서는 다음 글을 참조하라. Christopher Lasch, "Introduction to the Second Edition", to Norman O. Brown, *Life Against Death: The Psychoanalytical Meaning of History*, 2nd ed., Middletown: Wesleyan University Press, 1985, p. xi.

22 Atran, *op. cit.*, p. 291, note. 18.

23 Georges Bataille, *Theory of Religion*, tr. Robert Hurley, New York: Zone Books, 1989, p. 13.

24 Stephen R. L. Clark, "Is Human A Natural Kind?", in Tim Ingold, ed., *What Is An Animal?*, London: Unwin Hyman, 1988, p. 17.

25 적합성에 대한 이러한 논의를 위해서는 스퍼버와 윌슨의 다음 책을 참조하라. Dan Sperber & Deirdre Wilson, *Relevance: Communication & Cognition*, 2nd ed., Oxford: Balckwell Publishing, 1995, pp. 46-50.

26 Maurice Bloch, "Why Trees, Too, Are Good to Think with: Toward an Anthropology of the Meaning of Life", *Essays on Cultural Transmission*, Oxford: Berg, 2005, p. 27.

27 Jerry Fodor, *The Modularity of Mind*, Cambridge: MIT Press, 1983.

28 그러나 댄 스퍼버는 포더의 모듈 이론을 수정하면서, '지각적인 모듈'만이 존재하는 것이 아니라, 지각된 정보를 처리하는 '개념적인 모듈(conceptual module)'과, 개념적 정보를 전달하는 커뮤니케이션의 과정에 개입하는 '메타-표상적인 모듈(meta-representational module)'도 존재한다고 주장한다. 그리고 그는 개념적 모듈과 메타-표상적 모듈은 맥락에 따른 '적합성(relevance)'을 성취하는 방향으로 정보를 가공한

다고 말한다. Dan Sperber, "Mental Modularity and Cultural Diversity", in *Explaining Culture: A Naturalistic Approach*, Oxford: Blackwell, 1996, pp. 119-150을 참조하라.

29 Pascal Boyer, *The Naturalness of Religious Ideas*, Cambridge: Cambridge University Press, 1994.

30 Atran, *op. cit.*, pp. 27-28.

31 *Ibid.*, p. 29.

32 분류학에 관련한 용어 정의를 위해서는 다음 책을 참조하라. George Gaylord Simpson, *Principal of Animal Taxonomy*, New York & London: Columbia Univesity Press, 1961.

33 특히 다음 글을 참조하라. Joanathan Z. Smith, "Religion, Religions, Religious", *Relating Religion: Essays in the Study of Religion*, Chicago: The University of Chicago Press, 2004, pp. 179-196.

34 Maurice Bloch, "Domain-Specificity, Living Kinds and Symbolism", in Pascal Boyer, ed., *Cognitive Aspects of Religious Symbolism*, Cambridge: Cambridge University Press, 1993, p. 114. 이 글에서 모리스 블로흐는 생물 영역의 인지 방식에 대한 애트런과 스퍼버의 주장을 수용하면서도 수정한다.

35 Atran, *op. cit.*, pp. 54, 281-282, note. 3.

36 Mary Douglas, "Animals in Lele Religious Symbolism", *Implicit Meaning: Selected Essays in Anthropology*, 2nd ed., London: Routledge, 1999, p. 61, note. 4.

37 Walter Burkert, *Homo Necans: The Anthropology of Ancient Greek Sacrificial Ritual and Myth*, tr. Peter Bing, Berkeley: University of California Press, 1983. 원래 독일어로 1972년에 출간된 이 책에서 발터 부르케르트는 종교의 심장부에 놓인 피와 폭력성에 대해서 이야기한다. 그는 종교에서 Homo necans, 즉 '살해하는 인간'이 차지하는 위상에 대한 체계적인 관점을 제공한다. 여기에서 우리는 인간이 다른 동물뿐만 아니라 다른 인간에 대한 포식자가 되면서 어떠한 일이 벌어졌는지에 대한 이야기를 들을 수 있다.

38 Walter Burkert, *Creation of the Sacred: Tracks of Biology in Early Religions*, Cambridge: Harvard University Press, 1996, pp. 53-54.

39 RenéGirard, *Violence and the Sacred*, New York: Continuum, 2005. 그리고 지크문트 프로이트, 『종교의 기원』, 이윤기 옮김, 열린책들, 2004를 참조하라.

40 Henri Hubert & Marcel Mauss, *Sacrifice: Its Nature and Function*, tr. W. D. Halls, Chicago: The University of Chicago Press, 1964.

41 Atran, *op. cit.*, p. 54.

42 Roy Willis, ed., *Signifying Animals: Human Meaning in the Natural World*, p. 3.

43 Claude Lévi-Strauss, *Totemism*, tr. Rodney Beedham, Boston: Beacon Press, 1963, pp. 23, 26-27. 토테미즘에 대한 레비스트로스의 비판은 다음 책으로 이어진다.

Claude Lévi-Strauss, *Savage Mind*, Chicago: The University of Chicago Press, 1966.

44 동물과 인간의 경계선에 대한 최근의 논의를 위해서는 다음 책들을 참조하라. Jacques Derrida, *The Animal That Therefore I Am*, New York: Fordham University Press, 2008. 데리다의 동물에 대한 사색은 또한 다음 책에서 볼 수 있다. Jacques Derrida, *The Beast and the Sovereign*, Vol. 1, tr. Geoffrey Bennington, Chicago: The University of Chicago Press, 2009. 다나 해러웨이는 지속적으로 종의 경계선의 붕괴를 예언한다. 자연과 문화의 혼재에 대한 해러웨이의 사유는 다음 책에서 구체적으로 잘 드러난다. Donna J. Haraway, *When Species Meet*, Minneapolis: The University of Minnesota Press, 2008. 또한 다음 책을 참조하라. Matthew Calarco, *Zoographies: The Question of the Animal from Heidegger to Derrida*, New York: Columbia University Press, 2008.

45 Cary Wolfe, *What Is Posthumanism?*, Minneapolis: University Of Minnesota Press, 2010.

46 Donna J. Haraway, *The Companion Species Manifesto: Dogs, People, and Significant Otherness*, Chicago: Prickly Paradigm Press, 2003.

47 Tim Ingold, "Introduction" to *What Is An Animal?*, p. 12.

48 여기에서 우리는 중요한 주제 하나를 만난다. 스튜어트 거스리는 의인주의가 인간의 인지적 편향성을 구성한다고 말한다. 인간은 사물이나 동물을 의인화시킬 때 가장 큰 인지적 안락함을 느낀다는 것이다. 이에 대해서는 다음 책을 참조하라. Stewart Guthrie, *Faces in the Clouds: A New Theory of Religion*, Oxford: Oxford University Press, 1993.

49 Edmund Leach, "Animal Categories and Verbal Abuse", in Stephen Hugh-Jones & James Laidlaw, eds., *The Essential Edmund Leach, vol. 1: Anthropology and Society*, New Haven & London: Yale University Press, 2000, pp. 321-325.

50 *Ibid.*, p. 325.

51 성스러움의 개념과 관련하여 음식물 터부를 연구한 메리 더글라스의 레위기 분석을 참조하라. Mary Douglas, "The Abomination of Leviticus", *Purity and Danger: An Analysis of Concept of Pollution and Taboo*, London: Routledge, 2002, pp. 51-71.

52 Leach, *op. cit.*, p. 326.

53 동물 분류체계와 관련된 유사한 논의를 위해서는 다음 글을 참조하라. Mary Douglas, "Self-evidence", *Implicit Meaning: Selected Essays in Anthropology*, 2nd ed., London: Routledge, 1999, pp. 252-283.

54 Leach, *op. cit.*, pp. 328-331.

55 *Ibid.*, pp. 330-331.

56 *Ibid.*, p. 343, note. 5.

57 *Ibid.*, pp. 331-332.

58 *Ibid.*, p. 333.

59 *Ibid.*, pp. 334-336.

60 *Ibid.*, pp. 336-337.

61 다음 글들을 참조하라. Ralph Bulmer, "Why is the Cassowary not a Bird? A Problem of Zoological Taxonomy Among the Karam of The New-Guinea Highlands", *Man,* vol. 2 no. 1, 1967, pp. 5-25. Stanley J. Tambiah, "Animals are Good to Think and Good to Prohibit", *Ethnology,* vol. 8 no. 4, 1969, pp. 424-459.

62 Maurice Bloch, "Why Trees, Too, Are Good to Think with: Toward an Anthropology of the Meaning of Life", *Essays on Cultural Transmission,* Oxford: Berg, 2005, pp. 32-34.

63 Susan Carey, *Conceptual Changes in Childhood,* Cambridge: MIT Press, 1985. 또한 다음 글을 참조하라. Susan Carey, "On the Origin of Causal Understanding", in Dan Sperber, David Premack, and Ann James Premack, eds., *Causal Cognition: A Multi-disciplinary Debate,* New York: Oxford University Press, 1995, pp. 268-308.

64 Bloch, *op. cit.*, pp. 34-36.

65 Giorgio Agamben, *The Open: Man and Animal,* tr. Kevin Attell, Stanford: Stanford University Press, 2004, pp. 1-3.

66 Zofia Ameisenowa, "Animal-Headed Gods, Evangelists, Saints and Righteous Men", *Journal of the Warburg and Courtauld Institute,* vol. 12, 1949, pp. 21-45.

67 Alexandre Kojève, *Introduction to the Reading of Hegel: Lectures on the Phenomenology of Spirit,* tr. James H. Nichols, Jr., Ithaca: Cornell University Press, 1980.

68 Giorgio Agamben, *Homo Sacer: Sovereign Power and Bare Life,* tr. Daniel Heller-Roazen, Stanford: Stanford University Press, 1998.

69 *Ibid.*, pp. 161-162.

일본인의 생명관 | 박규태

1 田丸德善, 「生命觀の問題」, 『新しい生命倫理を求めて』, 北樹出版, 1989, 62쪽.

2 이하는 주로 박규태, 『아마테라스에서 모노노케히메까지』, 책세상, 2001(초판3쇄 수 정본, 2005), 제1장 참조.

3 이 기둥은 엘리아데가 말하는 우주목(cosmic tree) 혹은 세계축(axis mundi)에 해당되는 하나의 중심 상징(center symbolism)이라 할 수 있겠다.

4 박규태, 『일본정신의 풍경』, 한길사, 2009, 173-176쪽 참조.

5 나라시대 말엽에 이루어진 일본에서 가장 오래 된 시가집(전20권).

6 와카(和歌)에서 관습적으로 일정한 말 앞에 놓는 4 또는 5음절의 수식어.

7 905년경 편찬된 최초의 칙선 와카집. 헤이안시대 국풍문화의 측면을 잘 보여준다.

8 중세일본의 문예에 나타난 무상감에 대해서는 사토 히로오 외, 『일본사상사』, 성해준 외 옮김, 논형, 2009, 제10장 참조.

9 이는 일면 '생명의 평등관'이라 칭할 수 있겠다. 하지만 치명적인 약점도 있다. 이 세상에 존재하는 모든 '있음' 자체가 이미 성불의 상태라면 이는 굳이 해탈을 위한 수행도 필요 없고 나아가 사람들을 구제할 필요도 없게 된다는 논리로 귀결될 수 있기 때문이다.

10 일본유교에 있어 리(理)부정의 문제에 관해서는, 박규태, 『상대와 절대로서의 일본: 종교와 사상의 깊이에서 본 일본문화론』, 제이앤씨, 2005, 제2장 「원리의 부정: 주자학적 리의 일본적 이해」 참조.

11 『논어』와 『맹자』를 직접 숙독하면서 공맹의 사고법 및 문장 작법을 습득한 후 그 자의(字義)를 올바르게 이해해야 함을 강조하는 학파.

12 중국고대의 언어와 문장에 대한 실증적 연구를 유학의 고전해석에 적용하여 주자학을 비판한 학파.

13 소라이는 '제도'에 대해 "의복, 거주지, 기물, 혼례, 상례, 서신, 예물을 주고받는 것에서 뒤따르는 사람의 순서에 이르기까지, 모든 사람들 사이의 귀천, 영지와 봉록의 높고 낮음, 직위와 서품의 서열에 따라 각기 그 순서가 있는 것을 일컬어 제도라 한다."(『政談』卷二)고 규정하면서 예악 속에 제도를 포함시키고 있다.

14 박규태(2005), 앞의 책, 48-51쪽.

15 명말 중국남부에서 상인계층이 부를 축적함에 따라 현세주의의 욕망이 비등하면서 내 일신의 목숨(性命)을 중시하는 풍조가 높아졌다. 이를 배경으로 유불도 삼교일치가 설해졌고, 왕양명의 '무선무악(無善無惡)'설이 인간의 자연적 성정을 존중하는 측면으로 적용되어 민중의 욕망해방을 촉진시킴으로써 가치관의 전환이 이루어졌다. 가령 이탁오(李贄=李卓吾)는 '양지(良知)'를 심(心)의 순진무구한 상태로 보고 동심(童心)을 이상시하면서, 의식주에 대한 욕구 및 남녀간의 정을 중시하는 한편 개개인의 평등을 설하면서 주자학의 교조주의를 강하게 비판했다. 또한 그는 스스로 이단임을 칭하면서 학문의 장소를 호기심 많은 여성들에게 개방했다. 심지어 유곽의 여성을 초빙하기도 하는 등 기존 가치관에 대해 대담한 도전을 일삼자, 풍속교란의 이유로 체포되었고 76세로 옥중에서 자결했다. 이탁오는 심 그대로 행동하는 것이야말로 고통 없는 삶이라고 설했는데, 그 근저에는 하늘에서 받은 성(性)의 본질을 추구하여 영원한 정신적 생명을 사는 경지에 도달하는 것이야말로 성인의 도라는 발상이 깔려 있었다. 양명좌파 및 그것이 일본사상에 끼친 영향에 관해서는 예문동양사상연구원, 『오늘의 동양사상』 제16호, 2007년, 「특집: 이탁오의 재발견」 참조.

16 鈴木貞美, 『日本人の生命觀』, 中公新書, 2008, 95-96쪽.

17 여기서 인정이란 우리가 흔히 '인정머리 없다'든가 '인정 많은 사람'이라고 할 때의 인정과는 다소 뉘앙스가 다른 개념이다. 노리나가가 말하는 인정은 '세인의 마음'을 가

리키며, 선한 인정과 악한 인정 모두를 포괄하는 개념이다. 쉽게 말하자면 인간의 본성과 관련된 개념이라 할 수 있다. 노리나가는 "인정이란 일체 예나 지금이나, 중국이나 인도나, 우리나라나 다를 바 없다. 모두가 부귀를 바라고 가난을 싫어하며 미색을 좋아하고 맛있는 것을 탐하며 안주를 바라고 즐거움을 찾으며 고통을 싫어하고 복을 원하며 화를 미워한다."(『排蘆小船』)고 하여 인정의 보편성에 호소하면서 "원래 인정이란 덧없고 서투르고 미숙하고 어리석고 분별없고 어린 계집아이처럼 유치한 것이다. 일체 사내답고 올바르고 엄격한 것은 인정과는 무관하다."(『排蘆小船』)고 잘라 말한다. 그러니까 인정이란 남성성을 표상하는 마스라오부리(益荒男振)의 미의식과는 무관한 것이며 반대로 여성성의 표상인 다오야메부리(手弱女振)의 미의식과 밀접하게 연관되어 있다는 말이다. 그런 인정 가운데 가장 대표적인 것 중의 하나가 바로 남녀 간의 호색적인 마음이다. 박규태(2009), 앞의 책, 112-113쪽.

18 일본정신사에서 '마음'은 한국의 그것과 뉘앙스가 다르다. 한국인에게 마음이란 정서적, 감성적 차원뿐만 아니라 이성적, 논리적, 영성적 차원까지도 포함한다. 하지만 일본의 경우 '마음'이란 주로 정서적, 감성적, 심미적 차원이 더 중시된다. 달리 말하자면 논리적 사유와 비논리적 감정의 영역이 뚜렷하게 구분되지 않는다는 점이야말로 전통적인 일본인의 사유방식이 가지는 중요한 특징이라 할 수 있다. 가령 '생각'을 뜻하는 일본어에 '오모이'(思い)란 말이 있는데, 모토오리 노리나가는 이 단어를 정서적, 미학적인 의미로 사용한다. 그에 따르면 생각한다는 것은 곧 느낀다는 것을 뜻하기도 한다(위의 책, 7쪽).

19 일본인에게 흔히 찾아볼 수 있는 특이한 감각인 '아키라메(諦め)'는 사실 우리가 말하는 '체념'과는 뉘앙스에 있어 미묘한 차이가 있다. '아키라메'라는 말은 원래 불교의 '밝게 깨닫다'는 뜻이었는데, 그것이 일본에서는 '마음을 접다, 체념하다, 포기하다, 단념하다'를 뜻하게 되었다. 나카무라 하지메(中村元)에 의하면, 한정되고 특수한 인륜조직을 중시하는 일본인이 그 중에서 특히 중시하는 것은 가족이고 그것보다 더 중시하는 것은 역시 일본이라는 국가이다. 개인은 그 다음이다. 이런 의미에서 일본인은 개인으로서보다는 먼저 조직인간으로 존재한다고 말할 수 있겠다. 이와 같은 조직인간으로서의 일본인은 자신이 속한 사회의 위계질서를 본질적인 것으로 보고 이를 그대로 받아들이는 경향이 강하다. 바로 이런 경향이 일본인에게 특유한 '아키라메'의 현상과 밀접한 관계가 있다는 것이다. 일본에서 이 말은 자신의 생각이 군주, 스승, 어버이 등 윗사람의 뜻과 어긋난다는 것을 깨닫고 스스로 자신의 의사를 포기하는 경우에 많이 쓰여 왔다. 또한 와쓰지 데쓰로는 명저 『풍토』에서 일본인의 인종성(忍從性)은 단지 비전투적(열대적)인 체념도 아니고 또한 단지 꾹 오래도록 참기만 하는(한대적) 인종성도 아니며 "체념하면서도 반항하고 변화를 통해 조급하게 참고 견디는 인종"이라고 적고 있다. 한편 '아키라메'는 구키 슈조(九鬼周造)가 가장 일본적인 미학으로서 제시한 '이키'의 미의식을 구성하는 중요한 일요소이기도 하다.

20 礒部忠正, 『無常の構造: 幽の世界』, 講談社現代新書, 1976 참조.

21 高橋義孝,「死と日本人: 日本文化試論」,『日本文化研究』 3, 新潮社, 1959 참조.

22 加藤周一 他,『日本人の死生觀』 下, 岩波新書, 1977, 214쪽.

23 이 점에서 체념은 전술한 모노노아와레와 밀접한 연관성을 가진다. 박규태,「모노노
   아와레 · 일본문화론 · 애니메이션: 덧없음과 체념의 주체성」,『일본사상』 17, 2009
   참조.

24 相良亨,『日本人の死生觀』, ぺりかん社, 1984 참조.

25 노리나가의 사생관에 대해서는 山口和男,「本居宣長의 사생관 연구」, 경기대학교 대
   학원 일어일문학과 박사논문, 2009 참조.

26 相良亨, 앞의 책, 25-38쪽.

27 박규태(2005), 앞의 책, 283-285쪽.

28 가령 앙리 베르그송은『창조적 진화』(1907)에서 물질을 관통하여 흐르는 '생명'이라
   는 유동적 실재를 '우주의 생명에너지'라고 부르면서, 거기서 일어나는 '생명의 도약(
   엘랑 비탈)'이야말로 세계가 창조적으로 진화하는 원동력이라고 설했다. 이런 철학적
   시도와 더불어 생명현상을 에너지로 설명하려는 입장이 널리 퍼지는 한편, 예술가들
   또한 예술현상 및 인간의 모든 활동을 근원적인 '생명'의 상징으로 읽고자 시도했다.

29 일본에서 '생명주의'라는 말이 처음 사용된 것은 교토제국대학에서 철학을 강연한 다
   나베 하지메(田邊元)의 '문화의 개념'이라는 글에서였다. 거기서 다나베는 신칸트학
   파의 철학자인 하인리히 릿케르트의 '생의 철학'을 소개하고 있다. 릿케르트는 쇼펜
   하우어, 니체, 하르트만 등 독일 '생철학'의 흐름의 일부 및 프랑스의 베르그송과 미국
   프래그머티즘 등의 흐름에 관하여, 그것들은 생물로서의 인간 생명을 근본에다 놓는
   '생물학주의'(Biologism)라 하여 그 자체는 문화적 가치를 만들지 못한다고 비판했다.
   그러나 다나베는 이를 '생명주의'라고 번역하면서 "현대 사상을 지배하는 기조로서 생
   명의 창조적 활동을 중시하는 경향이 존재한다"는 점을 인정하고 있다. 이하 다이쇼
   생명주의의 다양한 흐름에 관해서는 주로 鈴木貞美, 앞의 책, 141-198쪽 참조.

30 국역본은『선의 연구』, 서석연 옮김, 범우사, 1990.

31 여기서 와쓰지는 독일 생철학자들의 니체론을 참고하면서 윌리엄 제임스의 '의식의
   흐름'(제임스는 의식이란 끊임없이 흐르는 것이므로 그 단편을 가지고 재구성하는 것
   만으로는 의식의 실제를 말할 수 없다 하여 그 의식의 흐름을 '생명의 흐름'이라고 불
   렀다) 및 베르그송의 '창조적 진화' 등의 선구를 이루는 것으로서 니체 철학을 자리매
   김하고 있다.

32 가령 와쓰지는 니체가 "현전의 순간에 있어 영원한 생과 개인의 생을 합일시키고자
   했다"고 보면서, 니체가 '초인'이라고 부른 것은 선악을 비롯하여 모든 관념에 따라다
   니는 있는 그대로의 자기 즉 '지금 여기'의 자기를 벗어나 어떠한 평범한 인간에게도
   공통된 생의 보편성에 도달한 사람을 가리키는 것이라고 이해했다. 그런 초인의 경지
   에 있어 '지금'은 특정한 '지금'이 아니라 모든 '지금'의 근저에 깃들어 있는 보편적인
   '지금', '영원의 지금'이며, 거기에 도달하는 것이야말로 니체가 말하는 '영원회귀'라고

본 것이다.

33 근대의 초극론에 관해서는 박규태, 「근대일본의 탈중화·탈아·아시아주의」, 『오늘의 동양사상』 15, 예문동양사상연구원, 2006, 106-109쪽 참조.

34 橋本峰雄, 『うき世の思想』, 講談社現代新書, 1975, 19쪽.

35 小澤弘, 「多色摺り文化の時代」, 竹内誠 編, 『日本の近世14 文化の大衆化』, 中央公論社, 1993, 64쪽.

36 宮澤誠一, 「町人文化の形成」, 『岩波講座 日本通史12 近世2』, 岩波書店, 1994, 261쪽.

37 對馬路人 他, 「新宗教における生命主義的救濟」, 『思想』 665, 1979 참조.

38 90년대 중반부터 일본사회에서는 치유와 관련된 다양한 담론들이 유행하면서 하나의 사회문화적 코드가 되어 지금에 이르고 있다.

39 이야시붐을 포괄하는 보다 큰 코드라 할 수 있는 이 스피리츄얼리티붐과 관련하여 종교학자 시마조노 스스무는 스피리츄얼리티(영성)를 "개개인의 생활에 있어 생명의 원동력으로 느껴진다든지 살아갈 힘의 원천으로 여겨지는 경험과 능력"을 가리키는 말로 정의내리고 있다. 島薗進, 『スピリチュアリティの興隆』, 岩波書店, 2007, v쪽. 한편 종교사회학자 이토 마사유키는 현대일본사회에서 스피리츄얼리티 담론이 사생관의 문제 및 생명윤리를 비롯하여 의료, 케어, 임사현장, 복지, 세라피, 교육, 에콜로지, 젠더, 경영관리 등과 같은 다양한 영역으로 확장되고 있다는 점에 주목한다. 伊藤雅之, 『現代社會とスピリチュアリティ』, 溪水社, 2003, 131-132쪽.

40 겨울연가붐을 중심으로 한 일본의 한류현상과 이야시붐 및 스피리츄얼리티붐과의 관계에 대해서는 박규태, 「한류담론과 일본문화」, 『일본학연구』 24, 단국대학교 일본연구소, 2008 참조.

일본인의 죽음관과 재해 | 배관문

1 일본의 사생학은 기독교의 호스피스 운동과 밀접하게 결부되어 있는 죽음학에 대해 종교철학 등의 인문학적 접근을 강조한 용어이다. 한국에서는 대만 등과 함께 현재 생사학(生死學, Life & Death Studies)이라는 용어를 택하고 있다. 용어의 구별과 개념이 아직 엄밀하게 정립되어 있는 것은 아니나, 여기서는 생사학이라 한다. 한국에서의 생사학 연구에 대해서는 정효운, 「한국 사생학의 현황과 과제: '호모후마니타스사생학' 구축을 위한 제언을 중심으로」, 『동북아문화연구』 21호, 동북아시아문화학회, 2009; 정효운, 「知的 융합담론으로서의 '사생학' 연구」, 『韓日國際研究會議 東아시아의 死生學으로』, 동경대학대학원 인문사회계연구과, 2011 참조.

2 와판과 안세이대지진의 일반적 사항에 대해서는 小野秀雄, 『かわら版物語: 江戸時代マスコミの歴史』, 雄山閣出版, 1967; 野口武彦, 『安政江戸地震: 災害と政治権力』, 筑摩書房, 1997 등을 참조.

3 나마즈에는 네덜란드의 인류학자 코르넬리우스 아우웨한트에 의해 처음으로 소개

되었는데, 그 명칭이 학계의 공식 용어가 된 것이다. 1964년에 출판된 아우웨한트의 저서가 1979년 일본에서 번역되자, 이때부터 일본 학계에서도 관심을 갖게 되었다. C. アウエハント, 『鯰絵: 民俗的想像力の世界』, 小松和彦 他 訳, 岩波書店, 2013, 135-181쪽.

4 현재 나마즈에는 네덜란드의 라이덴 국립민족학박물관을 비롯하여 도쿄대학 사료편찬소, 도쿄대학 지진연구소 등 여러 곳에서 보관 중이다. 따라서 중복 소장된 것도 있고 소장처마다 일련번호도 다르게 되어있다. 이를 목록화하고 활자화한 자료집으로 宮田登・高田衛 監修, 『鯰絵: 震災と日本文化』, 里文出版, 1995. 뒤에 인용하는 나마즈에의 번호는 이에 의한 것이다.

5 기타하라 이토코는 이와 같은 지진 후의 민중 심리를 '재해 유토피아'라고 설명한다. 北原糸子, 『地震の社会史: 安政大地震と民衆』, 吉川弘文館, 2013, 230-249쪽. 또한 박병도는 이를 발전시켜 나마즈에 속에는 기존의 지진관련 신앙뿐만 아니라 민중들이 희망하는 세계의 재생과 변혁이 투영되었다고 지적한다. 박병도, 「나마즈에에 나타난 일본의 지진신앙과 그 변모」, 『역사민속학』 40호, 한국역사민속학회, 2012, 216쪽.

6 〈그림 1〉 No.49, 도쿄대학 총합도서관 소장. 〈그림 2〉 No.103, 도쿄대학 총합도서관 소장. 〈그림 3〉 No.189, 도쿄대학 총합도서관 소장. 〈그림 4〉 No.82, 도쿄대학 지진연구소 소장. 한편 이 글에 인용하지 않은 지진 나마즈에 중에 사망자 공양법요의 모습을 그린 것으로 No.12, No.13, No.14, 또한 지옥의 모습을 그린 것으로 No.15, No.16, No.17, 그 밖에 No.56, No.133 등이 있다.

7 이와 같은 일본인 특유의 운명론적인 재해관에 대해서는 広井脩, 『新版 災害と日本人: 巨大地震の社会心理』, 時事通信社, 1995 참조.

8 吉村昭, 『関東大震災』, 文藝春秋, 2004, 77-108쪽, 290쪽.

9 佐藤孝治, 「被災地復旧の現状と課題: 震災遺構と死者の尊厳を考える」, 神奈川大学連続講演会 第3回, 神奈川大学経済学部佐藤孝治研究室, 2013년 10월 20일, 118-133쪽.

10 東京都総務局総合防災部防災管理課 編, 「東日本大震災における東京都の対応と教訓: 東京都防災対応指針(仮称)の策定に向けて」, 東京都, 2011년 9월, 12쪽, 67쪽 참조.

11 근대 일본에서의 토장과 화장의 갈등, 근대식 화장법의 수용에 대해서는 鯖田豊之, 『火葬の文化』, 新潮社, 1990; 勝田至, 『日本葬制史』, 吉川弘文館, 2012; 森茂, 『日本の葬送・墓地: 法と慣習』, 法律文化社, 2013 등을 참조.

12 「現代葬儀考 火葬と埋葬: 東日本大震災の仮埋葬」, 『SOGI』 通信 No.57, 表現文化社, 2011. 이에 대해서는 菅原裕典, 『東日本大震災〈葬送の記〉』, PHP研究所, 2013, 102-163쪽; 石井光太, 『遺体: 震災, 津波の果てに』, 新潮社, 2011, 173-248쪽 등 당시 지자체와 연계하여 실제로 가매장 작업을 맡았던 장의업자들의 기록에 자세한 일화가 소

개되어 있다.

13 유족 및 사체 수색작업에 동원되었던 경찰관, 소방대원, 자위대원, 사체안치소의 검안의 등의 증언으로 구성된 논픽션 류. 石井光太, 앞의 책; 吉田典史,『震災死: 生き証人たちの真実の告白』, ダイヤモンド社, 2012; 吉田典史,『封印された震災死 その「真相」』, 世界文化社, 2013.

14 종교학자 시마다 히로미는 세계에서 가장 비싼 일본의 장례식 비용, 고도성장기 이후 허례허식에 대한 반성, 무연사회(無緣社會)로 인한 인식 변화 등을 이유로 장례식은 불필요하다고 주장했다. 島田裕巳,『葬式は、要らない』, 幻冬舎新書, 幻冬舎, 2010. 한편 시마다의 저서가 베스트셀러가 되면서 장례식 불필요 운동이 고조되자, 이에 대한 반론서가 바로 출간되기도 했다. 一条真也,『葬式は必要!』, 双葉新書, 双葉社, 2010. 최근 시마다는 궁극적으로는 자연장의 산골조차도 불필요하다는 주장을 펴고 있다. 島田裕巳,『0葬: あっさり死ぬ』, 集英社, 2014.

15 박형준,『일본을 바꾼 동일본대지진』, 논형, 2012, 63-78쪽.

16 北原糸子 編,『日本災害史』, 吉川弘文館, 2006, 388쪽.

17 安田政彦,『災害復興の日本史』, 吉川弘文館, 2013, 213-215쪽.

18 岩崎信彦 他 編,『災害と共に生きる文化と教育: 大震災からの伝言』, 昭和堂, 2008.

19 副田義也 編,『死の社会学』, 岩波書店, 2001; 樽川典子 編,『喪失と生存の社会学: 大震災のライフ・ヒストリ』, 有信堂高文社, 2007.

20 宮台真司,『終わりなき日常を生きろ』, ちくま文庫, 筑摩書房, 1998; 末木文美士,『他者/死者/私: 哲学と宗教のレッスン』, 岩波書店, 2007.

21 스에키 후미히코, 「재해와 일본의 사상」,『일본비평』 7호, 서울대학교 일본연구소, 2012, 23쪽.

22 末木文美士,『他者・死者たちの近代』, トランスビュー, 2010; 島薗進,『日本人の死生観を読む: 明治武士道から「おくりびと」へ』, 朝日新聞出版, 2012, 19-25쪽.

23 예컨대 2006-2007년경에는 대중가요 「천 갈래의 바람이 되어(千の風になって)」가 대히트했고, 다키타 요지로(滝田洋二郎) 감독의 영화 「납관사(おくりびと)」가 상영된 것은 2008년, 그리고 2009년 나오키상은 덴도 아라타(天童荒太)의 「애도하는 사람(悼む人)」이 수상했다.

24 森岡正博,『生者と死者をつなぐ: 鎮魂と再生のための哲学』, 春秋社, 2012; 若松英輔,『魂にふれる: 大震災と、生きている死者』, トランスビュー, 2012.

25 「現代葬儀考 不幸な誤解: 大震災と寺、神社、教会」,『SOGI』 通信 No.56, 表現文化社, 2011.

26 종교적 중립성을 강조하는 뜻에서 도호쿠대학 종교학과 스즈키 이와유미(鈴木岩弓) 교수의 종교학연구실에 사무국을 두고 있다. 주요활동은 ① 합동위령, ② 전화상담, ③ Café de Monk 운영, ④ 라디오 방송, ⑤ 강연 등이다.

27 당시 도쿄대학의 종교학자 시마조노 스스무(島薗進) 교수(현재는 조치대학 그리프케

어 연구소장)가 전국의 종교단체와 조직에 호소하여 연대를 실현한 모임이다.

28 부모자식이나 배우자 등 근친자와의 사별을 경험한 사람에 대해 비탄을 극복하도록 지원하는 자조그룹(Self Help Group)을 말한다. 1960년대 미국에서 시작되어 영국과 독일 등지에서 매우 활발하며, 2000년 이후에는 일본에서도 널리 퍼졌다. 그리프 케어를 전문으로 하는 연구교육기관으로는 2009년 4월 성토마스대학에 설립된 일본 그리프 케어 연구소가 최초인데, 2010년 4월부터 조치대학으로 이관했다.

29 吉見俊哉,「災害とメディア」, 保立道久・成田龍一 監修,『日本列島 地震の2000年史』, 朝日新聞出版, 2013, 60-69쪽.

30 대다수의 일본인이 종교가 있다는 것은 특정 교단에 속한 것으로 인식하여 자신은 특정한 종교를 신앙하지 않는다고 말하는 현상을 일컫는다. 그러나 스스로 종교가 없다고 말하는 이들에게 과연 무의식적인 종교성이 잠재하지 않는가는 별개의 문제이다. 稲場圭信,『利他主義と宗教』, 弘文堂, 2011.

31 島薗進,『現代宗教とスピリチュアリティ』, 弘文堂, 2012, 131-135쪽; 稲場圭信・黒崎浩行 編,『震災復興と宗教』, 明石書店, 2013, 20-41쪽.

32 国際宗教研究所 編,『阪神大震災と宗教』, 東方出版, 1996; 三木英 編,『復興と宗教』, 東方出版, 2001 등을 참조. 특히 자살과 빈곤문제를 중심으로 동일본대지진 이전에 이루어졌던 초종파적 지원활동에 대해서는 磯村健太郎,『ルポ仏教、貧困・自殺に挑む』, 岩波書店, 2011에 다수의 사례가 소개되어 있다.

33 승려들이 불교의례가 아닌 다른 실천적 사회활동, 예를 들면 재해지원, 무연자・빈곤자 지원・자살 예방, 세계 각지의 고난・곤경에 대한 지원, 완화 케어・스피리추얼 케어, 광의의 의료 및 건강에 대한 관여・공헌, 지역사회의 제반 문제에 대한 관여, 환경문제・원자력발전소 문제에 대한 관여, 생명윤리・응용윤리에 대한 관여, 평화・전쟁・인권에 관한 문제 관여, 세계 제종교와의 대화・협력・융화를 위한 활동, 교육에 대한 공헌, 전통문화・정신문화의 계승과 발전 등에 보다 주력하는 것을 말한다. 秋田光彦,『葬式をしない寺』, 新潮社, 2011.

34 『日本経済新聞』, 2013.8.2.

35 『読売新聞』, 2013.8.26.

36 『徳島新聞』, 2013.2.1.

37 자세한 것은 三木英 編, 앞의 책 등을 참조.

38 마음 케어는 협의로는 정신과의사와 임상심리사에 의한 정신질환 및 우울증에 대한 치료적 개입을 가리킨다. 그러나 광의로는 전문가에 의한 의료행위뿐만 아니라, 정신적 고통을 겪는 사람들에 대해 일반 볼런티어나 종교인들이 행하는 치료가 아닌 심리적 지원활동까지도 포함한다. 岡尾将秀・渡邊太・三木英,「阪神・淡路大震災における心のケア」, 稲場圭信・黒崎浩行 編, 앞의 책, 228-249쪽.

39 스피리추얼 케어에 대해서는 아직 통일된 정의는 없으나, 단적으로 스피리추얼리티(spirituality)에 의한 케어라고 이해된다. 여기서의 스피리추얼리티는 보이지 않는 존

재와 교감하며 초합리적인 체험에 의미부여를 하는 인간의 능력을 말한다. 따라서 스피리추얼 케어란 고통 받는 인간이 자신의 내면을 직시하면서 보이지 않는 존재와의 연결에 의해 자신이 살아가고 있음을 재확인하고 그로써 삶의 의미를 재발견하는 것이라고 정의할 수 있다. 특히 이것이 제도적인 종교의 틀 밖에서 기능하고 있다는 점을 강조하며 스피리추얼 케어와 종교적 케어의 차이에 대해 논한 것으로, 谷山洋三, 「スピリチュアルケアと宗教的ケアの相違」, 清水哲郎・島薗進 編, 『ケア従事者のための死生学』, ヌーヴェルヒロカワ, 2010, 350-362쪽.

조선 후기의 자살, 젠더, 계급 | 정일영

1 천선영, 「자살의 이유를 알아야 하는 이유: 근대적 자살 이해에 대한 사회이론적 논의」, 『사회와 이론』 12, 2008.
2 에밀 뒤르켐, 『자살론』, 김충선 옮김, 청아출판사, 1994.
3 오진탁, 『자살, 세상에서 가장 불행한 죽음』, 세종서적, 2008, 25-34쪽.
4 권연웅, 「심리록의 기초적 검토: 정조대의 사죄판결」, 『이기백선생 고희기념 한국사학논총』 下, 일조각, 1994; 조윤선, 「조선후기 법사학 연구의 현황」, 『조선후기사 연구의 현황과 과제』, 창작과비평사, 2000.
5 심재우, 「『審理錄』을 통해 본 18세기 후반 서울의 범죄상」, 『서울학연구』 17, 서울학연구소, 2001; 이수옥, 「조선 후기 여성과 범죄: 18세기 『審理錄』의 사례 분석을 중심으로」, 고려대학교 교육대학원 석사학위논문, 2002.
6 김현진, 「『심리록(審理錄)』을 통해 본 18세기 여성의 자살실태와 그 사회적 함의」, 『조선시대사학보』 52, 조선시대사학회, 2010.
7 김선경, 「조선 후기 여성의 성, 감시와 처벌」, 『역사연구』 8, 2000.
8 여기서 인용할 『심리록』은 민족문화추진회에서 2000년에 출판한 국역/영인본을 기본으로 한다. 이후 『심리록』에 관련해서는 국역출판본의 권과 쪽으로만 표기한다.
9 박병호, 「심리록 해제」, 『국역 審理錄』, 민족문화추진회, 2000, 1쪽.
10 조순희, 「『審理錄』을 통해 본 死罪事件의 審理와 正祖의 刑政觀」, 국민대학교 석사학위논문, 2005, 5쪽.
11 이수옥, 앞의 글, 7쪽.
12 이 글에 사실상 타살인 '자살위장'을 포함시킨 것은, 자살위장에 대한 논의 과정 중에서도 자살자에 대한 인식이 드러나기 때문이다. 여기서 자살위장은 최종 판결을 기준으로 분류한 것이다. 한 가지 예로, 평산 최아기의 옥사(3권 150쪽)를 자살위장의 사례로 분류하였는데, 그 내용은 다음과 같다. 시어머니가 간통을 하였는데 그것이 며느리에게 탄로 날까 두려워 며느리를 죽이고 말았다. 시어머니는 죽은 며느리의 시체를 목매달아 걸어놓고는 자살한 것이라고 신고하였다. 그러나 칼에 찔린 자국이 있고 목에 난 상처가 목을 매어 자살했을 때 난 상처와 달라 자살위장임이 드러난 사건이

다. 물론 자살위장은 자살과는 분명 다르기 때문에 이 표에서도 따로 분류해두었다.

13 자살위장은 아니었으나 수사 과정에서 자살 여부가 논의된 사건(6건)과 자살을 시도 하다가 오히려 타인을 죽인 사건(1건)을 포함한다.

14 범죄를 저지르고 자살을 한 경우나 자살의 이유가 기록되어 있지 않은 경우처럼 원인 제공자가 불분명한 사건을 포함한다.

15 여기서 '논의'라는 용어를 군이 사용한 이유는, 당시에 자살 혹은 자살위장이라고 판 명이 났다고 해서 그것이 '사실'이라고 볼 수는 없기 때문이다.

16 음독에는 주로 비소(砒素)나 간수를 사용하였으며, 복어알을 사용한 경우도 있다.

17 남편이 죄를 지어 잡혀 들어가게 되자 자살한 사례를 포함한다.

18 여기서 도피란, 죄를 저지른 뒤에 죽음을 택하는 경우나 궁지에 몰렸을 때 자살했던 경우를 말한다.

19 자살 여부 판단에 관련된 경우도 포함하였다. 결국은 타살로 결정이 된 것이기 때문 에 기타로 분류하였다.

20 중부 박중근의 옥사(1권 30-32쪽), 성주 신정신의 옥사(2권 5-6쪽), 서부 오찬주 등의 옥사(2권 55-56쪽), 철원 채성발 등의 옥사(2권 78쪽), 양양 이해인의 옥사(2권 78-81 쪽), 경주 강웅이의 옥사(2권 82-83쪽), 평산 이태봉의 옥사(4권 153쪽), 직산 최윤삼 의 옥사(4권 213쪽).

21 중부 박중근의 옥사는 곤장을 맞던 중에 자살을 시도했던 사건이고, 직산 최윤삼의 옥사는 옥중에서 음독자살한 사건이다.

22 3권 105-109쪽.

23 『무원록』에 대해서는 다음의 글을 참조할 것. 김호, 「해제: 『신주무원록』과 조선 전 기의 검시」, 『신주무원록』, 사계절, 2003, 13-41쪽; 장윤희, 「『增修無寃錄諺解』의 자 료적 특성과 언어」, 『역주 증수무원록언해』, 서울대학교출판부, 2004, 537-553쪽.

24 중부 박중근의 옥사(1권 30쪽). 곤장을 맞던 중에 칼을 빼어 자살하려 한 사건인데, 심리하는 관료들이 모두 독기를 부린 변괴라고 하여 대시참(待時斬)하는 것이 마땅하 다고 논하고 있다. 결국엔 '무지한 상놈의 짓'이니 사형을 감해 세 차례 형신 후 정배 하는 것으로 판결이 났다.

25 2권 91쪽.

26 2권 134-135쪽.

27 2권 55-56쪽.

28 2권 82-83쪽.

29 여기서 인용하는 『오륜행실도』는 서울대학교출판부에서 2006년에 출간한 역주본을 기본으로 했다.

30 「孝娥抱屍」, 53-57쪽.

31 「吉扮代父」, 146-153쪽.

32 「石珍斷指」, 222-226쪽.

33 「王蠋絶脰」, 250-254쪽;「龔勝推印」, 273-278쪽;「李業授命」, 279-284쪽;「劉翰捐生」, 337-342쪽;「尹穀赴池」, 361-365쪽;「枋得不食」, 373-378쪽;「蝦蟆自焚」, 390-394쪽.

34 광해군대에 간행된『동국신속삼강행실도(東國新續三綱行實圖)』「충신도(忠臣圖)」에도 전체 99건 중 자살은 14건에 불과하다. 세종대에 간행된『삼강행실도(三綱行實圖)』「충신도」에는 전체 110건 중 자살이 25건 수록되어 있다.

35 윤곡의 이야기(「尹穀赴池」, 361-365쪽)에서는 송나라 사람인 윤곡이 원나라의 침공을 받아 성을 지키지 못하게 되자 자기 집에 불을 지르고 일문(一門)이 모두 못에 빠져 죽었다고 전하고 있다. 또 보안불화의 이야기(「普顔全忠」, 395-400쪽)는 원나라 사람인 보안불화가 명군(明軍)에게 잡혀서도 굴하지 않고 죽었다는 이야기인데, 이야기의 뒷부분에 '그 아내 아로진이 또한 아들을 안고 우물에 빠질 때에, 딸과 첩과 손녀와 두 아우의 아내가 각각 어린아이를 안고 종들까지 모두 따라 빠져 죽었다'라는 추가 서술이 있다.

36 유럽을 대상으로 한 자살 연구 결과, 유럽의 모든 국가에서 여성보다 남성의 자살률이 높았다. 이는 어느 연령대에서나 마찬가지였다(토마스 브로니쉬,『자살』, 이재원 옮김, 이글리오, 2002, 34쪽). 이것은 한국의 경우도 그러하다. 2000년을 기준으로 남성은 총 3,898명(인구 10만 명 당 25.7명), 여성은 총 1,666명(인구 10만 명 당 10.1명)으로 심한 편차를 보인다(오진경 · 조영태 · 김창엽,「2000년 우리나라 성인 자살자의 인구사회적 특성」,『보건과 사회과학』18, 2005, 195쪽). 물론 이 연구들은 현대의 자살에 대한 연구이기 때문에 직접적인 비교는 힘들지만, 적어도『심리록』에 남성보다 여성 자살자가 많다는 사실이 시공을 초월하는 보편적인 현상은 아니라는 것을 일부 증명할 수는 있을 것이다.

37 2권 48쪽.

38 2권 218-221쪽.

39 2권 267-269쪽. 이 옥사의 내용은 삼한의 처 구월이 다른 이와 정을 통하였다고 의심하여 삼한이 구월을 칼로 찔러 죽인 것이다.

40 2권 300-301쪽. 박만세가 군정(軍丁)에 대리로 편입되어 아내를 잃었다는 이유로 유여인에게 감정을 품고 술을 취하도록 마시고 싸움을 걸자, 유 여인이 부끄럽고 분한 나머지 스스로 목을 매어 죽었다는 것이 사건의 내용이다.

41 3권 24쪽.

42 2권 150-151쪽.

43 물론 안광금이 완전 무죄로 석방되지는 않았다. 다른 경우도 마찬가지지만, 어쨌든 원인을 제공했다는 점은 죄로 인정을 받았다.

44 3권 250-251쪽.

45 2권 89-90쪽.

46 1권 263-266쪽.

47 2권 113-115쪽.

48 3권 93-94쪽.

49 3권 239-241쪽.

50 4권 236-237쪽.

51 자살 사건 31건 중 24건. 「표 1」 참조.

52 광해군대에 간행된 『동국신속삼강행실도』는 이런 현상을 더욱 자세히 보여준다. 이 책의 가장 큰 특징은 수록인물 전원이 모두 동국인(東國人), 즉 한반도 내 거주 인물 이었다는 점이다. 주로 남성이 수록된 「효자도」에는 자살자가 전무하고 「충신도」에 도 자살자가 몇 안 되는 반면에(99건 중 14건), 「열녀도」에는 자살한 여성의 사례가 749건 중 258건을 차지한다. 이에 대해서는 다음의 글을 참조할 것. 정일영, 「임진왜 란 이후 '教化'의 양상: 광해군대 『東國新續三綱行實圖』를 중심으로」, 『한국사상사 학』 34집, 한국사상사학회, 2010, 78-83쪽.

53 4권 138쪽.

54 2권 304-305쪽.

55 4권 214-215쪽.

56 1권 119-120쪽.

57 2권 113쪽-114쪽.

58 이에 대해서는 이혜순, 「열녀전의 立傳意識과 그 사상적 의의」, 한국고전여성문학회 엮음, 『조선시대의 열녀담론』, 월인, 2002; 임유경, 「이옥의 열녀전 서술방식과 열 관 념」, 앞의 책 등을 참조할 것.

59 5권 166-167쪽.

60 5권 315-316쪽.

61 2권 113-114쪽.

62 전주 정대봉의 옥사(4권 274-275쪽).

63 이 '정상참작'에는 사건 자체의 정황뿐만 아니라 당시의 사회적 분위기도 반영됐던 것 으로 보인다. 즉 사건이 벌어질 당시에 가뭄이 심하다거나 하면 원한을 풀면 '단비'를 기대할 수 있을 것이라는 언급들이 종종 보이기 때문이다. 이에 대해서는 전주 정대 봉의 옥사(4권 274-275), 안동 이석의 옥사(5권 195쪽)나 풍덕 김유봉의 옥사(5권 143 쪽) 등을 참조할 것.

64 『英祖實錄』 91卷 34年 1月 17日 甲辰條.

65 『英祖實錄』 91卷 34年 1月 8日 乙未條.

66 『正祖實錄』 15卷 7年 2月 6日 丁卯條.

67 정조의 행장(行狀)에는 이를 두고 "시골 마을의 필부 서민들조차도 해내기 어려운 일 인데 더구나 제왕의 집안이겠는가"라고 평하였다. 『正祖實錄』 54卷 附錄 012 行狀 5.

68 『英祖實錄』 76卷 28年 5月 23日 癸未條.

69 『英祖實錄』 119卷 48年 10月 23日 甲申條.

70 『英祖實錄』103卷 40年 12月 24日 辛丑條.

71 『正祖實錄』23卷 11年 4月 16日 癸丑條.

72 『正祖實錄』27卷 13年 7月 14日 戊戌條.

웃음과 죽음의 관계를 바라보는 두 가지 시선 | 임현수

1 다음은 조선왕조실록 성종 20년 5월 9일(丙寅) 자 기록인데, 당시 민간에서 행해지던
상례 풍습을 놓고 왕이 한탄하는 장면이다: "들으니, 본도(本道)의 민속(民俗)에 어버
이를 장사지낼 때 주식(酒食)을 많이 마련해 놓고 마을 사람들을 널리 모아 배우들의
온갖 잡희(雜戲)를 못하는 것이 없이 한다고 한다. 가슴을 치고 통곡해야 할 때에 남
정네와 여인들이 뒤섞여 밤새도록 술을 마시면서 상례(喪禮)의 기강을 무너뜨림이 이
렇게 심하니, 인간의 마음을 가진 자로서 차마 듣지 못할 일이다. 또 제수(祭需)도 풍
성하고 사치하기에 힘써서 한 번의 제사에 드는 비용으로 거의 파산(破産)하는 데 이
를 지경이라고 한다. 부자는 그만이거니와 가난한 자들은 마련할 힘도 없어 어버이의
유해(遺骸)를 드러내 놓고 때가 지나도록 장례를 지내지 못한다고 하는데, 생각이 거
기에 미치니 진실로 놀랍다."(한국고전번역원[http://www.itkc.or.kr]의 조선왕조실
록 한글 번역 자료에서 발췌)

2 이경엽·박원모, 『중요무형문화재 제81호 진도다시래기』, 국립문화재연구소, 2004
참조.

3 김효, 「보들레르의 웃음 담론과 판소리의 희극성」, 『비교문학』, 제52집, 2010, 161-
182쪽; 윤혜준, 「웃음, 주체, 시니시즘: 보들레르의 '웃음의 본질'을 중심으로」, 『문
학동네』, 제5권 제2호, 1998, 455-468쪽; 한양명, 「일생의례의 축제성: 장례의 경우」,
『비교민속학』, 제39집, 2009, 295-330쪽; 다니엘 키스터, 「해학과 희극론: 한국 무속극
에 나타난 유우머」, 『비교문학』, 제9집, 1985, 169-189쪽.

4 Charles Baudelaire, "The Essence of Laughter and more Especially of the Comic in
Plastic Arts", in Peter Quennell, ed., The Essence of Laughter and Other Essays,
Journals and Letters, New York: Meridian Books, 1956, pp. 109-130.

5 *Ibid.*, p. 113.

6 *Ibid.*, p. 112.

7 *Ibid.*, p. 112.

8 *Ibid.*, p. 112.

9 *Ibid.*, p. 116.

10 이에 대하여 보들레르가 예외를 인정하는 부류가 있다. 다른 사람들에게 즐거움을 주
기 위하여 코믹한 것을 창안하는 예술가가 그런 부류에 속한다. 앞서 언급한 바 있듯
이 웃음은 코믹한 것을 유발한 사람이 아니라 코믹한 것을 바라보는 사람한테서 일어
난다. 그런데 이때 전자와 후자의 태도에는 근본적인 차이가 있다. 코믹의 대상이 되

는 사람은 스스로 코믹한 일을 저질렀다는 것에 대한 자의식을 가지고 있지 않다. 반면 그를 보고 웃는 사람은 열등한 존재에 대한 우월의식을 지닌다. 그러나 예술가는 코믹한 것을 일으키는 사람과 그런 일을 바라보는 사람이 동시에 될 수 있다는 점에서 예외적인 존재이다. 즉 예술가는 스스로 우월한 존재와 열등한 존재가 동시에 될 수 있다. *Ibid.*, p. 130.

11 *Ibid.*, p. 119.

12 *Ibid.*, p. 117.

13 이 글에서는 'comic'이란 말을 희극을 의미하는 것으로 국한하지 않는다. 보들레르가 자신의 논문에서 코믹의 예로 들고 있는 것이 희극에 제한되지는 않기 때문이다. 굳이 번역하자면 '희극적인 것'이 타당할 것이다. 하지만 이 글에서는 문맥상 '코믹'으로 표기하기로 한다. 또한 'significantly'를 '의미 전달적'으로 번역한 것은 윤혜준, 앞의 글, 467쪽을 참조하였다.

14 Baudelaire, *op. cit.*, p. 120.

15 *Ibid.*, p. 121.

16 *Ibid.*, p. 121.

17 *Ibid.*, p. 121.

18 *Ibid.*, p. 119.

19 *Ibid.*, p. 121.

20 미하일 바흐친, 『프랑수아 라블레의 작품과 중세 및 르네상스의 민중문화』, 이덕형·최건영 옮김, 아카넷, 2001.

21 위의 책, 109-110쪽.

22 위의 책, 47쪽.

23 프랑수아 라블레, 『가르강튀아·팡타그뤼엘』, 유석호 옮김, 문학과 지성사, 2004.

24 유석호, 「프랑스 르네상스의 거인 프랑수아 라블레」, 위의 책, 496쪽; 유석호, 「라블레 소설의 그로테스크한 사실주의」, 『불어불문학연구』 제31집, 1995, 244쪽.

25 바흐친, 앞의 책, 108, 542쪽.

26 위의 책, 24-25쪽.

27 위의 책, 115쪽.

28 위의 책, 66쪽.

29 위의 책, 66쪽.

30 위의 책, 66쪽.

31 위의 책, 66-67쪽.

32 위의 책, 396쪽.

33 위의 책, 223쪽.

34 쁘로쁘는 이와 같은 민중 문화의 축제 때 유발되었던 웃음의 성격을 다음과 같이 규정한다. "이 성대한 축제들에는 큰소리의 축하하는 웃음소리들이 따랐다. 그러나 이

웃음은 이미 조소적이고 풍자적인 웃음이 아니었다. 이는 완전히 다른 큰소리로 호탕하게 웃는 만족스러운 웃음이었다. 아리스토텔레스부터 시작하여 오늘날의 미학강의들에 이르기까지 그 어떤 희극이론도 이 유형의 웃음에는 접근하지 않고 있다. 이 유형의 웃음은 생리학적 존재로서의 인간이 느끼는 동물적 기쁨을 표현하고 있다." 블라지미르 쁘로쁘, 『희극성과 웃음』, 정막래 옮김, 나남, 2010, 241-242쪽.

35 바흐찐, 앞의 책, 224쪽.

36 위의 책, 125쪽.

37 위의 책, 150-151, 520-521쪽.

38 위의 책, 128쪽.

39 위의 책, 332쪽.

40 위의 책, 151쪽.

41 위의 책, 88쪽.

42 위의 책, 122쪽. 참고로 웃음의 발생 메커니즘을 밝힌 이론으로는 우월성 이론 (superiority theory), 불일치 이론(incongruity theory), 구원 이론(relief theory)이 있다. 우월성 이론은 웃음의 대상보다 우월한 위치에 있는 당사자가 그의 약점을 공격하는 맥락에서 웃음이 발생하는 것으로 설명한다. 아리스토텔레스(Aristotle), 홉스(T. Hobbes), 앙리 베르그손(H. Bergson) 등이 이 입장을 지지한다. 불일치 이론은 웃음의 원인을 두 가지 상반된 의미가 동시에 표출되기 때문이라고 설명한다. 누가 봐도 분명한 의미가 예기치 못한 의미의 등장으로 말미암아 폐기되었을 때 웃음이 발생한다. 아더 쾨슬러(Arthur Koestler), 베이트슨(Gregory Bateson), 메리 더글러스(Mary Douglas) 등이 이 입장을 따른다. 구원 이론은 웃음이 심리적 압박을 벗어나게 해준다는 점을 강조한다. 웃음은 압박이 풀렸을 때 느끼는 구원의 표현이다. 허버트 스펜서(Herbert Spencer), 프로이트(S. Freud) 등이 이 입장을 지지한다(Ingvild Sælid Gilhus, *Laughing Gods, Weeping Virgins: Laughter in the History of Religion*, New York: Routledge, 1997, pp. 5-7). 각 입장을 대변하는 저술을 몇 가지 소개하면 다음과 같다. 앙리 베르그손, 『웃음: 희극의 의미에 관한 시론』, 김진성 옮김, 종로서적, 1983; 지그문트 프로이트, 『농담과 무의식의 관계』, 임인주 옮김, 열린책들, 1999; M. Douglas, "Jokes", in *Implicit Meanings: Selected Essays in Anthropology*, London: Taylor & Francis Routledge, 1999, pp. 146-164; "Do Dogs laugh?" *Ibid.*, pp. 165-169; G. Bateson, "The Position of Humor in Human Communication", in Heinz von Foerster, ed., *Cybernectics*, New York: Macy Foundation, 1953, pp. 1-47. 베이트슨의 논문은 다음 웹사이트에서도 찾을 수 있다. http://ada.evergreen.edu/~arunc/texts/cybernetics/humor.pdf

43 바흐찐, 앞의 책, 122쪽; 쁘로쁘, 앞의 책, 335쪽에는 동일한 신화가 웃음의 창조적 기능을 설명하기 위하여 소개되고 있다.

44 키스터, 앞의 글; 김효, 앞의 글.

45 Baudelaire, *op. cit.*, p. 113

46 키스터, 앞의 글, 180-181쪽.

47 Baudelaire, *op. cit.*, p. 123.

48 *Ibid.*, p. 118.

49 *Ibid.*, p. 125. 바흐친에 따르면 입을 대담하게 과장하는 것은 그로테스크 이미지에서 중요한 역할을 담당한다(바흐찐, 앞의 책, 492, 504쪽). 그런데 그로테스크 기법 중에서 입을 과장하는 방법은 문화적으로 매우 광범위하게 나타나고 있는 것으로 보인다. 특히 이를 포함하여 동아시아 문화권의 그로테스크 이미지 전반에 대한 심도 깊은 연구가 이루어질 필요성을 느낀다. 동아시아 문화권에서 입을 과장한 문화 현상에 주목한 논문으로는 김병준, 「神의 웃음, 聖人의 낙: 중국 고대 신성 개념의 재검토」, 『동양사학연구』 제86집, 2004, 1-43쪽 참조.

50 Baudelaire, *op. cit.*, p. 126.

51 *Ibid.*, p. 127.

52 *Ibid.*, p. 127.

53 바흐찐, 앞의 책, 56쪽.

54 위의 책, 95-96쪽.

55 위의 책, 92쪽.

56 위의 책, 74쪽.

57 바흐친은 16세기 민중들이 웃음이 죽음을 극복한다고 여겼던 사례로서 다음을 들고 있다. "16세기 작품으로 「살아 있는 시체들」이라는 파르스가 있었다. 이 파르스는 찰스 9세의 궁정에서 공연되었다. 내용은 다음과 같다. 한 법률가가 정신분열을 일으켜 자신이 죽었다고 상상하게 되었다. 그는 먹고 마시는 것을 멈추고 침대 위에 미동도 없이 누워 있었다. 한 친척이 그를 치료하기 위해서 스스로 죽은 사람처럼 꾸미고, 사람들에게 자신을 병든 변호사의 방 책상 위에 뉘어 놓으라고 지시했다. 모든 사람이 죽은 친척을 둘러싸고 우는데, 그 친척은 책상 위에 누워서 우스꽝스럽게 찡그린 얼굴을 하고 있다. 그러다, 모든 이들이 웃기 시작하고, 죽은 친척도 그들을 따라 웃기 시작한다. 변호사는 놀라지만, 사람들은 그에게 죽은 자들은 웃어야 한다고 설득한다. 그러자 그도 어쩔 수 없이 웃기 시작한다. 이 웃음은 병이 완쾌되는 첫 단계인 것이다. 이제 죽은 친척은 책상에 누운 채로 먹고 마시기 시작했다. 사람들은 변호사에게 죽은 자는 먹고 마셔야 한다고 설득한다. 그러자 그도 먹고 마시기 시작했고 마침내 병이 다 나았다. 이러한 식으로, 웃음과 음식, 음료는 죽음을 무찌른다." 위의 책, 466쪽.

58 바흐친이 민중 문화의 실제를 밝히기 위하여 프랑수아 라블레의 문학 작품을 분석했다는 것은 주지하는 사실이다. 바흐친은 라블레를 최고의 그로테스크 작가로 여겼다. 하지만 보들레르의 판단은 다르다. 보들레르는 라블레가 프랑스의 대표적인 그로테스크 작가일지는 모르지만, 그의 작품에는 여전히 유용성과 합리성의 요소가 담겨 있

다고 판단한다. "라블레는 본질적으로 상징주의적 작가이다. 그의 작품에는 늘 우화가 지닌 단순성이 깃들어 있다."(Baudelaire, *op. cit.*, p. 123)

한국 무속의 죽음 이해 시론 | 이용범

1 예컨대 서울 무속의 죽음의례 가운데 하나인 새남굿에서는 죽음의 원인에 대해 다음과 같이 말한다. "해운에 시절인지 불가 천술런지 안당에 위벌인지 본향에 채살는지 원명이 고만인지 시왕영검 흘리놓아 하직없이 가신 망제" 서울새남굿보존회 편, 『서울새남굿신가집』, 문덕사, 1996, 148쪽.
2 제주 무속의 차사본풀이가 좋은 사례이다. 이에 대해서는 권태효, 「인간의 죽음기원, 그 신화적 전개양상」, 『한국민속학』 43, 한국민속학회, 2006을 참조.
3 진오기굿, 씻김굿, 오구굿, 시왕맞이 등이 각 지역에서 행해지는 무속의 일반적인 죽음의례이다. 이들 죽음의례는 죽음 이후 상당한 시간이 지난 죽은 자를 대상으로 한 죽음의례이다. 죽은 지 얼마 안 된 사람을 위한 죽음의례는 이 명칭 앞에 보통 '진'자가 붙는다. 서울의 예를 든다면, 일반적인 죽음의례는 진오기굿이라 하지만, 죽은 지 얼마 안 된 죽은 사람을 위한 굿은 '진진오기굿'이라고 한다.
4 넋건지기 굿, 혼건지기 굿이 그 예이다.
5 허재비굿, 짝짓기굿, 저승혼사굿 등 이른바 사후(死後) 결혼굿이 그 예이다.
6 이에 대해서는 이용범, 「한국 전통 죽음의례의 변화: 유교 상장례와 무속의 죽음의례를 중심으로」, 『종교문화비평』 16, 한국종교문화연구소, 2009, 27-29쪽 참조.
7 묵은 진오기굿, 평진오기굿, 안안팎굿이라 말하기도 한다.
8 불교와 도교에서 유래한 불사, 칠성, 제석 등 인간의 탄생과 복을 관장하는 신을 모시는 절차이다.
9 보통 산신으로 표상되는, 마을과 같은 한 지역을 관장하는 신에 대한 절차이다.
10 한 가정의 근원을 나타내는 본향(本鄉)을 상징하는 신을 모시는 절차이다. 조상과 밀접한 관련이 있다.
11 어느 집에나 존재하는 가신(家神)의 대표인 성주신을 모시는 절차이다.
12 호남지방 무속에서는 죽음 발생 이후 경과된 시간만을 기준으로 '진굿'과 '마른굿'으로 구분하지 않는다. 혼건지기굿과 같은 비정상적인 죽음을 위한 의례 역시 진굿으로 판단한다. 이경엽, 「순천씻굿 연구」, 『한국무속학』 5, 한국무속학회, 2002, 151쪽; 이경엽, 「씻김굿 성주굿의 현장과 두 굿의 비교」, 『한국무속학』 13, 한국무속학회, 2006, 225쪽 참조. 이 부분에 대해서는 좀 더 조사가 필요하다고 여겨진다. 하여튼 죽음 이후 시간을 기준으로 진굿과 마른굿이 나뉘는 것만은 분명하다.
13 이경엽, 앞의 글(2002), 151쪽.
14 안당은 호남의 씻김굿에서 성주신을 중심으로 집안의 여러 신들에게 굿을 알리고 망자와 가족을 위해 축원하는 절차이다.

15 이경엽, 앞의 글(2006), 225쪽; 조경만, 「무의식」, 『진도무속 현지조사: 채씨 자매를 중심으로』, 국립민속박물관 · 전라남도, 1988, 31쪽 참조.

16 조경만, 위의 글, 36쪽.

17 김금화, 『김금화의 무가집』, 문음사, 1995, 374쪽.

18 탈상이 지나기까지 죽은 자를 임시로 모시는 대표적인 방식이 바로 초빈(草殯)이다. 초빈은 일반적으로 초분(草墳)이라고 말한다. 그러나 그것은 하나의 온전한 무덤이기 보다는 최종적인 매장을 위해 임시로 시신을 모셔두는 빈(殯)이라는 점에서, 초빈이란 표현이 더 적절하다고 생각한다.

19 이용범, 「서울 진오기굿의 종교적 성격과 문화적 위상」, 『한국학연구』 27, 고려대 한국학연구소, 2007, 26-27쪽.

20 정상적인 죽음과 비정상적인 죽음의 한국사회의 전통적인 구분에 대해서는 최길성, 『한국의 조상숭배』, 예전사, 1986, 152-153쪽; 이용범, 앞의 글(2009), 24-27쪽 참조.

21 어린아이를 위한 무속 죽음의례가 행해지기도 하나, 예외적이다.

22 이경엽, 『씻김굿: 삶의 끝자락에서 펼치는 축제』, 한얼미디어, 2004, 13-17쪽.

23 이용범, 앞의 글(2009), 35-36쪽.

24 일곱 번째 딸로 태어났다고 버림받았다가 죽음에 처한 부모를 위해 저승에서 사람을 살릴 수 있는 약수와 꽃을 구해와 무조(巫祖)로 좌정한 바리공주의 일대기를 말하는 바리공주 신화를 구송하는 절차를 '말미드린다'고 한다. 말미드릴 때 말미상을 준비하는데, 말미상에 놓인 쌀 위에 '세발심지'를 놓는다. 말미를 다 드리고 세발심지에 불을 붙여 쌀 위에 남은 흔적을 보고 죽은 자가 무엇으로 환생했는지를 확인한다.

25 바리공주 신화를 구송하는 오구굿을 할 때 체 위에 밀가루나 쌀가루를 쳐놓고 그 위에 종이를 덮어둔다. 오구굿이 끝난 뒤에 종이를 치우고 가루 위에 난 흔적을 보고 죽은 자가 어떤 존재로 환생했는가를 확인한다. 이경엽, 『굿의 현장에서 본 씻김굿 무가: 순천 씻김굿을 중심으로』, 박이정, 2000, 48-49, 146쪽 참조.

26 현용준, 「제주도의 바다: 삶의 터전, 죽음의 자리 그리고 굿 한마당」, 『제주도 무혼굿』, 열화당, 1985, 63, 90쪽 참조.

27 김금화, 앞의 책, 372쪽.

28 이러한 죽음의 의미는 유교 장례 행렬에서도 확인된다. 유교 장례 행렬은 죽은 자의 넋을 모시는 영여(靈輿)와 죽은 자의 시신을 모시는 상여(喪輿)로 구분된다. 이것이 최근에는 사진을 싣고 가는 승용차(즉 영여)와 시신을 싣고 가는 영구차(즉 상여)로 나눠지기도 한다.

29 죽은 자의 가족이 대를 잡아 죽은 자의 넋을 내려 죽은 자의 이야기를 전하는 것을 말한다. 김금화, 앞의 책, 386-387쪽; 김인회, 「굿에서의 죽음의 교육적 의미: 황해도 진지노귀굿을 중심으로」, 『황해도지노귀굿』, 열화당, 1993, 106-108쪽 참조.

30 죽은 자의 혼이 다른 사람에게 실려서 평소에 못다 한 말과 마지막 말을 가족들에게 전하는 것을 말한다. 김인회, 「수용포 수망굿과 무속에서의 죽음의 의미」, 『수용포수

망굿』, 열화당, 1985, 93쪽 참조.

31 귀양풀이나 시왕맞이 모두 제주도 무속의 죽음의례이다. 귀양풀이는 초우제(初虞祭)를 마치고 집에 돌아와 밤에 지내며, 시왕맞이는 대상(大祥) 후 택일해서 행한다.

32 제주도 굿에서 죽은 자의 말을 전하는 절차를 말한다. 현용준은 영개는 '영혼'이며 울림은 '울음'으로, 따라서 영개울림은 '영혼의 울음'이라고 해석한다. 현용준, 『제주도 무속 연구』, 집문당, 1986, 389쪽.

33 전라도 씻김굿에는 본래 죽은 자의 말을 직접 듣는 절차가 없다. 그러나 비정상적인 죽음을 당한 사람을 위한 씻김굿에서는 가족 중의 한 사람이나 이웃에게 대를 잡혀서 죽은 자의 넋을 내려 직접 죽은 자의 이야기를 듣는다. 손대잡이 또는 손대잡기에 대해서는 조경만, 앞의 글, 40-42쪽; 나경수, 「진도 씻김굿의 연구: 제의적 구조」, 『호남문화연구』 18, 전남대 호남학연구원, 1988, 76-77쪽 참조.

34 죽은 자가 무당을 통해 자신의 이야기를 전하는 것을 말한다. 황루시, 「재체험을 통한 죽음에의 이해: 다리굿의 구조와 그 기능」, 『평안도다리굿』, 열화당, 1985, 93-101쪽.

35 이용범, 앞의 글(2007), 17쪽.

36 서울굿의 사례 하나를 소개하면 다음과 같다. "아휴~ 우리 손주가 이 세상을 하직했다니까 잡수러 오셨겠나? 길 가리키러 왔지. 가는 거는 명이지 재단을 우리가 억지로 허니? 어째 명이 짧아 가는 걸 어떡하니? 그러니까 다 잊어버려라. 명이 짧아 갔지. 뭐 잘못 되서 간 게 없어. 그러니까 걱정마라. 할아버지가 오시어서 내가 잘 되게 도와줘서~." 김헌선, 『서울 진진오기굿 무가자료집』, 보고사, 2007, 366-367쪽.

37 이용범, 「동해안 오구굿의 종교적 성격」, 『한국학연구』 25, 고려대한국학연구소, 2006, 171쪽.

38 이경엽, 앞의 책(2000), 140-141쪽.

39 가족관계의 맥락에서 죽음과 죽음 이후를 바라보는 것은 무속은 말할 것도 없고 한국 전통문화에 일반화된 사고방식으로 여겨진다.

40 이용범, 앞의 글(2006), 188쪽.

41 현용준, 앞의 책, 389쪽.

42 현용준, 앞의 글, 91쪽.

43 현용준, 앞의 책, 369쪽.

44 이용범, 앞의 글(2006), 188-189쪽.

45 이하 죽은 자의 존재가 가족에 의존하는 내용은 이용범, 앞의 글(2007), 21-23쪽 참조.

46 김태곤, 『한국무가집1』, 집문당, 1971, 81쪽.

47 이용범, 「한국무속에 나타난 신의 유형과 성격」, 『민속학연구』 13, 국립민속박물관, 2003, 229쪽.

48 같은 맥락에서 결혼을 못하고 미혼으로 죽은 처녀, 총각귀신이 왜 가장 무서운 귀신으로 여겨지는가도 이해될 수 있다. 아무도 기억해 줄 사람이 없어서 자신의 존재를

영속시킬 기회를 원천적으로 박탈당한 귀신이 살아있는 사람들에게 더 많은 두려움과 위험을 끼칠 것이라는 것은 쉽게 짐작되기 때문이다. 그래서 결혼 못하고 죽은 처녀, 총각을 사후에라도 결혼시키는 여러 의례가 민간에서 행해진다.

49 장덕순, 「저승과 영혼」, 『한국사상의 원천』, 박영사, 1976, 138-141쪽.

50 나경수 외, 『호남의 망자환갑굿』, 민속원, 2007.

51 이경엽, 앞의 책(2004), 89쪽.

52 정병호, 「굿에 표현된 한과 신명: 통영 오귀새남굿의 구성과 춤의 기능」, 『통영오귀새남굿』, 열화당, 1989, 88쪽.

53 마을굿에서도 이미 죽은 마을주민들이 굿에 등장해서 살아있는 현재 마을주민들과 관계를 갖는다. 이 역시 한국무속이 살았을 때의 가족관계 뿐만 아니라. 마을 단위의 인간관계 역시 죽음 이후에도 지속된다는 인식을 갖고 있음을 보여준다.

54 현용준, 『제주도 신화』, 서문당, 1977, 91-140쪽.

55 이와 관련하여 바리공주가 가는 서천 서역국이나 강림이 가는 저승이 수평적 도보여행으로 이르는 곳이지만, 실제로는 수직적 상방에 있는 공간이라는 주장이 있다. 권태효, 「무속신화에 나타난 이계여행의 양상과 의미」, 『한국구전신화의 세계』, 지식산업사, 2005, 241-244쪽. 이 또한 한국 무속신화에는 지하계가 존재하지 않는다는 주장이다.

56 물론 죽음 이후의 세계 즉 저승이 하늘이나 지하에 있다는 수직적 우주론을 전제하는 설화도 있다. 예컨대 주몽이나 혁거세가 죽음 이후 하늘로 올라갔다든지, 사복(蛇福)이 죽은 자신의 어머니와 함께 지하로 들어갔다는 설화가 좋은 예이다.

57 "질이 삼거름 질이 나타나는데 우측 질로 보면 극락 가는 길이고 좌측에는 지옥 가는 길이고 이 복판 길에는 서천서역 가는 표목을 세워놨는데 니가 글을 배와 니가 글로 배왔으니 그 표목을 보고 찾아가거라." 김태곤, 『한국무가집4』, 집문당, 1980, 157쪽.

58 "아버님요 아버님요 불초 소아 여기 서천서역국 가서 약수를 구해 왔으니 아버지가 원도 한도 없도록 이 약수를 신체라도 한모음 뿌리고 뼈에라도 이 약수를 뿌려 드리겠습니다…… 뼈가 지자허게 덜걱 덜걱 갖다 붙는데…… 두번째 천생 다무사리 꽃을…… 이 꽃은 사리사리 가는 꽃이올시다. 시담님에 옛날과 같은 살이 구름 위에 뜨드시 뭉게 뭉게 뭉게 사리사리 살아나는구나." 김태곤, 위의 책, 185-186쪽.

고대 인도의 죽음 개념 | 김진영

1 존 바우커, 『세계종교로 보는 죽음의 의미』, 박규태 · 유기쁨 옮김, 청년사, 2007, 249쪽.

2 이지수, 「힌두교: 윤회와 불사의 길」, 한국종교학회 편, 『죽음이란 무엇인가』, 창, 2009, 124쪽.

3 베다에서 죽음을 나타내는 단어로는 mṛtyu와 maraṇa가 대표적이다. 전자가 죽음을

나타내는 일반적인 단어라면, 후자는 죽는 현상, 죽음의 순간을 강조하는 용어로 구분할 수가 있다. mṛtyu에 관한 어원적 분석과 용례연구로는 Hara Minoru, "Mṛtyu-The Hindu Concept of Death," *The Memoirs of the Toyo Bunko*, vol. 68, 2010이 있으며, maraṇa는 박찬국 외, 『죽음, 삶의 끝인가 새로운 시작인가』, 운주사, 2011, 35쪽이 있다.

4 사호다 쓰루지는 초기베다(RV), 중기베다(SV, YV, AV, Brāhmaṇa), 후기베다(Upaniṣad)로 삼분하고, 밀리우스는 초기베다(RV), 중기베다(만뜨라, YV상히따, 브라흐마나, 우빠니샤드), 후기베다(수뜨라 문헌) 등으로 삼분하며, 빗젤은 RV, 만뜨라베다(AV, SV, RV-khila, YV상히따 가운데 만뜨라 부분들), 상히따의 산문베다(혹YV 상히따 가운데 산문 부분들 : MS, KS, TS), 브라흐마나의 산문베다들(古Āraṇyaka, Upaniṣad, BauŚS와 같은 初期 수뜨라), 후기 수뜨라베다(대부분의 Śrauta-Sūtra, Gṛhya-Sūtra, 後期 우빠니샤드)로 구분한다.

5 A. A. Macdonell & A. B. Keith, *Vedic Index of Names and Subjects,* Delhi: Oxford University Press, 1958, p. 175.

6 Shrinivas Tilak, *Religion and Aging in the Indian Tradition,* New Delhi: Manohar, 1977, pp. 101-102.

7 Patrick Olivelle, "Amṛta: Women and Immorality Technologies," *Journal of Indian Philosophy*, vol. 25, 1977, p. 435. Olivelle는 장수는 단순한 수명유지가 아니라 잘 살고 오래 사는 것을 전제한다고 분석한다. 즉, 장수는 가난하고 낮은 계급의 문제가 아니라 명성, 부, 자식, 사회적 지위와 연결된 위계가 높은 충족감을 수반하는 것이라고 보았다.

8 F. H. Holck, *Death and Eastern Thought,* Nashville: Abingdon Press, 1974, p. 36.

9 Gian Giusep Filippi, *Mṛtyu: Concept of Death in Indian Traditions,* New Delhi: D.K.Printworld, 1996, p. 14. 인도사상에서는 죽음의 반대는 삶(life, jīvan)이 아니라 탄생이라고 규정한다. 이는 존재의 측면으로 생사를 보는 것으로서, 개인 존재의 시작과 끝이 탄생과 죽음이라고 보는 해석이다.

10 이 구절은 상당히 애매한 형태로 인간의 탄생을 설명하고 있지만, 『샤따빠따 브라흐마나』(10.5.1.3)의 원형이 되는 구절로서 후대에 Chāndogya-Upaniṣad(6.11)의 사상으로 발전하는 기원이 된다.

11 『리그베다』(10.16.3), 번역은 Wendy Doniger, *The Rig Veda: An Anthology, One Hundred and Eight Hymns, Selected, Translated and Annotated,* London: Penguin Books, 1994, p. 49. 참조.

12 F. H. Holck, *op. cit.,* p.31; A.B. Keith, *The Religion and Philosophy of The Veda and Upanishads,* vol. 2, London: Oxford University Press, 1925, p. 705.

13 T. I. Hopkins, "Hindu Views of Death and Afterlife," In H. Obayashi, ed., *Death and Afterlife: Perspectives of World Religions*, Westport: Praeger, 1992, p. 146.

14 Wendy Doniger, *op. cit.,* p. 44.

15 Karel Werner, "The Vedic Concept of Human Personality and its Destiny," *Journal of Indian Philosophy,* vol. 5, no. 3, 1978, p. 279.

16 Carlos Lopez, "Food and Immortality in the Veda," *Electronic Journal of Vedic Studies,* vol. 3, no. 3, 1997, p. 14.

17 Frits Staal, *Discovering the Vedas,* New Delhi: Penguin Books, 2008, pp. 171-172.

18 Wendy Doniger, *op. cit.,* p. 50.

19 D. M. Knipe, "Sapindikarana: The Hindu Rite of Entry into Heaven", in F.E. Reynolds et al., *Religious Encounters with Death,* London: Pennsylvania State University, 1977, pp. 112-113.

20 존 바우커, 앞의 책, 48-49쪽. 존 바우커는 방주네프의『통과의례』에서 등장한 '중간적 임계성' 개념으로 이 용어를 설명한다. 인간은 ①살아 있는 상태, ② 죽어 가고 있는 상태, ③ 죽어있는 상태 등의 세 단계를 거치는데, 여기서 ②에 해당되는 중간 단계야 말로 다루기 힘든 상태라고 지적하면서, 죽음의례에서 가장 중요한 것은 중간적인 단계, 즉 임계의 자율성이라는 점을 강조한다.

21 Carlos Lopez, *op. cit.,* p. 6.

22 W. D. O'Flaherty, *Karma and Rebirth in Classical Indian Traditions,* Berkeley: University of California, 1980, p. 6.

23 *Ibid.,* p. 3.

24 존 M. 콜러,『인도인의 길』, 허우성 옮김, 소명출판, 2003, 152-153쪽. 콜러는 "초기 토착문화의 점증(漸增)하는 영향 때문이었을 것이다."라는 모호하고 방대한 방식으로 추정한다.

25 Margaret Stutley, *A Dictionary of Hinduism-its Mythology, Folklore,* London: Routledge, 1977, p. 194.

26 W. D. O'Flaherty, *op. cit.,* p. 4.

27 쁘라자빠띠의 이와 같은 신화적 전개는『샤따빠따 브라흐마나』(10.1.3.1 ; 10.1.4.1 ; 10.4.4.1)를 참조.

28 F. H. Holck, *op. cit.,* p. 39. 이옥순,「인도, 힌두의 죽음」,『아시아의 죽음 문화: 인도에서 몽골까지』, 소나무, 2010, 17쪽.

29 H. W. Bodewitz, "The Hindu Doctrine of Transmigration: Its Origin and Background", *Indologica Taurinensia,* vol. 23-24, 1997, p. 597.

30 Patrick Olivelle, *op. cit.,* pp. 433-434. Olivelle는 A. A. Goswami et. al., eds., "The Pancagnividya and the Pitryana/Devayana," *Studies in Indology,* 1996의 견해를 제시하면서, 재사가 제식주의자들에 의해서만 논의되는 논쟁적 주제라는 점에 주목했다.

31 Bruce Lincoln, *Death, War, and Sacrifice: Studies in Ideology & Practice,* Chicago: University of Chicago Press, 1991, p. 68.

32 Yuvraj Krishan, *The Doctrine of Karma,* Delhi: Motilal Banarsidass Publisher Limited, 1992, pp. 13-14.

33 F. H. Holck, *op. cit.*, p.41.

34 R. C. Majumdar, *The Vedic Age,* London: Allen and Unwin, 1951, p. 352; F. H. Holck, *op. cit.*, p. 34.

35 Gregory Shushan, "Afterlife Conceptions in the Vedas," *Religion Compass,* vol. 5-6, 2011, p.203. 조계의 이러한 이미지는 이후 아따르바베다에서 더 강화된다. 『아따르바베다』(4.34.5-6)에서는 연꽃과 기(ghee)의 연못, 꿀의 강변, 와인·꿀·커드(curd)의 강 등으로, 『아따르바베다』(5.4.4-5)에서는 금의 세계로, 『아따르바베다』(6.120.1-3)에서는 영원한 선(善)으로, 『아따르바베다』(4.34.2-4)에서는 천상의 악사와 무용수인 간다르와(Gandharvas)와 아프사라스(Apsaras)들과 향락을 즐기고 천상을 나는 천국과 같은 곳으로 다양하게 묘사되면서 극대화된다.

36 『리그베다』(1.121.13).

37 H. W. Bodewitz, "The Dark and Deep Underworld of the Vedas," *Journal of the American Oriental Society,* vol. 22, no. 2, 2002, p. 215.

38 P. V. Kane, *History of Dharmasastra,* vol. 2. Poona: Bhandarkar Oriental Research Institute, 1977, p. 154.

39 Klaus Butzenberger, "Ancient Indian Conceptions on Man's Destiny after Death," *Berliner Indologische Studien,* vol. 9, 1996, pp. 61-63; H. W. Bodewitz, "Yonder World in the Atharva Veda," *Indo-Iranian Journal,* vol. 42, no. 2, pp. 216-219.

40 Karel Werner, *op. cit.*, pp. 281-282.

41 Bruce Lincoln, "The Lord of the Dead," *History of Religions,* vol. 20 No. 3, 1981, pp. 224-227.

42 Gregory Shushan, *op. cit.*, p. 204.

43 F. H. Holck, *op. cit.*, p. 33.

44 A. A. Macdonell, *op. cit.*, pp. 175-176.

45 Gregory Shushan, *op. cit.*, p. 206.

46 Karel Werner, *op. cit.*, p. 285.

47 라다크리슈난, 『인도철학사 1』, 이거룡 옮김, 한길사, 1996, 194쪽.

48 Aitareya-Brāhmaṇa(10.5.6.9. ; 11.2.6)

티베트 생사관의 형성 배경 | 심혁주

1 문순철, 「티베트 자연, 인문 환경의 지리적 특성」, 『동아연구』 제36집, 1996, 215쪽.

2 R. A 슈타인(Rolf A. Stein), 『티벳의 문화』, 안성두 옮김, 무우수, 2004, 18-19쪽.

3 焦治平, 「論藏族的喪葬風俗」, 『康定民族師範高等專科學校學報』, 제12권, 제3기,

2003, 4쪽.

4 鄭作新, 『中國經濟動物志-鳥類』, 北京: 科學出版社, 1993, 133쪽.

5 格桑本, 『靑藏高原遊牧文化』, 甘肅: 民族出版社 2000, 5-9쪽.

6 조재송, 「티벳과 몽고의 문화친연성 배경」, 『중국학연구』 제28집, 중국학연구회, 2004, 173-174쪽.

7 야마구치 즈이호 · 야자키 쇼캔, 『티베트 불교사』, 이호근 옮김, 민족사, 1990, 193쪽.

8 南文燕, 『高原藏族生態文化』, 甘肅: 民族出版社, 2002, 1-4쪽.

9 周銀銀, 『藏族原始宗敎』, 四川: 四川人民出版社, 1999, 12쪽.

10 才讓太, 『試論本敎硏究中的介個問題』, 『中國藏學』, 第3期, 北京: 中國藏學出版社, 1988, 85-86쪽.

11 이와 관련한 자세한 내용은 심혁주, 「티베트 천장(天葬)문화 고찰」, 『중국학연구회』 제37집, 2006 참조.

12 티베트불교에서는 죽음의 문제를 매우 중요시한다. 죽음의 문제는 근본적으로 생명체의 삶과 죽음의 문제이다. 따라서 티베트불교에서는 "죽음에 대한 예비적 수행단계"로서 '누구나 반드시 죽는다.'또는죽음의 시간은 정해져 있지 않다.'는 등 죽음에 대한 시각을 제시한다. 이것에 대한 본격적 수행으로서 죽음에 대한 관한 관상법을 현교와 밀교의 방식으로 구체적으로 설명하고 수행하는 것은 티베트불교의 특징 중의 하나이다. 현교 방식의 관상법은 다시 시체나 부정한 몸 등을 외적으로 관찰하는 부정관과 본인이 죽은 후의 광경 등을 미리 떠올려 노는 내적 관상법으로 구분된다. 여기에 관해서는 정준영 외, 앞의 책, 21쪽.

13 彭英全, 『西藏宗敎槪說』, 西藏民族學院民族理論硏究室, 西藏人民出版社, 2002, 7-12쪽.

14 이 시기는 산스크리트 불전의 자구(字句)를 좇아 충실히 번역하는 축자역(逐字譯) 티베트 불전의 전통도 확립되었다. 때문에 오늘 날 산스크리트어 불전이 거의 소실되어 없는 상황에서 남아 있는 티베트 불전은 산스크리트어로 재번역이 가능한 유일한 역본으로서 그 가치가 진중되고 있다.

15 마츠모토 시로, 『티베트 불교철학』, 이태승 옮김, 불교시대사, 2008, 32쪽.

16 이러한 발전기가 오기 전에 본교 측의 불만으로 랑다르마(朗達瑪, glang-dar-ma, 836-842) 멸불(滅佛)정책이 있었다. 랑다르마는 역경을 금지시키고 승도들을 환속시키거나 살해하였다. 이때 불교는 일시적이지만 큰 타격을 받았다. 彭英全, 앞의 책, 26쪽.

17 본래 전생사상은 사후의 안위를 바란다고 하는 입장에서 불교나 기독교 및 다른 종교에서도 인정하고 있는 사상이다. 뿐만 아니라 때로는 일종의 설화로서, 선인하면 선과, 악인하면 악과라는 종교 윤리적 측면에서 다루는 것이 보통이다. 그런데 티베트불교의 전생사상은 수행승이 수행을 함으로써 얻은 비밀스러운 주술력 혹은 티베트 요가의 힘으로 이를 성취할 수 있다고 믿는 것이다. 또한 덕이 높은 수행승이 죽은 뒤 그 영혼이 어린 유아의 육체에 전생하는 경우, 누가 그 육체를 제공하느냐 하는 것은

유아 자신은 물론이고 그 친족조차도 전혀 알 수 없는 우연의 소치이지만, 육체를 제
공함으로써 유아 및 그 친족이 받는 과보는 매우 크다. 또한 이 전생 능력은 한평생
수행을 쌓은 라마, 즉 고승에게만 인정되는 것이며, 일반인들이 쉽사리 발휘할 수 있
는 것이 아니다.

18 전영란, 「중국소수민족의 장례 문화」, 『대구대학교 인문과학총서』, 중문출판사,
2011, 99쪽.
19 邊巴璟達, 「淺析西藏天葬習俗的成因及文化含意」, 『西藏研究』第1期, 2005, 68-72쪽.
20 周銀銀, 앞의 책, 154-158쪽.

초기 불교 경전에 나타난 선종의 의미와 내용 | 양정연

1 『漢語大詞典』3, 上海: 漢語大詞典出版社, 1989, 446쪽.
2 국립국어연구원, 『표준국어대사전(중)』, 두산동아, 1999, 3417쪽; 『우리말큰사전』
2에도 이와 유사하게 설명되어 있다. 한글학회, 『우리말 큰 사전』2, 어문각: 1992,
2288쪽.
3 『경향신문』, 1957.10.11 제2면; 『동아일보』, 1957.10.11 제4면.
4 엘리자베스 큐블러 로스, 『삶과 죽음에 대한 기억』, 박충구 옮김, 가치창조, 2001,
225-226쪽.
5 디팩 초프라, 『죽음 이후의 삶』, 정경란 옮김, 행복우물, 2008, 19쪽.
6 백승균, 『호스피스철학』, 계명대학교출판부, 2004, 56쪽.
7 노유자 외, 『호스피스와 죽음』, 서울: 현문사, 1998, 122쪽.
8 조계화, 「간호대학생이 인식하는 품위 있는 죽음」, 『한국간호교육학회지』제16권 제1
호, 한국간호교육학회, 2010, 74쪽.
9 위의 글, 76-77쪽.
10 이경주 외, 「좋은 죽음의 개념 분석」, 『호스피스논집』제10권, 호스피스교육연구소
지, 2006, 27-29쪽.
11 Debate of the Age Health and Care Study Group, *The Future of Health and Care of
Older People: The Best Is Yet to Come*, London: Age Concern, 1999, Richard Smith, "A
good Death", BMJ 2000, p. 129에서 재인용.
12 시마조노 스스무·다케우치 세이치 엮음, 『사생학이란 무엇인가』, 정효운 옮김, 한
울, 2010, 64쪽.
13 최순옥, 김숙남, 「호스피스 간호에서 의미요법 적용을 위한 생의 의미 고찰」, 『한국
간호교육학회지』제9권 2호, 한국간호교육학회지, 2003, 329쪽.
14 위의 글, 333쪽.
15 빅터 E. 프랭클, 『심리요법과 현대인』, 이봉우 옮김, 분도출판사, 1979, 79쪽.
16 위의 책, 80쪽.

17 빅터 E. 프랭클, 『죽음의 수용소에서』, 이시형 옮김, 파주: 청아출판사, 2005, 168쪽.

18 위의 책, 180쪽.

19 위의 책, 75쪽.

20 김옥진, 「철학상담의 정체성과 그 한계: 심리상담의 관점에서」, 『한국기독교상담학회지』 제18호, 한국기독교상담심리치료학회, 2009, 16쪽.

21 이진남, 「철학상담의 정체성과 심리상담」, 『동서사상』 제10집, 동서사상연구소, 2011, 148쪽. 이진남은 그의 논문에서 철학상담과 심리상담에 대한 관계 설정에 대한 견해를 표명하고 있다.

22 최은숙 · 김금순, 앞의 글, 53쪽.

23 노경이, 「영성과 자아존중감 및 종교 간의 관계 연구」, 『상담학연구』 제10권 4호, 한국상담학회, 2009, 2602쪽.

24 정무근, 「가톨릭 영성에서 바라본 영적 돌봄」, 『호스피스논집』 제7권, 가톨릭대학교 간호대학 호스피스 교육연구소, 2003, 31쪽.

25 『성경』 개역개정4판, 창세기 2:7.

26 위의 책, 요한복음 5:24.

27 신연순 · 송정아, 「호스피스 상담과 기독교적 영적 돌봄」, 『한국기독교상담학회지』 제22호, 한국기독교상담심리치료학회, 2011, 143쪽.

28 빅터 E. 프랭클, 『심리요법과 현대인』, 61-62쪽.

29 윤회세계에서 인간으로 태어나는 어려움을 『잡아함경』에서는 '눈 먼 거북의 비유'를 통해 설명하고 있다. 『잡아함경』, 대정장 2, 108c쪽 참조. "비유해서 이 넓은 대지가 모두 큰 바다로 되었다고 하자. 무량겁동안 살아온 어떤 눈 먼 거북이가 백년에 한번 머리를 물 밖으로 내미는데, 바다에는 나무판자가 떠있고 구멍이 하나 뚫려 있을 뿐이다. … 이 거북이가 백년에 한 번 머리를 내밀 때 그 구멍으로 머리를 내밀 수 있겠는가? … 눈 먼 거북이와 떠있는 나무는 서로 어긋날 수도 있고 서로 만날 수도 있다. 어리석은 범부가 오취를 떠돌다가 잠깐이나마 인간의 몸을 받기는 그보다도 훨씬 어렵다."

30 『잡아함경』, 267b쪽.

31 Saṃyutta-Nikāya(SN)Ⅲ, p. 125.

32 村上眞完, 及川眞介, 『パーリ仏教辞典』, 東京: 春秋社, 2009, 537쪽.

33 T. W. Rhys Davids and William Stede, The Pali Text Society's Pali-English Dictionary, London: Pali Text Society, 1979, p. 218.

34 Ibid., p. 628.

35 vippaṭisāra의 접두사 'vi'는 '分別', '變異'의 뜻으로서, '變悔'라는 해석은 여기에서 나온 것으로 보인다. 한역에는 kukkucca의 뜻으로 나오지 않는다. 관련내용은 釋天眞, 「從『雜阿含』第1013經經群看善終補導」, 『中華佛學研究』第四期, 中華佛學研究所, 2000, 21-22쪽 참조.

36 佐々木閑, 「佛敎における戒と律の意味」, 『韓國佛敎學』第45輯, 서울: 韓國佛敎學會, 2006, 88-89쪽.

37 『잡아함경』, 267b쪽.

38 SNIII, p. 125. "...samaṇabrāhmaṇāsamādhisārakāsamādhisāmaññā..."

39 『상윳따니까야 3』, 각묵 옮김, 초기불전연구원, 2009, 358쪽 주 315.

40 『잡아함경』, 267c-268a쪽.

41 위의 책, 175a쪽.

42 위의 책, 346c쪽.

43 위의 책, 346c쪽, "만일 그 몸에 대해서 탐하고 욕심낼 만한 것이 없다면 그것은 좋은 죽음(善終)이요 다음 세상도 또한 좋을 것이다."

44 위의 책, 270a-b쪽.

45 위의 책, 269b쪽.

46 위의 책, 213c쪽.

47 위의 책, 213c쪽.

48 위의 책, 214a쪽.

49 위의 책, 214c쪽 참조.

50 위의 책, 270b쪽, "저는 일체 행에 대해 무상하다는 생각을 하고, 무상은 고라는 생각을 하고, 고는 무아라는 생각을 하고 음식을 [부정하다고] 바라보는 생각, 일체 세간은 즐거워할 수 없다는 생각, 죽는다는 생각들은 항상 현재에도 하고 있습니다."

51 『상윳따니까야 3』, 260쪽.

52 『잡아함경』, 215c쪽.

53 위의 책, 298a-b쪽 참조.

54 위의 책, 243b쪽.

55 위의 책, 186.b쪽.

56 위의 책, 151a쪽.

57 위의 책, 49b쪽.

58 위의 책, 76c쪽.

59 위의 책, 77a쪽.

60 위의 책, 55b쪽.

61 위의 책, 55c쪽.

62 위의 책, 96a쪽 참조.

63 위의 책, 64c쪽.

예수 그리스도의 죽음 | 박형국

1 OECD Health Data 2011: Statistics and Indicators for 34 Countries 참조.

2 구스타프 아울렌,『속죄론 연구』, 전경연 편역, 향린사, 1965. 아울렌의 속죄론의 유형론에 대한 자세한 해설을 포함하고 있는 국내의 여러 연구들이 있다. 허호익,「구원론의 통전적 이해」,『신학논단』 제21집, 1993, 402-412쪽; 김균진,「화해론의 문제점과 타당성에 대한 신학적 성찰」,『신학논단』 제51집, 2008, 41-45쪽; 서창원,「속죄론의 신학적 지평」,『신학과 세계』 제58호, 2007, 75-81쪽; 윤철호,「구속교리에 대한 해석학적 고찰: '승리자 그리스도' 모델을 중심으로」,『장신논단』 제 44호, 2012, 135-141쪽.

3 구스타프 아울렌, 앞의 책, 95-114쪽.

4 Irenaeus, *Epideixis* 37; 구스타프 아울렌, 앞의 책, 23쪽에서 재인용.

5 손은실,「하나님은 왜 그리스도의 죽음을 통해 인류를 구원하기를 원하셨는가? 토마스 아퀴나스의 구원론:『신학대전』 제3부를 중심으로」,『중세철학』 제13호, 2007, 200쪽 각주 6.

6 조순,「예수 죽음의 본질」,『신학연구』 제46집, 2004, 197-98쪽; 김균진,「화해론의 문제점과 타당성에 대한 신학적 성찰」, 54쪽 이하: 신현수,「판넨베르그에 있어서 예수의 십자가의 죽음」,『신학정론』 18권 2호, 2000, 445-470쪽. 특별히 전통적인 대속 이해는 칼뱅 이후의 현대 개혁주의 신학에서 시대정신을 담아내는 재해석과 보완 없이 현저하게 반복되고 있는 것으로 보인다. 문병호,「그리스도의 무름(satisfactio Christi) I: 개혁주의 속죄론의 형성」,『신학지남』 제73권 4호, 2006, 327-350쪽; 같은 저자,「Expiatio, Propitiatio, Reconciliatio(속죄, 용서, 화목): 바빙크의 그리스도의 무름 이해」,『신학지남』 제75권 2호, 2008, 325-346쪽 참조.

7 예수 그리스도의 죽음이 인간의 구원을 위한 대속제물이라는 주장은 신약성서에서 약간의 변형과 함께 약 50차례 나온다. W. Pannenberg, *Grunzüge der Christologie*. 4. Aufl. 1972. S. 38; 김균진,「예수의 십자가의 죽음에 대한 구원론적 해석(Ⅰ)」,『신학논단』 제24집, 1996, 93쪽에서 재인용.

8 에드워드 샌더스,『예수운동과 하나님나라: 유대교와의 갈등과 예수의 죽음』, 이정희 옮김, 한국신학연구소, 1997, 9-114쪽; 게하르트 프리드리히,『예수의 죽음: 신약성서의 이해』, 박영옥 옮김, 한국신학연구소, 1988, 7-58쪽; 국내의 연구로는 차정식,『예수는 어떻게 죽었는가: 예수의 수난 전승 탐구』, 한들출판사, 2006 참조.

9 르네 지라르,『폭력과 성스러움』, 김진식·박무호 옮김, 민음사, 1993 참조.

10 Cf. Jacques Derrida, *The Gift of Death,* tr. David Willis, Chicago: The University of Chicago Press, 1995, pp.53-115.

11 조순,「예수의 십자가 죽음에 관한 연구」,『神學研究』 제41집, 2000, 302쪽 이하 참조; 같은 저자,「예수의 죽음의 본질」, 200쪽 이하 참조.

12 볼파르트 판넨베르크,『사도신경해설』, 정용섭 옮김, 한들출판사, 1973/2000, 108-29쪽 참조.

13 전통적인 대속 이해의 맹점들에 대한 독일 현대신학의 비판들을 정리해서 소개해주

는 연구로는 김균진,「예수의 십자가의 죽음에 대한 구원론적 해석(Ⅰ)」, 97쪽 참조.

14 마틴 헹엘,『신약성서의 속죄론』, 전경연 옮김, 대한기독교서회, 2003 참조.

15 위의 책, 88쪽.

16 전통적인 대속 이해에 대한 좀 더 균형 있는 현대적 재해석을 추구하는 글로는 김균 진,「예수의 십자가의 죽음에 대한 구원론적 해석(Ⅱ)」,『신학논단』제25집, 1997, 85-105쪽; 같은 저자,「화해론의 문제점과 타당성에 대한 신학적 성찰」, 45쪽 이하; 심광섭,「속죄론을 위한 변명」,『세계의 신학』, 53집, 2001, 166쪽 이하; 박만,「예 수의 십자가: 하나님의 자녀 학대인가? 대속 사건인가?」,『장신논단』제21집, 2004, 237-256쪽 참조.

17 예수 그리스도의 십자가의 죽음에 놓인 근원적인 폭력성에 대한 진지하고 깊은 인 문학적 새김은 아마 독일 루터의 정신적 후예들에게 돌려야 할 것이다. 그 한 가운데 괴테와 헤겔이 서 있다. 칼 뢰비트,『헤겔에서 니체에로』, 강학철 역, 민음사, 1985, 17-46쪽. 그 신학적인 되새김을 위해서는 위르겐 몰트만,『십자가에 달리신 하나님: 기독교 신학의 근거와 비판으로서의 예수의 십자가』, 김균진 옮김, 한국신학연구소, 1979, 38-87쪽 참조.

18 전통적인 대속 교리가 담고 있는 희생제물 이해에 대한 비판은 특별히 여성신학자 들에 의해 예민하게 표현되고 있다. 특별히 예수의 십자가 죽음의 폭력성을 지적하 는 여성신학자들의 견해를 소개하면서 비판적으로 검토하는 글로는 박만, 앞의 글, 237-256쪽, 특히 239쪽 각주 7 참조. 또 희생제물 사상에 대한 포괄적인, 곧 역사적, 사회사적, 논리적, 도덕적, 신학적, 그리고 해석학적 비판들에 대한 소개를 담은 글 로는 I. U. Dalferth, *Der auferweckte Gekreuzigte: Zur Grammatik Der Christologie*, Tübingen: Mohr Siebeck, 1994, pp. 283-292 참조. 또한 대속 이해 전반에 대한 현대 의 비판들을 검토하는 여러 편의 국내의 연구논문들도 확인된다. 김균진,「예수의 십 자가의 죽음에 대한 구원론적 해석(Ⅰ)」, 96-100쪽; 조순,「예수의 십자가 죽음에 관 한 연구」, 288-314쪽; 같은 저자,「예수의 죽음의 본질」, 200-206쪽; 심광섭, 앞의 글, 156-166쪽; 윤철호, 앞의 글, 135-141쪽 참조.

19 오스카 쿨만,『영혼불멸과 죽은 자의 부활』, 전경연 편역, 대한기독교서회, 1965, 12-47쪽; E. Jüngel, "The Death of Socrates," *Death: The Riddle and the Mystery*, tr. Iain and Ute Nicol, Edinburgh: The Saint Andrew Press, 1975, pp.41-55; 최태영,「죽 음에 대한 신학적 고찰」,『신학과 목회』32집, 2009, 113-116쪽; 차정식, 앞의 책, 233-302쪽 참조.

20 김균진,「예수의 십자가의 죽음에 대한 구원론적 해석(Ⅰ)」, 101-106쪽 참조.

21 김균진,「예수의 십자가의 죽음에 대한 구원론적 해석(Ⅱ)」, 87-100쪽; 정기철,「종말 론과 죽음과 부활의 신학: 융겔, 몰트만, 판넨베르크를 중심으로」,『한국개혁신학』, 제 3권, 1998, 350-368쪽; 조순,「예수의 십자가 죽음에 관한 연구」, 314-327쪽; 심광섭, 앞의 글, 173-175쪽 참조.

22 대표적으로 D. Sölle, *Christ the Representative*, tr. D. Lewis, Philadelphia: Fortress Press, 1967 참조.

23 현대신학에서 가장 대표적인 신학적 새김을 위해서는 위르겐 몰트만, 앞의 책, 205-296쪽; 같은 저자, 『생명의 영: 총체적 성령론』, 김균진 옮김, 대한기독교서회, 1992, 177-189쪽; E. Jüngel, *God as the Mystery of the World: On the Foundation of the Theology of the Crucified One in the Dispute Between Theism and Atheism*, tr. Darrell Guder, Eugene, OR: Wipf & Stock Publishers, 2009 참조.

24 전통적인 개혁주의 쪽에서도 몰트만의 십자가의 신학에 대한 비교적 공감적인 이해가 보이는데 이는 현대 개혁주의 신학의 미래를 위해서 매우 고무적이다. 이상원, 「J. 몰트만의 십자가 신학에 대한 비판적 탐구」, 『신학지남』 제75권 2호., 2008, 297-324쪽 참조. 그러나 위 논자의 몰트만의 십자가 신학에 대한 비판은 신학의 논리에 지나치게 갇혀있다는 인상을 준다.

25 현대신학에서 예수 그리스도의 죽음을 하나님나라에 비추어 이해하려는 신학적인 노력들에 대한 인상적인 되새김을 위해서는 심광섭, 앞의 글, 175-179쪽; 박만, 앞의 글, 251쪽 이하 참조.

26 한국의 여러 종교들의 다양한 죽음 이해를 위해서는 한국종교학회 편, 『죽음이란 무엇인가』, 창, 2004 참조; 김명숙, 「한국인의 죽음에 대한 인식과 태도에 대한 철학적 고찰 II」, 『철학논총』 제64집, 2011, 43-69쪽 참조.

27 황필호, 「죽음에 대한 현대 서양철학의 네 가지 접근과 한국인의 접근」, 한국종교학회 편, 『죽음이란 무엇인가』. 276-292쪽; 정진홍, 『한국종교문화의 전개』, 집문당, 1986, 96쪽; 금장태, 『한국유교의 재조명』, 전망사, 1972, 130쪽 참조.

28 한국사회에서의 죽음의 폭력성에 대한 사회적이고 해석학적 성찰을 담고 있는 글들을 위해서는 호남신학대학교 해석학연구소 엮음, 『죽음의 사회적 폭력성과 해석학』, 한들출판사, 2007 참조.

찾아보기

발표 지면

진교훈,「자기결정권의 한계와 연명의료 중단」
(한림대 생사학연구소 제3회 국내학술대회 "연명의료결정 법제화에 대한 학제적 성찰", 2014.4.23)

이창익,「생명 개념에 대한 인지적 실험으로서의 종교」
(『원불교사상과 종교문화』 45집, 원불교사상연구원, 2010.8)

박규태,「일본인의 생명관: 유형론적 일고찰」
(「일본의 생명관: 계보적 일고찰」, 『원불교사상과 종교문화』 45집, 원불교사상연구원, 2010.8)

배관문,「일본인의 죽음관과 재해」
(「일본인의 죽음관과 재해: 생사학적 관점에서의 동일본대지진」, 『일본학연구』 42호, 단국대학교 일본연구소, 2014.5)

정일영,「조선 후기의 자살, 젠더, 계급:『심리록』에 나타난 자살 관련사건 분석」
(「조선 후기 성별에 따른 자살의 해석: 正祖代『審理錄』의 자살 관련 사건을 중심으로」, 『의사학』 제17권 제2호 통권 제33호, 대한의사학회, 2008.12)

임현수,「웃음과 죽음의 관계를 바라보는 두 가지 시선: 보들레르와 바흐친의 경우」
(『종교문화연구』 17호, 한신대학교 종교와문화연구소, 2011.12)

정진홍,「죽음 문화의 그늘: 편의주의」
(한림대 생사학연구소 제1회 국내학술대회 "우리 사회의 죽음 문화, 그 현주소를 묻는다", 2013.3.29)

이용범,「한국 무속의 죽음 이해 시론」
(『한국학연구』 38집, 고려대학교 한국학연구소, 2011.9)

김진영,「고대 인도의 죽음 개념: 베다, 죽음의 원형 바로읽기」
(「베다 초기에 나타난 죽음 개념의 기원과 전개 양상」, 『인도철학』 37권, 인도철학회, 2013.4)

심혁주,「티베트 생사관의 형성 배경」
(「티베트 생사관의 형성 배경: 환경과 종교의 관점에서」, 『인문과학연구』 37집, 강원대학교 인문과학연구소, 2013.6)

양정연,「초기 불교경전에 나타난 선종의 의미와 내용」
(「초기 경전에 나타난 善終의 의미: 잡아함경의 선종사례를 중심으로」, 『선문화연구』 15집, 2013)

박형국,「예수 그리스도의 죽음: 오늘의 죽음 문화와 생명 살림을 위한 성찰」
(「예수 그리스도의 죽음에서 드러난 생명의 부정으로서의 죽음에 대한 이해」, 『한국조직신학논총』 36집, 한국조직신학회, 2013.9)

타나토스 총서01

생과 사의 인문학

등록 1994.7.1 제1-1071
1쇄 발행 2015년 1월 31일
2쇄 발행 2015년 8월 1일

엮은이 한림대학교 생사학연구소
지은이 진교훈 이창익 박규태 배관문 정일영 임현수 정진홍 이용범
　　　 김진영 심혁주 양정연 박형국
펴낸이 박길수
편집인 소경희
편　집 조영준
디자인 이주향
관　리 위현정
펴낸곳 도서출판 모시는사람들
　　　 서울시 종로구 삼일대로 457 (경운동 수운회관) 1207호
전　화 02-735-7173, 02-737-7173 / 팩　스 02-730-7173

인　쇄 상지사P&B(031-955-3636)
배　본 문화유통북스(031-937-6100)
홈페이지 http://modl.tistory.com/

값은 뒤표지에 있습니다.
ISBN 978-89-97472-88-8　94100
ISBN 978-89-97472-87-1　94100(세트)

이 도서의 국립중앙도서관 출판예정도서목록(CIP)은 서지정보유통지원시스템 홈페이지
(http://seoji.nl.go.kr)와 국가자료공동목록시스템(http://www.nl.go.kr/kolisnet)에서 이용하
실 수 있습니다.(CIP제어번호: 2014037720)